한 권으로 읽는 벽암록

한 권으로 읽는 벽암록

1판 1쇄 발행 2021. 5. 26
1판 3쇄 발행 2025. 3. 17

지은이 원오 극근
옮긴이 혜원

발행인 박강휘
편집 전무규 디자인 정윤수 마케팅 윤준원 홍보 최정은
발행처 김영사

등록 1979년 5월 17일 (제406-2003-036호)
주소 경기도 파주시 문발로 197(문발동) 우편번호 10881
전화 마케팅부 031)955-3100, 편집부 031)955-3200 | 팩스 031)955-3111

값은 뒤표지에 있습니다.
ISBN 978-89-349-8957-8 03220

홈페이지 www.gimmyoung.com   블로그 blog.naver.com/gybook
인스타그램 instagram.com/gimmyoung   이메일 bestbook@gimmyoung.com

좋은 독자가 좋은 책을 만듭니다.
김영사는 독자 여러분의 의견에 항상 귀 기울이고 있습니다.

한 권으로 읽는

벽 碧
암 巖
록 錄

원오 극근 편저 · 혜원 역해

- -

- -

- -

- -

- -

김영사

차례

일러두기

- 《벽암록》은 총 100칙으로 이루어져 있으며, 각 칙의 구성은 다음과 같다.
  - 수시: 원오 극근이 본칙 앞에 서론 격으로 붙인 글로, 수시가 없는 칙도 있다.
  - 본칙: 설두 중현이 선별한 100칙의 고칙 공안이다.
  - 송고: 설두 중현이 본칙의 공안에 대한 깨달음을 시(송)로 읊은 것이다.
  - 해설: 수시, 본칙, 송에 대한 역해자의 설명으로, 《벽암록》 원문 중 본칙과 송에 대한 원오의 착어·평창은 생략했다.
- 《벽암록》 번역·해설의 저본은 《대정신수장경》 권48이다.
- 원의 대덕4년(1300), 장위張煒가 간행한 장본張本을 사용하여 해설한 이리야 요시타카入失義高·미조구치 유우조溝口雄三·수에키 후미히코末本文美士·이토우 후미오伊藤文生 역주, 《벽암록》 상·중·하(이와나미분코岩波文庫, 2017)를 참고했다.
- 각 칙의 제목은 이와나미분코의 책과 기존에 한글로 번역된 《벽암록》을 참고하였다. 이와나미판의 각 표제는 대지실통大智實統(1659-1740)의 《벽암록종전초碧巖錄種電鈔》에 근거한다.
- 해설 중 인용된 문구의 원문은 [ ]안에 넣었다.
- 부록으로 《벽암록》에 등장하는 선사의 법계도와 행장을 실었다.

제1칙

달마, 확연무성

달 마 확 연 무 성
達磨廓然無聖

【수시】

산 너머 연기를 보면 곧 그것이 불이라는 것을 알고, 담장 너머 뿔을
보면 소가 있음을 바로 안다. 하나를 통해 셋을 이해하고, 한 번 보는
것만으로 무게를 알아차리는 것은 선승들의 다반사이다. 중류衆流를
절단하게 되면 동에서 솟고 서에서 가라앉으며, 역순종횡逆順縱橫하고
여탈자재與奪自在하다. 자, 말해보라! 이같이 자유자재할 때, 이는 어떤
사람의 언행인가. 설두의 '갈등葛藤'을 살펴보자.

수 시 운   격 산 견 연   조 지 시 화   격 장 견 각   변 지 시 우   거 일 명 삼   목
垂示云。隔山見煙。早知是火。隔牆見角。便知是牛。舉一明三。目
기 수 량   시 납 승 가 심 상 다 반   지 어 절 단 중 류   동 용 서 몰   역 순 종 횡
機銖兩。是衲僧家尋常茶飯。至於截斷衆流。東湧西沒。逆順縱橫。
여 탈 자 재   정 당 임 마 시   차 도   시 십 마 인 행 리 처   간 취 설 두 갈 등
與奪自在。正當恁麼時。且道。是什麼人行履處。看取雪竇葛藤。

거擧. 양무제가 달마대사에게 물었다.

무제 불교의 근본진리가 무엇입니까?

달마 확연해서, 근본진리 같은 것은 어디에도 없소.

무제 내 앞에 있는 그대는 누구요?

달마 알지 못하오.

무제는 알아듣지 못했다. 달마는 바로 강을 건너 위나라로 갔다. 무제가 나중에 이를 지공에게 물었다.

지공 폐하는 달마화상이 어떤 인물인지 아십니까?

무제 알지 못하오.

지공 그는 관음대사이오며, 부처님의 깨침을 전하러 오신 것입니다.

무제는 후회하고 바로 사신을 파견하여 달마를 모셔오도록 했다.

지공 폐하, 사신을 보내 모셔오라고 하지 마십시오. 나라 사람들 모두 보내도 그는 돌아오지 않습니다.

擧。梁武帝問達磨大師。如何是聖諦第一義。磨云。廓然無聖。帝曰。對朕者誰。磨云。不識。帝不契。達磨遂渡江至魏。帝後擧問志公。志公云。陛下還識此人否。帝云。不識。志公云。此是觀音大士。傳佛心印。帝悔。遂遣使去請。志公云。莫道陛下發使去取。闔國人去。他亦不回。

【송】

성스러운 진리는 확연하니

어떻게 확실히 말할 수 있을까.

짐을 대하는 자, 누구인가.

알지 못한다고 말할 뿐.

그리고 은밀히 강을 건넜지만

가시밭길이 생긴 것을 어찌 면하랴.

나라 사람들 모두 좇아도 다시 돌아오지 않으니

천고 만고 헛되이 그리워하네.

그리워하는 것을 쉬게,

청풍이 대지에 가득하기 때문이라네.

설두는 좌우를 둘러보고 말한다.

'여기에 조사가 계신가'

스스로 말한다.

'있지, 불러서 내 발을 씻게 하지.'

성 제 확 연   하 당 변 적
聖諦廓然　何當辨的
대 짐 자 수   환 운 불 식
對朕者誰　還云不識
인 자 암 도 강   기 면 생 형 극
因茲暗渡江　豈免生荊棘
합 국 인 추 부 재 래   천 고 만 고 공 상 억
闔國人追不再來　千古萬古空相憶
휴 상 억   청 풍 잡 지 유 하 극
休相憶　清風匝地有何極
사 고 시 좌 우 운   저 리 환 유 조 사 마
師顧視左右云　這裏還有祖師麼
자 운 유   환 래 여 로 승 세 각
自云有　喚來與老僧洗脚

수시에서 선승의 행동은 기민하다. 산 너머 저쪽에 연기가 피어나는 것을 보면 불이 타고 있음을 알아챈다. 담장 너머 뿔이 보이면 바로 저 것은 '소'라고 안다. 하나를 보면 열을 안다.

'수량銖兩'은 아주 작은 무게를 나타내는 단위이다. 눈짐작으로 아주 작은 무게를 곧바로 안다는 말이다. 납승들에게 그 정도는 당연하다. 그러나 자만해서는 안 되고 진일보하지 않으면 안 된다고 하였다.

"중류를 절단하게 되면"에서 '중류衆流'는 가지가지 생각, 여러 가지 설說, 다양한 사람들, 다양한 견해 등을 뜻한다. 이를 단번에 절단하면 '동용서몰東湧西沒', 즉 동쪽에서 얼굴을 내밀고 서쪽으로 머리를 움츠려 출몰 자재하며, '역순종횡逆順縱橫', 즉 뒤집기도 바로 가기도 종이 되기도 횡이 되기도 하며, '여탈자재與奪自在', 즉 상대를 자유롭게 하기도 하고 상대의 자유를 뺏기도 한다. 이렇게 자유자재한 행동을 할 수 있는 사람은 도대체 어떤 사람인가! 본칙에서 설두의 갈등을 통해 이를 살펴보자.

'갈등葛藤'은 넝쿨이 나무에 뒤엉켜 휘감긴 것을 뜻한다. 선禪은 불립문자不立文字라고 하여, 말로 표현할 수 없는 깨침의 세계에 도달하는 것을 추구한다. 그러나 선은 또한 말을 대단히 중시한다. 말로 표현할 수 없는 세계를 말로 표현해야 하므로 갈등을 일으킨다. 그래서 선에서는 그러한 말을 '갈등'이라고 부른다.

'거擧'는 본칙을 제시해 보인다는 뜻이다. 본칙은 양무제464-549(양의 초대황제 숙연蕭衍, 재위 502-549)와 달마菩提達磨, ?-528대사 사이의 문답이다. 무제는 '불심천자佛心天子'라고 불릴 만큼 많은 절을 짓고 경을 강론하고 불교의 흥륭을 꾀했다. 달마는 남인도 왕족 출신으로, 해로를 통해 중국에 왔다고도 하고, 육로를 통해 중앙아시아를 거쳐 왔다고도 한다. 여러 가지 전설적인 이야기가 많지만, 당唐 시대에는 달마가 선의 개조開祖로서 정착되었고, 여러 가지 형태의 이야기가 나타나게 되었다. 그 이야기의 대표적인 것이 양무제와의 문답이다.

양무제는 처음 달마가 왔을 때 '불교의 근본진리[성제제일의聖諦第一義]'가 무엇인지를 물었다. 말하자면, 부처가 깨쳤다고 하는 그 진리가 무엇인지를 물은 것이다. 무제는 당시 수많은 불탑을 조성하였고, 금란가사를 입고서 많은 승려에게 경을 강했다고 한다. 불교를 잘 알고 실천한다는 자만에 빠져 있었다.

무제의 질문에 대해 달마는 "확연무성廓然無聖"이라고 답했다. '확연'은 확 트여 전혀 거리낄 것이 없다는 뜻이다. 본래 청정한 공空인데, 제일의 진리가 무엇이냐고 묻는 것은 티끌 하나를 붙이는 것이라는 말이다.

무제가 "짐 앞에 있는 그대는 누구요?"라고 다시 묻자, 달마는 "알지 못한다[불식不識]"라고 했다. 이 문장은 조조법사*의 〈열반무명론涅槃無名論〉의 일절이다. "성인이 없는데 '무'를 아는 자 누군가[無有聖人知無者誰]." 이 문장이 '불식不識'으로 변화한 것이다.《무문관無門關》제1칙에 든 '무無' 자字와 설두雪竇重顯, 980-1053의《송고백칙頌古百

---

*   승조384-414: 구마라집의 네 제자 중 한 명. 장안의 가난한 집에 태어나 품팔이로 생계를 이었다. 노장학을 수학했지만 선善을 닦지 못하여 한탄하고《유마경》을 읽고 불문에 들었다. 구마라집의 역경을 도왔고, 문하 중 '이해제일'이라고 칭찬받았다. 그의 저술《조론》중에 〈열반무명론〉이 들어 있다.

則》제1칙에 든 '확연무성'은 대승불교와 선의 극칙極則을 제시하는 것이며, 선종의 본질을 나타내 보이는 것이기도 하다.

달마의 답에 무제는 더욱 미궁에 빠졌다. 달마가 북쪽 위나라로 떠나버리고 나서야 자신이 뭔가 잘못 알고 있지 않은가 생각에 잠긴다. 지공志公, 418/425-514을 불러 달마와의 문답 내용을 말하니, 지공은 도리어 무제에게 달마를 아는지 물었다. 무제가 알지 못한다고 하자, 지공이 그는 관음보살로, '불심인佛心印'을 전하러 온 것이라고 설명한다. 무제는 달마가 위인임을 비로소 알아차리고 후회한다. 지공은 수많은 사람을 보내 모셔오도록 해도, 달마는 돌아오지 않을 것이라고 잘라 말한다.

선종의 개조開祖인 달마와 황제인 무제가 서로 문답한 내용이《벽암록》제1칙의 공안이 되었다. 황제와 선승의 관계는 당唐대에서 송宋대에 걸쳐 대단히 성가신 문제가 되었다. 이전의 남북조시대에는 불교가 세속적인 정치 권력으로부터 독립성을 꽤 강하게 주장하여, 출가자는 황제를 예배해서는 안 된다고 하는 주장이 당당히 설득력을 가졌다. 그러나 그 후, 불교가 사회체제 속에 흡수되어 황제에게 종속되는 듯한 관계가 되었다. 공안에는 그 시대의 사회정세가 반영되어 있어, 공안의 내용을 보면 승려의 위상과 위치를 어느 정도 가늠해볼 수 있다.

송은 설두가 본칙을 요약하여 간명하게 시로 나타낸 것이다. '성제확연聖諦廓然'은 본칙의 핵심이다. '어떻게 확실히 말할 수 있을까' 또는 '언젠가 반드시 정확하게 이해하고 싶다'라는 것이 무제의 심정이다. "짐을 마주하고 있는 자는 누군가"라고 했지만 달마는 "알지 못한다"

라고 했다. 그리고 은밀히 강을 건넜다. 이는 후대의 사람들에게 가시밭길을 만들어주었을 뿐이라고 한다. 불러오려 해도 이미 늦었고, 그 덕분에 아직도 추모하고 있을 뿐이다.

설두는 말한다. "그리워하는 것은 쉽게, 청풍이 대지 위에 가득하기 때문이라네." 청풍淸風은 진리를 뜻한다. 진리가 우리가 서 있는 대지를 휩쓸고 있기 때문에 그리워할 필요가 없다는 말이다. 송은 여기서 끝나지만, 뒤에 덧붙인 말이 있다.

설두는 좌우를 둘러보고 "여기에 달마가 계신가?"라고 정중하게 묻는다. 달마는 멀리 과거에 있는 존재가 아니다. 지금 여기에서 찾지 않으면 안 된다는 말이다. 그러고는 스스로 대답했다. "있지." 바로 덧붙여 말하기를, "불러와서 노승의 발을 씻게 하겠다"라고 하였다. 처음 문답에서는 달마가 위인이었지만, 마지막 구에서는 달마마저 능가하는 태도를 보인다. 바로 이것이 조사祖師의 정신이다. 이를 체득하지 않으면 설두의 송을 이해할 수 없을 것이다.

제2칙

조주, 지도무난

조 주 지 도 무 난
趙州至道無難

【수시】

천지가 좁아지고 해와 달, 별들이 일시에 빛을 잃는다. 설령 몽둥이질
이 비 오듯 하고 '할喝' 소리가 벼락 치듯 하더라도, 아직 향상종승向上
宗乘의 일을 알지 못한다. 설사 삼세제불三世諸佛이라 할지라도 단지
스스로만 알 수 있을 뿐, 역대 조사들도 온전히 널리 펴지 못하고, 일
대장교一大藏敎로도 제대로 설명할 수 없으며, 눈 밝은 납승들도 스스
로를 구제하지 못한다. 이에 이르러, 어떻게 더 가르침을 청할까.
'불佛' 자를 말하기만 해도 흙탕물에 빠져 옴짝 못 하게 되고, '선禪' 자
를 말하기만 해도 부끄러움에 얼굴이 달아오른다. 오래 수행한 상근기
上根機 납자는 말 떨어지기를 기다리지 않는다. 후학 초심자는 오로지
참구해서 알아야 한다.

건곤착 일월성신일시흑 직요봉여우점 갈사뇌분 야미당득향
乾坤窄。日月星辰一時黑。直饒棒如雨點。喝似雷奔。也未當得向
상종승중사 설사삼세제불 지가자지 역대조사전제불기 일대
上宗乘中事。設使三世諸佛。只可自知。歷代祖師全提不起。一大
장교전주불급 명안납승자구불료 도저리 작마생청익 도개불
藏教詮注不及。明眼衲僧自救不了。到這裏。作麼生請益。道箇佛
자 타니대수 도개선자 만면참황 구참상사부대언지 후학초
字。拖泥帶水。道箇禪字。滿面慚惶。久參上士不待言之。後學初
기 직수구취
機直須究取。

본칙

조주가 시중에서 말했다. "깨달음[지도至道]은 어렵지 않다. 오직 간택

揀擇을 피할 뿐이다. 조금이라도 말이 붙으면 이것이 간택이고 명백明白

이다. 노승은 명백 속에 있지 않다. 그런데 오히려 그대들은 지키고 아

끼는가?" 이때 어떤 승이 물었다. "이미 명백 속에 있지 않은데 무엇을

지키고 아낀다는 말입니까?" 조주가 말했다. "나도 역시 모른다." 승이

말했다. "화상께서 모르신다면 무엇 때문에 명백 속에 있지 않다고 하

십니까?" 조주가 말했다. "물어서 알았으면, 절하고 물러가라."

조주시중운 지도무난 유혐간택 재유어언 시간택 시명백
趙州示衆云。至道無難。唯嫌揀擇。纔有語言。是揀擇。是明白。
노승부재명백리 시여환호석야무 시유승문 기부재명백리 호
老僧不在明白裏。是汝還護惜也無。時有僧問。既不在明白裏。護
석개십마 주운 아역부지 승운 화상기부지 위십마각도부재
惜箇什麼。州云。我亦不知。僧云。和尚既不知。為什麼却道不在
명백리 주운 문사즉득 예배료퇴
明白裏。州云。問事即得。禮拜了退。

【송】

지도至道는 어렵지 않다.

한마디 한마디가 다 도이다.

하나에 여럿이 있고

둘은 따로가 아니다.

지평선, 해 뜨고 달 지며

난간 앞, 산은 깊고 물은 차갑네.

해골, 식識이 다했다면 기쁨은 어디에 머물까.

고목의 용음 사라졌어도 아직 마르지 않았네.

어렵고 어렵구나,

간택도 명백도 그대 스스로 보라.

至道無難　言端語端

一有多種　二無兩般

天際日上月下　檻前山深水寒

髑髏識盡喜何立　枯木龍吟銷未乾

難難　揀擇明白君自看

해설

천지가 좁아지고 일월성신이 한번에 빛을 잃는다는 것은 천재지변이
라고도 말할 수 있을 것이다. 당연하게 생각하는 일상의 세계가 한번
에 무너져버릴 때 대체 어떻게 하면 좋을까? 몽둥이와 '할'은 선장禪匠
이 제자를 지도하거나 자신의 경지를 보일 때 사용하는 방편이다. 몽
둥이로 패고 '할'로 정신을 쏙 빼놓는다. 특히 덕산德山宣鑑, 780-865은
몽둥이질로, 임제臨濟義玄, ?-867는 '할'로 잘 알려진 선사이다. 그러나

몽둥이나 '할'로도 불법의 근본 이치를 체득하지 못한다.

'향상종승向上宗乘'은 최고의 불법을 뜻한다. '향상'은 소위 '향상한다'는 의미가 아니라 '최고'라는 의미이다. 즉 최고의 선, 불교의 근본이라는 말이다. 과거·현재·미래의 모든 부처님도 다만 자신들만이 알고 있을 뿐[자내증自內證]이지 그것을 남에게 가르치지는 못한다. 선의역대 조사도 그 경지를 제시할 수 없었다. '일대장교一大藏教'에도 궁극의 것은 나타나 있지 않다. '향상종승의 일'이란 이같이 심오하고 깊은일이라는 뜻이다. 자, 여기에 이르러 어떻게 가르침을 청하면 좋을까. '불佛'이라고 한마디 하면 이미 진흙탕에 빠져 있고, '선禪'이라고 말하기만 해도 얼굴이 화끈해진다. 오랜 수행을 쌓은 자도, 어제오늘 선문禪門에 들어온 초심자도, 곧바로 이것을 잡아 공부해야 한다.

제2칙의 주인공은 조주趙州從諗, 778-897이다. 조주는 덕산, 임제와 함께 중국 당대의 가장 유명한 선승 가운데 한 분이다. 조주趙州는 지명地名이고 종심從諗은 법명法名이다. 조주 선의 특징은 극히 평범한 일상 가운데서 선의 진리를 드러내 보이는 것이다. 임제나 덕산처럼 거칠지 않았다.

그는 산동성 청주에서 태어나 서상원瑞像院에 들어가 사미가 되었다. 19세 때, 안휘성 지주池州의 남전산南泉山에서 지내는 남전 보원南泉普願, 748-834을 친견했다. 그때 남전은 낮잠을 자고 있었던지 벽을향해 옆으로 누워 있었다. 조주의 인사를 누운 채 받으며 "너는 어디서왔느냐?"라고 물었다. "저는 서상원에서 왔습니다." "그런가, 그렇다면필시 서상을 보았겠네?" "서상은 뵙지 못했지만 누운 여래는 뵈었습니다." 남전은 속으로 '이놈 봐라!'라고 생각하고 일어났다. 그리고 "너는 주인이 있느냐, 없느냐?"라고 물었다. 이 물음은 스승이 있는지의 여부를 묻는 것이다. 조주는 "있습니다"라고 답했다. 남전은 "누군가?"라고 물었다. 조주는 "엄동설한입니다. 화상께서는 만복하시길"이라고 하며 정중히 인사했다.

이렇게 해서 조주는 남전이 천화遷化할 때까지 40년을 사사師事하였다. 조주는 3년 상喪을 마치고 60세의 노경老境에 '8세의 동자라도 나보다 뛰어난 자라면 가르침을 구하고, 100세의 노인이라도 나보다 못하다면 그를 가르치겠다'라는 대원을 세우고 여러 나라를 편력했다고 한다. 곳곳마다 명사 대덕을 참문 하기를 20년, 80세에 비로소 조주의 관음원에 주석하여, 이후 40여 년 동안 독자적인 종풍宗風을 드날리다가 120세에 입적入寂했다. 그의 수많은 문답들이 공안이 되어 참구參究의 대상이 되었다.

조주의 가르침 중에는 "지도至道는 어렵지 않다. 다만 간택揀擇을 해서는 안 된다[지도무난 유혐간택至道無難 唯嫌揀擇]"라는 말이 있다. 이 어구는 선종 제3조 승찬僧璨, ?-606의 《신심명信心銘》에 나오는 말이다. '지도'는 궁극의 깨달음을 뜻하고, '간택'은 취사분별取捨分別 한다는 의미이다. 즉 궁극의 깨달음은 다만 취사분별을 피하는 것일 뿐이라는 의미이다.

조주는 이어서 "조금이라도 말이 붙으면 이것이 간택이고 명백이다"라고 말한다. 간택을 여기서는 '어언語言'이라고 바꾸어놓았다. 조금이라도 언어적 분별이 생기면 이미 간택의 세계에 빠진 것이다. 조주는 여기서 그치지 않고 '명백'을 덧붙였다. 《신심명》에서는 "다만 증애憎愛가 없으면 통연洞然 명백하다"라고 하였다. 증애가 없는 것은 깨달음의 경지이다. 이를 '명백'이라고 했다. 그런데 조주는 명백을 간택과 같은 위치에 두고 있다. 말하자면, 명백을 부정적으로 보고 있다. 명백이라는 것은 구별이 없어진 세계이지만, 잘 생각해보면 이러한 말 자체가 이미 간택이다. 그렇다면 '명백'이라고 하는 것도 이미 구별의 세계에 빠진 것이다.

조주는 "노승은 명백 속에 있지 않다. 그런데 그대들은 오히려 지키고 아끼는가"라고 말한다. 즉 간택이나 명백이라는 경지조차도 넘어서 있다는 말이다. '그런데 그대들은 아직도 깨달음이라고 하는 것이 어딘가에 있다고 여기고 그것을 열심히 품고 있는가. 이것은 미혹이고 이것은 깨달음이라고 하는 구별을 버리지 않으면 안 된다'라는 말이다.

그때 한 승이 용감하게 조주에게 질문했다. "이미 명백 속에 있지 않은데, 무엇을 지키고 아낀다는 말입니까?" 이것은 대단히 중요한 질문이다. 명백이라는 입장을 넘어서버리면 더 이상 지키고 아낄 것이 없어진다. 승의 질문은 그런 의미에서 굉장한 것이다. 이에 대한 조주의 답은 평범했다. "나도 역시 모른다." 무엇을 열심히 품고 있는지를 알지 못한다는 것이다. 수행승은 "화상도 알지 못하면서 무엇 때문에 명백 속에 있지 않다고 말합니까?"라고 물었다. 명백을 진짜 넘어섰다면, '명백 속에 있지 않다'는 것조차도 말하지 말아야 하는 것이 아닌가 하는 질문이다.

이에 대해 조주는 "물은 걸 알았으면 절하고 물러가라"라고 했다. 질문한 승의 뜻을 알지만, 또다시 논리적인 언어의 세계에 들지 않겠다는 말이다. 말하자면, 일상의 언어체계를 부숴버려야 함을 행동으로 보인 것이다.

송에서 '지도무난至道無難 언단어단言端語端'이라고 했다. 지도는 어렵지 않으니, 한마디 한마디 말이 그대로 지도라는 것이다. "하나에 여럿이 있고"라는 말은, 지도는 궁극에 하나이지만 그 표현이 다양하다는 뜻이다. 그것을 다시 "둘은 따로가 아니다"라고 했다.

"지평선, 해 뜨고 달이 지며/ 난간 앞, 산은 깊고 물이 차갑네." 설두는 이처럼 자연의 세계가 그대로 깨달음의 세계임을 노래했다. "해골, 식識이 다했다면 기쁨은 어디에 머물까/ 고목의 용음 사라져도 아직 마르지 않았네." 해골이 되면 인간의 의식작용, 인식작용이 모두 없어진다. 기쁘다는 감정도 그렇다. '용음龍吟'은 고목이 바람으로 인하여 소리가 나는 것을 뜻한다. 고목의 생명은 사라졌지만 아직 완전히 마르지 않은 것이다. 원오의 평창에 이에 대한 문답이 있다.

승이 향엄香嚴脂閑, ?-898에게 물었다. "무엇이 도입니까?" 향엄이 말하기를 "고목 속의 용울음." 승이 말했다. "무엇이 도인입니까?" 향엄이 말했다. "촉루(해골) 속의 눈동자." 승이 나중에 석상石霜慶諸, 807-888에게 물었다. "무엇이 고목 속의 용울음입니까?" 석상이 말하기를, "아직 기쁨을 띠고 있네." 승이 다시 물었다. "무엇이 촉루 속의 눈동자입니까?" 석상이 말하기를, "아직 식識이 남아 있네."

설두는 송 마지막에 "어렵고 어렵구나, 간택도 명백도 그대 스스로 보라"라고 했다.

제3칙

마조, 불안

마 대 사 불 안
馬大師不安

【수시】

하나하나의 작용과 경계, 하나하나의 말과 구절에 깨달음이 있다고 찾
는다면, 맨살에 상처를 내고 스스로 구덩이를 파고 들어가는 격이다.
대용大用은 눈앞에 있어 궤칙軌則을 두지 않는다. 최고의 경지가 어딘
가 있을까 온 천지를 뒤져도 찾을 수 없다. 이래도 좋고 저래도 좋지
만, 아주 미세하고 세밀한 것이다. 이래도 안 되고 저래도 안 되니, 대
단히 험난하여 접근이 안 된다. 이 양 갈래 길을 걷지 않을 때 어떻게
하면 좋겠는가. 예를 들어볼 테니 참구해보라.

일 기 일 경　　일 언 일 구　　차 도 유 개 입 처　　호 육 상 완 창　　성 과 성 굴　　대
一機一境。一言一句。且圖有箇入處。好肉上剜瘡。成窠成窟。大
용 현 전 부 존 궤 칙　　차 도 지 유 향 상 사　　개 천 개 지 우 모 색 불 착　　임 마
用現前不存軌則。且圖知有向上事。蓋天蓋地又摸索不著。恁麼

야득　　불임마야득　　태렴섬생　　임마야부득　　불임마야부득　　태고
也得。不恁麼也得。太廉纖生。恁麼也不得。不恁麼也不得。太孤
위생　　불섭이도　　여하즉시　　청시거간
危生。不涉二途。如何卽是。請試擧看。

본칙
_____

마대사가 병환 중에 있었다. 원주가 묻기를, "화상, 몸이 좀 어떠신지

요?"

대사가 말하기를, "일면불 월면불"

마대사불안　원주문　화상근일　존후여하　대사운　일면불월면불
馬大師不安。院主問。和尙近日。尊候如何。大師云。日面佛月面佛。

【송】

일면불 월면불.

오제 삼황, 이건 무슨 물건인가.

이십 년간 고생했네.

그대를 위해 창룡굴에 몇 번이나 내려갔던가.

심하구나, 말로 다 할 수 없네.

명안의 납승이여, 이 점을 가벼이 보지 말라.

일면불월면불　오제삼황시하물
日面佛月面佛　五帝三皇是何物
이십년래증고신　위군기하창룡굴
二十年來曾苦辛　爲君幾下蒼龍窟
굴감술　명안납승막경홀
屈堪述　明眼衲僧莫輕忽

26

'기機'와 '경境'은 본래 불교 용어로, 기가 주체의 작용이라면 경은 대상 쪽의 존재를 말한다. 선에서는 내적인 의지나 힘이 발동하는 작용을 뜻한다. '입처入處'의 '입'은 깨달음을 나타낸다. 입처는 깨달음을 향한 실마리이다. 어떠한 작용과 말을 깨달음의 단서라고 생각한다면, "맨살에 상처를 내고, 스스로 구덩이를 파고 들어가는" 것과 같다. 결국 안 해도 될 일을 쓸데없이 한다는 의미이다.

　"대용大用은 눈앞에 있어 궤칙軌則을 두지 않는다"라는 말은 큰 작용이 드러나는 데에는 어떤 결정된 법칙이 필요 없다는 뜻이다. '향상사向上事'는 최고의 경지를 뜻한다. 어딘가에 최고의 경지가 있다고 생각한다면, 천지 가운데 어디서도 찾을 수 없다. 부처의 경지라는 것이 어딘가에 있지 않을까 탐구해도 그러한 것은 어디서도 발견할 수가 없다는 의미이다.

　'임마恁麼'는 '이처럼' '이 같은' 이라는 뜻이다. "이래도 좋고 저래도 좋으니"는 긍정적인 면이다. 어떤 모습을 해도 좋고 하지 않아도 좋다. 섬세하고 미묘한 문제이다. 이에 반해 "이래도 안 되고 저래도 안 되니"는 부정적인 면이다. 어떠한 모습을 하든 하지 않든 안 된다. 험난하고 위태롭다. 접근할 수 없을 정도로 우뚝 솟은 모습이다. 모두 긍정하는 쪽은 말끝마다 세밀하게 골고루 미치는 모습이다. 이에 반해 모두를 부정하는 것은 고독하게 서 있는 모습이다. 이 둘에 치우치지 않을 경우, 어떻게 하면 좋을까. 이것도 대단히 어려운 문제이다. 시험 삼아 들어볼 테니 보라!

마대사, 즉 마조 도일馬組道一, 709-788은 공안 형태의 방향으로 발전해 가는 남종선南宗禪의 기반을 잡은 사람이다. '평상심平常心이 도'라는 그의 말에서 알 수 있듯, 그는 일상 가운데서 선의 정신을 발견하려는 태도가 철저했다. '불안不安'은 병환 중이라는 말이다. 다른 문헌에서 보면 이것은 마조의 입멸入滅 직전 때의 문답이라고 한다. 마조는 788년 정월에 입적入寂했다. 혜능의 제자 남악 회양南嶽懷讓, 677-744의 법을 이었고 백장 회해百丈懷海, 749-814 등 수많은 제자를 두었다. 홍주종洪州宗의 시조始祖이다.

　마조가 병상에 있을 때 원주院主 스님이 물었다. "화상, 몸이 어떠신 지요?" 이에 대해 마대사는 "일면불日面佛 월면불月面佛"이라고 했다. 이는 '마삼근麻三斤' '간시궐幹屎厥'과 같이 논리적 사유를 파괴하는, 언어를 초월한 언어이다. 그래서 원오도 이에 대해서는 아무런 해석도 하지 않았다.

　이 말의 전거는 보리류지菩提流支, 572-727 역《불설불명경佛說佛名 經》에서 볼 수 있다. '일면불'은 1,800세나 되는 장수의 부처이고, '월면불'은 하룻낮 하룻밤을 사는 단명의 부처라고 한다. 수명이 긴 부처와 수명이 짧은 부처, 양방의 부처를 든 것이다. 수명이라는 것은 사람마다 달라, 오래 산다고 해서 반드시 좋은 일도 아니고 짧게 산다고 해서 슬퍼할 일도 아니다. 이런 부처도 있고 저런 부처도 있음을 보인 것이 마대사의 대설법이다. 죽음에 직면한 인간존재의 모습을 간단히 '일면불 월면불'로 보였다. 대단히 중요한 공안이다.

송의 첫 구 "일면불 월면불"은 본칙의 말을 그대로 가지고 온 것이다. 이를 원오는 설두가 마조의 경지를 그대로 고스란히 받아낸 것이라고 했다. 설두는 '일면불 월면불'을 그대로 가져온 뒤, 이에 대해 "오제 삼황, 이건 무슨 물건인가"라고 하였다. 이 구는 마조 문하인 선월禪月의 '소년행少年行'이라는 시에 나온다. 오제·삼황은 중국 고대의 전설적인 제왕이다. 사마천은 오제를 황제헌원黃帝軒轅·전욱고양顓頊高陽·제곡고신帝嚳高辛·제요방훈帝堯放勳(陶唐氏)·제순중화帝舜重華(有虞氏)라 했지만, 오행五行의 덕을 의미하기도 한다. 삼황은 복희伏羲, 여와女媧, 신농神農이다. 오제든 삼황이든 일면불 월면불 앞에서는 어떤 의미도 없다는 것이다. 오제나 삼황은 정치나 도덕의 권위를 상징한다. 세속적 의미의 영역이다. 그러나 일면불 월면불에 부딪치면 그 가치를 잃는다는 말이다. 죽음 앞에는 무력하다.

"이십 년간 고생했네"는 설두 자신이 20년간 고생했다는 말이다. 20년 고생한 덕분에 오제·삼황 같은 그 어떤 것도 생각하지 않는 심경이 되었다는 뜻이다. "그대를 위해 창룡굴에 몇 번이나 내려갔던가"에서 '그대'는 마조를 가리킨다. 최고지상의 말, '월면불 일면불'을 궁구하느라 피와 땀이 흐를 정도로 몹시도 고생했다는 것이다. '굴屈'은 참혹함을 당했다는 뜻이다.

"심하구나, 말로 다 할 수 없네." 말할 수 없이 지독했다는 것이다. "명안의 납승, 이 점을 가벼이 보지 말라." 눈이 있는 종사라도 이 점을 가벼이 보아서는 안 된다고 끝맺고 있다.

제4칙

덕산, 위산에게 가다

_{덕 산 도 위 산}
德山到潙山

【수시】

청천백일, 더 이상 동쪽을 가리키거나 서쪽을 구분 지어서는 안 된다.

시절 인연, 역시 병에 따라 약을 주어야 한다. 말해보라. 방행放行이 좋

은가, 파정把定이 좋은가. 예를 들어볼 테니 참구해보라.

_{청 천 백 일   불 가 경 지 동 획 서   시 절 인 연   역 수 응 병 여 약   차 도   방}
青天白日。不可更指東劃西。時節因緣。亦須應病與藥。且道。放
_{행 호   파 정 호   시 거 간}
行好。把定好。試擧看

본칙

덕산이 위산에게 갔다. 그는 바랑을 맨 채 법당에 올랐다. 동쪽에서 서

쪽으로, 서쪽에서 동쪽으로 왔다 갔다 하다가 돌아보며 말했다. "없구

나, 없어." 그러고는 바로 나가버렸다. [설두가 착어로 말했다. "간파해버렸군."]

덕산이 문 앞까지 나오다 말고 말했다. "서둘러서는 안 되겠지." 바로 위의威儀를 갖추고 다시 들어가 상견했다. 위산이 앉으려 하자 덕산은 좌구坐具를 집어 들고 말했다. "화상!" 위산이 불자를 잡으려고 하자 덕산은 바로 "할" 하고 소맷자락을 털며 나가버렸다. [설두가 착어로 말했다. "간파해버렸군."]

덕산은 법당을 뒤로하고 짚신을 신고는 떠나버렸다. 위산이 밤에 수좌에게 물었다. "아까 새로 온 자는 어디에 있는고?" 수좌가 대답했다. "그때 법당을 등지고 짚신을 신고는 나가버렸습니다." 위산이 말했다. "이 젊은이는 앞으로 고봉 정상에 초암을 짓고, 부처를 꾸짖고 조사를 매도할 것이다." [설두가 착어하여 말하기를, "설상가상이로고."]

德山到潙山。挾複子於法堂上。從東過西。從西過東。顧視云無無。便出。雪竇著語云。勘破了也。德山至門首却云。也不得草草。便具威儀。再入相見。潙山坐次。德山提起坐具云。和尚。潙山擬取拂子。德山便喝。拂袖而出。雪竇著語云。勘破了也。德山背却法堂。著草鞋便行。潙山至晩問首座。適來新到在什麼處。首座云。當時背却法堂。著草鞋出去也。潙山云。此子已後。向孤峯頂上。盤結草庵。呵佛罵祖去在。雪竇著語云。雪上加霜。

【송】

한 번 간파하고

두 번 간파하고

설상가상, 험준한 낭떠러지.

비기장군, 오랑캐 소굴에 들어갔지만

다시 살아나올 자 몇이나 될까.

급히 빠져나가도 방과하지 않는다.

고봉 정상 수풀 속에 앉았네.

쯧쯧!

一勘破 二勘破

雪上加霜曾嶮墮 飛騎將軍入虜庭

再得完全能幾箇 急走過不放過

孤峯頂上草裏坐 咄

해설

창공에는 태양이 붉게 빛나고 있다. 거기에는 어떤 것도 숨길 수 없다.
이 자리에는 동서남북 방향조차 없다. 시절 인연 역시 병에 따라 약을
준다. 상대의 형편에 따라 맞는 대응을 해야 한다는 것이다. '방행放行'
은 상대를 자유롭게 하는 것이고 '파정把定'은 상대를 바짝 조이는 것
이다. 자유롭게 헤쳐나가도록 하는 것이 좋은가, 아니면 바짝 조이는
쪽이 좋은가. 이 점에서 본칙을 들어 위산潙山靈祐, 771-853이 덕산德山
宣鑑, 780-865을 대처하는 방법을 보인다. 시험 삼아 예를 들어볼 테니
보라고 하였다.

32

이 본칙은 약간 복잡한 구성형태로 되어 있다. 본칙 사이에 원오의 착어가 아닌 설두의 착어가 들어 있어 이해하기가 조금 까다롭다. 이 이야기는 위산과 덕산 두 사람의 문답이다. 수행 중 덕산 선감이 위산 영우 쪽으로 갔다. 덕산은 청원 – 석두 – 천황 – 용담의 법을 이었다. 조계아래 6세이다. 덕산은 걸망을 맨 채 위풍당당한 위의를 갖추고 법당에 들어갔다. 법당은 법을 설하는 장소이다. 덕산은 위산이 설법하고 있는 자리를 동에서 서로, 서에서 동으로 분주히 오고 갔으니, 대단히 방약무인傍若無人하고 안하무인眼下無人 했다.

덕산은 법당 가운데를 맴돌고 나서 "없구나, 없어"라고 소리쳤다. 자신의 상대가 될 만한 자가 없다는 것이다. 이 역시 무례한 말이다. 설두는 착어로 "간파해버렸다"라고 했다. 무엇을 간파看破했다는 것인가. 위산이 덕산을 간파했는지 덕산이 위산을 간파했는지, 아니면 위산, 덕산 모두를 설두가 간파했다는 것인지 알 수 없다. 이는 독자 각자의 몫이다.

덕산이 그대로 돌아가려고 산문 밖에 이르렀을 때 갑자기 생각났다. 위산화상에게 인사도 하지 않고 그대로 돌아가버린다는 것은 경솔한 짓이 아닐까. 덕산은 복장을 바로 하고 한 번 더 법당에 들어가 위산화상에게 인사를 했다. 그때 위산이 법좌에 앉으려고 하는 순간, 덕산은 좌구를 면전에 받들고 "화상!" 하고 불렀다.

'좌구坐具'는 예불할 때에 바닥에 까는 천이다. 그것을 손에 드는 것은 위엄을 갖추고 작법대로 한다는 것을 보이는 것이다. 위산은 불자拂子를 집으려고 했다. 그 순간 덕산이 바로 '할'을 했다. 그러고는 덕산은 법당을 등지고 짚신을 신고 바로 나가버렸다. 위산이 대응하려고 불자를 잡으려는 순간 덕산은 그보다 앞질러 일갈하고 한 걸음 나아간 것이다. 덕산 쪽이 위의威儀가 좋고 위산은 주춤거리는 감이 보이지만, 원오의 착어는 위산 쪽이 한 수 위라고 했다.

설두는 여기서도 동일하게 촌평[착어著語]했다. "간파해버렸군." 비판적인 착어이다. 덕산의 위세가 좋아 보이는 듯하지만, 잘 보면 아직은 아니라는 것이다. 밤이 되어 위산이 수좌에게 물었다. "아까 새로 들어온 자는 어디에 있지?" 수좌가 "좀 전에 법당을 뒤로하고 짚신을 신고는 후딱 나가버렸습니다"라고 했다. 수좌는 선당에서 수행승을 지도하는 상급 수행자이다. 위산이 수좌에게 물은 '어디에 있지?'라는 질문은 수좌를 비롯한 우리 모두에게 던지는 공안이다.

위 문답에서 수좌가 위산에게 말한 대답은, 한마디로 덕산을 비판한 것이다. 수좌의 답에 대해 위산이 말했다. "그 젊은이는 가까운 장래에 누구도 쉽게 가까이할 수 없는 험난한 경계에서 부처나 조사를 매도할 것이야." 덕산의 위세를 칭찬한 말이다. 이에 대해 설두는, "말하지 않아도 될 것을 말했다[설상가상雪上加霜]"라고 촌평했다. 눈 위에 서리가 내린 것처럼, 결국 쓸데없는 말이라는 것이다.

덕산 선감은 사천성 검남劍南에서 태어나, 젊었을 때 강승講僧으로 서촉(촉은 지금 사천성)에서 왕성하게 《금강경》을 강석講釋하고 있었다. 계율을 비롯해 유식唯識·구사俱舍를 연구하였고, 특히 《금강경》에 대해서는 꽤 식견이 있어, 사람들이 그의 속성俗姓인 '주周'를 따서 '주금강周金剛'이라고 부를 정도였다.

그는 "특히 《금강경》에서 '금강처럼 흔들림이 없이 좌선과 자비의 지혜를 가지고 천겁 만겁 긴 세월에 걸쳐 부처의 위의나 세행細行을 배워야 부처가 될 수 있다'라고 설하는데, 요즈음 남방에서는 마조 도일이라는 자가 '마음이 그대로 부처[즉심즉불卽心卽佛]'라고, 되지도 않는 소리를 하니 크게 잘못되었다"라고 분개하고, 《금강경》에 관한 모든 주석서를 짊어지고 남방으로 가버렸다.

가는 도중, 한 노파가 떡을 팔고 있어 그것으로 점심을 때울까 생각하고 짊어진 물건을 내려놓으니, 노파가 "스님께서는 무엇을 그렇게 무겁게 지고 오셨습니까?"라고 물었다. 덕산은 《금강경》의 주석본이오"라고 했다. 노파가 말하기를, "한 가지 물어봅시다. 《금강경》 가운데 '과거심불가득 현재심불가득 미래심불가득'이라는 구절이 있습니다만, 스님은 어느 마음에 점을 찍겠습니까[점심點心]? 답하시면 이 떡을 공양으로 드릴 테고, 답을 못 하시면 바로 떠나주십시오"라고 했다. 젊은 날 덕산은 '삼세심가득三世心不可得'이라는 말씀을 머리로는 이해했지만, 그 마음을 삼세 어디에 찍겠는가 하니 도무지 말이 나오지 않았다.

덕산은 노파에게 단 한마디도 말을 할 수 없었다. 노파에게 일거에 패한 덕산은 머리를 숙이고 그의 지시대로 천황 도오天皇道悟, 748-807의 법을 이은 용담 숭신龍潭崇信화상을 찾아가게 된다. 용담 곁에서 개오開悟한 덕산은 《금강경》의 모든 주석서를 법당 앞에서 태워버렸다. 이 이야기는 《무문관》 제28칙에 나온다.

이후 어느 날, 덕산은 위산 영우가 많은 문하를 거느리고 있다는 말을 듣고, 바로 위산 영우가 있는 대위산 동경사同慶寺를 방문했다. 본칙은 덕산이 천하에 덕명이 높은 위산을 방문한 이야기이다.

송에서, "한 번 간파하고 두 번 간파한다"라는 말은 본칙에 있는 설두 자신의 두 번의 착어를 인용한 것으로, 둘 다 설두가 덕산을 간파했다는 말이다. 다음에 나오는 '설상가상'은 세 번째 착어로, 덕산의 위세에 대해 위산이 한 말을 설두가 한마디로 간파해버렸다는 것이다.

'험타嶮墮'는 아주 위험하다는 뜻으로, 덕산에 대한 위산의 수법을 말한다. '비기장군飛騎將軍'은 한나라의 유명한 장군 이광李廣이다. 《사기史記》에 의하면, 이광은 적의 포로가 되어 위험한 가운데서 탈출한 적이 있다고 한다. 여기서는 덕산의 일을 비유한다. 덕산은 위산에게 잡혀 포로가 되지만, 결국 용케 빠져나왔다. "다시 살아나올 자 몇인가"라는 말은 덕산처럼 훌륭하게 빠져나오는 자가 대체 있을까 하는 의미이다. 덕산에 대한 칭찬이다. 위산에게 붙잡혔을 때 이처럼 훌륭하게 도망친 것과 같은 일은 누구도 할 수 없다는 말이다.

"급히 빠져나가도"는 덕산이 재빨리 도망가는 것이고, "방과하지 않는다"는 위산이 쉽게 놓아주지 않았다는 의미이다. "고봉 정상, 수풀 속에 앉았네"는 위산이 덕산을 고봉 정상의 풀 속에 앉게 했다는 말이다. 위산 쪽이 한 수 위라는 것을 보여준다. "쯧쯧!"은 질책하는 소리지만, 여기서는 설두가 확실히 공부해보자고 우리를 끌어당기는 의미이기도 하다.

제5칙

설봉, 온 대지

설 봉 진 대 지
雪峰盡大地

【수시】

무릇 종지를 세우려면 반드시 뛰어난 자라야 한다. 살인을 하고도 눈
하나 깜짝하지 않는 수단이 있다면 가히 그 자리에서 성불하리라. 그
러므로 비춤과 작용이 함께하고, 쥐락펴락이 자재하며, 근원과 현상이
둘이 아니고, 방편과 실상이 병행한다. 그러니 제일의第一義는 놔두고
제이의第二義의 문을 세운다. 직하直下에 갈등을 절단하면 후학 초심
자들이 다다르기 어렵다. 어제 그러했던 것은 어쩔 수 없었다 해도, 오
늘 또 그러하다면 죄와 허물이 하늘에 미칠 것이다. 눈 밝은 놈이라면
한 점이라도 속지 않을 것이다. 그렇지 않다면, 호랑이 아가리 속에 드
러누워 몸을 잃고 목숨을 버리는 것을 면할 수 없다. 예를 들어볼 테니
참구해보라.

大凡扶竪宗教。須是英靈底漢。有殺人不眨眼底手脚。方可立地
成佛。所以照用同時卷舒齊唱。理事不二。權實並行。放過一著。
建立第二義門。直下截斷葛藤。後學初機難爲湊泊。昨日恁麼。事
不獲已。今日又恁麼。罪過彌天。若是明眼漢。一點謾他不得。其
或未然。虎口裏橫身。不免喪身失命。試舉看。

본칙

설봉이 대중에게 말했다. "온 대지를 집어 들어보니 좁쌀 한 톨만 하

다. 그대들 면전에 던졌는데 깜깜해서 알지 못하는구나. 북을 쳐 모든

대중을 동원해 찾아보도록 해라."

雪峯示衆云。盡大地撮來如粟米粒大。抛向面前。漆桶不會。打鼓
普請看。

【송】

소머리가 사라지니 말머리가 돌아온다.

조계의 거울 속에는 티끌 하나 없네.

북을 쳐, 보게 해도 그대는 보지 못하는데

봄이 되면 온갖 꽃들이 누굴 위해 피는가.

牛頭沒馬頭回　曹溪鏡裏絕塵埃
打鼓看來君不見　百花春至爲誰開

무릇 선을 가르치는 이는 영준영묘英俊靈妙한 인물이 아니면 안 된다. 예를 들면, 사람을 죽여야만 하는 절박한 사태에 직면해도 눈 하나 깜짝하지 않는 그런 큰 인물이라야 한다. 그런 인물은 빼어난 식견과 수단을 발휘하고, 문하를 지도하는 방법도 자유자재하며, 심원한 깨달음을 바로 제시하기도 하고, 별난 언행을 취하기도 한다. 이는 대개 수행자의 수준에 맞춘 방편이다.

방편을 쓰지 않는다면 미숙한 납자는 어떻게 하면 좋을지 알 수 없게 된다. 어제와 똑같은 방편을 오늘도 쓴다면 죄와 허물이 깊어질 것이다. 만약 학인들 가운데 식견이 있는 자라면 방편의 배후에 있는 불법의 제일의第一義를 정확히 파악할 것이다. 만약 그러한 식견이 없는 자라면, 선사의 방편에 접하는 것은 위험하다. 호랑이 아가리 속에 드러눕게 되어, 결국 몸을 다치고 목숨을 잃게 될 것이다. 여기에 한 칙의 공안을 제시한다. 공부 한번 해보라.

어느 때 설봉은 대중에게, "온 대지는 굉장히 광대하다고 생각했는데 집어 들어보니 쌀 한 톨 정도밖에 되지 않았어. 그런데 그대들 면전에 던졌는데, 내가 내던진 것이 전혀 보이지 않는다면[칠통불회漆桶不會] 북을 쳐서 산중의 모든 대중을 동원해 찾아보도록 해봐!"라고 하였다. 이것이 본칙의 내용이다.

설봉 의존雪峯義存, 822-908은 천주泉州 남안현南安縣 출신이다. 부용 영훈芙蓉靈訓·대자 환중大慈寰中·투자 대동投子大同·동산 양개洞山良价·덕산 선감德山宣鑑에게 참문하였다. 특히 '삼도투자구지동산三到投

子九至洞山', 즉 '3년간 투자에게, 9년간 동산에게'라고 전해질 정도로 투자와 동산을 자주 참문했지만, 동산의 조언을 받아 덕산의 법을 이었다. 설봉산의 개산開山 제1조로서 머물기를 39년, 법석法席은 대단히 번성하여 문하에 운문 문언雲門文偃, 864-949, 현사 사비玄沙師備, 835-908, 보복 종전保福從展, ?-928, 장경 혜릉長慶慧稜, 854-932 등 수많은 준재들이 있었다.

설두는 설봉의 깨달음의 경지에서 그의 설법의 진수를 드러내어 송고頌古를 지었다. 우선, "소머리가 사라지니 말머리가 돌아오네", 즉 지옥의 옥졸獄卒 우두牛頭가 모습을 감추었다고 생각했는데 다른 옥졸 마두馬頭가 돌아왔다고 했다. 이는 본칙의 취지를 명쾌히 밝힌 말이다. 삼구에서는 "조계의 거울 속에는 티끌 하나 없네", 다시 말해서 본래 조계산의 거울, 즉 깨달음의 세계는 증애취사憎愛取捨의 티끌이 전혀 없다고 하며, 설봉의 깨달음의 경계를 있는 그대로 말했다. 그렇지만 참학자參學者들은 이 점을 알지 못했다. 설두는 설봉이 '산중의 승려 전부 집합시켜 찾아보라'라고 하며 친절한 마음을 보였다고 했다. 찾는다고 해서 찾아지는 것이 아니라는 의미이다. 설두는 "모든 꽃은 봄이 되면 일제히 피지만, 사람에게 보이기를 의식해서 피는 것은 아니다"라고 부언했다. "그 꽃은 대체 누구를 위해 필까"라는 말은, 본칙에 대한 견해를 내놓아보라는 의미이다.

제6칙

운문, 날마다 좋은 날

운 문 일 일 시 호 일
雲門日日是好日

운문이 말했다. "십오일 이전에 대해서는 그대들에게 묻지 않겠다. 십오일 이후에 대해서 한마디 해보아라." 스스로 대신해서 말했다. "날마다 좋은 날."

운 문 수 어 운　　십 오 일 이 전 불 문 여　　십 오 일 이 후 도 장 일 구 래　　자 대
雲門垂語云。十五日已前不問汝。十五日已後道將一句來。自代
운　　일 일 시 호 일
云。日日是好日。

【송】

하나를 버리고 일곱을 집어내니

하늘 땅 사방, 짝할 것이 없네.

천천히 걸으며 흐르는 물소리를 차버리고,

무심히 보며 나는 새의 자취를 그리네.

더부룩하고 무성한 풀, 자욱한 안개,

수보리 앉은 바위에 꽃들이 가득하네.

손가락 튕기며 슬픔을 가누는 순야다여!

꼼짝 마라. 움직이면 삼십 방.

<ruby>去<rt>거</rt></ruby><ruby>却<rt>각</rt></ruby><ruby>一<rt>일</rt></ruby><ruby>拈<rt>염</rt></ruby><ruby>得<rt>득</rt></ruby><ruby>七<rt>칠</rt></ruby>　　<ruby>上<rt>상</rt></ruby><ruby>下<rt>하</rt></ruby><ruby>四<rt>사</rt></ruby><ruby>維<rt>유</rt></ruby><ruby>無<rt>무</rt></ruby><ruby>等<rt>등</rt></ruby><ruby>匹<rt>필</rt></ruby>

去却一拈得七　　上下四維無等匹

徐行踏斷流水聲　　縱觀寫出飛禽跡

草茸茸煙冪冪　　空生巖畔花狼籍

彈指堪悲舜若多　　莫動著　動著三十棒

해설

운문雲門文偃, 864-949화상이 설법하여 말하기를, "십오일 이전에 대해서는 그대들에게 묻지 않겠다. 십오일 이후에 대해 한마디 일러보라"라고 했다. 아무도 답을 하지 않으니 운문 자신이 "날마다 좋은 날"이라고 했다. 이것이 본칙의 내용이다.

　운문 문언은 처음 목주 도명睦州道明, 780~877 화상에게 참했다. 목주는 선기禪機가 선풍뇌전旋風雷電처럼 예리하여 참학자들이 쉽게 접근할 수 없었다. 예컨대 신참자가 절에 들어오면 바로 멱살을 잡고 "자아, 한마디 일러보라! 말해봐!"라고 날카롭게 들이대곤 했다. 신참이 머뭇거리며 대답하지 못하면 바로 내던지며 "이런 쓸모없는 놈!"이라고 매섭게 소리치곤 했다.

운문도 목주를 상견할 때 2회 정도 이렇게 내쫓겼다. 세 번째 목주의 방장실 앞에 서서 문을 한두 번 두드렸다. "누구야!" "문언입니다." 운문이 대답하자 문이 조금 열렸다. 운문이 방장方丈 안으로 뛰어 들어가려고 했지만, 목주는 곧 운문의 멱살을 잡고 "말해, 말해!"라고 윽박질렀다. 운문은 당황했다. 그렇지만 운문은 그 기세에 지지 않으려고 막 한쪽 발을 문 안에 딛고 있었는데, 목주가 문을 격하게 닫아버려 운문의 한쪽 발이 문틈에 끼었다. 운문은 "아야야야…!"라고 비명을 지르는 순간 홀연히 깨달았다.

그러나 후일 운문이 참학도參學徒를 지도한 방법은 목주의 이러한 방식에서 완전히 벗어났다. 목주를 떠난 운문은 당의 재상인 진조陳操의 저택에 3년간 머물다가, 목주의 조언에 따라 설봉에게 가서 법을 이었다. 운문은 평소 참학자參學者를 지도할 때, 그들의 분별의식을 제거하고 바로 깨달음의 세계로 이끄는 뛰어난 수단을 가지고 있었다. 설두 역시 "나는 목주를 흉내 내지 않는 운문의 독자적인 수단을 좋아한다. 운문은 평생 참학자를 위해 그들의 마음에 꽂혀 있는 분별이라는 못, 의식이라는 말뚝을 빼버렸다"라고 했다.

본칙에서, 운문이 대중에게 말했다. "십오일 이전에 대해서는 그대들에게 묻지 않겠다. 십오일 이후에 대해서 한마디 해보아라." 운문 당시는 매월 15일마다 참회의식이 행해졌다. '15일 이전'은 득오得悟 이전이고 '15일 이후'는 득오 이후의 대기대용大機大用을 뜻한다. 무작無作의 묘용을 질문한 것이다. 그렇지만 아무도 답하지 못하자 운문이 스스로 말했다. "날마다 좋은 날."

좋은 날은 '새로운 날' '대단한 날'을 의미한다. '15일 이전' '15일 이

후'라고 했지만, 운문의 답은 '이전' '이후'라고 하는 분별을 넘어서 있다. 그러나 대중들은 문자에 구애되어 이전, 이후라는 분별에 잡혀 아무 말도 하지 못했다. 운문의 '일일시호일!', 이 한마디는 과거·현재·미래라고 하는 분별을 일거에 분쇄해버린다.

설두의 송고에서, 처음 "하나를 버리고"의 '하나'는 수의 첫 번째이자 형이상적인 실재이다. 근원적인 하나를 돌파해버린다는 의미가 있다. "일곱을 집어내니"의 '일곱'은 구체적인 것을 의미한다. 이는 운문이 15일 이전을 묻지 않고 이후를 들고나온 것에 대해 노래한 것이다. 참문參問하는 사람들이 운문의 15일 이전, 이후라는 날짜에 갇히면 자신의 견해가 나오지 않으니 언구에 속지 말라는 뜻이다. 더욱이 "상하 사유上下四維, 짝할 것이 없네"라고 하여, '일일시호일日日是好日'의 근본을 갈파喝破하였다.

원오는 평창에서, 이 절대의 세계를 알면 삼라만상과 초목, 인간, 축생들이 또렷이 자기의 모습을 완전히 드러내고 있음을 직시하게 될 것이라고 하였다. 설두는 운문의 경계를, "천천히 걸으며, 흐르는 물소리를 차버리고 무심히 보고, 나는 새의 자취를 그리네"라고 노래했다. 운문의 근본 세계를 체득한다면, 자연히 흐르는 물을 차 부술 수도 있으며, 허공을 나는 새의 자취를 볼 수도 있다는 것이다. 말하자면, 자유자재한 작용을 노래한 것이다.

그러나 무사無事의 세계 속에서 은좌隱坐하여 작용이 없는 사람들에 대하여 "더부룩하고 무성한 풀, 자욱한 안개 /수보리 앉은 바위에 꽃들이 가득하네"라고 비유적으로 노래하였다. 무성한 풀, 자욱한 안개는 일체개공一切皆空의 세계를 뜻한다. 이 세계에 잠긴 수보리의 암굴 앞에는 하늘에서 꽃비가 내렸다는 말이다. 원오의 평창에는 수보리에 대한 이야기가 소개된다.

수보리는 암굴 속에서 단좌端坐하여 공의 이치를 오득悟得했다. 제석천帝釋天(하늘의 신)이 꽃비를 내려 찬탄했다. 수보리가 물었다. "공중에서 꽃비를 내려 나를 찬탄하는 자는 누구인가?" "저는 제석천이오" "그대는 무엇 때문에 찬탄하는가?" "저는 존자가 무상절대無上絶對의 지혜를 설하고 계심을 존중하기 때문입니다." 수보리는 이상하다고 생각했다. "나는 무상절대의 지혜에 대해 지금까지 한마디도 말한 적이 없다. 그런데 어째서 그대는 나를 찬탄하는가?" 제석천이 말했다. "존자께서는 한마디도 말씀하신 적이 없고, 저도 들은 바가 없었습니다. 이것이 참된 지혜입니다." 또다시 대지가 진동하고 꽃비가 내렸다.

그러나 번뇌 망상이 완전히 끊어졌다고 해도 아직 참된 깨달음에 이른 것은 아니다. 설두는 노래한다. "손가락 튕기며 슬픔을 가누는 순야다여!" '순야다舜若多, sūnyatā'는 허공, 즉 주공신主空神이다. 《능엄경楞嚴經》에 "순야다신은 몸에 촉각이 없다"라고 하였다. 신체는 부처님의 지혜의 광명이 비춰야만 나타난다. 설두의 말은, 만일 일체개공의 이치만을 알고 은좌隱坐한다면 슬픔을 가누지 못하는 순야다같이 되어버린다는 뜻이다. 이 같은 곳에서 일일시호일의 심경은 절대 알 수 없다는 의미이다.

"꼼짝 마라, 움직이면 삼십 방!" 움직이면 삼십 방을 칠 테니 한번 움직여보라고 한다. 말하자면, 공에 들어 꼼짝달싹하지 못하는 수보리의 좌선을 비난한 것이다.

법안, 혜초에게 답하다

법 안 답 혜 초
法眼答慧超

【수시】

말 이전의 한마디, 천 명의 성인이라도 전하지 못한다. 아직 직접 경험
하지 못했다면 대천세계만큼이나 멀리 떨어져 있다. 설사 말 이전을
보고 알아 천하 사람들의 말문을 끊었다 해도 아직 재빠른 놈이 아니
다. 그래서 하늘도 덮을 수 없고, 땅도 실을 수 없으며, 허공도 포용하
지 못하고, 해와 달도 비출 수 없다고 말하는 것이다. 부처도 없는 곳
에 홀로 존귀함을 드러낸다면, 비로소 조금은 명확해졌다고 할 만하
다. 혹 그렇지 못하다면, 한 터럭 끝에 투득透得하여 대광명을 놓아 종
횡무진해야 한다. 만사에 자유자재하게 되면 손 닿는 대로 집어도 옳지
않은 것이 없다. 말해보라, 어떻게 해야 이처럼 기특하게 될까. 다시 말
하는데, 대중들은 알겠는가. 옛 선현의 난행 고행을 알아보는 사람이

없으니, 다만 일대一代를 뒤덮은 공로를 거듭 논해야 할 것이다. 오늘 일은 제쳐두고 설두의 공안은 어떠한가. 아래의 글을 살펴보자.

성전일구 천성부전 미증친근 여격대천 설사향성전변득 절
聲前一句。千聖不傳。未曾親覿。如隔大千。設使向聲前辨得。截
단천하인설두 역미시성조한 소이도 천불능개 지불능재 허
斷天下人舌頭。亦未是性懆漢。所以道。天不能蓋。地不能載。虛
공불능용 일월불능조 무불처독칭존 시교사자 기혹미연 어
空不能容。日月不能照。無佛處獨稱尊。始較些子。其或未然。於
일호두상투득 방대광명칠종팔횡 어법자재자유 신수염래무유
一毫頭上透得。放大光明七縱八橫。於法自在自由。信手拈來無有
불시 차도득개십마 여차기특 부운 대중회마 종전한마무인
不是。且道得箇什麼。如此奇特。復云。大衆會麼。從前汗馬無人
식 지요중론개대공 즉금사차치설두공안우작마생 간취하문
識。只要重論蓋代功。即今事且致雪竇公案又作麼生。看取下文。

본칙

어느 스님이 법안에게 물었다. "혜초가 화상께 여쭙니다. 무엇이 부처 입니까?" 법안이 말했다. "그대는 혜초다."

승문법안 혜초자화상 여하시불 법안운 여시혜초
僧問法眼。慧超咨和尚。如何是佛。法眼云。汝是慧超。

【송】

강남의 봄바람 아직 불지 않는데

자고는 꽃 무리 속에서 울고 있네.

삼단의 폭포 뛰어오른 잉어, 용이 되었지만

어리석은 사람, 밤새 못물만 푸네.

강국춘풍취불기 자고제재심화리
江國春風吹不起 鷓鴣啼在深花裏
삼급랑고어화룡 치인유호야당수
三級浪高魚化龍 癡人猶戽夜塘水

'말 이전의 한마디'는 예로부터 성자들조차 전하지 못한다고 했다. 이 때문에 깨닫지 못한 사람은 '성전일구聲前一句' 근처에도 가보지 못했고, 설사 성전일구를 깨달아 세상 사람의 말문을 끊었다고 해도 아직은 아니라는 것이다. 그러나 다만 하늘도 덮을 수 없고 땅 위에도 실을 수 없고 일월도 비출 수 없는, 모든 것을 넘어선 큰 허공(진실의 자기), 부처조차 없는 세계에 홀로 있다는 느낌이 든다면, 비로소 조금은 괜찮다고 봐도 무방하다. 그렇지만 혹 그렇지 못하다 해도 아주 하찮은 것에서 깨달아 그것이 큰 광명이 되고, 종으로도 횡으로도 자유자재로 세계를 비추고, 자기 생각대로 일상을 살아갈 수 있다면 충분하다고 했다.

그렇다면 무엇을 손에 넣으면 그처럼 훌륭한 삶이 될 수 있을까. 그대들은 알 수 있는가. 예부터 선장禪匠들이 난행 고행을 해서 힘써 얻은 것을 아무도 알지 못한다. 그러한 사람들의 일생일대의 공적을 거듭 문제 삼아보지 않으면 안 된다.

'한마汗馬'는 말이 땀을 흘릴 정도로 말을 몰아 전장에서 공적을 세우는 것을 뜻하지만, 여기서는 선자의 고행을 뜻한다. 원오는 "설두화상이 바로 여기에 내놓은 공안은 대체 무엇을 말하려고 하는 것인가를 잘 살펴보자"라고 권유한다.

어느 스님이 법안法眼文益, 885-958에게 물었다. "혜초가 화상께 여쭙니다. 무엇이 부처입니까?" 법안이 말했다. "그대는 혜초이다."

공안은 아주 간결하다. 마치 무인도에 홀로 서 있는 듯한 이야기이다. 이 이야기는 《경덕전등록景德傳燈錄》권25의 귀종 책진歸宗策眞, ?-979의 전기에 기록되어 있다. 법안이 되물은 말에 혜초(젊은 날의 귀종)가 순간 개오하였다고 한다. 그리고 법안의 법을 이었다. 법안화상은 유식唯識 교학의 대학자였지만 지장 계침地藏桂琛, 867-928의 한마디에 마음이 흔들려 선승으로 옷을 바꿔 입은 사람이다. 제자의 교육에 있어서도 그는 독특한 수단을 가졌다. 그것이 법안종法眼宗의 가풍이 되었다.

법안종의 가풍은 《인천안목人天眼目》이나 《오가종지찬요五家宗旨纂要》등의 선록禪錄에서 보이듯, 대표적으로는 '전봉상주箭鋒相拄'로 알려져 있다. 이것은 스승과 제자의 법거량法擧量을 비유한 표현으로, 원래 의미는 화살과 화살이 서로 맞부딪힌다는 뜻이다. 상대를 상처 내지 않고 굴복시키는 것이 법안의 친절한 지도 방법이다. 이번 경우에도 "무엇이 부처입니까?"라고 하는 화살에 대해 "그대는 혜초이지"라고 하는 화살로 응수하였다. 어느 날 우연히 일어난 승과 노사老師의 문답, 언뜻 보면 일상적인 문답처럼 보이지만, 사람을 죽일듯한 무서운 칼을 품고 있음을 느낄 수 있다.

법안종은 '순인범야巡人犯夜'라고 할 정도로 방심할 틈이 없는 가풍을 보여준다. '범야犯夜'는 야간 통행 금지를 위반한다는 말로, 순찰이 범인을 잡으려고 하면 스스로 '통행 금지'를 어기게 된다는 의미이다. 말하자면, 자기모순에 빠지는 것을 뜻한다.

특히 이 문답은 법안종의 중요한 공안의 하나이다. 설두가 든 이번 공안에서는 선승들로 하여금 '아주 짧은 문답'이 가진 깊은 의미에 눈뜨게 하려는 친절함도 살필 수 있을 것이다.

이 문답에 대한 설두의 송頌은 아주 유명하여, 선록 여러 곳에서 볼수 있다. '강국江國'은 법안이 거주하는 곳을 말한다. 법안法眼文益, 885-958화상이 머문 곳은 양자강 남쪽, 지금의 남경 주변에 있는 청량사이므로, 법안 문익화상을 청량 문익이라고도 한다. 설두는 혜초와법안의 문답 속의 의미를 아름다운 자연의 경계에 비추어 찬탄한다. 혜초의 물음에 대한 법안의 답을 "강남의 봄바람 아직 불지 않는데/자고鷓鴣는 꽃 무리 속에서 울고 있네"라고 노래했다. 원오는 평창에서이 구에 대해 평하기를, 두 사람의 언어는 모두 간결하지만 세계를 다덮고 있다고 하였다.

송의 삼구와 사구에서는 혜초의 재빠른 깨달음을 노래하고, 동시에그것도 모르고 언제까지나 꾸물거리고만 있는 수행자의 어리석음을비웃는다. "삼단의 폭포 뛰어오른 잉어, 용이 되었지만 /어리석은 사람, 밤새 못물만 푸네." 천하에 이름 높은 용문산의 폭포를 뛰어오른잉어가 용이 되어 하늘 저쪽으로 날아가버렸는데, 어리석은 자가 한밤에 못물을 두레박으로 퍼내며 잉어를 계속 찾고 있다는 것이다. 원오는 우리에게 물었다. "그럼 용이 되어 하늘 높이 날아간 잉어는 지금어디에 있지?"

제8칙

취암, 하안거 법문

취 암 하 말 시 중
翠巖夏末示衆

【수시】

알면 도중수용途中受用이니, 마치 용이 물을 만나고 호랑이가 산에 기대는 것과 같다. 알지 못하면 세제유포世諦流布이니, 뿔난 양이 울타리를 처박는 것과 같고, 나무둥치를 지키며 토끼를 기다리는 것과 같다. 어느 때 일구一句는 대지에 웅크린 사자와 같고, 어느 때 일구는 금강왕 보검과도 같다. 어느 때 일구는 천하 사람들의 혀를 차단하기도 하고, 어느 때 일구는 세상의 흐름에 따르기도 한다. 만일 도중수용이면 지음知音을 만나 당연히 그 기機를 알아보고, 복과 화를 알아 서로가 서로를 증명한다. 만일 세제유포한다면 일척안一隻眼을 갖추고 시방을 틀어막고 천 길 낭떠러지에 선다. 그러므로 대용이 눈앞에 나타나면 궤칙이 없다고 말한다. 즉 어느 때는 풀 한 줄기로 장육금신丈六金身을 만드는 데 쓰고, 어느 때는 장육금신으로 한 줄기 풀을 만드는 데 쓴다. 자, 말해보라. 무슨 도리로 그런가. 분명 알겠는가. 예를 들어볼 테니 참구해보라.

會則途中受用。如龍得水。似虎靠山。不會則世諦流布。羝羊觸藩守株待兔。有時一句。如踞地獅子。有時一句。如金剛王寶劍。有時一句。坐斷天下人舌頭。有時一句。隨波逐浪。若也途中受用。遇知音別機宜。識休咎相共證明。若也世諦流布。具一隻眼。可以坐斷十方。壁立千仞。所以道。大用現前。不存軌則。有時將一莖草。作丈六金身用。有時將丈六金身。作一莖草用。且道。憑箇什麼道理。還委悉麼。試舉看。

본칙

취암이 하안거 끝에 대중에게 말했다. "여름 내내 형제들을 위하여 이야기해왔는데, 취암의 눈썹이 붙어 있는지 보시오." 보복이 말하기를, "도적질한 자는 마음이 허하지." 장경이 말하기를, "(눈썹이) 나 있네." 운문이 말하기를, "관關!"

翠巖夏末示衆云。一夏以來。為兄弟說話。看翠巖眉毛在麼。保福云。作賊人心虛。長慶云。生也。雲門云。關。

【송】

취암이 대중에게 말했지만
천고에 대답이 없다.

'관'이라고 응답하니

돈을 잃고 죄를 지었네.

노쇠한 보복,

잘했다고 해야 할지 나무라야 할지.

시끄러운 취암,

분명 도적이다.

흰 구슬에 흠이 없으니

누가 진가眞假를 구별하랴.

장경은 잘 알아,

눈썹이 나 있다 하네.

취암시도 翠巖示徒	천고무대 千古無對
관자상수 關字相酬	실전조죄 失錢遭罪
요도보복 潦倒保福	억양난득 抑揚難得
로로취암 嘮嘮翠巖	분명시적 分明是賊
백규무점 白圭無玷	수변진가 誰辨真假
장경상암 長慶相諳	미모생야 眉毛生也

해설

'도중수용'에서의 '도중途中'은 궁극의 깨달음에 이르기까지의 수행단
계를 뜻한다. '수용受用'은 깨침이다. 본래 수행은 '수증일등修證一等',
즉 '수행이 바로 깨침'이라는 의미를 가지고 있다. 그래서 이를 '도중

수용'이라고 하였다. 깨달은 자는 생활 그대로가 선이고 지금 그대로가 영원이지만, 깨닫지 못한 자는 세상살이에 떠밀리는 대로 살아간다. 결국 깨달은 자는 스스로 자유롭게 생활하지만, 깨닫지 못한 자는 세상만사가 자유롭지 못하다. 흔히 인생은 영원히 도중이라 종점이 없다고 여기지만, 선을 알면 그 도중이 그대로 종점이 되고 이 세상이 그대로 정토임을 알게 된다. 그러한 달인의 경계를 수시에서는 "용이 물을 만나고 호랑이가 산에 기대는 것과 같다"라고 했다.

'세제유포世諦流布'는 언어문자로 세상 사람들에게 널리 퍼뜨리는 것을 뜻한다. 이는 마치 "뿔난 양이 울타리 안으로 머리를 처박는 것과 같다"라고 했고, 또한 "토끼가 나무에 부딪혀 죽기만 기다리는 나무꾼과 같다"라고 했다. 이는 언어문자에 집착하여 근본을 꿰뚫지 못하는 어리석음에 비유한 것이다.

뛰어난 선장禪匠의 한마디는, 어느 때는 대지를 힘차게 밟으며 우렁차게 포효하는 사자와 같고, 어느 때는 모든 갈등을 끊는 금강왕 보검 같으며, 어느 때는 천하 사람의 혀를 차단하여 말할 수 없게 만들고, 또한 어느 때는 파도에 따라 물결이 이는 것 같다. 노인을 만나면 노인처럼, 아이를 만나면 아이처럼 전변자재轉變自在한 힘을 보인다. 원오는 취암翠巖永明의 설법을 이처럼 다양한 비유로 칭송했다.

"만일 도중수용이면 지음知音을 만나 당연히 그 기機를 알아보고, 복과 화를 알아 서로가 서로를 증명한다"라는 말은, 깨달음의 도중에서 깨달음을 체험했다면 지음을 만나 기연을 구별하고 길흉을 알아 서로서로 증명하게 된다는 뜻이다. 운문·보복·장경은 취암의 수행을 잘 알고 있었기 때문에 곳곳에 얽힌 어려움이 있어도 잘 풀어내며 서로 주고받을 수 있었다는 의미이다.

"만일 세제유포 한다면 일척안一隻眼(외눈)을 갖추고 시방을 틀어막고 천 길 낭떠러지에 선다"라는 말은, 만약 세속의 이치에 끌려다닌다면 진리를 보는 일척안을 갖추어도 사방이 꽉 막힌 천 길 절벽에 서게 된다는 것이다. 이는 언어문자에 이끌려 옴짝달싹 못 한다면 천 길 낭떠러지 험한 절벽에 서서 한 발자국도 내딛지 못하는 것과 같다는 말이다. 여기서 일척안은 견식이 불충분하다는 뜻이다.

"대용이 눈앞에 나타나면 궤칙이 없다." 이는 '도중수용'한 자를 뜻한다. '궤칙이 없음'은 자유 활달하다는 뜻이다. 이러한 사람은 어느 때는 한 줄기 풀로 장육금신丈六金身(부처님의 몸)을 만들고, 어느 때는 장육금신을 한 줄기 풀로 만든다고 했다. 굴레에 매여 있지 않고, 세상의 이치를 깨달아 자재하게 살아가는 자를 의미한다. 원오는 "자, 말해보라! 무슨 도리로 그런지 분명히 알겠는가"라고 다그치고, 시험 삼아 예를 들어볼 테니 참구해보라고 한다.

본칙은 취암 가진翠巖可眞이 하안거 끝에 시중한 일을 들었다. 여기에 나오는 취암, 보복, 장경, 운문은 모두 설봉 의존의 제자이다. 운문이 가장 선배이고 취암이 막내이다. 취암이 시중할 때 세 사형이 보좌하였던 것 같다. 시중이 끝나고 취암이 사형들에게 인사를 하였다. 인사가 예사롭지 않다. 여름 내내 형제들을 위해 이야기해왔는데, 자신(취암)의 눈썹이 있는지 봐달라는 것이다.

눈썹이 남아 있는지를 보라는 것은, 쓸데없는 부정한 설법으로 그 죄와 허물이 하늘을 찔러 눈썹이 빠지기라도 하지 않았는지를 물은 것이다. 부정한 설법은 명리名利의 사념邪念에서 법을 설한 것을 말한다. 여름 한 철 매일 설법했으니 그 사념이 없을 리가 없다.

보복은 이러한 취암의 설법을 "도적질한 사람, 마음이 허하군"이라고 했다. 마음이 허하다는 것은 두렵고 불안하다는 것이다. 다음 장경은 "(눈썹이) 나 있네"라고 했다. 눈썹이 빠지기는커녕 더 잘 나 있다는 것이다. 취암의 훌륭함을 눈썹에 비유한 것이다.

운문은 "관關!"이라고 했다. 문을 세게 닫는 소리이다. '문이 잠겨 있는데 여기를 빠져나간다고?'라는 의미가 내포되어 있다. '색즉시공'의 도리를 이론적으로는 알아도 실제적으로는 유·무의 이견二見이 부서지지 않으니, 한 번 투과해보라는 것이 운문의 '관關'의 의미이다.

설두는 송에서 네 선사가 전한 의미를 간결하게 노래했다. 취암의 설법은 실로 고금에 비할 바 없는 감로甘露 맛이어서 누구 하나 대꾸할 자가 없었는데, 운문에게 '관!'이라고 역습당했다고 하였다. 운문의 '관'의 의미는 눈썹이 있는지를 묻지 말고 직접 눈썹을 만져보라는 것이다. 진실로 법을 잘 설했는지 묻는 취암에게 일침을 놓은 것이다. 운문의 이 같은 '할'에 세 사람 모두 망연자실하였다. 이를 "돈 잃고 죄를 지었네"라고 했다.

설두는 노쇠한 보복의 대답에 대해서 잘했다고 해야 할지 나무라야 할지 모르겠다고 하였다. 여기에서 '도적'은 미오·범성·시비·득실 같은 분별 망상을 상대가 알지 못하는 사이에 훔치는 명인이다. 대도적이긴 하지만 속이 텅 비어 허적虛寂하다. 설두는 취암이 도적임에 틀림없다고 하며, "흰 구슬에 티 하나 없으니 누가 진위를 구별하랴"라고 노래한다.

마지막 구에서 설두는 그 사형제들 중 장경이 가장 잘 알아서, "눈썹이 나 있네"라고 말했다고 하였고, 송의 말미에서 대중에게 어디에 눈썹이 나 있는지 철견해보라고 다그쳤다.

제9칙

조주, 사문

조 주 사 문
趙州四門

【수시】

거울은 아름다움과 추함을 저절로 나타내고, 막야鏌鋣를 쥐면 죽이고 살리기를 마음대로 한다. 한인漢人이 가면 호인胡人이 오고, 호인이 오면 한인이 간다. 죽은 가운데 살고 산 가운데 죽는다. 자 말해보라, 여기에 이르러서 어찌해야 하는가. 만약 관문을 투과하는 눈과 몸을 돌리는 곳[전신처轉身處]이 없다면, 여기에 이르러 도무지 어찌할 바를 모른다. 자 말해보라, 어떤 것이 관문을 투과하는 눈이며 몸을 돌리는 곳인가. 예를 들어볼 테니 참구해보라.

명 경 당 대　　　연 추 자 변　　　막 야 재 수　　　살 활 임 시　　　한 거 호 래　　　호 래 한 거
明鏡當臺。 妍醜自辨。 鏌鋣在手。 殺活臨時。 漢去胡來。 胡來漢去。
사 중 득 활　　활 중 득 사　　차 도 도 저 리　　우 작 마 생　　약 무 투 관 저 안 전 신
死中得活。 活中得死。 且道到這裏。 又作麽生。 若無透關底眼轉身

58

처 도 저 리 작 연 불 내 하 차 도 여 하 시 투 관 저 안 전 신 처 시 거 간
處。到這裏灼然不奈何。且道如何是透關底眼。轉身處。試舉看。

어떤 스님이 조주에게 물었다. "무엇이 조주입니까?" 조주가 말했다.
"동문, 서문, 남문, 북문."

승 문 조 주 여 하 시 조 주 주 운 동 문 서 문 남 문 북 문
僧問趙州。如何是趙州。州云。東門西門南門北門。

【송】

말 속에 선기를 드러내 정면으로 대하니

삭가라의 눈에는 작은 티끌 하나 없네.

동서남북 네 문으로 상대하니

한없이 쇠방망이를 휘둘러 내리쳐도 열리지 않네.

구 리 정 기 벽 면 래 삭 가 라 안 절 섬 애
句裏呈機劈面來 爍迦羅眼絕纖埃
동 서 남 북 문 상 대 무 한 륜 추 격 불 개
東西南北門相對 無限輪鎚擊不開

해설

'명경대明鏡臺'는 깨끗한 거울이다. 그것은 아름다운 것이든 추한 것이
든 있는 그대로 비춘다. 한 치의 어긋남도 없다. '막야鏌鎁'는 명검을
뜻한다. 선사는 명검으로 앞에 온 놈을 한순간에 살리기도 죽이기도
한다. 명경은 한인漢人이 오면 한인을 비추고 호인胡人이 오면 호인을

비춘다. 여기서 한인과 호인은 '문명인'과 '비문명인'을 뜻하는 것이 아니라 '누구나'를 의미한다.

선사는 '선기禪機'를 가지고 철저히 구분한다. 선기는 명검이 되어 살활자재殺活自在, 죽은 자는 살려내고 산 자는 죽인다. 만약 그런 사람이 앞에 나타났을 때 그대들은 어떻게 해야 할까.

'몸을 돌리는 곳[전신처轉身處]'은 미혹함에서 깨달음으로 활로를 열어나가는 '기機'를 뜻 한다. 즉 살활자재를 의미한다. 그러면 어떤 것이 관문을 투과하는 눈이며 몸을 돌리는 곳인가. 예를 들어볼 테니 참구해보라고 했다.

어느 승이 조주 종심趙州從諗, 778-897 앞에 와서 "무엇이 조주입니까?"라고 물었다. 조주는 "동문, 서문, 남문, 북문"이라고 답했다.

본래 선수행자가 스승에게 묻는 데는 여러 가지 방식이 있다. 분양선소汾陽善昭, 947-1024라는 선승은 그것을 18종류로 분류('분양십팔문汾陽十八問'이라고 함)하였다. 원오에 의하면, 여기서 승이 조주에게 건넨 물음은 바로 그중에 '험주문驗主問' 또는 '탐발문探拔問'에 해당된다고 한다. 험주문은 글자 그대로 스승의 기봉機鋒(선심禪心의 힘, 작용)이 깊은지 얕은지를 오만하게도 제자 쪽에서 시험하는 질이 나쁜 질문이다.

이 물음에 대해, 조주는 역시 기봉機鋒이 예리한 선승이기 때문에 이 납자가 무엇을 묻는지 형안炯眼으로 간파했다. 여지를 두지 않고 조주는 '동서남북의 문'이라고 간명직절簡明直截하게 말했다.

'조주趙州'는 본래 종심이 거처하던 곳의 지명이다. 지명 뒤에 '화상'이라는 호칭을 붙여 부르는 것이 당시 관습이었던 것 같다. 백장화상, 황벽화상, 임제화상 등의 이름도 모두 그들이 거주한 지명에서 유래하였다. 그래서 "무엇이 조주입니까"라는 물음에 대해 화상은 "그렇지, 조주성에는 동서남북에 각각 문이 있지"라고 투박하게 답하였다. 여기에는 나와 있지 않지만 본래의 기록에는 다음과 같은 후반부의 이야기가 있다.

그 승은 "저는 그 같은 조주를 여쭌 것이 아닙니다"라고 말했다. 그러자 조주는 "그러면 너는 어떤 조주를 묻는 것이야?"라고 말했다고 한다. 승은 '조주'라는 장소를 물은 것이 아니라 조주화상, 당신은 누군가를 물었고, 조주화상은 '그럼, 그대가 묻는 조주는 뭐야?'라고 반문한 것이다.

어떤 것이 조주인가를 물으니 선사는 바로 네 문을 말했다. 바로 이 순간 은산철벽銀山鐵壁 앞에 선 승은 '투관의 눈', 즉 관문을 통과할 수 있는 눈을 가지고 '한마디' 말해야 한다. 그러기 위해서는 미혹에서 깨달음으로 방향을 트는 '기機'가 있어야 한다. 이를 원오는 '전신처轉身處'라고 했다. 이러한 경계에서 어떻게 해야 할지, 우리에게 제시된 물음이기도 하다.

이 문답에 대해 설두는 첫 구에서 다음과 같이 노래한다. "말속에 선기를 드러내 정면으로 대하니, 삭가라燦迦羅의 눈에는 작은 티끌 하나 없네." 납자와 명인의 만남, 즉 자신의 힘을 과시하려고 정면으로 나선 납자와, '삭가라의 눈'처럼 밝은 조주의 만남 장면을 묘사하고 있다. '삭가라의 눈'을 원오는 '금강안'이라고 했다. 천 리 밖에 있는 가는 깃털을 볼 뿐만이 아니라 정사·득실을 구별하고 길흉을 식별하는 눈이다. 조주의 눈이 그랬다. 묻는 승의 복심腹心을 환히 꿰뚫어 보고 있었다.

"동서남북 네 문으로 상대하니, 한없이 쇠방망이를 휘둘러 내리쳐도 열리지 않네." 조주는 네 문으로 말해주었다. 승이 문을 열려고 아무리 쇠망치를 휘둘러도 열리지 않았다. 말미의 이 구는 설두가 대중에게 제시한 공안이다. 그대는 어떻게 하면 열 수 있을까.

목주, 엉터리 같은 놈

목 주 략 허 두 한
睦州掠虛頭漢

【수시】

그렇다, 그렇다. 틀렸다, 틀렸다. 만약 논전을 한다면 각기 전처轉處에
서게 된다. 그래서 말하기를, "향상으로 구르면 바로 석가, 미륵, 문수,
보현, 천만 성인, 천하 종사가 모두 말문이 막히지만, 향하로 구르면 초
파리, 진드기, 온갖 중생들 하나하나가 다 대광명을 놓고, 만 길이나 되
는 낭떠러지에 서 있을 것이다"라고 했다. 만일 위로도 아래로도 아니
라면 어떻게 할 것인가. 조문條文이 있으면 조문을 따르고 조문이 없
으면 선례를 따른다. 예를 들어볼 테니 참구해보라.

임 마 임 마　　불 임 마 불 임 마　　약 론 전 야　　개 개 립 재 전 처　　소 이 도　　약
恁麼恁麼。　不恁麼不恁麼。　若論戰也。　箇箇立在轉處。　所以道。　若
향 상 전 거　　직 득 석 가 미 륵　　문 수 보 현　　천 성 만 성　　천 하 종 사　　보 개
向上轉去。　直得釋迦彌勒。　文殊普賢。　千聖萬聖。　天下宗師。　普皆

음기탄성 약향하전거 혜계멸몽 준동합령 일일방대광명
飲氣吞聲。若向下轉去。醯雞蠛蠓。蠢動含靈。一一放大光明。
일일벽립만인 당혹불상불하 우작마생상량 유조반조 무조반
一一壁立萬仞。儻或不上不下。又作麼生商量。有條攀條。無條攀
례 시거간
例。試舉看。

본칙

목주가 납자에게 물었다. "여기 오기 전 어디 있었는가?" 납자가 바로

'할'을 했다. 목주가 말했다. "노승이 너에게 한 방 맞았군." 납자가 또

다시 '할'을 하자 목주가 말했다. "세 번, 네 번 '할'을 한 후에는 어떻

게 할 건데?" 납자가 말이 없자 목주가 바로 후려치며 말했다. "이런

엉터리 같은 놈!"

목주문승근리심처 승변할 주운 로승피여일할 승우할 주
睦州問僧近離甚處。僧便喝。州云。老僧被汝一喝。僧又喝。州
운 삼할사할후작마생 승무어 주변타운 저략허두한
云。三喝四喝後作麼生。僧無語。州便打云。這掠虛頭漢。

【송】

두 번의 할, 세 번의 할,

작자는 기변을 안다.

호랑이 위에 탔다고 하면

둘 다 애꾸눈이 된다.

누가 애꾸눈인가.

들고 나와 천하 사람들에게 보이겠다.

량할여삼할 작자지기변
兩喝與三喝　作者知機變
약위기호두 이구성할한
若謂騎虎頭　二俱成瞎漢

수 할 한　염 래 천 하 여 인 간
誰瞎漢　拈來天下與人看

해설

'그렇다' '틀렸다'라는 것은 선자들이 법전法戰(문답)을 할 때 전신자재
轉身自在하게 기용을 나타내는 말이다. '전처轉處'는 '전신처轉身處'라
고도 하는데, 미혹에서 깨달음으로 탈바꿈한다는 뜻이다. 그렇기 때문
에 만약 납자가 '틀렸어, 틀렸어!'라고 말하며 모든 존재를 완전히 부
정하는 입장에 서면, 바로 석가·미륵·문수·보현을 비롯한 모든 불보
살이나 만천하의 선장禪匠들이라도 명하여 말할 수 없게 된다. 또한
'그렇다, 그렇다!'라고 말하며 모든 것의 존재를 긍정하는 입장에 서
면, 벌레들을 비롯한 일체의 생물이 각각 부처로서 대광명을 놓고 부
처로서의 절대성을 발휘한다. 그런데 만일 법전의 상대가 일체를 부정
도 긍정도 하지 않는 입장이라면 어떻게 대응하는 것이 좋을까. 일정
한 형식이 있으면 그것에 따라 대응해도 좋고, 형식이 없으면 옛 관례
에 따라 대응할 수밖에 없다. 원오는 시험 삼아 이 공안을 제시하니 참
구해보라고 했다.

목주 도명睦州道明, 780-877은 강남(절강성)의 목주 출신이다. 성이 진陳
씨이므로 진존숙陳尊宿, 진포혜陳蒲鞋라고도 한다. 황벽 희운黃檗希運,
?-850의 법을 잇고 관음원 용흥사 등에 머물렀다. 지계持戒가 엄정하고
삼장三藏에도 정통한 학장學匠이었지만, 학인을 교도하는 언행은 준
열하고 분방하였다고 한다.

목주화상이 납자에게 말했다. "여기 오기 전에 어디에 있었는가?" 납자가 느닷없이 '할'이라고 목주에게 소리쳤다. 목주는 아주 차분하게 말했다. "노승이 너에게 한 방 맞았군." 납자가 또 "할"이라고 소리쳤다. 목주가 느슨하게 말했다. "세 번, 네 번 '할'을 한 후에는 어떻게 할래." 계속 할을 해대는 납자에게 더 이상 '할'을 할 수 없을 때는 어떻게 할 것인지를 물었다. 납자는 한마디도 할 수 없었다. 당황했다. 목주는 갑자기 승을 내리치면서 "이 엉터리 같은 놈!"이라고 했다.

'약허掠盧'는 경솔하고 경박하다는 뜻이다. 속은 전혀 모르면서 수박 겉핥기마냥 겉치레만 하는 것을 의미한다. 선법을 선양하는 데는 대오 철저한 종사가宗師家의 견식과 역량이 없으면 안 된다. 목주의 예리한 언동은 전광電光과 같았다.

평소 목주는 불교 교학에 조예가 깊은 학승들을 점검했다. 본칙에 나오는 납자도 참선학도로서, 스스로 자부심을 가지고 목주 앞에 선 것이다. 그러나 용두사미가 되었다. '할'로서 목주를 제압해보려고 했지만 도리어 자신이 제압당했다. 임제臨濟義玄, ?-867의 '사할四喝'을 살펴보면, 어느 때의 '할'은 금강왕 보검과 같고, 어느 때의 '할'은 대지에 웅크린 사자와 같고, 어느 때의 '할'은 탐간영초探竿影草*와 같고, 어느 때의 할은 소용이 없는 것이라고 했다. 더 이상 '할'을 할 수 없을 때는 어떻게 할 것인가라는 물음에 당혹한 승을, 목주는 바로 그 자리에서 무섭게 내리쳤다. "이 엉터리 같은 놈!" 사량분별을 완전히 부숴버린

---

* 어부가 고기를 잡을 때는 먼저 물의 깊고 얕음을 알아보기 위하여 막대기를 사용하고, 도둑이 남의 집에 들어가려 할 때는 먼저 풀 묶음을 달빛에 흔들어서 창문에 비추어 본다는 말. 납자들의 수행 정도를 시험해보는 방편으로서의 '할'을 의미한다.

것이다.

이러한 본칙에 대해 설두의 송은 조금 다르다. "두 번의 할, 세 번의 할"은 납자가 흉내 낸 할을 노래한 것이고, "작자는 기변機變을 안다"라는 말은 납자에게 질문한 목주의 말을 가리킨다. 여기서 작자는 목주이다. 두 구는 방행放行(긍정. 납자의 두 번의 할을 허락하는 언동)과 파주把住(부정. 납자의 말 없음에 한 방을 후려치는 언동)를 보였다. 상대를 멋지게 이끄는 목주의 기봉과, 그 목주에 대해 '할'을 할 때와 가만히 있어야 할 때를 아는 납자의 기봉機鋒을, 참선자들이 알아야 할 궤범으로 예시한 것이다.

"호랑이 등에 탔다고 하면"이라는 말은, '만약 어디까지나 목주가 주된 자리에 섰다고 한다면'이라는 의미이다. "둘 다 애꾸눈이 된다"라는 말은 목주도 납자도 모두 애꾸눈이라는 뜻이다.

그러고는 다시 "누가 애꾸눈인가"라고 물었다. 만약 납자가 반성했다고 한다면 기변機變을 알지 못하는 것은 목주 쪽이 아닌가. 설두는 마지막 송에서, 누구라고 판정한다면 그를 데리고 나와 천하 사람들에게 보이겠다고 말한다. "누가 진정 애꾸눈인지를 가름해보게." 설두가 제시하는 공안이다.

제11칙

황벽, 술지게미나 먹을 놈

_{황 벽 당 주 조 한}
黃檗噇酒糟漢

【수시】

불조의 대기를 완전히 장악하여 인간계와 천상계의 생명들이 모두 그의 지호指呼를 받는다. 대수롭지 않은 말 한마디로 무리를 놀라게 하고 대중을 움직이며, 하나하나의 작용과 동작은 족쇄를 풀고 형틀을 부순다. 향상의 근기를 만나면 향상의 일을 내보인다. 말해보라, 일찍이 이 같은 자는 누구였는가? 낙처를 알겠는가. 예를 들어볼 테니 참구해보라.

_{불조대기　전귀장악　인천명맥　실수지호　등한일구일언　경군}
佛祖大機。全歸掌握。人天命脈。悉受指呼。等閑一句一言。驚群
_{동중　일기일경　타쇄고가　접향상기　제향상사　차도십마인증}
動衆。一機一境。打鎖敲枷。接向上機。提向上事。且道什麼人曾
_{임마래　환유지락처마　시거간}
恁麼來。還有知落處麼。試舉看。

황벽이 대중에게 말했다. "너희는 모두 술지게미나 먹을 놈들이다. 그렇게 쏘다닌다면 어디에서 '오늘'을 알겠는가? 대당국에 선사가 없음을 알기나 하는가?" 그때 어느 승이 나서서 말했다. "하지만 제방에서 무리를 가르치고 대중을 이끄는 이가 있는 것 같은데, 그럼 그들은 무엇입니까?" 황벽이 말했다. "선이 없다고 말하는 것이 아니라 단지 스승이 없다고 말한 것이야."

黃檗示衆云。汝等諸人。盡是噇酒糟漢。恁麽行脚。何處有今日。還知大唐國裏無禪師麽。時有僧出云。只如諸方匡徒領衆。又作麽生。檗云。不道無禪。只是無師。

【송】

늠름한 고풍을 자랑하지 않고
단정히 천하에 거주하며 용과 뱀을 판정한다.
대중천자가 일찍이 가볍게 건드렸다가
세 번이나 몸소 손톱과 어금니에 할퀴었네.

凜凜孤風不自誇　端居寶海定龍蛇
大中天子曾輕觸　三度親遭弄爪牙

불조佛祖의 큰 기략機略(수완)을 몸에 갖추어, 천상계와 인간계에 존재하는 모든 생명들이 그의 지호를 받는다. '지호指呼'는 손가락 끝이나 입으로 자유로이 지시한다는 뜻이다. 지호를 받는다는 것은 따른다는 의미이다.

"무심코 내뱉는 말 한마디로 모든 사람들을 경동시키고, 하나하나의 작용과 동작은 족쇄를 풀고 형틀을 부순다"라는 말은 한마디로, 속박된 것으로부터 벗어나게 한다는 의미이다.

향상向上의 '향'은 '어於'와 같은 의미로, '~에서'의 뜻이다. '향상기向上機'는 한 단계 위의 근기根機이다. '향상사向上事'는 한 단계를 넘어선 소식이다. 말하자면, 한 단계 위의 근기 있는 자를 만나서는 한 단계 위의 소식을 제시한다는 뜻이다. 일찍이 이 같은 자는 누구였는가! '낙처落處'는 급소·요점, 즉 궁극의 포인트를 말한다. 시험 삼아 예를 들어볼 테니 참구해보라고 하였다.

본칙은 황벽이 공부한답시고 행각하는 납자들을 질타하는 내용이다. 황벽 당시에는 마조파나 석두파, 우두파의 선승들이 각지에서 왕성하게 선도禪道를 설하고 있었으며, 한 스승 아래 수천 수백 사람이 수행지도를 받았다. 불법을 반 푼어치밖에 모르면서 여기저기 돌아다니며 자신의 견식에 만족해하는 선승들을 황벽은 어리석다고 여겼다.

황벽은 "너희는 모두 술지게미나 먹을 놈들이다. 이렇게 여기저기 쏘다닌다면 세상 사람들에게 비웃음을 살 것"이라고 했다. 말하자면, 그대들처럼 안이하게 수행을 한다면 언제 '오늘'의 경계를 깨칠까 하는 말이다. '오늘'은 '바로 지금'이라는 의미이다. 대해탈의 경지이다. 대오철저의 순간은 바로 지금이다. 선계禪系가 충실한 당 시대에, 황벽은 행각하는 납자들이 자신의 본분사를 잃어버리고 이리저리 다니며 선사들을 만나 알량한 자신의 경계를 내보이려는 모습에 분개하였다.

또한 "그대들은 대당국에 선사가 없음을 알기나 하는가"라고 했다. 황벽의 눈에는 제방諸方의 납자를 눈뜨게 할 만한 선사가 보이지 않았던 것이다. 선의 대종장大宗匠이 무수히 배출된 시대인데도 말이다.

운수雲水들 가운데에는 구도심에 불타는 자가 있었던 모양이다. 황벽에게 정색을 하고 질문한다. "여러 곳에서 무리를 가르치고 대중을 이끄는 이가 있는 것 같은데, 그들은 그럼 무엇입니까?" 황벽은 분명히 말해주었다. "선이 없다고 말한 것이 아니라 다만 선사가 없다고 말한 것이다." 선은 천지에 있다. 유정무정이 본래 부처이다. 그런데 이를 깨닫게 해주는 스승이 단 한 사람도 안 보인다는 것이다. 들어서 깨닫는 것이 아니라 수행자 자신이 직접 깨달아야 한다. 스승은 다만 '향상기'를 접하면 '향상사'를 제시할 뿐이다. 그러니 여기저기 다니면서 백 날 물어본들 될 일이 아님을 천명한 것이다.

본칙의 황벽 희운黃檗希運, ?-850은 홍주洪州 황벽산으로 출가하였다. 후에 백장 회해百丈懷海, 749-814를 참례하고 그의 법을 이었으며, 진주鎭州 용흥사에 살며 선법을 선양하였다. 그의 법을 이은 제자로 임제 의현이 있다.

전기에 의하면, 황벽은 신장이 7척(약 2미터)이며 '이마에 불룩 솟은 것이 육주肉珠같다'라고 한다. 언제나 땅에 이마를 대고 부처님께 예배하여 혹이 나왔다고 하여 사람들은 그것을 '예배류禮拜瘤'라고 했다. '음사랑윤音辭朗潤 지기충담志氣沖澹', 즉 황벽의 말씨는 맑고 윤기가 흐르며, 선자와 같은 기풍氣風은 용솟는 물처럼 담담하다고 했다.

　선은 철저히 '자기 추구'의 도이다. 자신이 자신을 향하여 '진실한 자기란 무엇인가'라고 묻고, 스스로 '진실한 자기란 이것이다'라고 답하는 것이다. 누구도 '이것이 그대의 참된 자기'라고 대신해서 보여주지 않는다.

선에서는 자신의 일을 해결해주는 스승이 어디에도 없다고 한다. 그렇기 때문에 이 칙에 붙은 송 첫머리에서 설두는 "늠름한 고풍을 자랑하지 않고"라고 하며, 자신이 스승이라는 사실조차 잊은 황벽의 진실한 스승으로서의 품위를 찬탄한다. 이를 "어디에도 비교가 안 되는 고고孤高한 자세를 가지고 있지만 자랑하지 않는다[凜凜孤風不自誇]"라고 하였다.

　'환해寰海'는 천하를 뜻한다. 여기서는 대당국을 의미한다. 대당국의 선계禪界에 단정히 앉아, 탁월한 견식을 가지고 납자가 '용'인지 '뱀'인지 판정한다. 말하자면 깨침이 있는지 혹은 깨침 언저리에도 가지 못했는지를 가리는 것이다.

　대중大中은 당 선종宣宗, 810-859 시대의 연호年號(847-859)이다. 선종이 선가에 있을 때 황벽을 만나 그를 가볍게 대했다가 세 번이나 크게 당하였음을 "세 번이나 몸소 손톱과 어금니에 할퀴었다"라고 했다. 대중천자, 즉 선종은 황제가 되기 전에 핍박을 받던 시절이 있었는데, 이때 궁에서 도망하여 향엄 지한香嚴智閑, ?-898 회하에서 체발剃髮하고 사미가 되었다. 나중에 염관 제안塩官齊安, ?-842 아래서 서기를 보았는데, 그때 수좌首座로 있던 황벽을 만났다.

　하루는 예불을 하고 있는 황벽을 보고 대중이 물었다. "부처님께 집

72

착하여 구하지 말고 법에도 집착하여 구하지 말고 대중에게도 집착하여 구하지 말아야 하는 법인데, 예불을 해서 무엇 하게요?" 황벽은 "부처, 법, 대중에게 집착하여 구하지 않으면서 항상 이렇게 예배를 한다"라고 했다. "예배를 해서 무엇 하게요?"라고 다시 묻자, 황벽이 바로 때렸다. 대중은 "몹시 거칠군요"라고 했다. 황벽은 "여기에 무슨 거칠고 온순함이 있는가"라고 하며 또다시 때렸다. 이러한 이야기를 바탕으로, 설두는 황벽이 선종을 세 번이나 직접 할퀴었다고 하고, '이렇게 할퀼 수 있는 자 또 있을까'라며 황벽을 찬미했다.

제12칙

동산, 마삼근

동 산 마 삼 근
洞山麻三斤

【수시】

살인도·활인검은 옛 풍규風規이며 또한 오늘날에도 근본[추요樞要]이
된다. 만약 죽이는 것을 논하면 털끝 하나 다치지 않고, 만약 살리는
것을 논하면 몸을 잃고 목숨을 잃는다. 그래서 말한다. '향상일로는 수
많은 성인도 전하지 못했다'라고. 공부하는 자가 형상에 애쓰는 것은
원숭이가 그림자를 잡으려는 것과 같다. 자, 말해보라. 이미 전하지 않
았는데 무엇 때문에 도리어 많은 갈등공안이 있는가. 눈 있는 자, 예를
들어볼 테니 참구해보라.

살 인 도 활 인 검　　내 상 고 지 풍 규　　역 금 시 지 추 요　　약 론 살 야　　불 상 일
殺人刀活人劍。乃上古之風規。亦今時之樞要。若論殺也。不傷一
호　　약 론 활 야　　상 신 실 명　　소 이 도　　향 상 일 로　　천 성 부 전　　학 자 로
毫。若論活也。喪身失命。所以道。向上一路。千聖不傳。學者勞

형 여원촉영 차도 기시부전 위십마 각유허다갈등공안 구
形。如猿捉影。且道。既是不傳。為什麽。却有許多葛藤公案。具
안자 시설간
眼者。試說看。

본칙

어느 승이 동산에게 물었다. "무엇이 부처입니까?" 동산이 말했다. "마
삼근"

승문동산 여하시불 산운 마삼근
僧問洞山。如何是佛。山云。麻三斤。

【송】

금 까마귀 날쌔고, 옥토끼 재빠르다.

잘 응했는데 어찌 가벼이 보았으랴.

전사의 투기로 동산을 보이니

절름발이 자라와 눈먼 거북, 빈 골짜기로 들어간다.

꽃은 만발하고 비단은 화려하며

남녘에는 대, 북녘에는 나무.

인하여 생각한다, 장경과 육대부,

'웃어야지 곡해서는 안 된다'라고 잘도 말했음을. 쯧!

금 오 급 옥 토 속   선 응 하 증 유 경 촉
金烏急玉兔速　善應何曾有輕觸
전 사 투 기 견 동 산   파 별 맹 구 입 공 곡
展事投機見洞山　跛鱉盲龜入空谷
화 족 족 금 족 족   남 지 죽 혜 북 지 목
花簇簇錦簇簇　南地竹兮北地木
인 사 장 경 육 대 부   해 도 합 소 불 합 곡   이
因思長慶陸大夫　解道合笑不合哭　咦

옛 선가에서는 선승이 학인의 주체성을 죽이기도 하고 살리기도 한다는 의미로 '살인도殺人刀·활인검活人劍'이라는 말을 썼다. 오늘날에도 이 말은 극히 중요하게 쓰인다. 여기서 '살인'이라는 말은 사람을 죽인다는 것이 아니라 모든 것을 철저히 부정한다는 말이다. 이 '살殺'은 죽인다는 것조차 부정하는 절대적인 부정이기 때문에, 머리털 하나도 다치게 하지 않는 것이다. 반대로 '활'이란, 상대의 주체성을 한 번에 뿌리째 뽑아버리고 목숨을 잃게 하여, 바로 그렇게 함으로써 크게 살리는 것이다.

그저 다만 한마디 들었을 뿐인데 원래대로는 살 수 없게 된다. 그래서 "향상일로向上一路는 수많은 성인도 전하지 못했다. 공부하는 자가 형상을 고집하는 것은 원숭이가 그림자를 잡는 것과 같다"라고 했다. 이 말은 마조 도일馬祖道一, 709-788의 법을 이은 반산 보적盤山寶積의 말이다. '향상일로'는 위로 향한다는 말이 아니라 한 걸음 더 나아간다는 의미이다. '백척간두 진일보百尺竿頭進一步'라고 말하는 것처럼, 깨달음의 세계에서 깨달음을 넘어선 세계로 나아가는 것을 뜻한다. 결국 모든 이원분별을 넘어선 초월적인 세계에 드는 것을 말한다. 그 자리는 활도 살도 깨달음도 미혹함도 보리도 번뇌도 없는 경계이다. 그 경지는 타인에게 전할 수 없으며, 타인이 이를 엿보아 알 수 있는 것도 아니다. 이를 "수많은 성인도 전하지 못했다"라고 했다. 참된 깨달음의 세계는 석가, 달마를 비롯한 어떠한 성인도 사람들에게 전하지 못했다는 뜻이다.

"공부하는 자가 형상에 애쓰는 것은 마치 원숭이가 그림자를 잡으려는 것과 같다"라는 말은, 말하자면 수행자가 고인의 문자나 말을 좇는 것은 마치 원숭이가 물에 비친 달을 잡으려고 하는 것과 같다는 뜻이다. 그렇다면 어떤 것도 전할 수 없는데, 선가에는 어째서 이렇게 많은 갈등공안이 있는 것일까. '갈등공안'은 기록된 조사의 말을 뜻한다. 원오는 마지막으로 여기에 공안 하나를 들어볼 테니 눈 있는 자는 참구해보라고 했다.

동산은 동산 수초洞山守初, 910-990를 말한다. 운문 문언雲門文偃, 864-949의 법을 이었다. 어느 승이 동산을 향하여 "무엇이 부처"인지를 물었다. 동산은 단박 한마디로 "마 삼근"이라고 했다. '무엇이 부처인가[如何是佛]'라는 이 질문은 선가에서는 일상적인 물음이다. '조사가 서쪽에서 온 뜻은 무엇인가[如何是祖師西來意]'도 마찬가지이다.

　다른 종파에서는 '불佛'은 자명한 존재이므로 당연히 믿어야 한다고 강조한다. '부처가 무엇인가'를 묻는 것은 불손한 일이며, 불신不信의 소치라고 본다. 그러나 선종에서는 부처를, '범부를 무조건 구해주는 감미로운 구원자'로 보지 않는다. 고행의 결과 깨친 석가불을 인간의 스승으로서 예배하는 것이다. 선승의 목적은 자신도 부처처럼 수행하여 깨달음에 도달하고 부처가 되는 것이다. 바로 부처와 동격이 되는 것이다. 그래서 운문은 '석가는 나와 동참同參이다'라고 했다.

　수행자들이 "부처가 대체 어떤 것인가"라고 묻는 것은 부처의 본질이 무엇인지 묻는 것이다. 그런데 이 질문에 선종의 조사들은 다양하게 답을 한다. '그대는 혜초' '뜰 앞의 잣나무' '차를 마시게' 등. 동산은 '마 삼근'이라고 했다.

　동산이 살고 있었던 호북성의 양주襄州는 마麻의 명산지이다. 동산

도 사람들이 마를 마름질할 때 그 자리에 있었던 것 같다. '마 삼근'은 승려의 옷 한 벌을 지을 분량이다. 그것을 입은 수행승 자신을 바로 부처라고 한 것이다. 그러나 원오의 말에 의하면 그렇지 않다. 미륵보살이 이 세상에 내려온다는 56억7천만 년을 기다린들 그 답은 꿈조차 꿀 수 없을 것이라며 웃을 뿐이다.

설두는 이 말에 대해서 다음과 같이 노래했다. "금 까마귀는 날쌔고, 옥토끼는 재빠르다." 금 까마귀는 태양을, 옥토끼는 달을 상징한다. 이 구는 해와 달이 지나가는 속도를 의미한다. 승의 질문에 대하여 재빠르게 "마 삼근"이라고 답한 동산의 준민俊敏함을 비유한 것이다. 다음 구에서는 "잘 응했는데 어찌 가벼이 보았으랴"라고 하여, 동산의 응대는 학인을 쉽게 보고 한마디 한 것이 아님을 보여준다.

　"전사의 투기로 동산을 보이니"라는 말은 눈앞에 경지를 보여주어 상대의 급소를 꽉 누른다는 뜻이다. "절름발이 자라와 눈먼 거북이 빈 골짜기로 들어간다"라는 구는 승이 동산의 기에 눌려 꼼짝달싹 못 하는 것을 절름발이 자라와 맹구에 비유한 것이다. 말하자면, '마 삼근'이라는 응대에 납자가 무기공無記空에 떨어져 출로를 잃었다는 뜻이다.

　"꽃은 만발하고 비단은 화려하며"라는 말은, 봄이 되면 백화가 흐드러지게 피고 가을에는 만산에 홍엽이 드리워져 있다는 의미이다. "남녘에는 대, 북녘에는 나무"는 화남에는 대가, 화북에는 나무가 무성하다는 것이다. 어디를 가나 수많은 사람이 동산의 '마 삼근'이라는 언구에 대해 화제를 삼고 있다는 의미이다. "인하여 생각한다"라는 말은, 설두가 '마 삼근'을 마의麻衣로 생각하여 장경과 육대부의 일화를 떠올렸다는 것이다.

육긍대부陸亘大夫, 764-843는 스승 남전南泉普願, 748-834의 입적 소식을 듣고 장례식에 갔다. 원주가 "대부께서는 스승님의 제자인데 어째서 곡하지 않습니까?" 하고 물었다. 육대부는 "그대가 한마디 말할 수 있다면 곡을 하지"라고 말했다. 원주가 말이 없자 장경長慶大安, 793-883이 대신해서 말하기를, "웃어야지, 곡해서는 안 된다"라고 하였다《전등록》권10). 장경의 이 말을 인용하여 설두가 "웃어야지, 곡을 해서는 안 된다고 잘도 말했다"라고 노래한 것이다. 마지막의 '쯧[이咦]'이라는 말은, 마 삼근이라는 말을 이해하지 못하는 것이 남전의 죽음을 애도하여 우는 것보다 더욱 슬픈 일이라고 크게 한숨을 내쉬며 혀를 찬 것이다.

제13칙

파릉, 은그릇 속

파 릉 은 완 리
巴陵銀椀裏

【수시】

구름이 드넓은 들판에 모여들어도 온 세계를 감추지 못한다. 눈이 갈
꽃을 덮으면 흔적을 분간하기 어렵다. 차가운 곳은 눈과 얼음같이 차
고, 미세한 곳은 쌀가루같이 미세하다. 깊고 깊은 곳은 부처의 눈으로
도 엿보기 힘들고, 은밀하고 은밀한 곳은 천마외도도 짐작하기 어렵
다. 하나를 들어 셋을 밝히는 것은 그만두더라도, 천하 사람들의 말문
을 제압하려면 어떻게 말해야 할까. 말해보라. 이것은 어떤 사람의 경
계인가. 예를 들어볼 테니 참구해보라.

운 응 대 야　변 계 부 장　설 복 로 화　난 분 짐 적　랭 처 랭 여 빙 설　세 처
雲凝大野。遍界不藏。雪覆蘆花。難分朕迹。冷處冷如氷雪。細處
세 여 미 말　심 심 처 불 안 난 규　밀 밀 처 마 외 막 측　거 일 명 삼 즉 차 지
細如米末。深深處佛眼難窺。密密處魔外莫測。舉一明三即且止。

<ruby>坐<rt>좌</rt></ruby> 斷天下人舌頭。作麼生道。且道是什麼人分上事。試舉看。
좌 단 천 하 인 설 두　작 마 생 도　차 도 시 십 마 인 분 상 사　시 거 간
坐斷天下人舌頭。作麼生道。且道是什麼人分上事。試舉看。

본칙

어느 승이 파룽에게 물었다. "무엇이 제바종입니까?" 파룽이 대답했

다. "은그릇 속에 눈이 소복하구나."

승 문 파 룽　여 하 시 제 바 종　파 룽 운　은 완 리 성 설
僧問巴陵。如何是提婆宗。巴陵云。銀椀裏盛雪。

【송】

신개의 노승, 정말로 대단하다.

은그릇 속에 소복한 눈이라고 말하다니.

아흔여섯 종 외도들도 응당 스스로 아는데,

모르면 천상의 달에게 물어보라.

제바종, 제바종이여!

붉은 깃발 아래 맑은 바람이 인다.

로 신 개 단 적 별　해 도 은 완 리 성 설
老新開端的別　解道銀椀裏盛雪
구 십 육 개 응 자 지　부 지 각 문 천 변 월
九十六箇應自知　不知却問天邊月
제 바 종 제 바 종　적 번 지 하 기 청 풍
提婆宗提婆宗　赤旛之下起清風

구름이 드넓은 들판에 모여들어 대지를 덮는다면 하늘은 온통 구름뿐이다. 그러나 온 세계를 감추지는 못한다. 참된 실재는 그 전신을 조금도 감추는 일이 없다. 삼라만상은 우주에 모두 드러나 있다. 참된 실재는 있는 그대로이다.

실재와 현상은 "흰 눈이 흰 갈꽃을 덮고 있는 것"과 같아 좀처럼 분간하기 어렵다. 참된 실재의 본성은 부동하여 변함없지만, 그 작용은 극히 미세하여 "차가운 곳은 눈과 얼음같이 차고, 미세한 곳은 쌀가루처럼 미세하다"라고 묘사하였다. 또한 "깊고 깊은 곳[밀밀처密密處]은 부처의 눈으로도 엿보기 어렵다"라고 했다. '밀밀처'는 미묘한 곳, 치밀한 곳을 뜻한다. 이곳은 마외魔外라도 짐작할 수 없다고 했다. '마외'는 천마, 즉 악마와 외도를 의미한다.

결국 '절대'인 참된 실재는 '하나를 들어 셋을 밝히는' 분별의식으로는 인식하거나 이해할 수 없다는 것이다. 그럼 분별의식 등은 제쳐두고, 천하 사람들의 말문을 제압하려면 어떻게 말해야 할까. 참된 실재를 명백히 말할 수 있는 사람은 어떤 경계에 있는 것일까. "자, 말해보라!" 여기 한 칙의 공안을 들어볼 테니 참구해보라고 한다.

본칙의 파릉은 파릉 호감巴陵顥鑑으로, 운문 문언의 법을 이었다. 어떤 승이 파릉에게 제바종은 어떤 종지를 설하는지 물었다. 제바는 가나제바迦那提婆(Kanadeva, 또는 Aryadeva)로, 용수龍樹(Nāgārjuna)의 법을 이었다. 구마라집鳩摩羅什의 번역《제바보살전提婆菩薩傳》에 의하면 제바는 남인도 바라문 출신이라고 한다. 그러나 월칭月稱의《사백론四百論》

주註에 의하면, 그는 스리랑카에서 태어난 왕자였지만 왕위를 버리고 출가해 남인도에 가서 용수의 제자가 되었다고 한다. 용수의 제자이므로 생존 연대는 170-270년 정도로 추정된다. 그는 처음에는 외도였다. 용수를 만났을 때, 용수가 물이 가득한 발우와 바늘을 내밀자 바늘을 발우 속에 던져 넣었다. 그러자 용수는 그의 법기法器를 알아보고 불심의 종지를 전했다.

'제바의 종지'에 대한 승의 물음에 대하여 파릉은 "은그릇 속에 눈이 소복"이라고 답하였다. 흰 은그릇 속에 담긴 하얀 눈은 같은 색이라 분간이 잘 안 되지만, 같은 것 같아도 완전히 다르다. 동산 양개洞山良价, 807-869의《보경삼매가寶鏡三昧歌》첫머리에, "모든 것을 있는 그대로 볼 수 있는 깨달음은 부처와 조사에 의해 면밀히 상속되어왔다[如是之法 佛祖密付]. 그대가 지금 깨달았다면 잘 보호해야 한다[汝今得之 宜能保護]. 은쟁반에 눈이 소복, 명월은 백로를 감추는구나[銀盌盛雪 明月藏鷺]. 같은 유類라도 같지 않고, 뒤섞여도 분명 자리를 안다[類而不齊 混則知處]"라는 구절이 있다. 깨달음의 눈은 모든 것에서 현상과 참된 실재라는 양 측면을 본다. 비유하자면 '은완성설 명월장로銀碗盛雪 明月藏鷺'이다.

현상과 참된 실재는 다르다. 실재의 측면에서 보면 모든 것은 동등한 하나이지만, 현상의 측면에서 보면 만물은 각각 개별성을 드러낸다. 다시 말해서, 모든 것들이 섞여 있어도 그 근거지를 안다는 말이다. '버들은 푸르고 꽃은 붉다[유록화홍柳綠花紅]'라는 유명한 선어가 있다. '섞여[混]'있지만 그 '자리[處]'를 아는 것, 다시 말해서 각 개체가 저마다 생생한 모습을 발휘하는 것을 비유하여 말한 것이다.

파릉에게는 다음과 같은 일화가 있다. 파릉이 머물고 있는 곳에 어느 승이 와서 물었다. "조의祖意와 교의敎意, 이것은 같습니까, 다릅니까?" 파릉이 답했다. "닭은 추워서 나무 위로 오르고, 오리는 추워서 물에 들어간다."

'조의'는 조사의 가르침을 으뜸으로 받드는 것이며, '교의'는 삼장三藏(경, 율, 론)의 교서敎書를 소의로 하여 각 종파가 설하는 가르침을 첫째로 삼는 것을 말한다. 선종은 말할 것도 없이 조의와 교의를 통합한 전全 불교이지만, 동시에 조와 교를 구별하여 선의 독자성을 과시한다. 당·송대의 선림禪林에서는 이 조·교의 동별同別의 문제가 참선학도의 중요한 과제 중 하나였다. 따라서 이 문제에 관한 문답의 예는 대단히 많다. 파릉에게도 그것을 물은 것이다.

파릉은 닭과 오리가 추울 때 몸을 은신하는 방법이 다른 것처럼, 선종과 교종에서 수행해나가는 방식이 다름을 말했다. 그러나 '전미개오轉迷開悟'를 목표로 한다는 점에서는 선·교가 같다고 했다. '무엇이 제바종인가'라는 물음에 대해 선가의 깨달음의 소식을 전하는 말이다.

원오의 평창에 의하면, 파릉은 운문에게 다음과 같은 삼전어三轉語를 올렸다고 한다.

첫째, "어떤 것이 도인가?"
　　"명안인낙정明眼人落井(눈 밝은 이가 우물에 빠졌다)"
둘째, "어떤 것이 취모검인가?"
　　"산호지지탱착월珊瑚枝枝撑着月(산호 가지마다 달빛이 가득)"
셋째, "어떤 것이 제바의 종지인가?"
　　"은완리성설銀椀裏盛雪(은그릇 속에 눈이 가득히)"

운문이 이를 보고 "후일 노승의 제사 때 이 삼전어를 걸면 이로써 보은은 충분하다"라고 했다고 한다. 후일 운문이 죽은 뒤 운문의 부촉대로 기일이 되면 이 활구만을 매달아 거는 풍습이 생겼다고 한다.

송의 첫 구에서 설두는 먼저 파릉을 찬미했다. "신개의 노승, 정말로 대단하다." '노老'는 경애의 뜻을 보인 말이다. '신개新開'는 파릉이 산곳, 신개원이다. '단적端的'은 '확실히, 틀림없이'라는 의미이다. '별別'은 '각별'이다. 노승 파릉이 정말 대단하다는 뜻이다.

　다음 구에서는 "은그릇 속에 소복한 눈이라고 말하다니"라고 하며 승의 알음알이를 단번에 날려버렸다. "아흔여섯 종 외도들도 응당 스스로 아는데"라는 말은, 석존 당시 인도에 있었던 96종의 여러 사상가들도 알고 있었음에 틀림없다는 말이다. "알지 못한다면 차라리 저 달에게 물어보라." 파릉의 일구는 바로 우리 자신의 모습인데 어디에서 그 답을 듣겠다고 하느냐는 의미이다.

　"제바종 제바종이여!"라고 하며 설두는 은근히 파릉의 일구를 찬탄했다. "붉은 깃발 아래 맑은 바람이 인다"에서 '붉은 깃발'은 승리를 뜻한다. 지고 이기고의 승리가 아닌 참된 진리, 즉 '승의제勝義諦'를 의미한다. 참된 실재의 진리라는 깃발 아래 평온하고 맑은 바람이 불어온다는 말이다. 바로 운문이 말한 '체로금풍體露金風(본서 제27칙 참고)'이다. 은그릇 속 눈! 심심처, 밀밀처를 승이 알기나 할까.

제14칙

운문, 대일설

운 문 대 일 설
雲門對一說

운 문 대 일 설

본칙

어떤 승이 운문에게 물었다. "무엇이 일대시교입니까?"

운문이 말했다. "대일설."

승 문 운 문　여 하 시 일 대 시 교　운 문 운　대 일 설
僧問雲門。如何是一代時教。雲門云。對一說。

【송】

대일설, 대단히 고절하구나.

구멍이 없는 쇠망치에 거듭 자루를 끼우네.

염부수 아래 웃음소리

어젯밤 검은 용의 뿔이 요절이 났네.

대단하구나, 대단해!

소양 노인 막대기를 쥐었네.

대일설태고절　무공철추중하설
對一說太孤絶　無孔鐵鎚重下楔。

염부수하소가가　작야려룡요각절
閻浮樹下笑呵呵　昨夜驪龍拗角折

별별　소양로인득일궐
別別　韶陽老人得一橛

해설

이 칙은 수시가 없고 본칙과 송만 있다. 어느 승이 운문에게, "석존께서 한 생애 동안 하신 설법[일대시교一代時敎]에는 여러 종류가 있는데, 한마디로 어떤 것입니까?"라고 물었다. 원오는 평창에서, 석존이 49년의 설법 동안 360회에 거쳐 돈頓, 점漸, 권權, 실實 등의 설법을 펼친 것을 '일대시교'라고 설명하였다. 돈교는 처음부터 심원한 것을 설하신 가르침, 점교는 근기를 의식해서 단계별로 설하신 가르침, 권교는 심원한 교법으로 유도하기 위해 방편을 세워 설하는 가르침, 실교는 심원한 진실의眞實義를 곧바로 설하는 가르침을 뜻한다. 이 일대시교를 염두에 두고 승이 질문을 던진 것이다.

　운문은 자상하게 답하지 않고 "대일설!"이라고 했다. 본래 이 말은 상대의 근기에 따라, 때로는 방편을 사용하여 응대한 설이라는 뜻이다. 원오는 평창에서 운문의 '대일설'에 대해 여러 가지 의미를 붙이는 것에 대해 완강히 부정했다. '학인의 능력 등 그때그때의 정황에 따라 한마디 한 것'이라고 본다든가 또는 '삼라만상은 모두 같은 참된 실재이기 때문에 대일설이라고 말한 것'이라고 보는 등 여러 해석들은 모두 운문의 진의를 모르고 하는 소리라고 했다. 분별의식을 끊고 깨달음에 직입直入시키려 하는 운문의 기대를 모르고 하는 말이라는 것이다.

'일설'의 의미에 대해 이미 영가 현각永嘉玄覺, 665-713도 《증도가證道歌》에서 "분골쇄신해도 은혜를 다 갚지 못하나, 일설을 분명 깨치면 백억을 뛰어넘는다"라고 말한 바 있다. 부처님에 대한 보은은 상제보살常啼菩薩(중생을 염려하여 늘 울고 있는 보살)처럼 몸을 부수고 뼈를 가루로 만든다 해도 아직 모자라지만, 설산동자처럼 일설을 바르게 영득領得하면 바로 시공을 초월한 절대의 부처가 된다는 뜻이다.

묻는 승도 꽤 수행이 된 자이지만, 그러한 승의 물음에 운문은 다만 상대를 보고 응기설법하였다. 승의 물음에 대한 운문의 답, '대일설'이라는 이 일구를 알아차린다면 본래의 집으로 돌아가 편히 쉬겠지만, 그렇지 못하다면 설두가 공안을 평석하는 것에 귀를 기울이는 것이 좋겠다.

"대일설, 대단히 고절하구나." 송의 첫 구에서 설두는 운문의 이 '대일설' 한마디는 대단히 엄한 답이라고 했다. '고절孤絶'은 깎아내린 듯한 준엄한 봉우리를 의미한다. 그러나 다음 구에서는 그렇지 않다. "구멍 없는 쇠망치에 거듭 자루를 끼우네." 묻는 것이, 쓸모없는 쇠망치에 자루를 끼우려고 하는 듯하다고 하였다.

"염부수 아래에서 껄껄 웃는구나." 이 구는 승의 물음에 대하여 운문이 '대일설'이라고 답하는 모습을 묘사한 것이다. 즉 염부수 아래에서 웃으면서 시원하게 답하고 있는 운문의 유연한 모습을 나타낸 것이다. '염부수'는 염부주 북방에 있다고 하는 염부나무이다. 원오는 평창에서 염부수에 대해 이렇게 설명한다.

《기세경》에 의하면, 수미산 남쪽 언덕에 폐유리吠瑠璃나무 그림자가 염부주閻浮州에 비치는데 모두 푸른빛이다. 이곳 염부주에서는 이 큰 나무를 염부제閻浮提라고 했다. 그 나무는 가로가 7천 유순(40리)이며, 그 아래에 염부단 금괴가 있는데 높이가 20유순이다. 황금이 나무 아래에서 나오기에 '염부수閻浮樹'라 부르기도 한다.

다음 구, "어젯밤 검은 용의 뿔이 요절이 났네"는 운문의 대답 덕분에 '깨달았다'고 하는 쓸데없는 자아의 뿔이 요절나버렸다는 말이다. '검은 용[여룡驪龍]'은 턱 아래에 옥구슬을 가진 청룡을 말한다.

"대단하구나 대단해! 소양노인 막대기를 쥐었네." 소양노인 운문이 이미 용의 뿔을 손에 넣었으니 대단하다는 말이다. '별별'은 격별格別, 즉 보통이 아니라는 뜻이고, '막대기[일궐一橛]'는 용의 뿔[용각龍角]을 의미한다. 쓸모없는 쇠망치에 자루를 끼워 쓸 수 있도록 한 운문을 극찬한 표현이다.

제15칙

운문, 도일설

운 문 도 일 설
雲門倒一說

【수시】

살인도·활인검은 옛 풍규風規이며 지금도 중요한 요체[추요樞要]이다.

말해보라. 지금 여기서 어느 것이 살인도이고, 어느 것이 활인검인가.

예를 들어볼 테니 참구해보라.

살 인 도 활 인 검　　내 상 고 지 풍 규　　시 금 시 지 추 요　　차 도　　여 금 나 개
殺人刀活人劍。乃上古之風規。是今時之樞要。且道。如今那箇
시　살 인 도 활 인 검　　시 거 간
是。殺人刀活人劍。試擧看。

본칙

어느 승이 운문에게 물었다. "목전에 작용[機]도 없고 경계[事]도 없을

때는 어떻습니까?" 운문이 말했다. "도일설"

승 문 운 문　불 시 목 전 기　역 비 목 전 사 시 여 하　문 운　도 일 설
僧問雲門。不是目前機。亦非目前事時如何。門云。倒一說。

【송】

도일설, 분일절

동사동생, 그대를 위해 결택했다.

팔만사천, 봉황의 털이 아니며,

삼십삼 인, 호랑이굴에 들어갔네.

과연 다르구나,

빠르게 흘러가는 물속의 달.

도 일 설 분 일 절　동 사 동 생 위 군 결
倒一說分一節　同死同生為君訣
팔 만 사 천 비 봉 모　삼 십 삼 인 입 호 혈
八萬四千非鳳毛　三十三人入虎穴
별 별　요 요 총 총 수 리 월
別別　擾擾忽忽水裏月

해설

수시의 살인도·활인검은 학인에 대한 지도방법을 뜻한다. 수행자를 지도할 때, 학인의 주체성을 말살해버리는 것은 살인도에, 학인의 주체성에 맡기는 것은 활인검에 비유했다. 이러한 지도방법은 옛날 선장들의 기본적인 자세였다. 이를 '풍규風規'라고 했다. 그러나 오늘날에도 그것은 극히 중요한 것[樞要]이다. '여금如今'은 지금이다. 지금 여기서 한 칙의 공안을 제시해볼 테니 어떤 것이 살인도이고 어떤 것이 활인검인지를 참구해보라고 한다.

앞의 제14칙에서, 한 승이 "어떤 것이 부처의 일대시교인가"라고 질문하자, 운문은 "하나씩 답한 것[대일설]"이라고 답했다. 계속해서 승은 운문에게 "목전에 작용[機]도 없고 경계[事]도 없을 때는 어떻습니까?"라고 물었다. 앞에서 운문이 '대일설對一說'이라고 답한 것은 설법을 듣는 자의 정도나 그 장소의 정황을 고려한 경우의 일이었다. 그러나 이번에 승이 물은 것은 '만약 듣는 자의 작용도 관계하지 않고 현상계의 일도 무시하는 경우라면 어떻게 말해야 하는가?' 하는 것이다. 운문은 단박 "언구 모두 잘못된 것[도일설倒一說]"이라고 일축한다. 진리를 언구로 말하면 이미 진리에서 벗어난다는 의미이다. 승에게 남아 있는 분별을 즉각 타파해버린 것이다.

'기機'는 대기對機이며 '사事'는 대경對境이다. 설법에 고려해야 할 조건이나 수단(방편)을 일체 묵살하고 바로 깨달음의 진수를 내보이려고 한다면, 어떠한 것도 언구로 말하지 않는 것이 좋다는 말이다. 문수보살이 어떻게 하면 '불이不二'에 들 수 있는지를 물었을 때, 유마는 '일묵一黙'하였다. 완전히 깨달은 자는 언구를 초월하고 깨달음 자체가 된다는 것을 보여준 것이다. 이를 운문은 '도일설'의 일구로 일갈하였다.

전통적 해석에서는 절대적 참된 실재, 다시 말해서 현상으로 나타나기 이전의 실재를 '기機'라 하고, 현상으로 나타난 모든 것을 '사事'라고 본다. 그러나 여기서 말하는 '목전의 기機'는 설법자의 눈앞에 있는 '청법자의 기(대기對機, 근기根機)'이고, '목전의 사事'는 설법자를 둘러싸고 있는 여러 가지 조건이라든가 정황이다. 일반적으로 설법은 '대기설법'이다. 청법자의 이해력이나 그때의 정황 등을 고려하는 것이 하나의 기본적인 자세이다. 중국의 불교 각파가 석존의 일대 설법을 분류, 해석한 교상판석教相判釋도 역시 '대기설법'의 결과물이다.

앞 칙(제14칙)의 '어떤 것이 일대시교인가'라는 물음에서 더 나아간 것이 '목전의 기'와 '목전의 사'이다. 본칙의 "목전에 작용[機]도 없고 경계[事]도 없을 때"란 '눈앞의 기에도 있지 않고 눈앞의 사에도 있지 않을 때'를 말한다. 이러할 때 어떤가 하는 물음에 대해, 운문은 '언구 모두 잘못된 것', 즉 어떻다고 말하지 않는 것이 좋다고 하였다. 이에 대해서 원오가 수시에서 '도일설'이 활인검인지 살인도인지 한번 말해 보라고 촉구한 것이다.

송의 첫머리에서 설두는, 운문의 '도일설'이라는 말이 승의 물음과 딱 들어맞는다는 뜻에서 "도일설, 분일절分一節"이라고 했다. '분일절'은 대나무의 마디 부분을 자른다는 뜻인데, 이것은 잘린 대나무의 이쪽과 저쪽을 붙이면 마디가 딱 들어맞는 것처럼, 운문의 답과 승의 물음이 잘 들어맞았다는 뜻이다.

"동사동생同死同生, 그대를 위해 결택했다"라는 말은, 운문이 지음동지知音同志를 구하기 위해 도일설이라는 말로 확실히 진리를 단정 지어주었다는 뜻이다. '결택訣'에는 '결決'의 의미도 있다.

"팔만사천, 봉황의 털이 아니다." '봉황의 털[봉모鳳毛]'은 뛰어난 문재文才를 뜻한다. 석존의 제자 팔만 사천 인이 있지만, 누구도 준수俊秀하지 않다는 뜻이다. "삼십삼 인, 호랑이 굴속으로 들어갔네." 33인은 제1조 마하가섭摩訶迦葉에서 33조 혜능慧能까지를 말한다. '호랑이 굴속으로 들어간 것'에 대해서는 고사古事가 있다.

어느 때 아난이 마하가섭에게 물었다. "석존은 법사法嗣인 노사에게 금란가사金襴袈裟를 주신 것 이외에 어떤 것을 따로 전하신 것이 있습니까?" 가섭은 물음에 답하지 않고 "아난이여!"라고 불렀다. 아난이 무심코 "예"라고 대답하니 가섭이 "문전의 찰간利竿(깃대 꽂이)을 넘어 뜨려라!"라고 말했다. 아난은 이 한마디에 석존으로부터 가섭에게 이어진 정법안장正法眼藏을 체득하고, 가섭을 이어 제2조가 되었다. 이후 많은 조사들이 이처럼 석존의 깨달음을 전했다. 인도에서 중국에 이르기까지 33인의 조사들은 모두 호랑이 굴속으로 들어가, 호랑이가 새끼를 기르듯, 깨달음을 얻도록 엄한 수행을 시켰다. 운문 역시 33인의 조사와 마찬가지로 학인과 동사동생하며 깨달음으로 이끈 것이다. 그래서 설두는 "(33인은) 과연 다르구나!"라고 말했다.

그러나 마지막에 "빠르게 흘러가는[요요총총擾擾怱怱] 물속의 달"이라고 했다. '요요총총'은 급류를 뜻한다. 빠른 물살에 흔들리는 달그림자, 설두의 이 마지막 일구는 무엇을 뜻할까? 살인도인가 활인검인가. '도일설'일 뿐이다.

제16칙

경청, 형편없는 놈

경 청 초 리 한
鏡清草裏漢

【수시】

도에 샛길이 없으니 서 있는 자는 매우 위태롭다. 법은 보고 듣는 것에
있지 않으니, 말이나 생각과는 멀리 떨어져 있다. 만약 가시덩굴 숲을
뚫고 불조의 속박에서 벗어나 이 은밀한 경지를 얻으면, 천신들도 꽃
을 바칠 길이 없고 외도도 몰래 엿볼 문이 없으며, 종일 수행해도 수행
한 바가 없고 종일 설해도 설한 바가 없다. 바로 자유자재하여 줄탁啐
啄의 기를 펴고 살활殺活의 검을 쓸 수 있게 된다. 설사 방편문에서 한
손으로는 높이 들고 한 손으로는 낮게 누르는 것을 안다고 해도, 아직
조금 어긋난다. 그러나 만약 본분사에서라면 이 또한 관계가 없다. 무
엇이 본분사인가. 예를 들어볼 테니 참구해보라.

도무횡경 립자고위 법비견문 언사형절 약능투과형극림 해
道無橫徑。立者孤危。法非見聞。言思迥絕。若能透過荊棘林。解
개불조박 득개은밀전지 제천봉화무로 외도잠규무문 종일행
開佛祖縛。得箇穩密田地。諸天捧花無路。外道潛窺無門。終日行
이미상행 종일설이미상설 변가이자유자재 전줄탁지기 용살
而未嘗行。終日說而未嘗說。便可以自由自在。展啐啄之機。用殺
활지검 직요임마갱수지유건화문중일수대일수닉 유교사자
活之劍。直饒恁麼更須知有建化門中一手擡一手搦。猶較些子。
약시본분사상 차득몰교섭 작마생시본분사 시거간
若是本分事上。且得沒交涉。作麼生是本分事。試舉看。

어떤 승이 경청에게 물었다. "학인이 쫄[줄啐] 테니 선사께서도 쪼아[탁

啄]주십시오." 경청이 말했다. "살아날 수 있을까?" 승이 말했다. "살아

나지 못한다면 사람들이 비웃겠지요." 경청이 말했다. "역시 형편없는

놈이군!"

승문경청 학인줄 청사탁 청운 환득활야무 승운 약불활조
僧問鏡清。學人啐。請師啄。清云。還得活也無。僧云。若不活遭
인괴소 청운 야시초리한
人怪笑。清云。也是草裏漢。

【송】

고불에게 가풍이 있어서

말을 걸다 혼쭐이 났네.

자모가 서로 알지 못하는데

함께 줄탁할 자 누구일까.

쪼아져 알아차리지만

아직 껍질 속에 있어서

거듭 얻어맞는다.

천하의 납승들은 부질없이 겉모습만 더듬네.

고 불 유 가 풍　대 양 조 폄 박
古佛有家風　對揚遭貶剝
자 모 불 상 지　시 수 동 줄 탁
子母不相知　是誰同啐啄
탁 각　유 재 각
啄覺　猶在殼
중 조 박　천 하 납 승 도 명 막
重遭撲　天下衲僧徒名邈

해설

"대도에는 샛길이 없으니, (그 길에) 서 있는 자는 매우 위험하다"라는
말은 협산 선회夾山善會, 805-881의 말을 인용한 것이다. 대도를 향해
가는 수행자를 두고 하는 말이다. 깨달음의 길은 평탄하지 않고 난관
이 많다. 그래서 학인 스스로 크게 좌절하게 되고, 다시 그 역경을 딛
고 분골쇄신, 용맹정진하다가 한순간 홀연히 대오하는 것이다. 만일
그렇지 않고 안일하게 수행하는 학인이라면, 대도는 아득하고 언제나
업식의 그 자리에 맴돌고 말아 크게 위험하다는 의미이다. 그래서 "법
은 보고 듣는 것에 있지 않으니, 말과 생각과는 멀리 떨어져 있다"라고
한 것이다. 스스로의 깨침은 견식과 청문에서 얻을 수 없는 것이며, 더
구나 말이나 생각으로 얻어지는 것도 아니라는 말이다.

　"만일 가시덤불 숲을 뚫고"라는 말은 운문 문언의 "평지에서 죽은
자는 무수하고, 가시덤불을 지난 자는 수완가이다"라는 말에서 인용했
다. 범부는 선지식을 만나 살활도에 투탈透脫하고 분별망상에서 벗어
나야 한다. "불조의 속박에서 벗어나 이 은밀한 경지를 얻으면"은, 불
도의 교의나 언설에서 완전히 벗어나 견실하고 흔적 없는 경지, 말하
자면 안전하고 확실한 경지에 이르게 된다는 말이다. 이러할 때, "천신

들도 꽃을 바칠 길이 없고 외도도 몰래 엿볼 문이 없다"는 것이다. 수행자가 완전히 깨치게 되면, 천신들조차 볼 수 없어서 꽃비를 내려 축복할 수 없게 되며, 천마외도 역시 허공과 하나가 된 수행자를 찾아볼 수가 없다는 의미이다.

"종일 수행해도 수행한 바가 없고 종일 설해도 설한 바가 없다"라는 말은 수행자의 행과 교설이 완전하여 그 흔적이 남아 있지 않다는 뜻이다. 그러면 "바로 자유자재하여 줄탁의 기를 펴고 살활의 검을 쓴다"라고 했다. 은밀한 경지에 이른 자는, 부화孵化할 때 안에 있는 병아리가 껍질을 쪼고[줄啐] 밖의 어미 닭이 상응하여 껍질을 쪼아[탁啄] 깨듯이[줄탁동시啐啄同時], 살인도·활인검을 자유자재로 써서 학인을 깨치게 한다는 뜻이다.

'건화문建化門'은 방편문으로, 방편으로서의 교화를 뜻한다. "(경지에 이른 자가) 비록 방편문에서 한 손을 높이 들어 올리고 한 손은 낮게 누르는 것을 안다고 해도"라는 말은, '스승이 학인을 지도할 때 자유무애하게 가르친다고 해도'라는 의미이다. 그렇더라도 "아직은 조금 어긋난다"라고 했다. 그렇지만 "만약 본분사에서라면 이 또한 아무 관계가 없다"라고 하였다. 본분사는 자기 본래의 일이다. 자기에게 부여된 본래적인 힘이다. 본분사의 입장에서는 어떤 방편의 교화라도 그 나름대로 일리가 있기 때문에, 무엇이라고 말할 것이 없다는 뜻이다. 그러면 무엇이 본분사인가, 예를 들어볼 테니 한 번 참구해보라고 한다.

경청은 경청 도부鏡淸道怤, 868-937이며 설봉 의존822-908의 법을 이었다. 그는 설봉의 종지를 얻은 후, 언제나 줄탁啐啄의 기연機緣으로 후학을 깨우쳤다. 어느 날 시중에서 그는 "줄탁동시啐啄同時의 안목을 갖추고 줄탁동시의 작용이 있어야만 수행자라고 할 수 있다"라고 했다. 본칙에서도 줄탁의 기연을 보인다. 승이 경청에게 말했다. "학인이 쫄 테니 스승께서도 쪼아주시오." 학인 자신이 안에서 껍질을 쫄 테니 스승께서는 밖에서 쪼아달라고 요청한 것이다. 당시 경청의 회상에서는 '줄탁동시'의 기연을 중요하게 여겼던 것 같다. 경청은 "살아날 수 있을까?"라고 물었다. 깨고 나올 자신이 있느냐는 말이다. 학인은 "만일 살아날 수 없다면 사람들이 비웃겠지요"라고 대답했다. '줄탁동시'를 이미 알고 있는 학인이 스승에게 바보처럼 이같이 묻고 스승의 안목을 살폈다. 이에 대해 경청은 "역시 형편없는 놈이군"이라고 일축해버린다. 이는 '너는 아직도 풀밭 속을 굴러다니고 있는 놈[초리한草裏漢]밖에 안 되는군'이라는 말이다. 이미 학인의 복심을 안 경청이 '참 멍청한 놈'이라고 일침을 놓은 것은 승이 전광석화 같은 '은밀전지穩密田地'를 얻도록 하기 위해서이다.

"고불에게 가풍이 있어서"라는 송의 첫 구는 경청의 가풍에 이미 '줄탁동시'의 기연機緣과 같은 선법이 있었다는 의미이다. '대양對揚'은 상대에게 말을 건다는 의미이다. '폄박貶剝'은 '혼내주다' '패배시키다'라는 뜻이다. "말을 걸다가 혼쭐이 났네"는 제자를 위해 진력을 다해 칭찬하기도, 혼내주기도 한다는 의미이다. "자모子母가 서로 알지 못하는데"는 새끼와 어미는 생판 모르는 타인과 같다는 말이다. 이러한 까닭에 "함께 줄탁할 자 누구인가"라고 했다. 상대를 쪼아주는 줄탁이라는 말조차 이 자리에는 맞지 않는다는 것이다.

"쪼아져 알아차리지만"에서 '쪼아져'는 어미가 껍질을 콕콕 뚫어 새끼가 살아 나오게 하는 것인데, 여기서는 경청의 말 "살아나올 수 있을까"를 의미한다. '알아차리지만'은 승이 경청의 말을 알아차린다는 말이다. 그러나 설두는 "아직 껍질 속에 있어서 거듭 얻어맞는다"라고 하였다. 승이 스승인 경청에게 자신이 깨쳤다고 자만하여 말했지만, 스승은 제자가 아직 갇혀 있다고 다시 크게 야단을 친다. "역시 형편없는 놈이군!"

송의 마지막 구에서 설두는 "천하의 납승들은 부질없이 겉모습만 더듬네"라며, 납승들이 헛되이 '줄탁'이라는 말만을 가지고 경청의 이름을 그리워하며 모습을 그리기만 할 뿐이라고 한탄한다. 이 구는 경청의 선을 찬탄한 말이다.

제17칙

향림, 서래의

향 림 서 래 의
香林西來意

【수시】

못을 자르고 쇠를 끊으면 비로소 본분종사가 될 수 있겠지만, 화살을 피하고 칼을 두려워한다면 어찌 달통한 작자가 되겠는가. 바늘 꽂을 자리가 없는 것은 그만두더라도, 하늘까지도 삼킬 듯 흰 파도가 일 때는 어찌해야 할까. 예를 들어볼 테니 참구해보라.

참 정 절 철　　시 가 위 본 분 종 사　　피 전 외 도　　언 능 위 통 방 작 자　　침 차 불
斬釘截鐵。始可爲本分宗師。避箭隈刀。焉能爲通方作者。針劄不
입 처　　즉 차 치　　백 랑 도 천 시 여 하　　시 거 간
入處。則且置。白浪滔天時如何。試擧看。

본칙

어느 승이 향림에게 물었다. "조사가 서쪽에서 오신 뜻이 무엇입니까?"

제17칙 향림, 서래의 ○ 101

향림이 말했다. "오래 앉았더니 피곤하구나."

僧問香林。如何是祖師西來意。林云。坐久成勞。

【송】

한 사람 두 사람 천만 사람이

재갈의 끈을 풀고 등짐을 부렸네.

좌로 돌고 우로 돌며 뒤따라오니,

자호는 유철마를 때렸다고 한다.

一箇兩箇千萬箇　脫却籠頭卸角馱

左轉右轉隨後來　紫胡要打劉鐵磨

해설

수시의 "못을 끊고 쇠를 자르면 비로소 본분종사가 될 수 있다"라는 말
은, 오래된 목재를 사용하기 위해 박혀 있는 못을 자르고, 또한 전쟁에
임해서는 철로 된 투구나 갑옷도 자유로이 절단해버리는 명검名劍 같
은 역량과 예리함이 있어야 비로소 선문禪門의 지도자라고 할 수 있다
는 의미이다. 못과 쇠는 납자가 스스로를 속박하는 사량분별을 뜻한다.
이것을 뽑고 자르고 절단하는 자를 지도력이 있는 종사라고 한다.

　"화살을 피하고 칼을 두려워한다면 어찌 달통한 작자라고 할 수 있
겠는가." 즉 화살이 날아오면 얼른 물러나고 칼을 보면 당황하여 몸을

숨기는 비겁자가 어찌 모든 곳에 달통하는 작자가 될 수 있을까, 말하자면 적의 위력을 보고 도망가 숨는 비겁자가 어찌 천하의 작자가 될 수 있을까 하는 뜻이다. '작가'나 '작자'는 오늘날에는 소설가나 예술가에게 사용되는 말이지만, 선이라는 것은 인생을 창작해야 하는 것이기 때문에 예부터 선사를 '작가' 또는 '작자'라고 했다. '통방通方'은 세계 어디에나 통용되는 역할이라는 의미이다.

"바늘[침차針箚] 꽂을 수 없는 곳은 그만두더라도"에서 '침'은 금침金針, '차箚'는 대침[竹針]을 뜻한다. 예리한 바늘 끝으로도 뚫을 수 없을 정도로 한 치의 틈도 없어, 소위 불조도 엿볼 수 없고 천마외도도 헤아릴 수 없는 면밀한 경지의 소식은 접어두고라도, "하늘까지 삼킬듯한 흰 파도가 일 때는 어찌할까"라고 묻는다. 예리한 바늘 하나 꽂을 수 없는 곳이 절대 정적靜寂의 경지라면, 하늘을 삼킬 듯한 흰 파도는 상대적 약동의 세계이다. 사람마다 이 절대 정적의 체體가 크게 움직여 여탈종횡與奪縱橫, 살활자재로 대용현전大用現前하고 경천동지의 대파란을 일으킨다면, 이는 어떤 조화인가 하는 의미이다. 예를 들어볼 테니 한 번 참구해보라고 하였다.

어느 승이 향림에게 물었다. 향림은 향림 징원香林澄遠, 908-987으로, 경청과 같은 시대의 사람이다. 향림은 먼저 호남의 보자報慈를 참방하고, 이후 운문 문하에 들어가 18년간 시자를 했다. 운문은 매일 '원시자!'라고 부르고, 그가 '예'하면 '이게 무엇인고[시십마是什麼]'라고 물었다. '대답한 자는 무엇인가'라고 몰아세운 것이다. 이렇게 하기를 18년. 18년째 향림은 드디어 견성하였다. 그는 언제나 종이옷을 입고서, 운문이 이래저래 말하면, 유묘심현幽妙深玄한 연구를 잊지 않기 위해 그 자리에서 옷에다 쓰고, 나중에 운문의 어록을 편찬했다고 한다. 그 책이 《운문광록雲門廣錄》이다. 그래서 세상 사람들은 향림을 '지의 시자紙衣侍者'라고 불렀다고 한다. 아주 충직한 사람이다.

향림은 촉나라로 돌아가 도강導江 수정궁에서 주지를 하다가 청성靑城(사천성 성도) 향림사의 주지가 되었다. 지문 광조智門光祚는 향림의 도력이 성하다는 말을 듣고 촉나라로 가서 참례한다. 지문은 설두의 스승이다. 운문이 제접한 납자는 수없이 많으나 당시에는 향림 일파만이 성대했다고 한다.

향림은 임종 때, "노승 40년, 비로소 타성일편[老僧四十年 方打成一片]이로고"라는 말을 남기고 천화遷化(고승의 죽음, 입적入寂)했다. 정념상속으로 절에서 살아온 40년을 한순간에 꿰뚫었다는 말이다. 대단한 선정력禪定力이다.

어느 날 향림의 처소로 한 승이 찾아와 '조사가 서쪽에서 온 뜻'을 물었다. 이것은 당시 선문에서 유행한 물음이다. 달마가 어떤 의지를 가지고 인도에서 중국으로 왔는지 묻는 의미도 있지만, 선승들은 '우주의 의미는 무엇인가, 우리들이 살아가는 목적은 어디에 있는가' 하는 인생의 근본적인 문제를 이 물음에 담아 공안으로 삼았다.

달마가 중국에 전승한 것은 대승불교이다. 달마는 "누구나 동일한 청정심을 가지고 있음을 믿고, 수행으로 이를 증명하라"라고 가르쳤다. 그리고 스스로도 9년간 면벽수행을 하였다. 이것이 '조사서래의'이다. 승이 "서래의西來意가 무엇이냐"라고 묻자, 향림은 다만 한마디로 "오랫동안 앉아 있었더니 피곤하군"이라고 답했다. 운문종의 전통적인 답이다. 여기에 어려운 의미는 없다. 문자 그대로 이해하면 되는 것이다. 달마는 인도에서도 중국에서도 좌선을 했다. 좌선은 영원히 이어진다. 종착이 없다. 향림은 조사가 서쪽에서 오신 뜻을 찾아다니고 있는 승에게 이것을 일갈한 것이다.

설두는 노래했다. "한 사람 두 사람 천만 사람. 재갈의 끈[농두籠頭]을 풀고 등짐을 부렸다[각타角馱]." '농두'는 말이나 소의 입에 재갈을 물리는 끈이다. '각타'는 짐을 나누어 싣는 것이다. 등짐을 내려놓으면 말과 소도 비로소 자신의 몸이 자유롭다는 것을 느낀다. 자아의 집착이라는 재갈의 끈을 풀고 번뇌 망상이라는 각타를 내려놓을 때, 비로소 신심탈락身心脫落의 자유를 얻게 된다. 향림이 '좌구성로坐久成勞'라고 말한 심경은 바로 이 농두를 탈각하고 각타를 내려놓은 경지이기도 하다. 이렇게 해서 깨달은 자가 달마 이래 한 사람, 두 사람, 천만 사람, 수없이 많다는 말이다.

"좌로 돌고 우로 돌며 정해짐 없이 뒤따라오니, 자호는 유철마劉鐵磨를 즉각 때렸다고 한다." 자호는 자호 이종紫胡利蹤, 800-880이다. 자호子湖라고도 한다. 그는 남전南泉의 법을 이었다. 유철마는 위산潙山·앙산仰山 아래, 걸승傑僧으로 유명한 비구니이다. 철구鐵臼(철방아)가 회전하는 것처럼 당당한 품격이 있었다.

어느 날 자호의 처소로 철마가 왔다. 자호가 "그대가 그 유명한 유철마라고 하는 비구니인가"라고 물었다. 철마가 "실은 그렇지 않습니다"라고 겸손하게 말했다. 자호가 물었다. "그대의 방아는 좌로 도는가[左轉], 우로 도는가[右轉]?" 철마는 즉시 "화상은 쓸데없는 생각을 하지 마시오"라고 단호히 말했다. 대단한 작자이다. 자호는 철마의 이 한마디에 즉각 때렸다. 그런데 자호와 철마의 이야기가 본칙과 어떤 관계가 있는지는 분명하지 않다.

송의 마지막 삼구와 사구는 바로 이 이야기를 노래한 것이다. "좌로 돌고 우로 돌며 뒤따라오니[수후래 隨後來], 자호는 철마를 때렸다고 한다." 여기서 '수후래'는 뒤에 바짝 붙어 따라온다는 뜻이다. "여하시조사서래의"라고 묻는 승에게, 지체 없이 "오래 앉았더니 피곤하구나[좌구성로]"라고 하여 단번에 모든 사량을 끊게 한 향림의 기량을, 설두는 자호가 유철마의 대답에 곧바로 쳐서 그를 깨닫게 한 것에 비유했다. '서래의'는 그대로 '좌구성로'이며 '좌구성로'가 그대로 '서래의'임을 나타낸 송이다.

제18칙

숙종, 탑 모양을 청하다

숙 종 청 탑 양
肅宗請塔樣

본칙

숙종황제가 혜충국사에게 물었다. "백 년 후, 필요한 것은 무엇입니까?" 국사가 말했다. "노승에게 이음새 없는 탑[무봉탑無縫塔]을 만들어주십시오." 황제가 말했다. "국사께서는 탑 모양을 말씀해주시지요." 혜충국사가 잠시 말없이 있다가 말했다. "알겠습니까?" 황제가 말했다. "모르겠습니다." 국사가 말했다. "내가 법을 부촉한 제자 탐원이 있습니다. 그가 이 일을 알고 있습니다. 조서를 내려 그에게 물어보십시오." 국사가 천화遷化한 후에 황제는 조서를 내려 탐원에게 물었다. "이 뜻이 무엇이오?" 탐원이 말했다. "상湘의 남, 담潭의 북."

[설두가 착어著語했다. "한 손바닥으로는 소리가 나지 않는다. 그 가운데에는 황금이 있어 온 나라에 가득하다." 설두가 (또) 착어했다. "산 모양의 주장자. 그림자

제18칙 숙종, 탑 모양을 청하다 ○ 107

없는 나무 아래 함께 타는 배." 설두가 (또) 착어했다. "바다는 잠잠하고 강물은 맑

다. 유리로 만든 궁전에 누구 하나 아는 사람이 없다." 설두가 (또) 착어했다. "이것

으로 내 말은 끝났다."]

肅宗皇帝。問忠國師。百年後所須何物。國師云。與老僧作箇無縫

塔。帝曰。請師塔樣。國師良久云。會麽。帝云。不會。國師云。吾

有付法弟子耽源。却諳此事。請詔問之。國師遷化後。帝詔耽源。

問此意如何。源云。湘之南潭之北。雪竇著語云。獨掌不浪鳴。

中有黃金。充一國。雪竇著語云。山形拄杖子。無影樹下合同船。

雪竇著語云。海晏河清。瑠璃殿上無知識。雪竇著語云。拈了也。

【송】

무봉탑, 보기 어렵다.

맑고 고요한 연못에는 창룡이 서리지 않는다.

층은 락락, 영은 단단

천고 만고, 사람들에게 보이네.

無縫塔見還難　澄潭不許蒼龍蟠
層落落影團團　千古萬古與人看

본칙에 나온 남양 혜충南陽慧忠, ?-775은 육조 혜능선사의 법을 이었
다. 그는 월주越州(절강성) 출신이다. 속성은 염冉씨. 여러 명산을 행각
하다가 남양(하남성)의 백애산白崖山 계곡에서 40여 년간 좌선했다.
761년 숙종(재위: 756-762)의 초빙으로 수도에 올라가 스승의 예를 받
고 국사로 추대되었다. 또한 대종代宗(숙종의 장자)의 스승이기도 하다.
본칙 외에도 숙종과의 또 다른 대화가 있다.

　한번은 법회에서 숙종이 많은 질문을 했으나, 혜충은 전혀 귀담아듣
지 않았다. 황제는 화가 나서 "짐은 대당국의 황제인데 국사가 나를 거
들떠보지 않는 것은 무슨 까닭이오?"라고 말했다. 혜충이 "폐하는 허
공을 보십니까?"라고 했다. "그렇소"라고 대답하자 다시 물었다. "허
공이 폐하에게 눈짓이라도 하던가요?" 대화는 이것으로 끝났다.

　이는 본칙의 대화 내용과 유사하다. 숙종이 혜충에게 백 년 후, 즉
입적 후에 무엇이 필요한지 물었다. 국사는 '이음새 없는 탑[무봉탑 無縫
塔]'이라고 했다. 형상이 없는 탑을 만들어달라는 것이다. 그러나 숙종
은 이 말의 의미를 모르고 '탑의 모양'을 제시해달라고 하였다. 혜충은
'양구良久'했다. 양구는 잠시 말없이 그대로 있는 것을 뜻한다. 바로 언
어도단言語道斷의 당체를 보인 것이다. 즉 말이 끊어진 자리, 바로 공
이다. 황제는 이 도리를 모르겠다고 했다. 혜충은 자신의 법을 부촉한
탐원이 이 뜻을 알고 있으니 물어보라고 했다.

　탐원 응진耽源應眞은 강서성 탐원산에서 수행했다. 원상圓相의 진의
眞義를 궁구한 끝에 혜충의 법을 이었다. 어느 날 혜충의 도반인 단하
천연丹霞天然, 739-824이 찾아와 당시 혜충의 시자인 탐원에게 혜충이

계시는가 물었다. 마침 혜충은 낮잠을 자고 있었다. 탐원은 그 즈음 약간의 선리禪理를 배우고 있었던 때이다. 탐원은 "계시기는 하나 아무 손님도 만나지 않습니다"라고 했다. 단하가 "자네는 너무 깊어 어렵군"이라 했다. 탐원은 "부처의 눈을 가졌어도 볼 수 없습니다"라고 덧붙였다. 단하는 비웃는 말투로 "정말 용이 용을 낳고 봉이 봉을 낳는구나!"라고 하고 사라졌다. 혜충이 깨어나자 탐원은 단하의 방문을 말하고 대화 내용을 전했다. 놀랍게도 스승은 그를 몽둥이로 20대 때리고 문밖으로 쫓아냈다. 이 사실을 들은 단하는 "혜충이 국사로 추대받은 것이 공연한 일이 아니었군"이라고 했다. 탐원은 쓰라린 경험을 겪고 더욱 정진하여 마침내 혜충의 법을 이었다.

숙종은 국사가 입적한 후, 혜충이 시킨 대로 탐원에게 물었다. 그는 "상의 남, 담의 북"이라고 했다. 상[湘州]·담[潭州]은 호남의 광활한 수향水鄕 지대이다. 광대한 그 자리는 남에도 해당되고 북에도 해당된다. 위치를 정할 수 없는 장소이다. 무봉탑이므로 탑의 모양을 이렇다 저렇다 설명할 수 없음을 탐원은 상湘과 담潭에 비유했다. 말하자면, 혜충의 당체는 어떻다고 말할 수 없음을 보인 것이다.

'상의 남, 담의 북'을 설두는 "한 손바닥만으로는 소리가 나지 않는다"라고 착어했다. 소리가 나려면 두 손바닥이 마주쳐야만 한다. 《원오어록圓悟語錄》에도 이와 비슷한 표현으로 "한 손바닥만으로는 소리가 나지 않는다. 한 그루 나무로는 숲이 될 수 없다"라는 말이 있다. 또한 설두는 "그 가운데 황금이 있어 온 나라에 가득하다"라고 했다. 황금으로 가득한 나라는 이차원의 극락정토의 이미지이다.

설두는 이어서 "산 모양의 주장자. 그림자 없는 나무 아래 함께 탄배"라고 착어했다. 산 모양의 주장자(지팡이), 나는 이 지팡이로 충분하

니 황금의 나라, 즉 극락세계 같은 것은 소용없다는 의미이다. 지팡이
는 무봉탑이다. 이 탑이 나의 주장자라는 말이다. '그림자 없는 나무'라
는 말은 나무마다 스스로 빛난다는 뜻이다. 거기에 사람을 기다리는
큰 배가 있다. '함께 탄 배'의 의미는 난해하지만, 일설에는 장의葬儀로
쓰는 수레를 뜻한다고 한다. 바닥이 없는 배이다.

다시 설두는 "바다는 잠잠하고 강물은 맑다. 유리로 만든 궁전에 아
는 사람의 그림자도 없다"라고 착어했다. 유리전은 정토의 건물이다.
국사의 무봉탑을 탐원은 시로 나타냈고, 설두는 일체개공의 세계로 표
현했다. 그리고나서 마지막으로 "(강석講釋은) 이것으로 끝났다"라고 착
어했다. 즉 탐원의 한마디는 더 이상 해석할 것이 없다는 말이다. 이렇
게 본칙을 정리하고 나서, 설두는 송으로 무봉탑에 대해 노래하였다.

"무봉탑, 보려고 하면 오히려 어렵다." 육안으로는 보이지 않는다. "맑
고 고요한 못에는 푸른 용이 서리지 않는다." 깊지 않은 맑은 못[淵]은
잠잠하여 물결이 일지 않으며, 그런 곳에는 푸른 용이 없다는 말이다.
원오의 평창에 "와룡臥龍은 고인 물에는 모습을 드러내지 않는다. 와
룡이 없는 곳에는 달빛 어린 파도가 맑고, 있는 곳엔 바람이 불지 않아
도 물결이 인다"라고 했다. 맑은 못은 한눈에 그 깊이를 볼 수 있다. 깊
고 깊은 못은 바닥이 보이지 않는다. 설두는 이처럼 무봉탑을 청룡에
비유하여, 육안으로는 절대 볼 수 없음을 노래하였다. 원오는 스승 오
조五祖法演, ?-1104가 설두의 송고 중 "맑은 못에는 청룡이 살지 않는
다"라는 대목을 가장 마음에 들어 했다고 한다.

"층은 락락, 영은 단단" 무봉탑은 본래 층層이 없지만, 층이 락락落
落하다는 것은 한 층 한 층 시원하게 높다는 말이다. '영影'은 광채이

며 '단단團團'은 둥글게 빛나는 모습을 뜻한다. '영은 단단'하다는 것은 탑의 광채가 둥근 달빛과 같이 환하다는 말이다. "천고 만고, 사람들에게 보이네." '천고 만고'는 천년만년의 아득한 옛날을 말한다. 말하자면, 무봉탑은 오랜 옛적부터 사람들에게 보였는데, 사람들이 보지 못하고 있다는 말이다. 어느 곳에 있는지 보라는 의미이다.

제19칙

구지, 손가락선

구 지 지 두 선
俱胝指頭禪

【수시】

티끌 하나 드니 온 대지가 들어가고, 한 송이 꽃이 필 때 온 세계가 일어난다. 티끌 하나 들지 않고 꽃도 아직 피지 않을 때라면 어떻게 착안할 수 있을까. 그래서 한 타래 실을 자를 때 한 번 자르면 전체가 끊어지는 것과 같고, 한 타래의 실을 물들일 때 한 번 물들이면 전체가 물들게 되는 것과 같다고 말한다. 다만 지금 바로 갈등을 절단하고 자기 집의 보배를 드러낸다면, 높낮이에 두루 응하고 앞뒤에 차이가 없어 각각 그대로 드러난다. 혹시 그렇지 않다면 아래의 글을 살펴보라.

일 진 거 대 지 수　　일 화 개 세 계 기　　지 여 진 미 거 화 미 개 시　　여 하 착 안
一塵舉大地收。一花開世界起。只如塵未舉花未開時。如何著眼。
소 이 도　　여 참 일 려 사　　일 참 일 체 참　　여 염 일 려 사　　일 염 일 체 염　　지
所以道。如斬一綟絲。一斬一切斬。如染一綟絲。一染一切染。只

^여 ^금 ^변 ^장 ^갈 ^등 ^절 ^단　^운 ^출 ^자 ^기 ^가 ^진　^고 ^저 ^보 ^응　^전 ^후 ^무 ^차　^각 ^각 ^현
如今便將葛藤截斷。運出自己家珍。高低普應。前後無差。各各現
^성　^당 ^혹 ^미 ^연　^간 ^취 ^하 ^문
成。儻或未然。看取下文。

본칙

구지화상은 어떤 질문에도 단지 손가락 하나를 세웠다.

^구 ^지 ^화 ^상　^범 ^유 ^소 ^문　^지 ^수 ^일 ^지
俱胝和尚。凡有所問。只竪一指。

【송】

구지노장의 응대를 나는 좋아하네.

텅 빈 우주에 누가 또 있을까.

일찍이 드넓은 바다에 부목이 떨어져,

한밤에 치는 파도, 서로 함께 맹구를 접한다.

^대 ^양 ^심 ^애 ^로 ^구 ^지　^우 ^주 ^공 ^래 ^갱 ^유 ^수
對揚深愛老俱胝　宇宙空來更有誰
^증 ^향 ^창 ^명 ^하 ^부 ^목　^야 ^도 ^상 ^공 ^접 ^맹 ^구
曾向滄溟下浮木　夜濤相共接盲龜

해설

"티끌 하나 드니 온 대지가 그 속에 들어가고, 한 송이 꽃이 필 때 그 속에 세계가 일어난다"라는 말은 아주 작은 티끌[일진—塵]과 한 송이 꽃[일화—花] 가운데 무한한 대지와 세계를 품고 있음을 뜻한다. '티끌 하나 드니 세계가 들린다'라는 사상은《화엄경》에서 볼 수 있다. 80권

《화엄경》권7 〈보현삼매품〉에 "이 세계에는 미진이라고 하는 극소의 것이 무수히 있고, 각 미진에는 무수한 부처님의 나라가 있다. 또 각각의 나라에는 무수한 부처님이 계시고, 각각의 부처님 앞에는 무수한 보현보살이 계시다"라고 설하고 있다. 또한《유마경》의 〈부사의품〉에도 "수미, 겨자씨에 들어가다"라는 말이 있다. 거대한 세계가 극소의 겨자씨 속에 완전히 들어가버린다는 이 말은 논리적으로 모순되고 불가사의한 이야기이다.

개체가 전체 가운데 일부라고 하는 논리는, 모든 것이 신의 일부라고 하는 서양의 범신론과 아주 비슷하다. 그러나 그 반대로 전 세계가 하나의 티끌 속으로 완전히 들어가버린다고 하는 논리는, 논리를 넘어선 '부사의'라고 말할 수밖에 없다. 이처럼 대·소, 고·저, 미·오, 중생·부처와 같은 이원 대립적 분별을 단박에 넘어선 이론이야말로 대승불교가 말하는 공사상이며, 그것을 생활 속에서 실천해가는 것이 바로 선종의 삶의 태도이다.

그러나 "티끌 하나 들지 않고 꽃도 아직 피지 않을 때라면 어떻게 착안할 수 있을까"라고 하였다. 이는 본래의 근본자리, 즉 언어가 있기 이전, 형상이 드러나기 이전의 자리는 직접 투득하지 않으면 알지 못한다는 말이다. 그러므로 고인古人은 "한 타래의 실을 자를 때 한 번 자르면 전체가 끊어지는 것과 같고, 한 타래의 실을 물들일 때 한 번 물들이면 전체가 물들게 되는 것과 같다"라고 했다. 이 말은 깨침은 찰나이지 긴 시간의 수행에서 얻어지는 것이 아니라는 뜻이다.

"다만 지금 바로 갈등을 단절하고 자기 집의 보배를 드러낸다"에서 '자기 집의 보배를 드러낸다'라는 말은 본래면목을 발휘한다는 의미이다. 지금 당장 언어와 형상에서 일어나는 갈등을 집어치우고 본래면목으로 살게 되면, "높낮이에 두루 응하고 앞뒤에 차가 없이 각각 그대로 드러난다"라고 했다. 본래의 근본자리에서 살아간다면 모든 상황과 사물에 알맞게 적응하고 상응할 수 있다는 말이다. 만일 이렇지 못하다면 아래의 본칙을 참구해보라고 한다.

구지俱胝화상은 무주婺州의 금화金華 출신이다. 본명은 알 수 없다. 그는 '구지불모대준제보살'이라고 하는 《관음경》을 읽으며 삼매 수행을 하는 도인이다. 어느 날 실제實際라는 비구니가 암자에 와서 삿갓도 벗지 않고 석장을 쥔 채로, 구지가 앉아 좌선하고 있는 의자 주변을 세 번 돌고, "스님께서 한마디로 '선禪'을 보여준다면 저는 삿갓을 벗겠습니다"라고 말했다. 법전法戰을 건 것이다.

세 번 같은 질문을 했는데 화상은 단 한마디도 하지 못했다. 실제는 바로 암자를 나가려고 했다. 구지가 "해도 저물었는데 오늘 밤은 여기서 묵으시오"라고 말하니, "무엇인가 말씀이 있으시다면 묵겠지만"이라고 했다. 구지는 역시 단 한마디도 할 수 없었다. 결국 비구니는 돌아가버렸다. 거기서 비로소 눈이 뜨여 분발심이 일어났다. 구지는 다시 행각에 나서기로 했다. 그때 호법신이 나타나 "잠시 기다리시오, 머지않아 육신 대보살이 이곳으로 오니, 그분에게 법요를 들으시오"라고 했다. 천룡天龍화상이 온 것이다.

천룡은 마조의 손제자로, 대매 법상大梅法常, 752-839의 법을 이었다. 구지화상은 천룡에게 자신이 비참하게 깨진 일을 말하고 불법의 대의를 물었다. 그러자 천룡화상은 다만 손가락 하나를 세워 보였다. 구지는 활연대오했다. 그때부터 누구든 불법을 물으면 구지는 손가락 하나를 내세워 보일 뿐이었다. 본칙의 "구지화상은 어떠한 질문에도 손가락 하나를 치켜세울 뿐이다"라는 말은 구지화상이 한평생 사람들을 지도하는 방법으로 손가락 선[지두선指頭禪]을 사용하였음을 뜻한다.

구지화상은 임종을 맞이할 때, "나는 천룡화상에게서 얻은 손가락 선을 한평생 써먹었어도 아직 다하지 않았다"라고 말하고, 다시 손가락 하나를 세우고 숨을 거두었다고 한다.

《무문관》제3칙에는 구지화상이 어린 동자에게도 손가락 하나로 깨닫게 했다는 이야기가 나온다. 사람들이 구지화상이 데리고 있었던 동자에게 화상이 늘 어떤 선을 설하고 계시는가를 물으니, 동자는 자신만만하게 손가락 하나를 세워 보였다. 절에 돌아온 화상은 이 말을 듣고, 가지고 있던 작은 칼로 동자의 손가락을 잘랐다. 동자가 비명을 지르고 도망가려고 할 때, 화상이 동자를 불렀다. 동자가 뒤를 돌아본 순간 화상이 손가락을 세웠다. 동자는 그것을 본 순간 활연대오했다고 한다. 구지의 손가락 선은 후세 수행자들에게 공안이 되었다.

현사 사비玄沙師備, 835-908(설봉 의존의 법을 이음)는 "내가 그 자리에 있었다면 구지의 손가락을 확 잘라버렸을 걸"이라고 했다. 여기에는 화상에 대한 찬사의 의미가 들어 있다. 이와 비슷한 이야기로, 석가가 태어나 일곱 걸음을 걷고 손가락 하나는 하늘을, 손가락 하나는 땅을 가리키며 "천상천하 유아독존"이라고 했다는 말에 대해서, 운문 문언은 "만약 내가 현장에 있었다면 한 방에 그를 죽여 개에게 던져주었을 텐데"라고 했다는 일화가 있다.

현사나 운문은 구지의 선을 넘어선 또 다른 세계를 보인 것이다. 흉내를 내는 동자와는 달랐다. 구지가 드는 손가락은 매번 새로운 것이다. 그래서 '한 번 들면 한 번 새롭다'라고 한다. 손가락은 세울 때마다 아주 다른 의미를 가진다. 구지가 임종 때 세운 손가락은 임종 전에 세운 손가락과는 다른 것이었다. 그래서 구지는 "일생 써먹었어도 아직 다하지 않았다[일생수용부진—生受用不盡]"라고 했다. 이러한 구지의 손가락 선은《종용록》제84칙에도 나온다.

구지의 선에 대해 설두는 이렇게 노래했다. "구지노장의 응대를 나는 좋아하네. 텅 빈 우주에 누가 또 있을까." 구지에 대한 극찬이다. 상대를 응대하는 구지화상의 깊은 자비를 노래하며, 온 우주 속을 찾아보아도 그런 사람은 있지 않다고까지 했다.

"일찍이 드넓은 바다에 부목이 떨어져/밤에 치는 파도, 서로 함께 눈먼 거북이를 접한다." '창명滄溟'은 깊고 깊은 광활한 바다이다. 이 구는《법화경》〈묘장엄왕본사품妙莊嚴王本事品〉에, "부처님 만나기는 참으로 어렵다. 마치 우담바라가 피는 것과 같으며, 또한 한쪽 눈만 있는 거북이가 대해에 뜬 나무토막의 구멍을 만나는 것 같다"라는 말씀을 인용한 것이다. 즉 사람들이 구지화상의 손가락 선을 접하여 깨칠 가능성은, 눈먼 거북[맹구盲龜]이 망망대해에서, 철썩이는 파도에 부유하는 나무토막의 구멍을 만나기보다 더 희박하다는 의미이다.

제20칙

용아, 서래의

용 아 서 래 의
龍牙西來意

【수시】

겹겹의 산, 첩첩의 봉우리. 담장에 부딪치고 벽에 들이받는다. 생각을
쉬고 작용이 그쳐도, 이 모두 굴욕일 뿐이다. 혹 누군가 나와서 대해를
뒤집어엎고 수미산을 발로 차 쓰러뜨리고, 백운을 흩어버리고 허공을
부수어, 곧바로 일기일경向一機一境에서 천하인들의 입을 틀어막는다
면, 그대는 감히 가까이하지 못할 것이다. 그러니 말해보라. 예로부터
누가 일찍이 그랬는지를. 예를 들어볼 테니 참구해보라.

퇴 산 적 악　　당 장 개 벽　　저 사 정 기　　일 장 고 굴　　혹 유 개 한 출 래 흔 번 대
堆山積嶽。撞牆磕壁。佇思停機。一場苦屈。或有箇漢出來掀翻大
해　　척 도 수 미　　갈 산 백 운　　타 파 허 공　　직 하 향 일 기 일 경　　좌 단 천 하
海。踢倒須彌。喝散白雲。打破虛空。直下向一機一境。坐斷天下
인 설 두　　무 이 근 방 처　　차 도　　종 상 래　　시 십 마 인 증 임 마　　시 거 간
人舌頭。無爾近傍處。且道。從上來。是什麼人曾恁麼。試舉看。

제20칙 용아, 서래의 ○ 119

용아가 취미에게 물었다. "조사서래의祖師西來意가 무엇입니까?" 취미가 말했다. "나에게 선판을 가져오게." 용아가 선판을 취미에게 건네주었다. 취미가 받자마자 바로 때렸다. 용아가 말하였다. "치는 것은 상관없습니다만, 결국 조사서래의는 없습니다." 다시 임제에게 물었다. "조사서래의가 무엇입니까?" 임제가 말했다. "나에게 포단을 주게." 용아는 포단을 집어서 임제에게 주었다. 임제가 받자마자 바로 때렸다. 용아가 말했다. "치는 것은 개의치 않겠습니다만, 절대 조사서래의는 없습니다."

龍牙問翠微。如何是祖師西來意。微云。與我過禪板來。牙過禪板與翠微。微接得便打。牙云。打即任打。要且無祖師西來意。牙又問臨濟。如何是祖師西來意。濟云。與我過蒲團來。牙取蒲團過與臨濟。濟接得便打。牙云。打即任打。要且無祖師西來意。

【송】

용아산 속의 용은 눈이 없다.

죽은 물에서 어찌 고풍을 떨치겠는가.

선판과 포단을 쓸 줄 모르면

마땅히 노공에게 넘겨줄 것이지.

龍牙山裏龍無眼　死水何曾振古風
禪板蒲團不能用　只應分付與盧公

(이 노장, 숨이 끊어지게 내버려둘 수 없어서 다시 송 하나를 짓는다.)

저 로 한　　야 미 득 초 절　　부 성 일 송
這老漢。也未得勦絶。復成一頌。

노공이 받는다 한들 또한 어찌 의지할까.

앉거나 기대는 것만으로 조등祖燈을 잇는다고 생각하지 마라.

멋지구나, 돌아가는 저녁 구름은 아직 모여들지 않고

먼 산은 끝없이 층층이 푸르구나.

로 공 부 료 역 하 빙　　좌 기 휴 장 계 조 등
盧公付了亦何憑　　坐倚休將繼祖燈
감 대 모 운 귀 미 합　　원 산 무 한 벽 층 층
堪對暮雲歸未合　　遠山無限碧層層

해설

"겹겹의 산, 첩첩의 봉우리. 담장에 부딪치고 벽에 들이받는다. 생각을 쉬고 작용이 그쳐도, 이 모두 굴욕일 뿐이다." 이것은 운수雲水가 공부하는 모습이다. 산더미 같은 의문을 끌어안고, 무턱대고 문제에 부딪치고, 사량분별이 쉬어져 마음의 작용[機]이 멈추어도, 아직도 자신의 일대사一大事를 해결하지 못하고 있는 모양이다. 그러니 굴욕스럽기 짝이 없음을 비관한다.

　"그러나 어떤 작가가 나타나 대해를 뒤집어엎고, 수미산을 발로 차 쓰러뜨리고, 백운을 흩어버리고, 허공을 부수어 곧바로 일기일경에서 천하인들의 혓바닥을 옴짝달싹 못 하게 한다면, 그대는 감히 가까이하지 못할 것이다." 즉 수행자가 자신의 공부에 비애를 느껴 포기한 상태에서, 어떤 고존숙古尊宿이 천하의 선자들을 만나 이래저래 대응하는 방법을 본다면, 그대는 감히 근접할 수 없을 것이라는 의미이다. '고굴고屈'은 어떻게도 할 수 없는 쓰디쓴 굴욕을 뜻한다. '일기일경一機一境'에서 '기'는 '작용'이며, '경'은 '그때' '그 경우'라는 뜻이다.

"말해보라, 예로부터 누가 그렇게 했는지 한번 보자!"라고 하며 본칙을 들어 참구해보라고 하였다.

본칙은 용아 거둔龍牙居遁, 835-923이 취미 수지翠微守芝와 임제 의현을 만나 '불법의 최상의 진리(조사서래의)'를 묻는 내용이다. 달마대사는 무엇을 전하러 중국에 온 것인가? 당시에는 불법의 진수를 묻는 말이 '조사서래의'였던 것 같다. 납자들은 선장을 만나면 바로 이렇게 물었고, 거기서 법거량이 시작되었다.

용아가 먼저 취미에게 이에 대해 물었다. 그러자 취미는 선판을 가져오라고 했다. 선판은 좌선할 때 등을 기대는 도구이다. 취미는 선판을 받자마자 용아를 때렸다. 용아는 "때리니까 맞기는 하지만 조사서래의는 없다"라고 말했다. 원오는 용아의 이 말에 대해서, "그는 살아 있는 물[活水]을 피하고 스스로 썩은 물[死水] 속에서 살림살이를 하며, 한결같이 제 나름의 견해를 지어 말하기를, '때리니까 맞지만, 조사서래의 같은 것은 없다'라고 말했다"라고 평창하였다.

용아는 다시 하북河北의 임제에게 가서 똑같은 질문을 했다. 임제는 포단을 가져오라고 했다. 포단은 좌선할 때 엉덩이에 받치는 둥근 쿠션 같은 것이다. 요즈음은 이것을 방석 위에 놓고 좌선한다. 임제는 포단을 받자마자 그를 때렸다. 용아는 "때리니까 맞기는 하지만, 조사서래의는 없다"라고 딱 잘라 말했다.

《종용록》 제80칙에는 그 뒷이야기가 전한다. 용아가 용아원龍牙院의 원주 소임을 보고 있을 때, 어느 승이 물었다. "예전에 취미와 임제에게 조사서래의를 물었다는데, 두 존숙尊宿이 그 뜻을 밝혀 보이셨소?" 용아는 "밝혔다면 밝힌 것이 되겠지만 조사서래의는 없었다"라고 했다. 그때 이미 용아는 '조사서래의' 같은 말은 아주 하찮아서 말할 필요조차 없다는 것을 알고 있었던 터다. 만약 말한다면 그 뜻을 그르치게 된다고 여겼기 때문이다.

어느 승이 대매 법상大梅法常, 752-839에게 물었다. "무엇이 조사서래의입니까?" 대매는 단번에 "조사가 서쪽에서 온 뜻은 없다"라고 잘라 말했다. 원오는 만약 이렇게만 알고 만다면, '무사無事'만이 깨달음이라고 집착하는 경계에 떨어질 것이라고 일침一針 하였다.

"용아산 속의 용은 눈이 없다." 송의 첫 구는, 두 선장禪匠의 행동을 두고 용아가 '조사서래의'가 없다고 단언한 것에 대해, 용아에게는 눈이 없다고 평한 것이다. 말하자면, 용아를 폄하한 것이다.

"죽은 물에서 어찌 고풍을 떨치겠는가." '죽은 물[死水]'은 탁한 물, 고인 물을 뜻한다. '고풍古風'은 살아 있는 용이 일으키는 바람을 뜻한다. 죽은 물에서는 용이 활약할 수 없듯, 조사 전래의 활풍活風이 용솟음칠 리가 없다는 말이다. 원오는 평창에서 설두의 이 노래가 "용아를 추켜세운 것인가, 아니면 그의 체통을 깎아내린 것인가?"라고 묻는다.

설두는 이번에는 "선판과 포단을 쓸 줄 모르면"이라고 했다. 용아가 취미와 임제에게 선판과 포단을 건네준 것은 죽은 물속에서 살림살이를 차린 격이고, 건네받은 것은 분명 창룡 위에 타긴 했지만 용솟음칠 줄을 모른다는 의미이다. 그러니 "다만 마땅히 노공에게 넘겨줄 것이지"라고 했다. 노공盧公은 흔히 육조 혜능을 뜻하지만, 원오의 평창에서는 설두가 스스로 노공이라고 불렀다고 한다. 즉 설두는 자신에게 넘겨주는 것이 더 낫다고 노래하였다.

"이 노장, 숨이 끊어지게[초절勦絕] 내버려둘 수 없어서 다시 송 하나를 짓는다." '초절'은 완전히 끊는다는 의미가 있다. '이 노장'은 용아를 뜻한다. 아직 용아가 나름의 깨침 속에서 숨을 거두는 것을 그냥 보고 있을 수 없어서 송을 하나 더 붙인다는 뜻이다.

"노공에게 넘겨준다 한들 또한 어찌 의지할까." 노공에게 선판이나 포단을 넘겨준다 해도, 그것으로 '서래의'가 어떻다고 할 수는 없다는 말이다. "앉거나 기대는 것만으로 조등祖燈을 잇는다고 하지 마라." 포단에 앉고 선판에 기대어 마침내 조사의 인가를 얻었다고 생각하지 말라는 의미이다.

"멋지구나[감대堪對], 돌아가는 저녁 구름은 아직 모여들지 않고[귀미합歸未合], 먼 산은 끝없이 층층이 푸르구나." 저녁노을 구름이 서쪽으로 돌아가 아직 한 덩어리로 되지 않았고, 끝도 없는 겹겹의 산맥은 층층이 푸르니 멋지다는 것이다. '대對'는 경계를 대하여 사람을 생각한다는 뜻이다. 설두산의 정경을 대하여 불조를 예배하는 모습이다. '귀미합'은, 구름이 석양과 함께 서산으로 돌아가 한 덩어리로 되기 전, 아직 움직이고 있는 모습을 묘사하는 말이다. '합合'은 꽉 차서 틈이 없다는 뜻이다. 여기서 구름은 움직이는 용의 자태이며, 용은 용아 또는 다른 선자를 포함하여 전등의 열조烈祖를 가리킨다.

"먼 산은 끝없이 겹겹이 푸르구나." 아득히 먼 산 저쪽에서 시시각각 이쪽 납자를 향해 '조사서래의'를 물어오고 있다는 말이다. 이 칙의 송은《벽암록》의 송들 가운데 가장 진귀한 두 수 중 하나로 꼽힌다.

제21칙

지문, 연꽃 연잎

지 문 연 화 하 엽
智門蓮花荷葉

【수시】

법당法幢을 세우고 종지를 일으키니, 비단 위에 꽃을 늘어놓은 듯하고, 굴레를 벗기고 짐을 내려놓으니 태평 시절이다. 혹 격외格外의 말을 알아차린다면 하나를 들어도 셋을 안다. 혹시 그렇지 못하면 여전히 엎드려 처분을 받아야 한다.

건 법 당 립 종 지　금 상 포 화　탈 롱 두 사 각 태　태 평 시 절　혹 약 변 득 격
建法幢立宗旨。錦上鋪花。脱籠頭卸角駄。太平時節。或若辨得格
외 구　거 일 명 삼　기 혹 미 연　의 구 복 청 처 분
外句。舉一明三。其或未然。依舊伏聽處分。

어떤 승이 지문에게 물었다. "연꽃이 아직 물속에 있을 때는 어떠합니까?" 지문이 말했다. "연꽃." 승이 물었다. "물에서 나온 뒤에는 어떠합니까?" 지문이 말했다. "연잎."

僧問智門。蓮花未出水時如何。智門云。蓮花。僧云。出水後如何。門云。荷葉。

【송】

연꽃과 연잎, 그대에게 일렀는데,

수면에 나온 것은 나오지 않은 때와 어떠한가.

강북 강남의 노장에게 물으니

한 마리 여우가 의심하니 또 다른 여우가 의심하네.

蓮花荷葉報君知　出水何如未出時
江北江南問王老　一狐疑了一狐疑

해설

법당法幢은 오늘 여기서 설법이 있다고 알리는 깃발이다. '법당을 세우고'라는 말은 《증도가》에 나오는 말로, 깃발을 세워 불법을 선포한다는 뜻이다. 달마 전법의 종지를 선양하게 되면 그 장관과 위용이 금상첨화, 즉 비단에 꽃을 펼쳐 놓는 것과 같다는 말이다.

'농두籠頭'는 말이나 소의 얼굴에 씌우는 멍에이다. '각태角駄'는 등에 짐을 싣는다는 뜻이다. 말이나 소에게서 이것들을 벗기고 내리면 편안함을 줄 것이다. '좌선'이라는 굴레를 벗고 '공안'이라는 짐을 내려놓는다면, 운수(행운류수行雲流水)도 마음이 홀가분하게 된다. 태평 시절이다. 이러한 명승名僧은 대체 누구인가. 본칙 공안의 주인공인 지문 화상이 바로 그이다.

이러한 명승의 '틀 밖의 한마디[격외구格外句]'를 듣고 납득할 수 있는 영리한 놈이라면, "하나를 들어 보이면 셋을 안다." 만약 거기까지 이르지 못했다면, "여전히 엎드려 처분을 받들어야 한다." 말하자면 여기 보인 공안을 곰곰이 생각하고 생각해야 할 것이라는 의미이다.

본칙의 지문은 지문 광조智門光祚이며, 설두 중현의 스승이다. 수주隨州 지문사智門寺의 주지를 지내며 종풍을 드날렸다. 그는 운문 문언의 고족高足(학식과 품행이 우수한 제자)인 향림 징원의 법을 이었다. 향림은 18년간 운문의 시자를 지냈다. 언제나 종이옷을 입고 그 위에 운문의 언구를 빠뜨림 없이 썼다고 한다. 운문은 그를 볼 때마다 '이게 무엇인가[是什麽]'라고 했다. 향림은 18년째 되던 해 이 공안을 타파했다. 시자의 표본과 같은 대근기이다. 나중 사람들은 그를 '지의시자紙衣侍者'라고 불렀다

어느 승이 지문에게 묻기를, "연꽃이 아직 수면 위로 모습을 드러내지 않을 때는 어떠합니까?"라고 하니, "연꽃"이라고 답했다. 승은 다시 "그렇다면 수면 위로 나온 뒤에는 어떠합니까?"라고 물었다. 지문은 "연잎"이라고 말했다. 수면 위로 나오지 않는 것[未出水]은 무불세계無佛世界이고, 수면 위는 유불세계有佛世界를 뜻한다. 물에서 나오든 나오

지 않든, 연꽃이다. 말하자면 부처다. 당시에는 이러한 형태의 문답이 자주 행해진 것 같다.

원오의 평창에는 운문이 거량擧量한 이야기가 나온다. 어떤 승이 영운靈雲에게 부처님이 세상에 나오시지 않을 때는 어떠하냐고 묻자, 영운은 불자拂子를 내세웠다. 그 승이 이번에는 부처님이 세상에 나오신 뒤에는 어떠하냐고 묻자, 영운은 또다시 불자를 곧추세웠다. 이에 대해 운문이 착어하기를, "처음 행동은 적절했지만 그다음 행동은 적절치 못하다"라고 했다.

다시 돌아가, 원오는 지문과 승의 문답에 대해서, "일문일답은 기연과 상황에 딱 들어맞아서 잡다할 게 없다. 말에서 말을 깨치고 기연에서 기연을 깨쳐 모든 것을 놓아버리고 한가롭게 된다면, 지문이 대답한 뜻을 알게 될 것이다"라고 평했다.

한편, 지문이 반야의 체體와 용用을 보인 공안이 있다. 어떤 승이 지문에게, "무엇이 반야의 체인가"라고 물었다. 지문은 "조개가 밝은 달빛을 품었다"라고 대답했다. 승이 "무엇이 반야의 용인가"라고 묻자, "토끼가 새끼를 뱄다"라고 답했다(《벽암록》제90칙). 반야는 불지佛智이며 무아·무심의 무분별지이다. 묻는 자는 체와 용을 따로 물었지만, 지문은 체용불이體用不離로 답했다. '조개는 중추仲秋에 월광을 머금어 진주가 되고 토끼는 새끼를 뱄다'는 말은 중국의 속담으로, 여기에서는 명월의 빛이 무심히 만상을 비추듯이, 우리의 무분별지가 사려분별을 넘어 역력히 나타나 작용하고 있음을 비유한 것이다.

승은 연꽃이 수면 위로 나온 때와 나오지 않은 때를 비유로 들어, 깨치기 전과 깨친 후에 대하여 물었다. 그러나 지문이 답한 '연꽃'과 '연잎'은 역설이다. 수면 위로 나오지 않는 것은 연잎이고 수면 위로 나온

후가 연꽃이어야 하는데, 물 위로 나오지 않은 것이 연꽃이고 물 위로 나온 것을 연잎이라고 했다. 바꾸어 말한다면, '범부가 부처가 되지 않을 때는 어떠한가'라는 물음에 '부처'라고, '부처가 된 후는 어떠한가'라는 물음에 '범부'라고 답하는 것과 같다. 바로 운문종의 묘미를 단적으로 보여주는 공안이다.

'범성일여凡聖一如' '화과동시花果同時' '중생본래불'의 견지에서는 아직 부처가 되지 않은 범부도 부처이다. '깨친 후 상점에 들어가 손을 내미는 것[입전수수入鄽垂手]'은 깨침과 깨치지 못함이 같음[오료동미오悟了同未悟]을 의미한다. 이는 부처가 된 후에도 범부가 되지 않으면 안 된다는 뜻이다.

"연꽃·연잎, 그대에게 일렀는데", 설두가 자기 스승인 지문의 공안을 노래했다. 연꽃이 연잎인가, 연잎이 연꽃인가, 부처가 범부인가, 범부가 부처인가. 지문이 여기서 확실히 보여주었다는 의미이다. 범부가 부처고 부처가 범부라면, 오히려 부처가 되려고 애쓰지 않아도 상관없을 것이다. "수면에서 나온 것은 나오지 않은 때와 어떠한가"라는 말은 이를 뜻한다.

"강북 강남의 노장들에게 물으니"에서 '강북 강남'은 양자강의 북과 남을 뜻한다. '사백여四百余 주州 어디서도'라는 것이다. '왕노王老'는 남전南泉이 스스로를 '왕노사'라고 칭한 데서 비롯되었는데, 당시 선종의 선장禪匠을 왕노사라고 통칭하기도 하였다. 강남 강북을 쫓아다니며 선지식을 찾아가 "연꽃이 아직 물 위로 나오지 않을 때 어떠한가요"라고 묻고 돌아다니니, "의심에 의심만 더할 뿐"이다. 이를 '한 마리 여우가 의심하면 또 다른 여우가 의심'한다고 하였다. 여우는 의심이 많은 동물이라, 사람이 이래저래 의심을 깊이 하면 여우에 비유하기도 한다. 임제가 "조불祖佛과 떨어지고 싶지 않으려면 밖에서 구하지 말라" "밖을 향해 공부를 짓는 놈은 모두 어리석다"라고 한 것처럼, 설두는 승에 대한 지문의 대답이 참학參學하는 자들을 크게 깨우치는 공안임을 노래하였다.

제22칙

설봉, 별비사

설 봉 별 비 사
雪峰鼈鼻蛇

【수시】

아주 넓어 밖이 없고, 미세함은 인허隣虛와 같다. 잡고 놓음이 남에게 있지 않고, 말고 펼침이 나에게 있다. 끈끈한 속박을 반드시 풀고자 한다면, 흔적을 없애고 목소리를 죽이고, 각자의 나루터를 막아버리고 각각 천 길 벼랑같이 우뚝 서야 한다. 말해보라. 이것은 어떤 사람의 경계인가. 예를 들어볼 테니 참구해보라.

대 방 무 외 세 약 린 허　금 종 비 타　권 서 재 아　필 욕 해 점 거 박　직 수
大方無外細若隣虛。擒縱非他。卷舒在我。必欲解粘去縛。直須
삭 적 탄 성　인 인 좌 단 요 진　개 개 벽 립 천 인　차 도 시 십 마 인 경 계
削迹吞聲。人人坐斷要津。箇箇壁立千仞。且道是什麼人境界。
시 거 간
試舉看。

132

설봉이 대중에게 말하였다. "남산에 별비사 한 마리가 있으니 그대들 모두는 잘 살펴보아야만 한다." 장경이 말했다. "지금 선당 안에는 분명 몸을 다치고 목숨을 잃은 자가 있다." 어떤 승이 현사에게 이 이야기를 전했다. 현사가 말하였다. "혜릉 사형은 비로소 알았겠지만, 비록 그렇다 해도 나는 그렇지 않다." 승이 물었다. "화상께서는 어떠시오?" 현사가 대답했다. "굳이 남산을 들먹일 필요가 있는가?" 운문은 주장자를 설봉의 면전에 던지고 부르르 떠는 시늉을 했다.

설봉시중운　남산유일조별비사　여등제인　절수호간　장경운
雪峯示衆云。南山有一條鼈鼻蛇。汝等諸人。切須好看。長慶云。
금일당중　대유인상신실명　승거사현사　현사운　수시릉형시
今日堂中。大有人喪身失命。僧擧似玄沙。玄沙云。須是稜兄始
득　수연여차　아즉불임마　승운　화상작마생　현사운　용남산
得。雖然如此。我即不恁麼。僧云。和尚作麼生。玄沙云。用南山
작십마　운문이주장　찬향설봉면전　작파세
作什麼。雲門以拄杖。攛向雪峯面前。作怕勢。

【송】

상골은 험준하여 사람들이 오르지 못하지만
오른 자는 뱀을 농간하네.
능사稜師도 비사備師도 어쩌지 못했으니
몸을 다치고 목숨을 잃는 이 많다.
소양은 알아 풀 섶을 거듭 헤쳐보았지만
동서남북 찾을 곳이 없다.
홀연히 주장자를 불쑥 내밀어
설봉에게 던지니 입을 딱 벌렸다.
입을 딱 벌림이 번갯불 같다.

눈썹을 치켜떠도 오히려 보이지 않는다.

지금 유봉 앞에 숨어 있으니

오는 자, 하나하나 방편을 써서 보라.

사師는 고성으로 할! 하며 말하기를,

"발밑을 보라!"

象骨巖高人不到　到者須是弄蛇手

稜師備師不奈何　喪身失命有多少

韶陽知重撥草　南北東西無處討

忽然突出拄杖頭　拋對雪峯大張口

大張口兮同閃電　剔起眉毛還不見

如今藏在乳峯前　來者一一看方便

師高聲喝云　看脚下

해설

"아주 넓어 밖이 없고"라는 말은 아주 큰 공간은 안도 밖도 포괄해버
린다는 뜻이며, "미세함은 인허와 같다"라는 말은 극미의 세계를 뜻한
다. 이는 본성에 대한 설명이다. 본래 자성은 광대무변하여 "밖이 없
다"라 했고, 또한 아주 세밀하여 "인허隣虛"라고 했다. '인허'는 '허공
과 가깝다'라는 의미로, 매우 작다[極微]는 뜻이다.

　"잡고 놓는 것이 남에게 있지 않고, 말고 펼침이 나에게 있다"라는
것은 본성의 작용을 말하며, 그 주체가 '나'라는 말이다. '잡고[擒]' '놓

134

고[縱]' '말고[卷]' '펼치고[舒]'는 결국 파주把住와 방행放行을 의미한다. 꼼짝 못 하게 하기도 하고 또한 풀어놓기도 하는 변화무쌍한 기술은 우리 자성의 작용을 뜻한다.

"끈끈한 속박을 반드시 풀고자 한다면"은 무한히 일어나고 반복되는 분별망상을 없애고자 한다는 의미이다. "흔적을 없애고 목소리를 죽이고"에서 '흔적[迹]'과 '말'은 언어문자를 뜻한다. 즉 언어문자에 구애되지 말라는 것이다. "각자의 나루터[要津]를 막아버리고"의 '나루터'는 본래는 중요한 뱃길을 의미하는데, 여기서는 '중요한 핵심'이라는 의미이다. 각자가 핵심이라고 생각하는 방편의 길을 차단하고, "각각 천 길 낭떠러지 벼랑같이 우뚝 서야 한다"라고 했다. 다시 말해서 모든 분별망상을 직절直截하고 어떠한 문자언어에도 기대지 않으며, 미오범성迷悟凡聖마저 완전히 벗어난 그런 경계에 있는 자는 어떤 자인지 참구해보라고 한다.

본칙은 덕산의 법을 이은 설봉 의존의 법문이다. 설봉 문하에는 운문, 현사, 장경, 보복, 경청, 취암 등 훌륭한 납자들이 50여 명이나 배출되었고, 대중의 운집이 늘 1,500여 명이나 되었다고 한다. '북의 조주, 남의 설봉'이라는 말에서 알 수 있듯이 설봉의 도량은 거대하였고, 운수납자를 정밀하게 지도하였던 것 같다.

설봉이 말한 남산은 설봉산이다. 별비사는 코가 찌부러진 독사로, 자라 머리를 닮았다 해서 그렇게 부른다. 여기서 별비사는 이류異類가 아니고 '본래자기'를 가리킨다. 설봉산에 그러한 독사가 한 마리 있으니, 대중은 이 별비사를 "아주 잘 살펴보아야만 한다"라고 하였다. 여기서 '보다[看]'는 '잡다'의 의미로, 본래자기인 '무無'를 체득해야 한다는 뜻이 내포되어 있다. 실은, 본래자기가 곧 '무자성'이므로 자신을 따로 살필 일이 아니며, 이원성의 자신이 '무성無性'임을 증험하라는 것이다. 설봉의 이러한 시중에, 제자인 장경, 현사, 운문 등이 저마다 한 마디씩 한 것이다.

먼저 장경이 말했다. "지금[今日] 선당 안[堂中]에는 분명 몸을 다치고 목숨을 잃은 자가 있다." 여기서 '금일'은 '바로 지금'이고 '당중'은 '도중道中'이다. '대유인大有人'의 '대'는 많다는 뜻이 아니라 '분명히' '확실히'라는 의미이다. 중생은 본래 부처인데, 이를 알지 못하는 자가 스스로 오해하여 범부라고 여긴다는 말이다.

어떤 승이 이 말을 현사玄沙師備, 835-908에게 전했다. 현사는 "혜릉長慶慧稜, 854-932 사형은 비로소 알았겠지만, 비록 그렇다 해도 나는 그렇지 않다"라고 했다. 승이 왜 그러냐고 다시 물었다. 현사는 "군이 남산을 들먹일 필요가 있느냐"라고 힐난하였다. '별비사가 남산에만 있는가, 어디에도 있지!'라는 의미이다. 말하자면 한 마리 두 마리의 별비사가 아니라, 우주 전체가 별비사라는 것이다. 즉 미오범성을 분별하기 이전 본래의 자기는 분별망식이 없는 '무'인데, 죽었다느니 보라느니 할 것이 없다는 말이다.

이번에는 운문이 별비사 이야기를 듣고 자신의 소식을 보인다. "운문은 주장자를 설봉의 면전에 던지고 부르르 떠는 시늉을 했다." 운문이 뱀을 주장자에 걸치는 시늉을 하며 설봉 면전에 내던지고 자신이 떠는 모습을 한 것이다. 운문은 바로 이러한 행동으로 자신의 별비사를 보였다. 불성 작용의 현현顯現이다.

설두의 송 첫 구, "상골은 험준하여 사람들이 오르지 못하고"는 설봉의 선풍을 말한다. '상골'은 설봉산, 즉 남산이다. '험준하여 사람들이 오르지 못하고'는 설봉의 선기禪機가 그렇다는 말이다. "(이 산에) 오른 자는 뱀을 농간하네." 이는 본래자기, 즉 별비사를 체득한 자를 말한다.

"능사도 비사도 어쩌지 못하고, 몸을 다치고 목숨을 잃는[상신실명喪身失命] 이 많이 있다." 능사와 비사는 장경과 현사를 뜻한다. 설봉의 시중 소식을 들은 두 납자도 별비사에 근접할 수 없었다는 것이다. '상신실명'은 도리어 별비사에게 물려 죽는다는 의미이다. 중생이 본래 부처임을 알지 못하여 자신을 범부라고 여기고 낙담한다는 말이다.

그러나 소양, 즉 운문만이 "풀 섶을 거듭 헤쳐본들 동서남북 찾을 곳이 없다"라는 것을 알았다고 설두는 운문을 치켜세운다. "홀연히 내민 주장자, 설봉에게 던지니 입이 딱 벌어졌다"라고 했다. 운문의 주장자는 그냥 주장자가 아니다. 독사를 걸친 주장자, 즉 별비사이다. '운문'이라는 별비사가 남산에 있는 별비사, 즉 설봉에게 내던져진 것이다. 이는 설봉이 시중에서 "남산에 별비사가 있으니 잘 살펴보아야 한다"라고 문제를 내걸었기 때문이다.

운문이 내던진 주장자는 "입을 딱 벌림이 섬전閃電같다"라고 했다. '섬전'은 전광석화이다. 운문의 기략機略이 전광석화처럼 빠르다는 말이다. 이러한 운문의 기세는 "눈썹을 치켜떠도 오히려 보이지 않는다"라고 했다. 보려고 해도 보이지 않는다는 말이다. 이 소식을 수시에서는 "잡고 놓음이 남에게 있지 않고, 말고 펼침이 나에게 있다"라고 하였다. 살활자재함을 표현한 것이다.

"지금 유봉 앞에 숨어 있으니, 오는 자는 하나하나 방편을 써서 보라." 유봉은 설두산을 뜻한다. '보라[看]'는 마음을 써라[用心], 즉 애써 보라는 의미이다. 운문의 주장자는 유봉에 감춰져 있으니 오는 자들은 방편을 써서라도 그것을 찾아내라는 것이다. 즉 별비사, 본래의 자기, '무'를 체증하라는 말이다.

"사師는 고성으로 할! 하며 말하기를, '발밑을 보라[간각하看脚下]!'" '사師'는 설두이다. '간각하'는 '발끝에 별비사가 느껴지는가!'라는 의미이다. 《종용록》 제24칙 〈설봉, 별비사를 보다〉에도, 굉지가 별비사를 모르는 자들에 대하여 '차디찬 입으로 사람을 물고 있는데도 아픔을 모른다[냉구상인부지통冷口傷人不知痛]'라고 노래한 구가 있다. 이처럼 설두도 굉지도 본성의 '무'를 모르고 있는 자들에 대한 안타까움을 표현하고 있다. 두 선사는, 별비사는 저 멀리 밖에 있는 것이 아니라 바로 자신의 발아래 있음을 넌지시 보여준다.

제23칙

보복, 묘봉정

보 복 묘 봉 정
保福妙峰頂

【수시】

옥은 불로 시험하고, 금은 돌로 시험하고, 칼은 털로 시험하고, 물은 막대기로 시험한다. 납승의 문하에서는 일언일구一言一句, 일기일경一機一境, 일출일입一出一入, 일애일찰一挨一拶로 반드시 깊고 얕음을 보아야 하고, 제대로 됐는지 틀겼는지를 반드시 보아야 한다. 말해보라, 무엇으로 시험하는지를. 예를 들어볼 테니 참구해보라.

옥 장 화 시   금 장 석 시   검 장 모 시   수 장 장 시   지 어 납 승 문 하   일 언
玉將火試。金將石試。劍將毛試。水將杖試。至於衲僧門下。一言
일 구   일 기 일 경   일 출 일 입   일 애 일 찰   요 견 심 천   요 견 향 배   차
一句。一機一境。一出一入。一挨一拶。要見深淺。要見向背。且
도 장 십 마 시   청 거 간
道將什麼試。請舉看。

보복과 장경이 산행을 할 때, 보복이 손으로 가리키며 말했다. "여기가 바로 묘봉정이다." 장경이 말했다. "그건 그런데, 애석하군." [설두가 착어로 말하기를, "오늘 이런 놈과 함께 산에서 놀아 어쩌겠다는 것인가." 다시 말하기를, "백년 천년 뒤에 사람이 없다고 말하지 말라. 다만 드물 뿐이다."] 나중에 경청에게 이를 전하니, 경청이 말했다. "만일 손공이 아니었다면 들판에 해골이 널려 있는 것을 보았을 텐데."

保福長慶遊山次。福以手指云。只這裏便是妙峯頂。慶云。是則是。可惜許。雪竇著語云。今日共這漢遊山。圖箇什麼。復云。百千年後不道無。只是少。後擧似鏡淸。淸云。若不是孫公。便見髑髏遍野。

【송】

묘봉산 정상에 풀이 여기저기

집어서 누구에게 분명히 줄까.

손공이 단적으로 밝혀주지 않았다면

해골이 대지에 뒹구는 것을 몇 사람이나 알까.

妙峯孤頂草離離　拈得分明付與誰
不是孫公辨端的　髑髏著地幾人知

보석은 불에 태워서 그 진위를 알고, 금은 돌로 진위를 가린다. 칼의 예리함은 바람에 날리는 모발로 시험하고, 강을 건널 때에는 막대기를 세워 깊은지 얕은지를 살핀다. 이처럼 사물의 진위眞僞, 이둔利鈍, 심천 深淺 등을 판별하는 데는, 그 사물에 따라 시험하는 방법이 제각기 다르다.

선가에서 선장을 판별하는 방법도 다양하다. '일언일구一言一句'의 말로 납승의 공부를 안다. 즉 '무' '마삼근麻三斤' '호떡' '끽다거' 등의 일언으로 선의 경계를 감별하는 것이다. '일기일경一機一境'의 '일기'는 마음의 작용을 동작으로 나타내는 것이고, '일경'은 그것을 외경外境으로 드러내 보이는 것이다. 남악의 '기왓장', 마조의 '들오리', 조주의 '정전백수자庭前栢樹子' 등이 그것이다. 본칙에서의 '묘봉정'도 마찬가지 일경이다.

'일출일입一出一入'의 '출'은 방행放行, 즉 말로 설명해주는 경우이고, '입'은 파주把住, 즉 묵묵히 말하지 않는 경우이다. '일애일찰一挨一拶'은 공부하는 납승의 경계를 저울질하는 것으로, '애'는 살짝 건드려보는 것이며, '찰'은 강하게 찔러보는 것이다. 이는 모두 선사와 납자의 일문일답의 방법이다. 사람의 역량, 경지는 이처럼 일거수일투족으로 표출된다. 인물이나 견해의 심천深淺도, 깨달음과 미혹의 향배向背도 사실은 일목요연해야 한다. 원오는 여기에 이야기 하나를 꺼내 보일 테니 등장인물의 경지를 판별해보라고 한다.

본칙에 등장하는 인물은 보복 종전保福從展, ?-928·장경 혜릉長慶慧稜,

854-932·경청 도부鏡淸道怤, 868-937 3인으로, 모두 설봉 의존의 문하이다. 보복은 많은 제자를 남겨 사법嗣法제자가 19인이다.

어느 날 보복과 장경이 가까운 산으로 놀러 갔을 때, 보복이 산을 가리키면서 "여기가 바로 묘봉정일세"라고 했다. 묘봉정은《화엄경》〈입법계품〉에서 선재동자가 문수의 권유로, 53선지식 중 맨 처음 방문한 덕운德雲 비구가 사는 산이다. 이는 평등의 정위正位를 보이는 것으로, 말하자면 '절대 무', 즉 본분의 세계를 상징한다. 보복이 '여기야말로 묘봉정'이라고 했을 때, 그것은 자신의 거처去處, 즉 '경지'를 보임과 동시에, 이에 대해 상대가 어떻게 나오는지를 점검하려고 한 것인지도 모른다.

장경은 보복의 사형뻘이 된다. 장경은 "그건 그런데, 애석하군"이라고 했다. 맞긴 맞지만 약간은 그렇지 않은 것 같으니 애석하다는 말이다. 이야기는 여기서 끝난다. 후일 설두가 이를 비판하였다. "오늘 이런 놈과 산에서 놀아 어쩌겠다는 건가." 말이 부족했던지 다시 말했다. "백년 천년 뒤에 그런 사람이 없다고 말하지 말라. 다만 드물 뿐이다." 설두의 이 말은《벽암록》을 편집할 때 붙여진 것이겠지만, 보복이나 장경과 동문인 경청은 당시에 이 말을 듣고 이렇게 비판했다. "만약 손공이 아니었다면 들판에 해골이 널려 있는 것을 보았을 텐데." 손공孫公은 장경의 속성俗姓이다. 장경이 없었더라면, 다만 '사인선死人禪'의 깨달음만이 세상에 가득했을 뻔했다는 것이다.

묘봉정은 일미평등, '절대 무'의 세계이다. 그것은 결코 생성된 현상의 세계가 아니다. 그러한 곳은 활발발한 선의 입장에서 보면 오히려 "풀이 여기저기[초리리草離離]" 무성한 장소이다. '리리'는 시어詩語로, 초목이 아름답고 무성한 모습을 뜻한다. 보복이 자신만만하게 "여기가 묘봉정"이라고 한 것은 절대 무의 성경聖境인 동시에 잡초로 뒤엉킨 속경俗境임을 드러내 보인 것이다. 그래서 설두는 이원성二元性이 없는 산정인데 "집어서 누구에게 분명히 줄까"라고 노래했다.

"그건 그런데, 애석하군"이라고 일갈一喝한 장경의 말을 두고, 설두는 "손공이 단적으로 밝혀주지 않았다"라고 했다. 장경의 이 한마디의 도리를 대체 누가 단적으로 알 것인가 하는 말이다. 설두는 "해골이 대지에 뒹구는 것을 몇 명이나 알까"라고 크게 염려한다. 선의 종지를 진정 깨치지 못한 자신의 해골이 대지에 데구루루 뒹굴고 있는데도 알지 못하니 안타깝다는 말이다. 지금 선을 흉내만 내는 야호선野狐禪 일색임을 설두는 개탄했다.

철마, 위산에 이르다

철 마 도 위 산
鐵磨到潙山

【수시】

높고 높은 봉우리 정상에 서면 마구니나 외도도 알지 못한다. 깊고 깊
은 바다 밑으로 지나가면 부처의 눈으로도 엿보지 못한다. 설사 눈은
유성과 같고 기는 번개 치는 것 같아도, 신령한 거북이 꼬리를 끄는 것
을 면치 못한다. 여기에 이르러 어떻게 해야 할까. 예를 들어볼 테니
참구해보라.

고 고 봉 정 립　 마 외 막 능 지　 심 심 해 저 행　 불 안 처 불 견　 직 요 안 사 류
高高峯頂立。魔外莫能知。深深海底行。佛眼覻不見。直饒眼似流
성　 기 여 철 전　 미 면 령 구 예 미　 도 저 리 합 작 마 생　 시 거 간
星。機如掣電。未免靈龜曳尾。到這裏合作麼生。試擧看。

유철마가 위산에 이르렀다. 위산이 말했다. "늙은 소, 잘 왔네." 유철마가 말했다. "내일 대산에서 큰 재가 있답니다. 화상께서도 가시겠습니까?" 위산이 벌러덩 드러누웠다. 유철마가 바로 나가버렸다.

유철마도위산　산운　로자우여래야　마운　래일대산대회재　화
劉鐵磨到潙山。山云。老牸牛汝來也。磨云。來日臺山大會齋。和
상환거마　위산방신와　마변출거
尚還去麼。潙山放身臥。磨便出去。

【송】

일찍이 철마를 타고 겹겹이 싸인 성에 들어가,

칙이 내려와 여섯 나라가 평정됐다고 전해 들었다.

쇠 채찍을 움켜쥐고 돌아온 객에게 묻는다,

밤이 깊은데 어가御街로 누구와 함께 갈까.

증기철마입중성　칙하전문육국청
曾騎鐵馬入重城　勅下傳聞六國清
유악금편문귀객　야심수공어가행
猶握金鞭問歸客　夜深誰共御街行

해설

"높고 높은 봉정"은 히말라야 산정을 가리키기도 하지만, 여기서는 선의 언어로 '향상向上의 극極'이라는 뜻이다. 절대절명의 세계이다. 진정한 향상계라면, 천 리 앞을 기어가는 개미까지 볼 수 있는 천마외도라도 그 높이를 알 수가 없다. "깊고 깊은 바닷속을 간다"라는 말은 태평양 바다 밑을 잠수한다는 말이 아니라, '향하의 극', 즉 바닥이 없는 깊은 마음의 작용을 뜻한다. 이는 삼세를 통찰하는 부처의 눈으로도 추량할 수 없다는 말이다.

"높고 높은 봉정에 서서"와 "깊고 깊은 바다를 간다" 이 두 구句는 약산 유엄藥山惟儼, 745-828의 말이다. 높고 깊은 절대 경계의 사람 앞에 서면, 유성같이 민첩한 안력眼力을 가진 자라도, 혹은 번개도 잡을 만큼 예리한 재주꾼이라도, "신령한 거북[靈龜], 꼬리를 끄는 것을 면치 못한다." 아주 둔한 멍청이가 된다는 것이다. '신령한 거북, 꼬리를 끈다'라는 말은, 신령한 거북이가 산란하고 바다로 돌아갈 때 자신이 낳은 알을 안전하게 숨기기 위해 자신의 족적을 꼬리로 지우면서 가지만, 모래 위에 꼬리의 흔적은 그대로 남아 있다는 의미이다.

손오공이 석가불과 땅끝까지 누가 더 빨리 도착할 수 있을지 경쟁한 일이 있었다. 손오공이 구름을 타고 땅끝까지 가니, 거기에 다섯 개의 기둥이 서 있었다. 빨리 가는 쪽이 기둥에 서명하기로 약속했는데 서명이 없었으므로 아직 석가불이 도착하지 않았다고 여겼다. 득의양양하게 중앙의 기둥에 '몇월 며칠 몇 시, 손오공이 여기에 도착했도다'라고 크게 쓰고 돌아갔다. 그리고 자신이 이겼다고 보고하니 석가불이 웃으며 손바닥을 보였다. 가운데 손가락에 손오공의 서명이 있었다. 손오공이 아무리 어떻게 해봐도 결국은 석가불의 손바닥 밖을 벗어날 수 없다는 것이다.

눈은 유성과 같이, 기機는 번개 치는 것같이 준민俊敏한 자도, 높고 높은 봉정에 서고 깊고 깊은 바다 밑을 가는 달인의 앞에서는 손오공 정도밖에 되지 않는다. 자, 여기에 이르러 어떻게 해야 할까. 실례를 들어볼 테니 참구해보라고 한다.

위산은 호남성의 장사長沙에 있는 산이고, 거기에는 백장의 법을 이은 영우靈祐, 771-853가 살고 있었다. 그는 15세 출가하여 20세 때 백장 아래서 대오하고 그 법을 이었다. 후에 백장의 명령에 의해 위산을 열고 절을 세웠다. 문하에 모여든 자가 언제나 수백 인이었다고 한다. 사법 제자로 앙산 혜적仰山慧寂, 807-883이 있다. 영우는 위앙종潙仰宗의 개산조開山祖이다.

유철마는 위산 영우의 법을 이었고, 위산 가까이에 살고 있었다. 철마는 여걸 같은 비구니로, 좀 공부했다는 비구들도 선기禪機로 간단히 제압했다고 한다. 그런 철마가 어느 날 느닷없이 위산을 찾아왔다. 그녀를 보자 위산이 먼저 기선機先을 잡았다. "늙은 암소[노자우老牸牛], 잘 왔네." 철마는 위산의 전의戰意를 맞받아서, "내일 대산에서 큰 재가 열린다고 하는데 화상께서도 가시겠습니까?"라고 태연하게 말했다. 여기서 '큰 재'는 무차대회無遮大會를 뜻한다. 이 대회는 누구나 참석하여 법거량을 하고 자신의 공부를 점검하는 모임이다. 그러자 위산은 온다간다 말도 없이 큰 대大 자로 벌러덩 누워버렸다. 이것이 본칙의 공안이다.

오대산은 산서성 태원太原에 있어, 장사에서 수천 리나 떨어져 있다. 비행기나 기차를 탄다면 모를까, 짚신을 신고 타박타박 걷는다면 사오십 일은 족히 걸리는 거리이다. 그야말로 손오공같이 구름을 타고 간다면 하루 만에 다녀올 수 있을지는 몰라도, 불가능한 일을 철마는 태연히 말했다. 위산의 기機를 살피는 것이다. 그 먼 곳에 위산이 갈 리가 없다. 위산은 앉은 자리에서 천연덕스럽게 바닥에 드러누워버렸다. 가고 옴이 없는 이 자리가 그대로 큰 재가 열린 자리임을 보인 것이다. 굳이 오대산까지 갈 필요가 있는가, 불거불래不去不來의 이 자리, 진여 자성의 이 자리에 여여히 있는데, 오고 가고 할 게 뭐 있는가를 행동으로 보인 것이다.

위산 영우는 본래 백장산의 대지大智(백장 회해百丈懷海, 749-814) 문하에 있었다. 백장산은 남창南昌에 있고 위산은 장사에 있어서 그렇게 먼 거리는 아니다. 어느 날 백장산 대지의 처소에 사마두타司馬頭陀라는 거사가 찾아왔다. 그는 인상人相, 골상骨相, 지상地相등의 감식鑑識에 뛰어났고, 여러 나라를 편력하기 좋아했다. 그는 "여기서 남쪽 담주潭州에 위산이라고 하는 아주 좋은 산을 발견했습니다. 거기에 산문을 열면 족히 1,500인을 수용할 수 있는 대도량이 될 텐데, 누가 가서 이 산을 열겠소?"라고 하면서 백장에게 적극 위산에 선문을 열 것을 권했다.

당시는 선종이 막 발흥하던 때였다. 이 말을 들은 백장이 "노승이 가 볼까"라고 하며 바로 나섰다. "스님은 안 됩니다. 위산은 육상肉相인데 스님은 골상骨相입니다. 스님이 가게 되면 기껏해야 500인 정도밖에 모이지 않습니다. 다른 누가 없습니까?"라고 하며 문인 가운데 적당한 사람을 추천해보라고 했다.

먼저 백장은 제일좌第一座인 선각善覺을 불러냈다. 사마두타는 선각에게 두세 걸음을 걷고 헛기침을 해보라고 했다. 선각은 시키는 대로 했으나 두타의 마음에 들지 않았다. 다음은 전좌典座(주방에서 음식을 담당하는 소임)인 영우를 불러냈다. 두타는 걸어오는 전좌를 한번 보더니 "이 자라면 좋습니다"라고 했다. 그러나 제일좌를 제쳐놓고 다른 이를 쓰기도 곤란하므로, 대중의 앞에서 두 사람을 시험하여 합격한 자를 위산으로 보내기로 했다.

백장은 상 위에 물병을 놓고 두 사람에게 말하였다. "이것을 물병이라고 해서는 안 된다. 그대는 이것을 무엇이라고 하겠는가?" 상식적으로 보면 당연히 물병이지만, 본래는 물병도 무엇도 아니다. 만약 물병이라고 이름 짓지 않는다면 무엇이라고 해야 할까. 어려운 질문이다. 선각은 "목침이라고도 하지 않겠습니다"라고 했다. 그다지 나쁜 것은 아니지만 힘없는 대답이었다. 다음 영우 차례가 되자, 묵묵히 걸어 나와 물병을 발로 차버리고는 바로 나가버렸다. 영우는 물병을 차버림으로써 하찮은 논리의 유희를 걷어찬 것이다. 백장은 영우를 위산으로 보내기로 결정했다. 대중 누구도 이의를 다는 자가 없었다.

영우가 위산에 올라가 보니 인적도 없는 밀림 그대로였다. 1,500명은 고사하고 고양이 한 마리도 오지 않았다. 그는 이 산중에서 꼼짝하지 않고 앉아 정진했다. 원숭이나 토끼를 벗하며 밤, 도토리를 먹고 묵묵히 7년을 보냈다. 7년이 지나 차츰 사람들에게 알려지고 수행자도 모여들어, 결국에는 1,500명이 넘치는 대도량이 되었다.

영우는 앙산 혜적과 함께 위앙종潙仰宗을 수립하여, '격죽擊竹'으로 이름 높은 향엄, 복사꽃을 보고 깨친 영운靈雲, 지금 본칙에 나온 유철마 등 40여 명의 선지식을 배출하였다. 이렇게 해서 위산은 두타의 말 그대로, 한 산중을 선 수행자로 흘러넘치게 한 것이다.

위산이 드러누운 모습을 보고 철마는 말없이 떠나버렸다. 고인古人은 "물 위에 호리병을 누르면 가라앉는 듯하다가 바로 뒤집힌다"라고 평했다. 앞으로 뒤로 뒤집히면서도 그대로 유유히 떠가는 호리병의 탈각된 형태를 위산과 철마의 거동에 비유했다.

설두는 먼저 철마의 위풍당당함을 노래했다. "일찍이 철마를 타고 겹겹이 싸인 성에 들어가니", 즉 마치 장군처럼 '위산'이라는 성 가운데로 철갑을 두른 말을 타고 들어갔다는 것이다. 그러나 "칙이 내려와 여섯 나라가 평정됐다고 전해 들었다." 성주인 위산공이 '오, 왔구나'라고 어린애 취급을 하는 것이다. 기세 좋게 뛰어들었으나, 막상 들어가 보니 큰 칼을 휘두를 장이 없었다. 철마는 힘이 나지 않았다. 어찌해볼 도리가 없다. '육국六國'은 중국의 춘추전국시대의 연, 조, 한, 위, 제, 초 등 여섯 개의 제후諸侯의 나라이다.

"쇠 채찍을 움켜쥐고 돌아온 객에게 묻는다"라는 말은, 철마가 화상에게 "내일 대산에 큰 재가 있다는데 화상은 가시겠소?"라고 물음으로써 위산의 마음에 한 발자국 다가갔다는 의미이다. 위산은 벌러덩 천하태평으로 누웠고, 철마는 바로 돌아가버렸다. 두 사람 모두 각자 정천頂天에 서서 홀로 세계를 활보한다. 지음동지의 세계이다.

"밤이 깊은데[야심夜深] 어가御街로 누구와 함께 갈까"에서 '야심'에는 야금夜禁(야간 통행 금지)이 정해져 아무도 돌아다니지 못한다는 뜻이 내포되어 있다. '높고 높은 봉정' '깊고 깊은 해저', 즉 아무도 엿볼 수 없는 절대절명의 세계를 상징한다. '어가'는 황성皇城의 남대문으로 통하는 길로, 천자가 만들어놓은 길이다. 어가의 중앙은 천자만이 다닐 수 있고, 일반인들은 양쪽 가장자리로만 통행해야 한다. 그러한 어가를, 더구나 야간 통행 금지를 어기면서까지 누구와 더불어 가겠는가 묻는 것이다. 바꾸어 말하면, 높은 봉정과 깊은 바닷속으로 홀로 가는 남자의 적정한 세계, 누구와 함께 그 세계로 가겠는가 하는 의미이다. 설두는 위산, 철마 모두의 경계를 이렇게 찬미했다.

제25칙

연화암주, 주장자를 잡다

^{연 화 암 주 염 주 장}
蓮華庵主拈拄杖

【수시】

기機가 지위를 벗어나지 못하면 독해毒海에 떨어지게 되고, 말[語]이 대중을 놀라게 하지 못하면 저속한 데에 빠지게 된다. 만약 돌이 부딪혀 번쩍하는 순간에 흑백을 감별하고, 번쩍하는 번갯불 속에서 살활을 판별할 수 있다면, 가히 시방을 틀어막고 천 길 벼랑에 우뚝 서게 된다. 그런 시절이 있는 것을 알기나 할까. 예를 들어볼 테니 참구해보라.

^{기 불 리 위} ^{타 재 독 해} ^{어 불 경 군} ^{함 어 류 속} ^{홀 약 격 석 화 리 별 치}
機不離位。墮在毒海。語不驚群。陷於流俗。忽若擊石火裏別緇
^소 ^{섬 전 광 중 변 살 활} ^{가 이 좌 단 십 방} ^{벽 립 천 인} ^{환 지 유 임 마 시 절}
素。閃電光中辨殺活。可以坐斷十方。壁立千仞。還知有恁麼時節
^마 ^{시 거 간}
麼。試舉看。

연화봉 암주가 주장자를 보이며 대중에게 말했다. "옛사람은 여기에 이르러 왜 머물려고 하지 않았을까?" 대중들이 말이 없자 스스로 대신해서 말했다. "그들이 수행 중[途路]에 주장자로 별 힘을 얻지 못했기 때문이지." 다시 스스로 대중을 대신해서 말했다. "결국 어떻게 되었는가?" 또 스스로 대신해서 말했다. "주장자를 옆으로 메고 사람들을 돌아보지 않고 바로 천 봉 만 봉으로 들어가버렸지."

蓮花峯庵主。拈拄杖示衆云。古人到這裏。爲什麼不肯住。衆無語。自代云。爲他途路不得力。復云。畢竟如何。又自代云。楖㮉横擔不顧人。直入千峯萬峯去。

【송】

눈 속의 티끌, 귓속의 흙

천 봉 만 봉, 머물지 않네.

낙화는 흘러가는 물처럼 정처가 없고

눈썹을 치켜떠 봤지만 어디로 가버렸을까.

眼裏塵沙耳裏土　千峯萬峯不肯住
落花流水太茫茫　剔起眉毛何處去

'기機'는 마음의 작용이고 '위位'는 그 장소나 위치이다. 이 경우에는 '정위正位'라고 하는 무상평등無相平等의 깨달음의 경계이다. 깨달았다고 해도, 깨달음에 집착하여 그 자리를 여의지 않으면 독의 바다에 떨어져 쓸모없다. '이離'는 모든 위位를 여의는 것이다. 물·심 양면의, 위치 지어진 모든 것을 여의는 것은 결국 임제의 '무위진인無位眞人'이 아니면 안 된다. '무위無位'는 '무의無依'이기도 하다. 어떤 것에도 의존하지 않고 어떠한 위치에도 매이지 않는 것을 말한다. 그럴 때 비로소 자유인이라고 할 수 있다.

"말[語]이 대중을 놀라게 하지 못하면 저속한 데에 떨어진다." 말은 기機가 입으로부터 나오는 것이다. 위位를 여읜 기라면 이는 평범하고 저속한[流俗] 것이 아니다. 분명히 그것은 대중을 놀라게 하며, 많은 사람들이 '아!'하고 감탄하도록 하는 대웅변, 장광설과 같은 것이다. 매일 같은 소리를 해도 그것은 처음 듣는 '심지心地의 소리'이다. 기가 위를 여읜 자유인의 일언일구는 극히 평범한 것을 말해도 거기에 무한한 맛이 들어 있지만, 그렇지 못하면 저속한 데로 빠진다는 것이다. '기가 위를 여의고' '말이 대중을 놀라게 하는' 자는 대자유인이다.

"돌이 부딪혀 번쩍하는 순간에 흑백[치소緇素]을 감별하고"에서 '치소'는 승려와 속인을 뜻한다. 깨달은 자유인은 찰나의 순간 양면을 판단한다. 또한 번개가 번쩍하는 순간에 '이놈'이 살았는지 죽었는지를 판별한다. 이러한 작용이 있다면 "시방을 틀어막고[坐斷] 천 길 벼랑에 우뚝 서게 된다"라고 한다. 세계의 주인공이 되어 어떤 누구에게도 의존하지 않고 건곤독보乾坤獨步한다는 뜻이다. 원오는 "그런 시절이 있는 것을 알기나 할까"라고 하며, 한번 제시해볼 테니 참구해보라 하였다.

본칙의 주인공은 천태산 연화봉에 거주하는 '상암주祥庵主'라는 도인이다. '암주庵主'란 깨달은 이후 성태장양聖胎長養을 위해 산야에 초암을 짓고 은거하며 수행하는 대도인을 말한다. 연화봉은 명주(절강성) 천태산의 한 봉우리이다.

상암주는 운문 문언의 법제자인 도심道深으로부터 법을 이었는데, 세간에 그다지 이름이 알려지지 않았다. 그는 사람들이 찾아오면 언제나 주장자를 들어 보였다고 한다. 연화봉 암주가 어느 때 주장자를 가지고 나와 수행자들에게 들어 보이며, "옛사람은 여기에 이르러 왜 머물려고 하지 않았을까?"라고 하였다.

주장挂杖은 지팡이로, 불자拂子·여의如意와 더불어 선승이 언제나 손에 쥐는 법기法器이다. 천태산에 나는 즐률樱楳나무는 가지의 형태가 좋아 주로 이것을 주장으로 쓴다. 여기서 주장은 선의 깨달음을 상징한다.

'저리這裏'는 '여기'라는 의미다. '자성' '불심' '깨침의 경지' 등을 상징하는 대명사이다. 본래 이름이 없기 때문에 '여기' '이놈' '그' '주인공'이라고 하기도 한다. 즉 암주의 말은 '고인古人들은 왜 여기에, 깨침 속에서 살려고 하지 않았는가'라는 뜻이다.

'고인'은 '불불조조佛佛祖祖'이다. 그들은 대원각을 성취하고 대열반을 얻어 고봉 정상에 도달하였지만, 모두 '여기'에 안주하지 않았다. 사생四生(태胎, 란卵, 습濕, 화化) 속으로 뛰어든 것이다. 조사들은 부처의 세계에도 마의 세계에도 엉덩이를 따뜻하게 데우고 있지 않다. '여기'가 우리가 살 집이라고 한다면, 그는 조사의 자격이 없다. 구름처럼 물처럼 사는 것이 선자의 본령이다.

연화봉 암주의 물음에 아무도 대꾸하지 못했다. 원오는 평창에서 "전후前後 20년, 단 한 사람도 대답하지 못했다"라고 했다. 그래서 암주는 스스로 대중을 대신해서 말했다. "그들은 수행 중[도로途路]에 힘을 얻지 못했기 때문이지." 즉 그들이 무력하기 때문이라는 뜻이다. '도로'는 수행을 말한다. 임제가 "도중途中에 있고 가사家舍를 여읜다"라고 했던 그 '도중'과 같은 말로, '인생행로' '차별의 현실 세계'를 의미한다. 암주는 이것으로 족하지 않아 다시, "결국 어떻게 되었는가? 주장자[즐률栗栗] 옆으로 메고, 사람들을 돌아보지 않고 바로 천 봉 만 봉으로 들어가버렸지"라고 말했다. 주장은 본래 지팡이로 쓰지만, 이것을 옆으로 힘차게 멘다는 것은 더 이상 지팡이가 아니라는 뜻이다. 주장을 메고, 사람들이 뭐라고 하든 개의치 않고 이 산 저 봉우리 어디까지라도 중생제도에 나섰다는 것이다.

이 대구對句는 조주의 법을 이은 엄양존자嚴陽尊者가 한 말이라고 한다. 엄양이 길에서 한 승을 만났을 때 주장을 쑥 내밀고 "이게 뭐야?"라고 하니, 그 승이 "알지 못합니다"라고 했다. 엄양은 "너는 지팡이도 알지 못하는가?"라고 하고는, 이번에는 땅에 주장을 꽂았다. "자, 어떤가, 알겠는가?" "알지 못하겠습니다." "뭐야, 지팡이를 꽂은 것도 알지 못한다는 거야?" "알지 못하겠습니다." 그러자 엄양은 지팡이를 힘차게 둘러메고 "어떤가? 분간이 가는가?"라고 물었다. 승은 "알지 못하겠습니다[不會]"라고 했다. 이러한 대구의 의미는 다음 설두의 송에서 명료하게 나타난다.

"눈 속의 티끌, 귓속의 흙." 연화봉 암주가 아니어도, 적어도 선자들은 눈에는 티끌이 가득, 귀에는 흙이 가득, 회두토면灰頭土面(재를 뒤집어쓴 머리, 흙투성이 얼굴)으로 하화중생下化衆生하는 것이 진정한 일이다. 일상의 일을 하면서 진리를 깨치도록 교화하는 것이 선자의 일이다. 천봉 만 봉 어디라도, 불 속·물 속·지옥의 가마 속이라도 뛰어든다. '기'가 지위를 여의었기 때문에 머물러 살지 않는다. 불계佛界에도 깨달음의 세계에도 머물지 않는다는 뜻이다. 조주가 말했듯이, 유불의 처소에 머물지 않고 무불의 처소라도 달려나간다는 것이다.

머무는 데가 없으므로 "낙화는 흘러가는 물처럼 정처가 없을" 뿐이다. "눈썹을 치켜떠 봤지만 어디로 갔을까?" 눈썹을 치켜올리고 보려하니, 이미 저쪽으로 사라져버렸다. 한순간도 머물지 않는 낙화와 같은 대자유인이다.

제 26칙

백장, 기특한 일

백 장 기 특 사
百丈奇特事

본칙

어떤 승이 백장에게 물었다. "무엇이 기특한 일입니까?"

백장이 말했다. "대웅봉에 홀로 앉는 것."

승이 예배하자 백장은 곧장 후려쳤다.

<ruby>僧<rt>승</rt></ruby> 문 백 장   여 하 시 기 특 사   장 운   독 좌 대 웅 봉   승 례 배   장 변 타
僧問百丈。如何是奇特事。丈云。獨坐大雄峯。僧禮拜。丈便打。

【송】

조사의 영역을 이곳저곳 내달리는 천리마,

교화[化門]의 펴고 거둠, 길을 같이하지 않는다.

전광석화의 기변이 있네,

대단하구나, 한 사람이 와서 호랑이 수염을 뽑으려 하니.

조 역 교 치 천 마 구   화 문 서 권 부 동 도
祖域交馳天馬駒　化門舒卷不同途
전 광 석 화 존 기 변   감 소 인 래 랄 호 수
電光石火存機變　堪笑人來捋虎鬚

해설

본칙의 대웅봉은 백장산을 가리키며, 백장은 백장산의 회해百丈懷海, 749-814를 말한다. 백장은《백장청규百丈淸規》를 제정하여 선문의 소임, 즉 주지로부터 식사작법에 이르기까지 교단의 규율을 만들어 수행자들이 공부를 완수하도록 하였다. 달마가 선을 인도에서 중국으로 전한 이후부터 조사들에 의해 총림叢林의 형식이나 형태가 차츰 형성되어 갔지만, 오늘날처럼 질서정연하게 제도화된 것은 백장에서 비롯된다. '하루 일하지 않으면 하루 먹지 않는다[일일부작 일일불식一日不作一日不食]'이라는 명언은 백장의 언행을 그대로 보여주며, 선문 도량의 기상과 납자의 수행정진 분위기를 말해준다.

어느 날 대중은 백장이 고령의 나이에도 함께 운력運力하는 것을 보았다. 화상의 나이로서는 무리한 일이라고 생각하고 그만두게 하였지만, 백장은 말을 듣지 않고 묵묵히 일하였다. 하는 수 없이 대중은 백장이 사용하는 농기구를 감추어버렸다. 화상은 그날도 다른 때와 같이 운력 시간에 맞추어 나왔다. 그러나 자신이 사용하는 도구가 없었다. 누구에게 물어도 알지 못한다고 했다. 아무리 찾아봐도 보이지 않았다. 운력을 할 수 없게 되자 하는 수 없이 자신의 방으로 돌아갔다. 운력이 끝나고 공양 시간이 되어 종을 쳤으나, 화상은 식당으로 나오지 않았다. 모시러 갔지만 소용이 없었다. 다음 날 아침도 공양하러 나오지 않았다. 대중은 염려되어 운력의 도구를 재빨리 본래의 자리로 갖다놓았다. 그랬더니 화상은 그 도구를 사용하여 운력을 하였고, 공양 시간에 맞추어 공양간에서 공양을 하였다. 그때 화상이 '일일부작 일일불식一日不作一日不食'이라는 말을 한 것이다. 백장은 자신의 공부가 좌복에만 있는 것이 아니라 운력에도 있음을 몸소 실행해 보였다. 대중과 함께 일을 함으로써 청중淸衆의 화합을 도모한 것이다.

하루는 화상의 처소에 어떤 승이 와서, "무엇이 기특한 일입니까?"라고 물었다. '기특奇特'은 예사롭지 않은 특별한 것을 말한다. 더할 수 없이 특별하고 감사해야 하는 것이 무엇인가를 물은 것이다. 만일 '부처다' '선이다' 등의 답을 했다면, 이 승은 큰 몽둥이로 되받아쳤을지도 모른다.

옛날 위산 영우가 낮잠을 자고 있는데, 그곳으로 제자 앙산 혜적이 들어왔다. 위산은 벽 쪽으로 돌아누워 딴청을 피웠다. 앙산은 "굳이 그렇게 멋쩍어할 필요는 없을 것 같은데, 저는 제자이기 때문에…"라고 하고는 나가버렸다. 그러자 위산은 벌떡 일어나 앉아, "혜적아, 내가 지금 무슨 꿈을 꾸었는지 알아 맞혀봐라"라고 했다. 앙산은 가만히 대야에 물을 떠 와 수건과 함께 내밀었다. 위산은 아무 말도 하지 않고 얼굴을 씻었다. 그때 향엄이 왔다. "그래, 마침 잘 왔다. 지금 혜적과 신통력을 경쟁하고 있는 참이다." "네, 보았습니다." "그러면 너는 어떤 신통이 있는지 말해봐라!" 향엄은 평소처럼 아무렇지도 않은 얼굴로 차를 내와서 스승에게 올렸다. "좋아, 그대들 두 사람의 신통은 사리불이나 목련보다 더 낫다." 위산은 이렇게 칭찬했다.

종교라고 하면 무엇인가 기특한 일, 예언을 한다든가 병을 낫게 한다든가 보통사람이 할 수 없는 기적을 행하지 않으면 안 되는 것으로 생각하는 사람이 많다. 그러면 선에서는 기특한 일을 무엇이라고 생각할까. 백장은 이에 대해 답했다. "대웅봉에 홀로 앉는 것이다[독좌대웅봉獨坐大雄峰]." 천하인의 설두舌頭를 막아버리는 한마디이다. 상대로 하여금 한마디도 할 수 없게 만드는 전광석화 같은 말이다.

　'좌坐'라는 글자는 땅[土] 위에 두 사람이 앉아 있는 형태이다. 좌선당의 일과는, 방바닥에 좌복을 깔고 대중이 벽을 보든가 벽을 뒤로하고 앞을 보든가 하여 참선하는 것이다. 모두 모여 앉아 죽비에 맞추어 참선이 시작되고 끝난다. 그래서 대지에 둘이 앉는 형태 '坐'는, 공부를 홀로 하기보다 여러 사람이 함께하는 것이 더 낫다는 것을 상징하는지도 모른다. 석가불은 홀로 수행정진하기보다 세 사람 이상이 모여 공부하는 것이 더 낫다고 하셨다.

　대웅봉은 백장이 사는 백장산이다. 따라서 '독좌대웅봉'이라고 하면 '내가 이렇게 앉아 있는 것이야'라는 의미가 된다. 독좌는 홀로 앉는다는 뜻이지만, 여기는 '일체의 망념을 여의고 다만 앉아 있을 뿐'이라는 의미가 내포되어 있다. '홀로 앉음'은 번잡한 생각을 끊고 맑은 몸과 마음으로 편안하게 집중하여 앉는다는 뜻이다. 백장은 '독좌대웅봉'이라는 말로써 '지금'이라는 시간, '여기'라는 장소, 그것 이외에 우리가 현실로 살아가는 시간과 장소는 없다는 것을 분명히 보여준다. 그 밖에 무엇이 있다고 한다면, 그것은 망념의 작용이고 망정의 요동일 뿐이며 추상적인 생각이지, 현실이나 구체적인 삶은 아니다. 선은 필경 '독좌대웅봉'이고 누구나 체험할 수 있는 것이다.

　백장의 이 대답에, 승은 "예, 잘 알겠습니다. 감사합니다" 하는 표현으로 예배를 올렸다. 원오는 이를 "영리한 납승"이라고 착어했다. 그러나 만약 백장 역시 승의 자세를 긍정했다면 백장의 선은 사라지고 말았을 것이다. 승의 다소곳한 절에 백장은 곧장 후려쳤다. 백장의 손이 죽비가 되어, 자신의 성성한 깨침의 자리는 돌보지 않고 넙죽 절만 하는 납승을 후려친 것이다. '너 같은 술지게미나 먹을 쭉정이한테 예배를 받을 시간이 없음'을 보인 것이다.

설두는 이 공안을 시로 지어 노래했다. '조사의 영역[祖域]'은 달마 이래 개척된 경역境域이다. '교치交馳'는 이곳저곳 뛰어다니는 것을 뜻한다. '천마구天馬駒'는, 원오가 평창에서 "하루에 천 리를 달리며 종횡으로 날듯이 치달리므로 천마구라고 한다"라고 하였고, 착어에서 "오백 년에 한 번 나온다"라고 하였으니, '쉽게 나오지 않는 천 리의 명마'를 의미한다고 볼 수 있다. 백장은 마조 도일의 법을 이은 선사이기 때문에, 백장을 오백 년에 한 번밖에 나오지 않는 명마에 비유한 것이다.

　설두는 백장이 선문의 세계를 종횡무진으로 치달리는 모습을 "화문의 펴고 거둠, 길이 같지 않다"라고 표현하였다. '화문化門'은 중생제도의 교화문이며 '서권舒卷'은 펴고 거두고 하는 살활殺活, 여탈與奪의 작용이다. 같은 선의 세계에 있어도 백장의 교화수단은 여타의 진부한 선가禪家들과 비교하면 달과 자라처럼 절대 같게 볼 수 없다는 말이다. 고인古人의 흉내만을 내고 고인의 발자취를 따라 걷는 일은 절대 하지 않는다는 것이다.

　"전광석화의 기변이 있네"는 백장이 임기응변臨機應變, 천변만화千變萬化하여 곁눈질조차 허용이 안 된다는 말이다. 노래의 마지막 구, "대단하구나[堪笑], 한 사람이 와서 호랑이 수염을 뽑으려 하니"에서

'감소埳笑'는 대단하다, 기특하다는 의미이다. 백장의 역량을 아는지 모르는지, 대뜸 호랑이 소굴에 들어가 호랑이 수염을 뽑으려 덤벼드니 참으로 대단하다는 뜻이다. 설두가 운수 납자의 자세를 찬탄한 구이다.

제27칙

운문, 체로금풍

운 문 체 로 금 풍
雲門體露金風

【수시】

하나를 물으면 열을 답하고, 하나를 들면 셋을 밝힌다. 토끼를 보면 매를 놓고, 바람을 따라 불을 피운다. 눈썹을 아끼지 않는 것은 그렇다 치고, 다만 호랑이 굴에 들어갈 때는 어찌해야 하는가. 예를 들어볼 테니 참구해보라.

문 일 답 십　　거 일 명 삼　　견 토 방 응　　인 풍 취 화　　불 석 미 모 즉 차 치　　지
問一答十。舉一明三。見兔放鷹。因風吹火。不惜眉毛則且置。只
여 입 호 혈 시 여 하　　시 거 간
如入虎穴時如何。試舉看。

한 승이 운문에게 물었다. "나무가 메마르고 잎새가 떨어질 때, 어떠합니까?" 운문이 말했다. "가을바람에 본체가 완전히 드러났네."

僧問雲門。樹凋葉落時如何。雲門云。體露金風。

【송】

물음 속에 이미 종지가 있고, 대답 또한 그렇다.

삼 구를 분별하니, 한 화살이 허공으로 멀리 나네.

넓은 들녘에 싸늘한 바람이 쏴아,

높은 하늘에 가랑비가 부슬부슬

그대는 보지 못했는가!

소림에 오래 앉아 돌아가지 않는 나그네가

웅이산 숲속에 고요히 기대고 있음을.

問既有宗答亦攸仝 三句可辨一鏃遼空
大野兮涼颷颯颯 長天兮疎雨濛濛
君不見 少林久坐未歸客 靜依熊耳一叢叢

예부터 매우 영리한 제자를 가리켜 하나를 들으면 열을 안다고 하였다. 수시에서 "하나를 물으면 열을 답한다"라고 한 것은 뛰어난 스승이 그렇다는 것이다. 또한 "하나를 들면 셋을 밝힌다"라는 말은 대단히 친절하다는 뜻이다. 공자는 "한 모퉁이를 보여 다른 셋을 이해하지 못한다면 나는 가르친다고 말할 수 없다"라고 하였다. 그러나 선에서는 한 법도 사람들에게 일러주지 않는다고 한다. 제자에게 가르친다든가 힌트를 준다든가 하지 않는다.

그러나 수시에서는 하나를 물으면 열을 답하고 하나를 들어 셋을 밝힌다고 하니, 대단히 친절하다. 더구나 "토끼를 보면 매를 푼다"라는 말은 상대의 태도나 솜씨, 기량에 따라 돌본다는 뜻으로, 더더욱 자상한 행동이다. 또한 "바람에 따라 불을 피운다"라는 말은 바람의 방향을 생각해야 불을 쉽게 붙일 수 있는 것처럼, 제자의 선기禪機를 보고 자신감을 불어넣어 준다는 의미이다.

"눈썹을 아끼지 않고"라는 말은 제자를 철저히 보살핀다는 의미이다. 할머니가 손자를 귀여워하듯 한없는 배려와 친절로 지도하면, 지도하는 이의 눈썹이 빠진다는 옛말이 있다. 법과 사람을 위한다면 눈썹 정도 빠지는 것은 개의치 않는다는 말이다. 그렇지만 눈썹을 아끼지 않는 것은 그렇다 치고, "호랑이 굴속으로 들어갈 때는 어찌해야 하는가." 이는 용맹스러운 자가 면전에 나타난다면 어떻게 해야 하는지를 묻는 것이다. 예를 들어볼 테니 잘 살펴보라고 했다.

수시에서 보인 친절한 지도는 운문 문언에 대한 이야기이다. 그는 당唐대 운문종의 종조로 추앙받았다. 전기에 의하면, 그는 어려서부터 박람강기博覽强記하여, 어떤 경전도 한 번 읽으면 완전히 암기해서 두 번 읽을 필요가 없었다고 한다. 17세에 출가한 문언은 처음 지징志澄 율사에게 계율을 공부했지만, 마음의 문제에 대해서 밝아지지 않아, 그 후 선승 목주 도명睦州道明, 780-877을 찾아가 대오大悟하였다(목주를 만나 깨닫게 된 이야기는 앞의 제6칙 참고).

운문의 교육수단은 '운문천자'라고 부를 정도로 고귀하고 가까이하기 어려운 기품이 있다. 그가 입에서 쏟아내는 편언척구片言隻句는 실로 단적이어서, 송의 오조 법연五祖法演, ?-1104은 그 가풍을 '홍기섬삭紅旗閃爍'이라고 평했다. 이 말은 깊은 산중에 있는 찻집의 빨간 깃발이 어른거리는 정도밖에 엿볼 수 없다는 뜻이다.

본칙의 '체로금풍'도 그 대표적인 일구라고 말 할 수 있다. 어떤 승이 운문에게 "나무가 메마르고 잎새가 질 때면 어떠합니까?"라고 물었다. 수목의 모든 잎새가 떨어진 싸늘한 가을 풍경은 어떠한가 하는 물음이지만, 이 경우는 자연의 경색을 묻고 있는 것이 아니다. 번뇌 망상의 나뭇잎이 말라 완전히 없어져버린 깨달음, 나아가 깨침의 잎마저 떨어진 심신탈락의 경지는 어떤 것인가 하는 물음이다.《대반열반경》의 "사라쌍수 한 그루가 메말라 껍질도 잎도 다 탈락하고 오직 진실만이 남았다"라는 말을 인용한 말이다. 이 승의 물음을 일상적인 일로 보자면 별 의미 없는 평범한 것으로 보이겠지만, 눈을 뜨고 잘 보면 고준한 경지가 있다. 운문은 "가을바람에 본체가 완전히 드러났네"라고 했다. '체로體露'는 진실이 그대로 드러난 것이며, '금풍金風'은 추풍秋風이다.

본칙의 문답에 대해, 원오는 평창에서 이렇게 평한다.

만약 이 문답을 알면 바로 운문이 어떠한 사람인가를 볼 수 있겠지만, 그렇지 못하다면 마치 사슴을 가리켜 말이라 하는 것과 같이 눈멀고 귀먹을 뿐이다. 도대체 운문은 승의 물음에 대답한 것인가, 승의 물음에 적당히 맞추어준 것인가? 만일 전자라고 한다면 저울 눈금을 잘못 읽은 것이요, 후자라고 한다면 완전히 틀린 것이다. 결국 이 문답은 어떤 것일까. 여기서 알아챘다면 납승의 코를 비틀 필요가 없겠지만, 그렇지 못하다면 여전히 굴속에 웅크린 귀신이 홀로 수긍하고 있는 것과 같은 형상이다.

또한 원오는, 세간에 선을 펴려면 "그것을 온몸에 짊어지고 눈썹이 빠지는 것을 아끼지 말고, 호랑이 아가리 속에 몸을 누이고 그가 하는 대로 맡겨두어야 한다. 만일 이와 같이 못 한다면 어떻게 남을 지도할 수 있겠느냐"라고 하였다.

설두는 송에서, 질문하는 승의 비범함과 운문의 지도 기량을 먼저 노래했다. "물음 속에 이미 종지가 있고, 대답 또한 그렇다." 나무가 메마르고 잎새가 떨어질 때 어떠냐고 묻는 것은 '비사량非思量이 무엇인가'를 묻는 의미이기에 종지가 있고, 그 답도 비사량을 답하는 것이므로 그 물음 속에 이미 답이 있다고 한 것이다.

  설두는 운문의 '체로금풍'의 일구가 덕산의 삼 구 중 어디에 해당하는가를 잘 구별할 필요가 있다고 말한다. "삼 구를 분별하니, 한 화살이 허공으로 멀리 나네." 화살 하나가 멀리 날아가는 것과 같이 '체로금풍'의 일구가 공중으로 지나갔다고 했다. 삼 구는 '천지를 덮은 구[함개건곤구函蓋乾坤句]' '파도와 물결을 따르는 구[수파축랑구隨波逐浪句]' '수많은 흐름을 끊어버리는 구[절단중류구截斷衆流句]'이다. 승의 두드림이 좋았기 때문에 답하는 운문 쪽도 마치 방망이로 종을 치는 것처럼 '함개상응函蓋相應'하는 명답이 나온 것이다.

"나무가 메마르고 잎새가 떨어질 때 어떠한가." 이미 가을바람으로 진리를 보아서, 설두는 운문의 '체로금풍'의 소식을 "넓은 들녘에 싸늘한 바람이 쏴아, 높은 하늘에 가랑비가 부슬부슬"이라고 노래했다.

이 비사량의 세계, 본래무일물의 경계를 실제로 체험한 것은 소림사에서 9년 면벽한 달마이다. 송의 마지막 구는 달마에 관한 이야기이다. "그대는 보지 못했는가, 소림에 오래 앉아 돌아가지 않는 나그네가 웅이산 숲속에 고요히 기대고 있음을." 달마, 그는 동토에도 오지 않았고 서천에도 돌아가지 않은, 영원한 '구좌미귀久坐未歸'이다. '웅이산'은 보리달마를 장사 지낸 장소이다. 웅이산 숲속에 전신을 투입하고 지금도 정중삼매静中三昧에 있다는 말이다.

옛날 석상 초원石霜楚圓, 807-888이 방장실에 앉아 있는데, 창밖에서 한 승이 물었다. "지척 사이인데, 어째서 선사의 얼굴이 보이지 않습니까?" 눈과 코, 다 있는데 어째서 노사의 얼굴이 보이지 않는가 물은 것이다. 석상은 "나의 도道는 두루[徧界]하여 일찍이 감춤이 없는데"라고 말했다. 즉 나의 선은 여기에는 있고 저기에는 없는 것이 아니라, 어디에서나 데굴데굴 굴러다닌다는 말이다. 승은 이를 알지 못하고 설봉의 처소로 가서 "두루하여 일찍이 감추어지지 않았다는 것은 어떤 것입니까?"라고 물었다. 설봉은 "어느 곳에 석상이 없다는 것인가"라고 되물었다.

달마는 역사를 넘어, 언제 어디에서나 조금의 미동도 없이 면벽하고 있다. 미혹함도 깨달음도 없고, 중생도 없다. 심신탈락도 다하여 하나의 진실만이 있다. 이 '면벽체로面壁體露'의 당체야말로 나무가 메마르고 잎이 떨어지는 때이며, '체로금풍'의 모습 그대로이다.

제28칙

열반화상, 여러 성인들

열 반 화 상 제 성
涅槃和尙諸聖

본칙

남전이 백장 열반화상을 방문했다. 백장이 물었다. "예로부터 많은 성인이 누구에게도 설하지 않은 법이 있는가?" 남전이 말했다. "있습니다." 백장이 물었다. "누구에게도 설하지 않은 법이 무엇인가?" 남전이 말했다. "마음도 아니고, 부처도 아니고, 그 어떤 것도 아닙니다." 백장이 말했다. "말해버렸네." 남전이 답했다. "저는 이러한데 화상께서는 어떻습니까?" 백장이 말했다. "나 역시 대선지식이 못 되니, 어찌 설하고 설하지 않은 법이 있는지 알겠나." 남전이 말했다. "저도 알지 못하겠습니다." 백장이 말했다. "내가 그대에게 말한 것이 너무 지나쳤나 보네."

南泉參百丈涅槃和尚。丈問。從上諸聖。還有不爲人說底法麼。泉云。有。丈云。作麼生是不爲人說底法。泉云。不是心。不是佛。不是物。丈云。說了也。泉云。某甲只恁麼。和尚作麼生。丈云。我又不是大善知識。爭知有說不說。泉云。某甲不會。丈云。我太殺爲爾說了也。

【송】

부처와 조사는 본래 사람들에게 말하지 않았는데

납승들은 고금 머리를 싸매고 달려든다.

명경대에 비친 모습이 달라,

각각 남쪽을 향해 북두를 찾는다.

북두의 자루 떨어졌으니 찾을 길 없다.

코는 붙잡았지만 입은 없어져버렸네.

祖佛從來不爲人　　衲僧今古競頭走
明鏡當臺列像殊　　一一面南看北斗
斗柄垂無處討　　拈得鼻孔失却口

해설

이 칙은 수시가 없이 바로 본칙으로 시작한다. 남전이 백장 열반百丈涅槃화상을 방문하여 문답한 이야기이다. 남전 보원南泉普願, 748-834은 마조 도일馬祖道一, 709-788의 법을 이었다. 남전의 제자로 조주 종심,

장사長沙, 자호子湖가 있다. 남전은 육긍대부의 귀의로 지주池州에 남전산을 구축하여 가풍을 떨치고 '남조종南趙宗'이라고 불리며 독자적인 선풍을 연 선사이다.

《전등록》(1004) 권9에 의하면, 열반은 백장 회해의 법을 이은 제자로 되어 있으므로, 연대로 보면 남전이 열반을 참하는 일은 있을 수 없다. 《전등록》 권6에는 마조를 이은 백장 유정百丈惟政선사 장章에 본칙에 나오는 '불위인설저법不爲人說底法'이라는 말이 나온다. 학계에서는 '백장'이라는 동명이인의 일이 잘못 기록된 것이라고 본다. 따라서 남전이 참한 것은 백장 유정이라고 보고 있다.

백장 열반은《조당집祖堂集》(952) 권14 〈백장百丈〉 장章에 나오는데, 마조의 법을 이었다고 한다. 그는 일찍이 대장경을 열람한 선권사善勸寺의 사주寺主였으며, 후에 백장 회해를 참하여 그의 법을 잇고 제2의 백장이 되었다고 한다. 또 이 사람의 지시로 도오道吾圓智, 769-835가 약산 유엄에게 나아갔다고도 한다. 그는 항상《열반경》을 강송講誦하였으므로 열반화상이라고 호칭하기도 하였다.

본칙에서 백장 열반은 남전에게, 위로부터 지금까지 수많은 성인들이 사람들에게 설하지 않은 진리[法]가 있는가를 물었다. 이 물음에는 두 가지의 함의가 있다. '누구에게도 설하지 않은 법이 있는지'와 '누구에게 설할 수 없는 법이 있는지'이다. 이것이 문제이다. 마치 자신이 마신 차의 맛을 말로써 다른 사람에게 그대로 전해줄 수 있는지 없는지의 문제와 같다. 그것은 타인에게 설명할 수도 없고 설명되지도 않는 것이다. 그래서 "사람들에게 설하지 않은 법이 있다"라고 하였다. 이러한 저의를 잘 알아서 남전의 대답을 꿰뚫어 보아야 한다.

남전은 백장의 물음에 "있습니다"라고 단호하게 대답한다. 백장이

다시 물었다. "그렇다면 사람들에게 설명하지 않은 법이란 무엇인가?" 남전은 "마음도 아니고, 부처도 아니고, 그 어떤 것도 아닙니다"라고 했다. 이 대답의 의미를 잘 참구하는 것이 이 공안의 안목이다. 여기서 '불시물不是物'의 '물'은 중생을 뜻한다. 그러면 '법'은 무엇인가. 산, 천, 달, 꽃, 자신, 타인, 기쁨, 슬픔, 알고 알지 못하는 것 등, 어떤 것도 다 '법'이 된다. 우리들 머리에 생각되는 것은 모두 '법'이다. 법은 마음이라고 단정할 수도 없고, 부처도 아니고 물物도 아니다. 그 어떤 것도 아니다. 무엇이라고 말해도 맞지 않다는 것이 남전의 대답이다. 내가 지금 이렇게 있는 것은 마음도 아니고 물도 아니고 마음과 물의 계합도 아니다. 그렇다고 해서 마음과 다른 것도 아니고 물과 다른 것도 아니다. 부처도 범부도 아니다. 어떤 것도 아니다. 모든 것을 초월하지만 또한 이대로이다. '이것'은 대체 무엇일까? '이것'으로 '나'를 설명할 수 있을까? 설명될 수 없는 것을 설명하고 있는 것은 아닐까? 이렇게 미묘하게 얽혀 있는 것이 법전法戰이 된다. 법전을 통해 법의 진리[第一義]를 꿰뚫어 보는 것이 중요하다. 이것이 바로 진실의 세계를 깨닫는 것이며, 문답의 핵심을 알아차리는 것이다.

백장은 남전의 말에 "설명을 다 해버렸네"라고 했다. 즉 남전이 '불시심不是心, 불시불不是佛, 불시물不是物'이라는 대답으로 성인도 설하지 않은 법을 이미 말해버렸다는 것이다. 그러나 이번에는 남전이 백장에게 '설명을 다 해버렸다'는 것이 무엇인지를 물었다. "저는 이러한데 화상께서는 어떻습니까?" 백장은 "나 역시 대선지식이 못 되니, 어찌 설하고 설하지 않은 법이 있는지 알겠나"라고 하였다. 말하자면, 백장 자신은 남전 같은 대선지식이 아니므로 '설불설說不說'을 알지 못한다며 남전을 힐끗 살핀 것이다.

남전은 "저도 알지 못하겠습니다"라고 했다. '불회不會'는 무엇이라고 말할 수 없다는 뜻이다. 이 '불회'는 보리달마가 양무제로부터 "그대가 누구요?"라는 물음을 듣고 "알지 못합니다"라고 대답한 의미와 동일하다. 과연 나는 내가 누구인지 알 수 있을까? 내가 나를 알지 못하는데 누구에게 '이것이 나'라고 말할 수 있는가. 이 '불회'를 선장禪匠들은 이런저런 설명으로 대치하였고, 납자들은 이를 철견徹見하려고 애썼다. 백장은 "내가 그대에게 말한 것이 너무 지나쳤나 보네"라고 했다. 무엇을 지나치게 말했다는 것일까. 말할 수 없는 것을 말해보라고 한 것은 아닐까. 합리적이고 분석적으로 법(진리)의 의미를 알려고 하는 현대의 모든 지적 노력은 도리어 화禍를 초래할지도 모른다. 이유도 필요 없고, 의미부여도 해설도 필요 없이 완전히 무심이 되어야 '말하지 않은 법'이 드러나기 때문이다.

선에는 어구語句가 없고, 일법一法도 설할 수 없는 것이 원칙이다. 선은 자신의 본심을 찾는 일이기 때문에 타인이 도와주지 못한다. 사실, 예부터 누구하나 타인을 위해 문자나 언어로 설한 사람이 없다. 그런데 수많은 수행자들은 왜 타인에게 가르침을 받으려고 하는 것일까. 저쪽 선사에게 듣고 이쪽 도량을 찾아 헤매며 텅 빈 머리로 줄 지어 가고 있다. 또한 이 책, 저 이론, 여러 학설이나 교설에 배회하기도 한다. 설두는 송에서 이를 "부처와 조사는 지금까지 사람들에게 설하지 않았는데 납승들은 고금에 머리를 싸매고 헤맨다"라고 하였다. 문자나 말은 절대의 진리를 상대화한 것이기 때문에, 거기에는 선의 진리가 있지 않다. 진리는 말로 설명할 수 없다는 것이 본칙의 주제이다.

이 '불설不說'의 진리는 거울과 같아서 거기에 산은 산, 개천은 개천,

남은 남, 여는 여라고 하는 천차만별의 영상이 그대로 비친다. 모든 사람은 이 거울과 같은 불설의 진리를 구족하여, 개개원성個個圓成의 본심을 가지고 있다. 우리의 본심은 천차만별의 물상物像을 그대로 찍어놓아, 잘못 오인되는 일이 없다.

물상이 사라지면 아무것도 비치는 것이 없다. 대상에 달라붙지 않기 때문이다. 이를 "명경대에 비친 모습은 달라"라고 하였다. 보고 들은 것 등 후천적으로 형성된 '자기'에 집착하지 않고, 본심이 찍은 그대로 보고 듣는다면 어느 곳을 향해도 잘못 보는 것이 없다.

미혹하거나 집착할 것이 없으면 본래 동서東西가 없다. 어느 곳에서든지 남북이 없다. 그것을 설두는 "남쪽을 향해 북두를 찾는다"라고 했다. '두병斗柄'은 북두칠성의 자루 쪽을 말한다. 그것은 '남이다' '북이다' 하는 분별심으로 탐구하면 보이지 않는다. 보는 것 없이 보면, 남쪽을 향했어도 북두칠성이 보인다. 천지가 온통 그대로 '두병'이기 때문이다.

"북두의 자루 떨어졌으니 찾을 길 없네." 찾을 장소가 없다는 것은 어디에도 그것이 있다는 것이다. 어디서 찾아보아도 선禪이 없다는 말은, 여기저기가 온통 선이라는 말이다. 자기를 찾을 수가 없다는 것은 우주에 자기 아닌 것이 없기 때문이다.

'비공鼻孔'은 코를 말한다. "코를 붙잡았는데 입을 잃었다"라는 말은 코를 얻으니 입을 잃었다는 뜻이다. 남전은 "알지 못한다[不會]"라고 말했고 백장은 "말해버렸네[說了]"라고 말했다. 가만히 있으면 말할 것이 없다. 말하면 '묵黙'을 잃는다. '불설不說의 본래자기'라고 하는 것은 언제 어디서나 충만해 있지만, 이로분별理路分別로 보려고 하면 더 이상 거기에는 없다. 불필요한 지해망상智解妄想의 관념론은 그만두어야 본래자기를 만나게 되며, 거기에 비로소 선禪이 선다는 뜻이다.

제29칙

대수, 거센 불길

대 수 겁 화 통 연
大隋劫火洞然

【수시】

물고기가 헤엄치면 물이 흐려지고 새가 날면 깃털이 떨어진다. 주인과
객을 명확히 가리고 흑과 백을 분명히 구분한다. 마치 대에 걸려 있는
명경 같고, 손안에 있는 밝은 구슬 같다. 한인이 나타나고 호인이 온다.
소리도 뚜렷하고 모습도 나타난다. 말해보라, 무엇 때문에 이러한가.
예를 들어볼 테니 참구해보라.

어 행 수 탁　조 비 모 락　명 변 주 빈　통 분 치 소　직 사 당 대 명 경　장 내
魚行水濁。鳥飛毛落。明辨主賓。洞分緇素。直似當臺明鏡。掌內
명 주　한 현 호 래　성 창 색 현　차 도 위 십 마 여 차　시 거 간
明珠。漢現胡來。聲彰色顯。且道為什麼如此。試舉看。

어떤 승이 대수에게 물었다. "겁화가 거세게 탈 때, 대천세계도 함께 무너집니다. 그렇다면 이것은 무너집니까, 무너지지 않습니까?" 대수가 말했다. "무너진다!" 승이 말했다. "그렇다면 바로 그것을 따라가겠습니다." 대수가 말했다. "그것을 따라가라!"

僧問大隋。劫火洞然大千俱壞。未審這箇壞不壞。隋云。壞。僧云。恁麼則隨他去也。隋云。隨他去。

【송】

겁화의 불길 속, 질문을 던지니,

납승은 오히려 이중의 관문에 갇혔다.

가련하구나, 그것을 따르라는 말에,

만 리 길을 구구하게 홀로 오가네.

劫火光中立問端　衲僧猶滯兩重關
可憐一句隨他語　萬里區區獨往還

물고기가 헤엄치면 자연히 물이 혼탁해지고, 새가 날면 깃털이 떨어진다. 자동차가 달리면 배기가스가 남고, 눈길을 걸으면 발자국이 남는다. 무형무상無形無相의 우리 마음의 움직임도 미묘하게 어떠한 형태로든지 반드시 나타난다. 입으로만 말을 하는 것이 아니다. 눈으로도 마음의 움직임을 얼마든지 나타낸다. 모양이 없는 마음의 미묘한 움직임조차도 주의해서 보면 이처럼 알 수 있기 때문에, 마음에 잡념이나 망상의 그림자가 없으면 주인과 객을 잘못 알 리가 없다. "주인과 객을 명확히 가리고"라는 말은 이를 의미한다. '치소緇素'는 불가에서 출가자와 재가자를 뜻하지만, 여기서는 희고 검은 것을 말한다. 흰 것을 검다고 하지 않고 녹색과 붉은색을 잘못 분간하지 않는다.

예로부터 마음을 닦는 것을 거울에 비유하는 데에는 이유가 있다. 우리 마음은 거울과 달리 욕심이나 분별의 식識이 엉켜 있기 때문에, 밤에 마른 억새풀꽃을 보고 유령이라고 느끼기도 하고, 마마자국을 보조개로 잘못 보기도 한다. 이 같은 허상의 '나'를 죽이고 사랑분별에서 벗어난 '완전한 나'가 된다면, "마치 대에 걸려 있는 명경 같고, 손안에 있는 밝은 구슬 같다"라고 한다. 명경에 한인이 오면 한인을 비추고 호인이 오면 호인을 비추는 것과 같이, 바람이 불면 바람 소리를 내고 빨간 것은 빨간 색으로 나타낸다는 것이다. 그것을 수시에서 "소리도 뚜렷하고 모습도 나타난다"라고 하였다. 이처럼 자유자재한 작용을 어떻게 하면 얻을 수 있는지, 예를 하나 들 테니 참구해보라고 하였다.

본칙의 대수大隋法眞, 834-919는 장경 대안長慶大安의 법을 이었고 대안은 백장 회해의 제자이므로, 대수는 백장의 법손에 해당한다. 대수는 사천성 성도成都에 있는 산 이름이다. 원오의 평창에 의하면 대수 법진은 동천의 염정鹽亭 사람으로, 60여 명의 선지식을 참방했다. 나중에 위산 회하에 있으면서 화두火頭(화로 담당) 소임을 보았다.

위산이 대수에게 말했다. "그대는 여기 온 후로 전혀 물어보지 않는군." "제가 무엇을 물어야 할까요?" "모르겠다면 무엇이 부처인가를 묻도록 해라." 그러자 대수는 위산의 입을 막아버렸다. 위산이 말했다. "그대 이후로 싹 쓸어버릴 사람을 과연 내가 만날 수 있을까?" 대수는 그 후 동천으로 되돌아가, 봉구산으로 가는 길목에서 차를 달여 오가는 길손을 3년간 대접하고, 그 후에 세간에 나아가 대수산에서 개산開山하고 주석했다.

어떤 승이 대수에게 물었다. "겁화가 거세게 탈 때[겁화통연劫火洞然], 대천大千세계도 함께 무너집니다. 그렇다면 이것은 무너집니까, 무너지지 않습니까?" '겁화'는 세계를 다 태워버리는 종말의 화재이다. '통연洞然'은 거세게 불타는 모습이다. '대천'은 삼천대천세계를 뜻한다. 거세게 불길이 활활 타서 대천세계도 무너질 때, '이것'은 무너지는지 무너지지 않는지를 물은 것이다.

인도 고대의 세계관에 의하면 세계는 성成·주住·괴壞·공空의 변화를 계속한다고 한다. '성'은 만물이 성립하는 것이고 생성하는 것이다. 만물이 생성하면 잠시 그 형상을 유지한다. 그것이 '주'이다. 일정기간이 지나면 무너져버린다[괴]. 무너지면 공으로 돌아간다. 모든 만물은 성成·주住·괴壞·공空을 반복한다는 것이다. 인간의 경우 이는 생·노·병·사로 표현된다.

고대 인도인들은 지구의 수명이 다하는 것을 '괴겁壞劫'이라고 하고, 이렇게 종말의 시기가 되면 먼저 바람이 불고 큰물이 솟구치고, 일곱 개의 태양이 나타나 그 열로 전 세계가 불타버린다고 생각했다. 승은 이러할 때, '이것這箇'은 어떻게 되는가를 물었다. '이것'은 중생의 본성, 마음의 본체를 뜻한다. 대수는 생각할 것도 없이 "무너진다"라고 딱 잘라 말했다. 승은 "그렇다면 '그것[他]'을 따라가겠습니다"라고 했다. 여기서 '그것'은 '이것[這箇]'이다.

'야也'는 결단을 보이는 조사이다. 대수는 '그것'에 따르라고 했다. 원오는 이를 "무공無孔의 철추鐵鎚를 면전에 던진다"라고 평했다. 승은 육신이 무너져도 영혼은 있다고[신멸심상身滅心常] 늘 생각했다. 그런데 대수가 따라가라고 했으니 갑자기 면전에 쇠망치가 날아오는 듯하여 놀라버린 것이다. 선문에서는 제법이 모두 '적멸'이다. 성性과 상相을 나누지 않는다. 그래서 '신멸심상'이라고 말하지 않는다. 생사는 열반임을 깨닫는 것이 선의 정론正論이다. 그렇다고 죽어버리면 그만이라고 한다면, 이는 단견외도斷見外道이다. 이 '신멸심상'의 견해를 가진 승은, 대수가 '세계는 무너져도 영혼은 불멸하다'라고 답할 줄 알았는데, 한마디로 "무너진다!"라고 하니 아연실색한 것이다.

"그렇다면 그것을 따라가겠습니다." 즉 '이것'만은 불멸이라고 믿고 있었다가, '이것'마저도 객관세계를 따라 함께 없어져버린다는 것을 알아차린 것이다. 대수는 "그것을 따르라"라고 하며, 세계와 함께 괴멸하는 것임을 분명히 말해주었다. 선에서는 마음은 만물과 동시에 생기고 만물은 마음과 함께 멸하는 것이라고 본다. 마음이 만물을 지배하고 있다고 보지 않는다. '생사즉열반'이다. 죽을 때는 죽고, 탈 때는 타고, 무너질 때는 무너진다. 괴·불괴를 넘어선 '마음' 혹은 '불성'이라는 것이 달리 있다고 보지 않는다.

원오의 평창에, 이 승은 대수의 진의眞意가 납득이 되지 않아 이번에는 아주 먼 하남성 서주舒州의 투자산投子山에 가서 투자投子大同, 819-914화상을 만났다고 한다. 투자는 "요즈음 어디 있다 왔느냐?"라고 물었다. 승은 서촉 대수산에서 왔다고 했다. 투자는 "대수 스님이 무슨 소리를 하던가"라고 물었다. 승이 그간의 이야기를 말하니, 투자는 곧

바로 분향하고 예배하며 "서촉西蜀에 고불古佛이 출세出世하셨구나. 그대는 속히 돌아가라"라고 재촉했다. 그래서 대수에게 돌아와보니 대수는 벌써 입적했다. 맥없이 다시 투자산으로 돌아가보니 투자 역시 입적했다.

'겁화통연', 즉 온 세계가 거센 불길에 휩쓸려 무너질 때 어떤가라는 질문에 대해, 설두는 "납승은 오히려 이중의 관문에 갇혔다"라고 노래했다. '문단問端'은 물음의 단서, 즉 문제점이다. 질문을 제기한 것을 보면 이 승은 괴와 불괴, 이것과 대천, 마음과 물질 등의 상대분별의 견해가 남아 있어서, 마음·불성·자기를 다른 것으로 보아 이원론적인 자기 논리에 갇혀 있었던 것이다.

　"가련하구나, 그것을 따르라는 말에" 이 승은 대수의 '그것을 따르라'라는 한마디[一句]를 이해할 수가 없었다. 그는 대수의 한마디를 문제로 삼아 부지런히 돌아다니다가 투자 대동의 처소로 갔지만, 결국 알지 못하고 다시 대수의 곁으로 돌아왔다. 이를 설두는 "만 리 길을 구구하게 홀로 오가네"라고 노래했다.

　지금 우리도 이중二重의 관문에 갇혀 '그것을 따라가라'라는 일구를 놓쳐버리고 천리만리 가련하게 오고 가지는 않는지 조고각하照顧脚下 해볼 일이다.

제30칙

조주, 큰 무

조 주 대 라 복 두
趙州大蘿蔔頭

어떤 승이 조주에게 물었다. "화상께서 남전화상을 친견하셨다고 들었

는데 정말입니까?" 조주가 말했다. "진주에서 큰 무가 나지."

승 문 조 주   승 문 화 상 친 견 남 전   시 부   주 운   진 주 출 대 라 복 두
僧問趙州。承聞和尚親見南泉。是否。州云。鎭州出大蘿蔔頭。

【송】

진주에서 큰 무가 난다,

천하의 납승들이 공안으로 삼았네.

예나 지금이나 다만 아는 것만으로

어찌 고니가 희고 까마귀가 검다는 것을 가릴 수 있을까.

도적아, 도적아!

이미 납승의 코를 비틀어버렸네.

_{진 주 출 대 라 복} _{천 하 납 승 취 칙}
鎭州出大蘿蔔　天下衲僧取則
_{지 지 자 고 자 금} _{쟁 변 곡 백 오 흑}
只知自古自今　爭辨鵠白烏黑
_{적 적} _{납 승 비 공 증 염 득}
賊賊　衲僧鼻孔曾拈得

해설

이 칙에는 수시가 없다. 조주趙州從諗, 778-897는 선의 공안에서는 친밀한 인물로,《벽암록》가운데 자주 나온다. 조주에 대해 원오는, "이 노장은 평생 방棒과 할喝을 쓰지 않고 다만 평범한 말로 사람들을 접했을 뿐인데, 천하의 사람들이 어찌하지 못했다"라고 평했다. 일상적인 상식을 가진 사람들이 사용하는 당연한 말을 하지만, 아무도 손을 써볼 수 없었다는 말이다.

　본칙에서는 어느 승이 조주에게 "화상께서 남전을 친견하셨다고 들었는데 정말입니까?"라고 물었다. 당시 납자들은 선사들에게 곧잘 종풍을 물었던 것 같다.《임제록》에도 어느 승이 임제에게 "스님은 어느 집안의 곡을 부르고 종풍은 누구로부터 이었습니까?"라고 물었다는 이야기가 있다. 임제는 "나는 황벽선사가 계시는 곳에 있었고 세 번 묻고 세 번이나 얻어맞았다"라고 대답했다. 지나치게 솔직한 임제의 대답에 승이 당황하고 있을 때, 임제는 그 승을 강하게 후려쳤다.

　선문에서는 "나는 일법一法도 말해줄 수 없다"라는 말을 자주 한다.

줄 것이 없는데 얻을 것이 무엇이 있을까. 남전을 친견하셨는가라는 물음은 '남전의 지도를 받았다면 남전으로부터 어떤 선을 이어 받았는가'라는 뜻이다. 조주가 이 질문에 대해 이것저것 법을 이었다고 답했다면 도리어 죽비로 크게 얻어맞았을 것이다. 조주는 승의 질문에 태연히 "진주에 큰 무가 난다"라고 했다. 진주는 하북성 서쪽 정정현正定縣 근처이다. "진주에 큰 무가 난다"라는 말은 진주는 아주 큰 무의 생산지라는 말이다. 승이 물은 의도와는 전혀 다른 대답을 한 것이다. 그러나 조주의 대답에는 '남전의 밭에서 나 같은 이가 나왔다'라는 저의가 내포되었을지도 모른다. 원오는 조주의 답을 "하늘을 떠받치고 땅을 고였다"라고 촌평했다.

설두는 송 첫 구를 "진주에서 큰 무가 난다"라고 시작한다. 이에 대해 원오는 "진주에서 큰 무가 난다는 것은 천하 사람들이 다 아는 일이다"라고 평했다. 이와 마찬가지로 조주가 남전의 제자라는 것은 사람들이 잘 알고 있다는 뜻이다. 그러나 조주는 어디까지나 조주이지 남전은 아니다. 무는 무이지 인삼도 아니고 연근도 아니다. '무'라고 할 때 그것은 철저하게 '무'이다. 의사가 산천에 있는 풀이 모두 약이라고 하듯이, 천하를 '무' 하나로 말해버린 것에 조주의 선이 있다.

그런데 천하의 납승들은 입으로만 흉내를 내 "진주에서 큰 무가 난다"라든가, 서암의 입을 흉내 내어 "천하는 손가락 하나가 아니다"라고 말하고 싶어 한다. 그렇지만 흉내는 어디까지나 흉내에 그칠 뿐 진짜는 아니다. 그래서 설두는 "다만 예나 지금이나 변함없이 알고만 있다. 어찌 고니가 희고 까마귀가 검다는 것을 말할 수 있을까"라고 했다. 이는 '진주 무의 맛을 알 수 있을까'라는 의미이다. 고니가 흰 것은 당연한 것이고, 까마귀가 검은 것은 까마귀의 본질이다. 원오가 "긴 것은 스스로 긴 것이고 짧은 것은 스스로 짧은 것"이라고 말한 것같이, '긴 것은 길고 짧은 것은 짧은 것'이 진주 무의 맛이라는 것이다.

조주는 승의 깨달음도 미혹함도 진주의 무로 탈취해버렸다. 그래서 설두는 조주를 "도적이구나, 도적!"이라고 했다. 원오는 평창에서 "삼세의 제불도 도적이고 역대 조사도 또한 도적"이라고 했다. 선문에서는, 한 방울도 주지 않고, 오히려 가지고 있는 것조차 모두 빼앗아버리는 '적기賊機'를 감추고 있는 자야말로 스승이 될 자격이 있다고 한다. '진주의 무'라는 한마디를 던진 노老 조주의 기용機用에는, '불조로부터 적적상승的的相承한 선'에 대한 승의 집착을 부수어버릴 만큼의 적기가 있다.

어떤 고정된 선이 있어서 이를 주고받고 하며 '사자상승師資相承'하는 것은 선이 아니다. 고니는 희고 까마귀는 검다는 것이 활발발한 선이다. 조주는 승이 붙들고 있는 선을 탈취해버리고 승을 자유무애의 대도량으로 내보냈다. 이를 설두는 "이미 납승의 코를 비틀어버렸네"라고 했다. 조주는 승의 '선이다, 깨달음이다, 법이다'라는 코를 비틀어 불견佛見도 법견法見도 일시에 소각하고, 활발발한 선의 맛이 무엇인지 알게 하였다. 바로 이것이 조주의 선을 '순구피상脣口皮上에서 방광放光한다'라고 일컫는 이유이다.

제31칙

마곡, 석장을 떨치다

마 곡 진 석 요 상
麻谷振錫遶床

【수시】

움직이면 그림자가 나타나고 깨치면 얼어버린다. 그렇다고 움직이지도 않고 깨치지도 않는다면 여우 굴속으로 들어감을 면치 못한다. 투득하여 꿰뚫고 확실하게 믿어 실오라기만 한 가림조차 없을 때, 용이 물을 얻는 듯, 호랑이가 산에 의지하는 듯하다. 놓아버리니 기왓장에 빛이 생기고, 잡아들이니 진금眞金도 빛을 잃게 되어, 옛사람의 공안도 에두르는 것에 지나지 않는다. 말해보라, 무슨 일을 놓고 논하려 하는지를. 예를 들어볼 테니 참구해보라.

동 즉 영 현   각 즉 빙 생   기 혹 부 동 불 각   불 면 입 야 호 굴 리   투 득 철 신
動則影現。覺則氷生。其或不動不覺。不免入野狐窟裏。透得徹信
득 급   무 사 호 장 예   여 룡 득 수 사 호 고 산   방 행 야 와 력 생 광   파 정 야
得及。無絲毫障翳。如龍得水似虎靠山。放行也瓦礫生光。把定也

진금실색 고인공안 미면주차 차도평론십마변사 시거간
真金失色。古人公案。未免周遮。且道評論什麼邊事。試舉看。

마곡이 석장錫杖을 짚고 장경에게 갔다. 선상禪床을 세 번 돌고 석장을 한 번 내리치고는 우뚝 섰다. 장경이 말했다. "옳다, 옳다!" [설두가 착어하여 말하기를, "틀렸다."] 마곡은 또 남전에게 가서 선상을 세 번 돌고 석장을 한 번 내리치고는 우뚝 섰다. 남전이 말했다. "아니야, 아니야!" [설두가 착어하여 말하기를, "틀렸다."] 그때 마곡이 말했다. "장경은 옳다고 했는데 화상은 어째서 아니라고 합니까?" 남전이 말했다. "장경은 옳지만 너는 아니야! 이는 바람의 힘에 의해 굴려진 것이어서 결국에는 무너져버린다."

마곡지석도장경 요선상삼잡 진석일하 탁연이립 경운 시
麻谷持錫到章敬。遶禪床三匝。振錫一下。卓然而立。敬云。是
시 설두착어운 착 마곡우도남전요선상삼잡 진석일하 탁연
是。雪竇著語云。錯。麻谷又到南泉遶禪床三匝。振錫一下。卓然
이립 전운 불시불시 설두착어운 착 마곡당시운 장경도
而立。泉云。不是不是。雪竇著語云。錯。麻谷當時云。章敬道
시 화상위십마도불시 전운 장경즉시시 여불시 차시풍력소
是。和尚爲什麼道不是。泉云。章敬即是是。汝不是。此是風力所
전 종성패괴
轉。終成敗壞。

【송】

이래도 틀렸고 저래도 틀렸다.

절대 결말을 내서는 안 된다.

사해가 고요해지고

백천百川 바닥이 드러났다.

높이 든 석장錫杖에 열두 개의 문,

문마다 길이 트여 어떤 것도 없다.

어떤 것도 없는 것이 아니네,

작자라면 무병약을 잘 찾아보게.

차 착 피 착　절 기 염 각
此錯彼錯　切忌拈却
사 해 랑 평　백 천 조 락
四海浪平　百川潮落
고 책 풍 고 십 이 문　문 문 유 로 공 소 삭
古策風高十二門　門門有路空蕭索
비 소 삭　작 자 호 구 무 병 약
非蕭索　作者好求無病藥

해설

"움직이면 그림자가 나타나고"라는 말은, 마음을 수면水面에 비유해서 마음이 움직이면 차례로 여러 가지 망념이 나타나는 것을 가리킨다. 반대로 깨침의 의식이 일어나면 얼음처럼 굳어 움직임이 없다. 이것을 "깨치면 얼어버린다"라고 했다. 그러나 이때의 '각覺'은 깨달음을 대상화한 망각妄覺으로, 이것 또한 마음의 본래의 모습이 아니다.

　"움직이지도 않고 깨치지도 않는다면"이란 마음이 움직이지 않고 깨침의 의식도 일어나지 않는다는 말이다. 이 또한 큰 짐을 짊어지고 있는 것이다. 이를 "여우 굴속으로 들어가는 것을 면치 못한다"라고 했다. 바로 단견외도이다. 진실의 자기를 투득하여 꿰뚫어, 중생이 본래 부처임을 확신하여 의심하지 않고, 사호絲毫, 즉 터럭만큼의 가림[장예障翳]도 없을 때는 "용이 물을 얻는 듯하고, 호랑이가 산을 의지하는 듯하다"라고 하였다.

'놓아버림[放行]'은 수행자를 연마시키는 수단의 하나로, 당사자가 하고 싶은 대로 내버려두는 것, 즉 상대의 기機에 맡기는 것을 뜻한다. 그러면 "기왓장에 빛이 생기고", 즉 수행자 스스로 생동감이 일어난다는 의미이다. '잡아들임[파정把定]'은 꽉 잡는 것으로, 규범에 따르게 한다는 뜻이다. 이것 역시 수행자를 단련시키는 수단으로, 상대의 기를 꽉 눌러 꼼짝하지 못하게 하는 것이다. 납자를 이처럼 파정하면 "진금도 빛을 잃는다"라고 하였다. 그러한 경지에서 보면 "옛사람의 공안도 번거롭게 에두르는 것[주차周遮]"에 지나지 않는다. 여기서 '옛사람의 공안'은 본칙의 문제를 가리킨다. 여하간 에두르는 것 같지만, 대체 무엇을 밝히려 하는지 신중히 검토해보자고 하였다.

본칙에 등장하는 마곡은 산서성 성포주省蒲州에 있는 마곡산의 보철寶徹이다. 장경은 서안의 장경사에 있는 회휘懷暉, 757-818이다. 남전南泉은 '남전참묘南泉斬猫'라는 공안으로 유명한 보원普願이다. 모두 마조 도일의 제자이다.

'석錫'은 석장錫杖으로, 길이가 180센티 정도 되며 상부에 12개의 고리가 달려 있다. 납자가 석장을 들고 땅을 내리치며 걷는 것은 소리를 내어 땅 위에 있는 벌레가 도망쳐 밟히지 않게 하기 위해서이며, 또한 맹수가 가까이 오지 않도록 하기 위함이다.

"선상禪床을 세 번 돈다"라는 것은 선사에 대한 최상의 예경을 의미한다. 마곡은 석상을 돌고 난 후 석장을 한 번 내리치고 우뚝 섰다. 이는 무슨 의미일까. 장경은 곧바로 "옳다, 옳다!" 하였다. 설두는 이에 대해 착어하기를, "틀렸다"라고 하였다. 마곡은 아무 말도 하지 않고 그대로 휙 나가버렸다.

다음은 남전에게 가서 마찬가지로 세 번 돌고 우뚝 서서 석장을 땅에 내려쳤다. 남전은 한마디로 "아니야, 아니야!"라고 했다. 마곡의 헛된 견식을 딱 잘라 말해버린 것이다. 설두는 이에 착어하여 말하기를, "틀렸다"라고 하였다. 마곡은 그 당시 남전에게 "장경은 옳다고 했는데 화상은 어째서 아니라고 하는가"라고 다그쳤다. '옳다' '아니다' 하는 이원二元 대립적 세계에 갇힌 것이다. 단지 상대의 태도만을 보고 한 말이다. 원오는 이에 대해서 "주인공은 어느 곳에 있는가"라고 착어하였다. 상대만 살필 뿐 자기의 주체를 잃어버린 것은 아닐까 하는 것이다.

남전은 말했다. "장경은 옳지만 너는 아니야." 즉 장경은 마곡의 모습 그대로를 좋다고 여긴 것, 즉 방행放行을 보인 것이고, 남전의 '부정[不是不是]'은 마곡에게 무엇인가 문제가 있음을 알려주는 말로, 파정把定을 보인 것이다. 본칙 원문 '시여불시是汝不是'에서, 앞의 '시是'는 '여汝'를 강조하는 말이다.

"이것은 바람의 힘으로 굴려진[所轉] 것이어서 끝내는 무너진다"라고 하였다. 풍력風力이란 이로움[이利], 쇠약[쇠衰], 비난[기譏], 명예[예譽], 칭찬[칭稱], 패배[훼毀], 괴로움[고苦], 즐거움[락樂] 등 8풍이다. 마곡이 석장을 땅에 치고 우뚝 선 것은 다만 바람으로 경계를 얻은 것이므로, 사대가 분리되어 죽는다면 결국은 무너져버린다는 의미이다. 남전은 마곡을 이처럼 파정하여 흔들어보고 있다. 원오는 이에 대해 "자기를 알지 못한다"라고 단평했다. 풍력에 휘둘려 자신이 도대체 어디에 있는지 모른다는 말이다. 여기서 '풍력의 소전所轉'은 선상을 돌고 석장을 흔드는 작용을 의미한다. 그러한 것은 절대적 주체가 아니다. 따라서 남전의 말에는 '어떤 것에도 동요되지 않는 절대 자유의 주체는 무엇인가, 그대는 그것을 확립하고 있는가, 배회하여 자기를 잃고 있는 것은 아닌가'라는 여운의 말이 내포되어 있다.

설두의 송 첫머리는 "이래도 틀렸고 저래도 틀렸다"라고 시작한다. 모든 것을 철저하게 틀렸다고 보는 것이 선의 본뜻이다. 이 산, 저 봉우리 모두 뛰어넘어, 조금도 정체하지 않고 무한히 부정하고 매일매일 새롭고, 얻으면 버리고 가는 것이 선이다. 부정하는 것은 그대로 긍정하는 것이기도 하다. 따라서 "이래도 틀렸고 저래도 틀렸다"라는 부정의 길을 실천하는 것이 본래의 자기를 긍정하고 수립하는 길이다. 그러나 "절대 결말을 내서는 안 된다." 말하자면 "틀렸다[錯]"라고 결말을 지으면 진실을 잃어버린다는 뜻이다. "이것도 틀렸고 저것도 틀렸다"에서의 '틀렸다'라는 말을 진정 이해한다면, "사해가 고요하고, 백천百川의 바닥이 드러난다[조락潮落]"라고 하였다. 마곡이 잡은 석장이 틀린 덕분에 사해가 고요하고, 백천의 조수가 흘러 들어가 바닥이 드러났다는 말이다. 천하태평의 세계가 드러났다는 뜻이다.

'고책古策'의 '책'은 본래 채찍을 뜻하지만 여기서는 석장을 의미한다. "높이 든 석장, 열두 개의 문"은 열두 개의 고리가 달린 석장을 가리킨다. 마곡이 이것을 딱 쥐고 장경과 남전의 앞에 서 있다.

"문마다 길이 있지만 탁 트여[蕭索] 텅 비었네." '소삭蕭索'은 탁 트여 아무것도 없는 모습이다. 석장의 12개의 고리는 12인연을 나타낸다. 그것은 마곡의 석장이기도 하지만, 동시에 우리들의 자성이기도 하다. 그것은 고금을 통하여 정천입지頂天立地, 고풍표표高風凜凜하다.

임제는 "붉은 덩어리, 한 무위無位의 진인眞人이며, 그대들 면전에 출입한다"라고 말했다. 무위이기 때문에 아무것도 없어 잡을 수 없지만,

잡을 수 없는 이 무위진인이 아침부터 저녁까지 눈에서는 보는 작용 귀에서는 듣는 작용 등, 육근·육경의 문두門頭에서 자유로이 출입하고 있다는 것이다. 그러나 눈으로 보고 귀로 들어도, 그 본체는 무형기상無形氣相이기 때문에 텅 비어 있다.

"어떤 것도 없는 것은 아니다[비소삭非蕭索]." 만약 '아무것도 없는' 세계에 집착한다면, 이번에는 마곡과 같이 선병禪病을 얻는다. "작자라면 무병약을 잘 찾아보게." 작자는 수행을 잘하는 납자를 칭하지만 여기서는 마곡을 뜻한다. '무병약'은 도움이 되지 않는 약, 즉 무용약無用藥이다. 건강한 몸에는 약이 무용하며, 병이 나으면 또한 무용이 된다. 약은 일시 방편이며 그 자체로 존재의 의미를 갖지는 않는다. 무병에 집착한 사람에게만 약은 효과가 있다.

수완이 뛰어난 작자라면 '무병'에 집착해서는 안 된다. 여기서의 무병약은 두 번의 '틀림'을 가리킨다고 볼 수 있다. '공소삭空蕭索'이라는 경지는 필경 무사선無事禪이다. '옳다'라는 것은 옳은 것이지만 이것 또한 아니다. 무병이라는 병, 무사無事라고 하는 사事를 결코 경계하지 않으면 안 된다고 설두는 노래했다. "틀리고 틀리고 또 틀렸네."

제32칙

정상좌, 임제에게 묻다

정 상 좌 문 임 제
定上座問臨濟

【수시】

시방을 틀어막으니 천안이 홀연히 열린다. 한마디에 흐름이 끊어지니

일만 작용이 사라졌다. 생사를 같이할 자 있는가. 견성 공안을 처리할

수 없거든, 옛사람의 갈등을 시험 삼아 들어볼 테니 참구해보라.

시 방 좌 단 천 안 돈 개　　일 구 절 류 만 기 침 삭　　환 유 동 사 동 생 저 마　　현
十方坐斷千眼頓開。一句截流萬機寢削。還有同死同生底麼。見
성 공 안 타 첩 불 하　　고 인 갈 등 시 청 거 간
成公案打疊不下。古人葛藤試請舉看。

본칙

정상좌가 임제에게 물었다. "불법의 대의가 무엇입니까?" 임제가 선상

에서 내려와 멱살을 쥐고 뺨을 한 대 치고는 밀쳐버렸다. 정이 우두커

니 서 있으니[저립佇立], 옆에 있던 승이 말했다. "정상좌는 어찌 예배하지 않으시오." 정은 바로 예배하는 순간 홀연히 대오하였다.

정 상 좌　문 임 제　여 하 시 불 법 대 의　제 하 선 상 금 주　여 일 장　변 탁
定上座。問臨濟。如何是佛法大意。濟下禪床擒住。與一掌。便托
개　정 저 립　방 승 운　정 상 좌 하 불 례 배　정 방 례 배 홀 연 대 오
開。定佇立。傍僧云。定上座何不禮拜。定方禮拜忽然大悟。

【송】

단제의 전 작용을 그대로 이어,

그것을 지녔는데 어찌 느긋할 리가 있을까.

거령신이 손을 치켜들어 아무렇지도 않게[無多子]

천만 겹의 화산을 두 동강 내버렸네.

단 제 전 기 계 후 종　지 래 하 필 재 종 용
斷際全機繼後蹤　持來何必在從容
거 령 대 수 무 다 자　분 파 화 산 천 만 중
巨靈擡手無多子　分破華山千萬重

해설

'시방十方'은 동서남북과 그 중간의 네 모퉁이의 방위와 상하를 합친 것이다. 하지만 여기서는 그런 공간적인 방향을 말하는 것이 아니라, 모든 방향도 시간도 사라진 지점을 말한다. 즉 '바로 지금 여기'이다. "시방을 틀어 막으니[좌단坐斷]"는 한번 크게 죽는 순간의 경지를 뜻한다. 그 순간, 찰나에 "천안天眼이 홀연히 열린다"라고 했다. 이는 천안이 열려 차별지差別知가 그대로 손에 들어왔다는 의미이다. 삼라만상

을 있는 그대로 본다[여시관如是觀]는 뜻이다.

"한마디에 흐름이 끊어지고 일만 작용[萬機]이 사라졌다[寢削]." 여기서 '한마디'는 한마디의 '말'에 국한되는 것이 아니다. 눈을 껌뻑이는 것, 손가락 하나를 세우는 것도 모두 한마디이다. '흐름'은 모든 상념이나 분별이고, '만기萬機'는 일어나는 모든 사량분별이다. '침삭寢削'은 '휴식' '정지'를 뜻한다. "(이러할 때) 생사를 같이할 수 있는 자가 있는가"라고 묻는다.

'견성見成'은 '현성現成'이다. 선은 우리의 눈앞에 나타나 있다. '전신주는 서 있고 문지방은 가로놓여 있는' 그대로의 모습을 말한다. 있는 그대로가 선의 공안이 되며, 이것이 인생에서 구명究明해야 할 문제이다. '타첩打疊'은 '타성打成'과 같은 의미로, 모든 것을 한데 묶어 한 덩어리가 된다는 뜻이다. 간화선에서 공부해 들어갈 때 '타성일편打成一片'해야 한다고 한다. 주어진 공안에 집중하여, 이리저리 일어나는 사량분별을 모조리 한 덩어리로 묶어야 한다. '불하不下'는 손을 쓸 수 없다는 뜻이다. 따라서 "견성 공안을 처리할 수 없거든"이라는 말은 '각자 면전에 놓인, 만 가지 상으로 나타난 선의 진리를 타성일편할 수 없다면'이라는 말이다. '옛사람의 갈등'을 예로 내보일 테니 한번 참구해 보라고 한다.

정상좌의 전기는 분명하지 않다. 임제의 제자로 걸출한 선승이지만, 한평생 선사로 출세하지 못해 '상좌上座'라고 불렀다. 임제 의현臨濟義玄, ?-867은 황벽 희운의 법을 이었다. 임제는 임제종의 종조이며, 그의 법을 이은 제자가 21명 있다. 임제의 선 지도방법으로는 '사할四喝' '사빈주四賓主' '사료간四料簡' 등이 유명하다. 원오의 평창에 의하면,

정상좌는 험하고 거친 성격에 완력도 상당히 강했다고 한다. 그 예로 다음과 같은 일화를 든다.

젊었을 때 한참 수행 중이던 세 사람, 암두 전활巖頭全豁, 828-887, 설봉 의존雪峯義存, 822-908, 흠산 문수欽山文邃가 남방에서 정상좌를 만났다. 암두가 "그대는 어디서 왔소?"라고 물었다. 정상좌는 "예, 임제에서 왔소"라고 했다. "마침 우리도 임제선사를 친견하러 가는 중이오. 화상은 건재하신가요?" "아니오, 돌아가셨습니다." "아, 그렇군요, 우리는 복연福緣이 얕아 생전에 뵐 수가 없었네요. 안타깝습니다. 그런데 화상께서 살아생전에 하신 말씀 중 한두 가지라도 듣고 싶은데, 말해주겠소?" 그러자 정상좌는 다음과 같은 이야기를 들려주었다.

"임제스님은 어느 날 시중에서 '이 활달한 신체에 한 무위진인無位眞人이 있다. 언제나 면문面門(육근)을 통하여 출입한다. 아직 증거를 대지 못하는 자는 보라[赤肉團上有一無位眞人 常從汝等諸人面門出入 未證據者 看看]!'라고 했소. 임제스님의 설법을 들은 한 납자가 한 걸음 나아가 '무위진인이라고 하셨는데 대체 어떤 것입니까'라고 물었지요. 스님은 바로 그의 멱살을 꽉 잡아 흔들며, '말해보라, 말해봐!'라고 윽박질렀지만 납자는 아무 말도 못 했습니다. 스님은 그를 밀어 넘어뜨리며 '무위진인도 보지 못한, 이 똥 막대기 같은 놈 봤나!'라고 소리치고는 바로 자신의 방으로 돌아가버렸습니다."

이 이야기를 듣고 암두는 혀를 내둘렀고, 흠산은 "왜 비무위진인非無位眞人이라고 하지 않았지"라고 중얼거렸다. 그 순간 바로 정상좌가 그의 멱살을 잡자, 흠산은 안면이 창백해졌다. 곁에 있던 암두와 설봉이 사과하면서 "이 자는 아직 신출내기 소승이라 동서도 분간 못 하니 용서해주시오"라고 했다. 정상좌는 "이 두 선배가 없었다면 오줌도 못 가리는 변변찮은 저 소승小僧을 당장 없애버렸을 거요"라고 말했다.

정상좌가 수행 중 어느 날, 임제에게 "불법의 대의가 무엇입니까?"라고 물었다. 임제는 선상에서 내려와 한 손으로 상좌의 멱살을 쥐고 다른 한 손으로 뺨을 후려치며 떠밀어버렸다. '저립佇立'은 망연자실하게 서 있는 모습이다. 틈도 없이 격하게 몰아붙이는 임제의 행동에, 정상좌는 그저 서 있을 수밖에 없었다. 이에 대해 원오는 "어쩐다! 귀신이 사는 굴에 떨어져버렸지 않았는가! 참으로 면목 없게 되어버렸네"라고 평하였다. 이는 '억하抑下의 탁상托上', 즉 비판하면서도 칭찬하는 말이다.

정상좌 옆에 있던 한 승이 "정상좌는 어찌 예배하지 않으시오"라고 해서, 절을 하는 순간 홀연히 깨쳤다. 언제나 좌선만을 하던 정상좌는 임제의 갑작스런 난폭한 행동으로 말미암아, 앉아 있는 자신도, 구명해야 할 진실의 자기도 모두 없어져버린 것이다. 즉 '한마디에 흐름이 끊어지고 만기萬機가 사라진' 것이다. 그것이 상좌의 '저립'의 모습이다. 거기서 순숙純熟해 있을 찰나, 곁에 있었던 승의 한마디에 '대의단大疑團'이 와르르 무너져버려, 바로 '불법의 대의'에 계당契當한 것이다.

일본 임제종 선사 하쿠인 에카쿠白隱慧鶴, 1685-1768는 250년 전에 쓴《벽암록비초碧巖錄秘抄》에서, "이 상좌의 '저립'은 평소의 좌선에서 나온 선정력禪定力의 경계로 드러났다. 마치 수행이라는 대해의 물이 완전히 말라버린 듯한 훌륭한 경색景色이다. 정상좌는 그대로 다음 날까지 서 있을 수 있을 것이다"라고 하여 그를 찬탄했다.

젊었을 때의 임제도 정상좌처럼 스승 황벽을 향해 "불법의 핵심이 무엇입니까?"라고 물었다. 그때 황벽은 한마디도 하지 않고 바로 30방을 때렸다. 무엇 때문에 이렇게 맞는지 임제는 분간을 하지 못했다. 또 가서 같은 질문을 했다. 다시 마찬가지로 두들겨 맞았다. 그러기를 세 번 반복했다. 임제는 황벽에게서 떠나 대우大愚화상 처소로 갔다. 사정을 이야기하며 도대체 자신에게 어떤 잘못이 있었는지를 물었다. 대우는 "황벽화상은 그대에게 참으로 친절했군"이라고 말했다. 그때 임제는 대오하였다. 설두의 송 첫 구, "단제의 전기를 후인이 그대로 이었으니"는 바로 이 이야기이다.

'단제斷際'는 당 선종宣宗이 황벽에게 내린 시호諡號이다. 단제 황벽의 '전기全機', 즉 '대기대용大機大用'의 선禪을 완전히 계승한 사람이 임제이다. 임제의 선은 유유悠悠하지 않다. 그래서 설두는 "단제의 전기를 그대로 이어받아 지녔는데 어찌 느긋할 리가 있을까?"라고 노래했다. 말하자면, 황벽의 대기대용을 임제만이 바르게 계승하여 이를 드러냄이 조금도 서툴지 않았다는 말이다. 만약 주저하면 바로 미혹에 떨어지니, 임제의 수법은 느긋할 리가 없다는 것이다.

"거령이 손을 치켜들어 아무렇지도 않게 천만 겹의 화산을 두 동강 내버렸네."'거령巨靈'은 강의 신[河神]의 이름이다. '무다자無多子'는 아무 조작 없이 단순하다는 의미이다. 옛날 용문에서 황하가 동으로 흘러갈 때, 큰 산 하나가 솟아 있어 더 이상 동쪽으로 흐르지 못했다. 거기에 폭우가 쏟아지면 강물이 범람하고 피해가 대단히 컸다. 그때 거령신이 산을 둘로 쪼개 강물이 그 사이를 빠져나가 동으로 흐를 수 있게 하였다. 그 두 산이 화산과 수양산이다. 그 덕에 연안沿岸 사람들은 홍수를 면했다고 한다. 여기서 '화산'은 상좌의 '저립의 산'을 의미한다. 거령신이 조작 없이 산을 두 동강으로 부순 것처럼, 임제는 스승 황벽에서 받은 대기大機를 발휘하여 정상좌의 무시겁래無始劫來 무명의 흑산黑山을 타파해버린 것이다.

제33칙

진상서, 자복을 뵙다

진 상 서 간 자 복
陳尙書看資福

【수시】

아침부터 저녁까지, 저녁부터 아침까지, 동서도 가리지 않고 남북도 분간하지 않는다. 그렇다고 그가 졸고 있다고 할 수 있을까? 어느 때는 눈빛이 유성流星과 같다고 해서 그가 깨어 있다고 말할 수 있을까? 어느 때는 남쪽을 북이라고 한다. 말해보라, 이는 유심인가 무심인가. 이는 도인인가 범부인가. 만약 이 자리[箇裏]를 향해서 투득透得하면 비로소 낙처를 알게 되어, 바로 고인이 '이렇다, 이렇지 않다'라고 한 뜻을 알 수 있을 것이다. 말해보라, 이는 어떤 시절에서인가. 예를 들어볼 테니 참구해보라.

동 서 불 변 남 북 불 분　종 조 지 모 종 모 지 조　환 도 이 갑 수 마　유 시 안
東西不辨南北不分。從朝至暮從暮至朝。還道伊瞌睡麼。有時眼似流星。還道伊惺惺麼。有時呼南作北。且道是有心是無心。
是道人是常人。若向箇裏透得。始知落處。方知古人恁麼不恁麼。
且道是什麼時節。試擧看。

본칙

진조상서가 자복을 뵈려고 갔는데, 자복은 그가 오는 것을 보고 바로

일원상을 그렸다. 진조가 말했다. "제자가 이렇게 와서 아직 자리에 앉

지도 않았는데, 어째서 바로 일원상을 그리십니까?" 자복은 바로 방장

문을 닫아버렸다. [설두가 착어했다. "진조는 다만 한쪽 눈만 갖추었네."]

陳操尙書看資福。福見來便畫一圓相。操云。弟子恁麼來。早是
不著便。何況更畫一圓相。福便掩却方丈門。雪竇云。陳操只具
一隻眼。

【송】

동글동글한 구슬, 옥 구르는 소리[옥산산玉珊珊]

말에 싣고 나귀에 태워 철선에 오른다.

해산의 무사객에게 분부하니

거대한 자라를 낚을 때 큰 갈고리를 던진다.

설두, 다시 말하네.

천하의 납승들, 뛰어넘지 못할 걸.

團團珠遶玉珊珊　馬載驢駝上鐵船

분부해산무사객　조오시하일권련
分付海山無事客　釣鼇時下一圈彎

설두부운　천하납승도불출
雪竇復云。天下衲僧跳不出。

해설

"아침부터 저녁까지, 저녁부터 아침까지, 동서도 가리지 않고 남북도 분간하지 않는다. 그렇다고 그가 졸고 있다고[瞌睡] 할 수 있을까?" '갑수瞌睡'는 앉아서 조는 것인데, 동서남북도 구분하지 못하는 것은 그가 나날이 졸고 있기 때문이라고 단정할 수 있을까 하는 말이다. 조는 것처럼 보이는 그가 "어느 때는 눈빛이 유성流星과 같다"라고 하였다. 때때로 예리한 안광으로 깊은 마음속을 꿰뚫고 있는 듯하다는 것이다. 결코 바보가 아니다. 그렇다고 그를 깨어 있다고 말할 수 있을까. "어느 때는 남쪽을 북이라고 하는데" 말이다. 안광이 형형하여 그가 깨쳐 있다고 생각했는데, 남을 가리켜 북이라고 하니 보통 어리석은 자가 아니라는 것이다.

　도대체 바보인지, 영리한 자인지를 분간할 수 없다. "자, 말해보라. 이는 유심인가, 무심인가. 이는 도인인가, 범부인가." 조주화상도 "일심으로 수행하여 중생을 제도하려고 노력하지만, 거꾸로 극히 바보 같은 승이 될 것이야"라고 했다. 옛 선자들 중에는 이런 미련한 사람이 있었던 것 같다.

　"만약 이 자리를 향해 투득하여 비로소 낙처를 알면"이라는 말은 선의 경지, 즉 '이 자리'에 도달하여, '아, 바로 이것이구나!'라고 깨치는 것을 뜻한다. 이럴 때 "바로 고인이 '이렇다, 이렇지 않다'라고 한 뜻을 안다"라고 했다. 이것은 어떤 시절에서의 일일까. 하나의 실례를 드니 한 번 참구해보라고 한다.

본칙에 나오는 진조상서는 임제의 선배인 목주 도명睦州道明, 780-877의 법을 이은 대거사이다. 배휴裵休·이고李翱와 동시대 사람이다. '상서'는 서기관 직책에 해당한다. 그는 《법화경》을 연구하고, 그 교의에 통달했다고 한다. 자복은 길주의 자복 여보資福如寶로, 위앙종 앙산 혜적의 손제자이다. 진조 쪽이 나이도 위이고 수행도 더 오래 했다.

진조가 어느 때 자복을 보려고[看] 자복사에 갔다. 여기서 '간看'은 단순히 '본다'는 의미가 아니고 '감변勘辨', 즉 '시험해보다'라는 뜻이 있다. 자복은 진조가 평소 도가 높은 대거사라고 알고 있었던 터라, 그의 모습을 보자 묵연히 위앙종의 특색인 '일원상一圓相'을 그렸다. 일원상은 97종으로 분류되며, 그 원조는 혜충국사이다. 혜충의 법은 제자 탐원을 거쳐 앙산에게 전해졌다. 앙산이 그 전서傳書를 불태워버렸다고 하지만, 그 후 일원상은 위앙종의 가예家藝가 되었다. 자복은 당연히 그 가예를 전승하고 있었다. 오늘날에도 일원상은 차탁을 덮는 보袱에 많이 그리기도 하고, 전법할 때나 선장禪匠의 선심을 나타낼 때 종종 그리기도 한다. 일원상을 무엇이라고 이해해도 상관없다.

어쨌든 자복은 말없이 공중에 일원상을 그려 보였다. 진조는 "제자가 아직 자리에 앉지도 않았는데, 어째서 바로 일원상을 그리십니까?"라고 했다. '지금 막 와서, 아직 인사도 여쭈지 않았는데 갑자기 일원상을 그리는 것은 무슨 일인가'라고 물은 것이다. 진조가 참선으로는 자복보다 구참이지만, 상대가 스님이므로 겸손하게 '제자'라고 말한 것이다. 자복을 향한 진조의 태연한 말에는 자신을 원圓 속에 가두려고 하지 말라는 어기語氣가 배어 있다. 이는 역으로, 자복을 일원상 가운데로 집어넣으려는 의도가 내포되어 있다고 볼 수도 있을 것이다. 자복은 바로 방장 문을 닫아버렸다. 자복이 방장의 문을 닫아버린 행동을, 스스로 그린 일원상 속으로 가두었다고 해야 할지, 아니면 일체 상을 절멸한 일원공一圓空을 보인 것이라고 해야 할지, 독자 스스로 판단할 일이다. 여하간 결말이 나지 않는다.

설두는 진조의 말에 대하여 "진조는 다만 한쪽 눈[일척안一隻眼]만을 갖추었네"라고 판정을 내렸다. 종래의 해석으로는 이 '일척안'을 '정수리[頂門]의 심안心眼'이라고 이해하고, 이 말을 설두가 진조를 칭찬한 것이라고 보았지만, 설두의 송의 뜻을 잘 살펴보면 상반된 이해이다. 송에서는 어디까지나 자복이 그린 일원상을 찬탄했고, 진조에 대해서는 언급이 없기 때문이다.

"동글동글한 구슬, 옥 구르는 소리[玉珊珊]" 이것은 일원상을 형용한 표현이다. '옥산산玉珊珊'은 옥이 굴러가는 소리를 나타낸 말이다. 진조가 들어오는 것을 보고 자복이 그린 일원상은 이같이 자유자재로 구르는 구슬과 같다는 의미이다.

"말에 싣고 나귀에 태워 철선에 오른다"라는 말은, 위산 문하의 사람들이 일원상을 말에 싣기도, 당나귀에 태우기도 하여 여기저기 돌아다닌다는 말이다. "해산의 무사객에게 분부했다." '해산 海山'은 바다 한가운데 우뚝 솟은 선산 仙山을 뜻한다. '무사객'은 '무사시귀인無事是貴人'의 '귀인'이다. 지금 그 일원상을, 문을 닫은 해산의 무사객인 자복에게 건넸다는 것이다.

"큰 자라를 낚으려고 갈고리[圈攣]를 던진다." 여기서 '큰 자라'는 동해의 오신산五神山을 떠받치고 있는 자라이다. '권련圈攣'은 거대한 갈고리를 뜻한다. 자복이 일원상을 가지고 큰 자라를 낚으려고 갈고리를 던진 것이다.

설두는 자복의 일원상을 노래했지만, 그것만으로는 부족해서 마지막에 "천하의 납승들, 뛰어넘지 못하네"라고 했다. 천하의 납승들이 자복이 던진 일원상을 좀처럼 뛰어넘지 못한다고 결론을 내렸다. 진조 또한 이 일원상을 벗어날 수 없었다고 하는 것이 송의 대의이다.

제34칙

앙산, 어디서 왔는가를 묻다

앙 산 문 심 처 래
仰山問甚處來

앙산이 승에게 물었다. "어디서 왔는가?" 승이 말했다. "여산에서 왔습니다." 앙산이 말했다. "오로봉에 놀러 간 적이 있었겠지?" 승이 말했다. "간 적이 없는데요." 앙산이 말했다. "사리는 아직 산놀이를 한 적이 없군." 운문이 말했다. "이 이야기는 모두 자비심에서 비롯된 낙초落草의 말이다."

앙산문승　근리심처　승운　여산　산운증유오로봉마　승운　부
仰山問僧。近離甚處。僧云。廬山。山云曾遊五老峯麽。僧云。不
증도　산운　사리부증유산　운문운　차어개위자비지고　유락초
曾到。山云。闍黎不曾遊山。雲門云。此語皆爲慈悲之故。有落草
지담
之談。

【송】

출초 입초,

누가 알아낼 수 있으랴.

겹겹의 흰 구름,

붉은 햇살이 비치네.

왼쪽을 돌아볼 겨를이 없고

오른쪽을 흘긋 보니 이미 늙어버렸네.

그대는 보지 못했는가!

한산이 너무 빨리 갔음을.

십 년이 되도록 돌아오지 못하다가

왔던 길도 잊어버렸네.

출초입초　수해심토
出草入草　誰解尋討
백운중중　홍일고고
白雲重重　紅日杲杲
좌고무하　우혜이로
左顧無瑕　右盼已老
군불견　한산자행태조
君不見　寒山子行太早
십년귀부득　망각래시도
十年歸不得　忘却來時道

해설

이 칙에도 수시가 없다. 앙산 혜적仰山慧寂, 807-883은 광동성 소주 출
신이며, 먼저 율장을 배우고, 마조의 법을 이은 탐원 응진 아래서 공부
했다. 그 후 위산 영우 아래서 15년, 그의 법을 이었고 나중에 위앙종

이라는 일파를 형성했다. 위앙종의 종풍은 문답 응대를 통해 스승과 제자가 진여에 계합하는 것이었고, 이를 부자 관계로 비유하곤 한다.

앙산은 일원상一圓相으로 선의 경계를 보이는 일이 많았다. 이는 남양 혜충 아래서 원상의 진의를 깨친 탐원으로부터 그 영향을 받았기 때문이다. 일체 제법은 상相이므로 원상이라고 부른다. 음音·성聲·어語·화話를 넘어선 원상을 한 번 보는 것만으로도 모든 것이 밝혀진다고 한다. 앙산은 접화의 수단으로 이를 사용했다. 앙산은 당시 '소석가小釋迦'라고 불릴 정도로 지혜가 수승하였다.

앙산의 처소에 한 납승이 왔다. 앙산이 물었다. "그대는 어디서 왔는가." 선문에서 이 같은 질문은 흔히 상대의 심경心境을 점검하기 위한 것이다. 승은 "여산에서 왔습니다"라고 하였다. 여산은 소동파가 '여산은 안개비[연우煙雨], 절강은 물굽이[조潮]'라고 했을 정도로 경색이 뛰어난 곳이다. 여산에는 서쪽으로는 향로봉이, 남쪽으로는 오로봉五老峰이라는 다섯 봉우리가 솟아 있다고 한다. 예부터 산악신앙의 대상이며 명산으로 알려져 있다. 원오는 이 답에 대하여 "실두인實頭人이니 알기 어렵군"이라고 비평했다. '실두'는 '정직함'을 뜻한다. 바보스러울 정도로 정직한 자를 실두인이라고 한다. 정직하게 말하는 것은 좋지만 선기禪機가 전혀 나타나 있지 않다는 말이다. 그래서 원오는 깨치기는 어렵겠다고 하였다.

계속해서 앙산은 "오로봉에 놀러 간 적은 있었겠지?"라고 물었다. 승의 심기心機를 바로 파악하고 어쩔 수 없이 그냥 물어본 것이다. 이에 승이 말하기를, "간 적이 없는 데요." 오로봉이라는 절경絶景에 가보지 못했다는 한마디에, 앙산은 승이 오로봉, 즉 선의 진경眞境을 아예 맛보지도 못하고 있음을 간파했다.

'사리闍黎'는 두타 수행자를 의미한다. 한눈팔지 않고 올곧게 수행만을 하는 자이다. 앙산이 보기에 이 승은 말 그대로 사리이다. 앙산이 질문한 '오로봉'은 무엇을 뜻하는가. '가본 적이 있다, 없다'라는 경계를 넘어선 세계를 물은 것이다. 따라서 거기에 간 적이 있다고 해도, 간 적이 없다고 해도 전혀 상관없다. 그렇지만 승은 간 적이 없다고 잘라 말했다. 여기에서 앙산은 어쩔 수 없이 "사리는 아직 산에 놀러[遊] 가본 적이 없었군"이라고 하였다.

일본 임제종 선장인 야마다山田 처소에 어느 날 교토대학에서 철학을 전공한 청년이 와서 물었다. "인간은 죽으면 어디로 갑니까?" "화장터로 가지"라고 답했다. "화장터에 가서 어떻게 됩니까?"라고 물었다. "재가 되지"라고 말했다. 얼굴이 굳어지더니 이번에는 "인생의 목적이 무엇입니까?"라고 물었다. "노는 것이지"라고 대답했다. 선사는 "목적, 목적이라고 소란을 피우는 것은 목적지에 아직 도착하지 않은 인간이 떠드는 소리야. 목적지에 도착하면 더 이상 목적지가 없어졌으므로, 일도 노는 것이요 공부도 노는 것이고, 정치도 노는 것이요 경제도 노는 것이다. 인생의 고락비희苦樂悲喜도 노는 것이다. 인생이 노는 것이 아니라면 진짜 인생이 아니다"라고 말했다는 유명한 일화가 있다.

《관음경》에 "관세음보살은 어째서 이 사바세계에서 노시는가[遊], 어째서 중생을 위해 설법하시는가"라는 구절이 있다. 관음보살로서는 중생제도가 '노는' 것이기 때문에, '노는 것'이 진짜 일이다. "사리는 아직 산에 놀러[遊] 가본 적이 없었군"이라는 말은, 산에 가고 가지 않고를 논한 것이 아니라, 오로봉이라는 자유자재한 면목을 보지 못하였고 체험하지도 못했음을 빗대어 한 말이다. 이 승은 전혀 눈치채지 못했다.

원오는 평창에서, "내가 만약 그 승이었다면, '오로봉에 놀러 간 적이 있었는가?'라는 물음에, 다만 '위험하구나, 위험해[禍事]!'라고 답했을 텐데"라고 하며 승을 비판한다. '화사禍事'는 본래 '대단하다' '굉장하다'라는 뜻이지만, 여기서는 승이 만일 갔었다고 대답했다면 앙산의 진경인 일원상에서 벗어나는 것이므로, '위험하다'라고 해석하는 것이 원오의 뜻에 상응할 것 같다. 원오는 평창에서, 앙산이 승에게 오로봉에 놀러 간 적이 있는지 물은 것을, 마조와 백장과의 문답에 견주었다.

마조는 백장에게 "어디에서 왔는가?"라고 물었다. "산 아래서 왔습니다." "오는 길에 한 사람을 만났는가?" "만나지 못했습니다." "어째서 만나지 못했는가?" "만났다면 바로 화상에게 말씀드렸겠지요." "어디서 이 소식을 알게 되었는가?" "제가 잘못했습니다." 이에 마조가 말하기를, "도리어 노장이 잘못했네." 여기서 마조가 물은 '한 사람'은 자신의 주인공이다. 마조는 백장에게 무일물의 주인공을 물은 것 자체에 대해 스스로 책망하고 자신의 허물을 뉘우쳤다.

앙산과 승의 문답에 대하여 운문은 이같이 비평한다. "이 이야기는 모두 자비심에서 비롯된 낙초落草의 말이다." '낙초'는 풀 속으로 떨어진다는 말로, 한 단계 낮은 차원으로 내려간다는 뜻이다. 운문의 비평은, 앙산이 이 승에게 어떻게 해서든 선의 제일의第一義인 진면목을 깨치게 하려는 대자비심에서, 제이의第二義로 내려와 세간의 평범한 문답으로 말했다는 의미이다.

송의 첫 번째 구, "출초 입초"는 승을 향한 앙산의 질문이다. "누가 알아낼 수 있을까"는, 앙산의 대응이 너무 빨라 '출초'인지 '입초'인지를 쉽게 정할 수 없다는 의미이다. "겹겹의 흰 구름, 붉은 햇살이 비치네"에서, '흰 구름'은 출초의 모습이고 '붉은 햇살이 비치는' 것은 입초의 모습이다. "왼쪽으로 돌아볼 겨를도 없고 오른쪽을 흘겨보니 이미 늙어버렸다"라는 말은, 출입이 너무 빨라 좌로 보고 우로 볼 사이도 없을 정도로 자유자재한 앙산을 찬탄한 것이다.

송의 마지막 구에서 설두는 한산寒山의 시를 인용하여, "그대는 보지 못했는가! 한산이 가는 것이 너무 빠름을"이라고 노래했다. 한산이 산으로 홀연히 들어가버린 일을 가리킨다. 한산이 들어간 산길, 아득히 먼 산으로 자취를 감춘 한산의 모습을 "출초 입초를 누가 알아낼 수 있을까"라고 표현한 것이다.

한산은 중국 당대唐代 천태산의 전설적인 은성자隱聖者로, 습득拾得과의 고사가 있다. 습득은 천태산의 주지 풍간豊干화상이 주워다 기른 고아로, 주방의 심부름 일을 하며 자랐다. 한산은 습득의 친구로, 방랑 시인이었다. 때때로 천태산의 주방에 나타나 대중이 남긴 공양물을 들고 잠시 청담淸談을 나누다 돌아가곤 했는데, 어느날 산으로 돌아가 다시는 천태산에 모습을 보이지 않았다고 한다. 확실한 전기는 없지만 300여 수의 시가 세상에 남아 있다. 한산의 시는 9세기 말부터 선승들 사이에서 애호되었다.

선의 세계는, 산에 들어가면 산이 될 뿐이다. '산중에는 달력과 거울이 없다'라고 하는데, 진정 산중에는 시간이 없다. 시간만이 아니라 형상의 구별도 없고 선악의 구속도 없다. 그것이 바로 "십 년이 되도록 돌아오지 못하다가 왔던 길도 잊어버렸네"라고 하는, 오로봉에서 노니는 선경禪境이다. 이 경계 역시 설두 자신의 향상사向上事를 노래한 것인지도 모른다.

제35칙

문수, 전삼삼

문 수 전 삼 삼
文殊前三三

【수시】

용과 뱀을 판별하고 옥과 돌을 가리며, 흑과 백을 구별하고 의정疑情을 확실히 결단하는 데에, 만일 이마에 눈이 없거나 팔꿈치 아래 부符가 없다면, 왕왕 첫머리부터 빗나가버린다. 바로 지금 보고 듣는데 어둡지 않고, 소리와 형상이 순진하고 참답다. 말해보라, 이것이 검은 것인지 흰 것인지, 굽은 것인지 곧은 것인지를. 여기에 이르러서는 어떻게 가릴 수 있을까.

정 룡 사 분 옥 석　별 치 소 결 유 예　약 불 시 정 문 상 유 안　주 비 하 유 부
定龍蛇分玉石。別緇素決猶豫。若不是頂門上有眼。肘臂下有符。
왕 왕 당 두 차 과　지 여 금 견 문 불 매　성 색 순 진　차 도 시 조 시 백　시 곡
往往當頭蹉過。只如今見聞不昧。聲色純眞。且道是皂是白。是曲
시 직　두 저 리 작 마 생 변
是直。到這裏作麽生辨。

문수가 무착에게 물었다. "어디에서 왔는가?" 무착이 말했다. "남방입니다." 문수가 말했다. "남방의 불법 수행은 어떤가?" 무착이 말했다. "말법의 비구들이어서인지 계율을 지키는 것이 느슨합니다." 문수가 말했다. "대중은 어느 정도 되는가?" 무착이 말했다. "삼백 또는 오백 정도 됩니다." 무착이 문수에게 물었다. "여기에서는 어떻게 불법을 수행합니까?" 문수가 말했다. "범부와 성인이 동거하고 용과 뱀이 뒤섞여 있지." 무착이 말했다. "대중은 어느 정도 됩니까?" 문수가 말했다. "앞도 삼삼, 뒤도 삼삼이네."

文殊問無著。近離什麼處。無著云。南方。殊云。南方佛法。如何住持。著云。末法比丘。少奉戒律。殊云。多少衆。著云。或三百或五百。無著問文殊。此間如何住持。殊云。凡聖同居龍蛇混雜。著云。多少衆。殊云。前三三後三三。

【송】

일천 봉우리 굽이굽이, 색이 쪽빛 같구나.
문수와 대담했다고 누가 말할 수 있을까.
우습구나, 청량에 대중이 어느 정도인가.
전삼삼 후삼삼.

千峯盤屈色如藍　誰謂文殊是對談
堪笑淸凉多少衆　前三三與後三三

선자들은 상대를 한 번 딱 봤을 때, 상대가 용인지 뱀인지, 진짜 옥인지 돌인지, 잘 구별하고 판단한다. '치소緇素'는 흑과 백이다. '유예猶豫'는 본래 의심 많은 동물의 이름인데 '유예를 결정한다[결유예決猶豫]'라는 것은, 이럴까 저럴까 망설여 좀처럼 결단하지 못하던 것을 결정한다는 의미이다. 이처럼 망설여지는 것을 결정하는데, "정문頂門에 눈이 없거나 팔꿈치 아래 부符가 없다면, 왕왕 첫머리부터 빗나가버린다[당두차과當頭蹉過]"라고 하였다.

'정문의 눈'이란 자재천自在天이 양쪽 눈 외에, 이마 한가운데 가지고 있는 세로의 눈을 뜻한다. 이 눈은 깨달음의 눈이다. 보통 우리는 좌우의 두 눈으로 모든 사물을 본다. 세로의 눈은 사물을 한 번 보고, 만물이 그대로 한 몸임을 아는 눈이다. '팔꿈치 아래 부'라고 하는 것은 선가仙家에서 '호신護身의 부符'를 뜻한다. '왕왕 첫머리부터 빗나가버린다[往往當頭蹉過]'에서 '당두當頭'는 일이 임박했다는 뜻이고, '차과蹉過'는 실패, 어긋남을 뜻한다. 말하자면, 이마에 세로의 눈이 있는 영지인英知人도, 팔꿈치에 신비로운 호부護符를 달고 있는 도사조차도 어떤 일에 당면해서 곧잘 실패하는 수가 있다는 것이다.

"바로 지금 보고 듣는데 어둡지 않고, 소리와 형상이 순진하고 참답다"라는 말은, 사물을 있는 그대로 보고 들어 진상眞相을 제대로 이해하고, 소리나 형상, 즉 현실의 세계를 있는 그대로 알 수 있다고 자신한다는 뜻이다. 선은 '바로 이것'을 깨닫고 이것과 일체화된 경지이다. 이는 지식 이전, 경험 이전의 무심이며, '불사선불사악不思善不思惡' '본래면목'을 자각한 것이다. 이러한 심경은 일체의 시비·판단을 버린, 즉

《신심명》에서 '다만 증애가 없으면 확 트여[통연洞然] 명백하다'라고 노래한, '명백明白'의 경지이다. 모든 속박에서 해탈된 편안한 마음이다.

그러면, 선악 분별과 증애를 떠난 심경이 가장 평안한 세계이지만, 만약 그렇게 되었다면 무엇이 흑이고 백인지, 무엇이 굽었고 무엇이 곧은지를 이 자리에서 판정할 수 있을까 하는 것이 원오의 수시이다.

본칙에 등장하는 무착無著은 우두종의 혜충의 법을 이었다.《송고승전》권20의 〈대주오대산화엄사무착代州五臺山華嚴寺無著〉편에 나온다. 무착은 오대산에서 문수보살과 문답을 했다고 한다. 원오의 평창은 무착선사를 용천원 문희文喜, 821-900와 혼동하고 있다.《오등회원》권9에는 앙산 혜적을 이은 항주 용천원 무착 문희장이 있다.

육조六朝 초기에《화엄경》이 전해지면서 화엄종이 형성되고 오대산 문수신앙이 번성하게 되었고, 당대에 밀교가 들어오면서 절정에 이른다. 사람들이 다투어 이곳을 순례하여 문수의 화신을 보려는 경향이 생기고, 가지가지 영험담이 나타났다. 그러나《역대법보기歷代法寶記》나《임제록臨濟錄》은 그러한 속신俗信을 비판하였다. 본칙의 문답도 그중 하나이다.

무착이 문수보살을 만나고 싶어 산서성 오대산에 오르던 도중, 저녁 노을을 바라보니 저 멀리서 한 노인이 소를 끌고 오고 있었다. 잘 됐다고 여겨, 노인에게 자신이 등산한 뜻을 자세히 말했다. 노인은 절로 안내하고, 서역에서 가져온 것인지 아름다운 컵에 향기 어린 주스를 가져다주었다. 본칙에서는 노인이 문수로 대체되었다.

문수가 "어디서 왔는가"라고 묻자 무착이 "남방에서 왔습니다"라고 말했다. '남방'은 무착이 우두종 사람임을 보여준다. 우두산은 강남에 있다. "남방의 불법은 어떻게 주지住持하는가?" 주지는 불법을 보지保持하고 실천하는 것을 뜻한다. 무착은 "말법의 비구라서인지 계율을 지키는 것이 느슨합니다"라고 했다. 불교에서는 불멸 이후 '정법正法' '상법像法' '말법末法'의 세계가 온다고 보고, 시대가 흘러감에 따라 점차 계율 지키는 것이 느슨해진다고 한다. 무착은, 남방의 승려들은 말법이어서인지 지계持戒를 소홀히 한다고 대답하였다.

문수는 다시, "대중은 어느 정도 되는가"라고 물었다. "삼백, 오백 정도 됩니다." 이번에는 무착이 물었다. "여기에서는 불법을 어떻게 지키고 실천합니까." 여기는 오대산을 가리킨다. "범부와 성인이 동거하고 용과 뱀이 뒤섞여 있지." 다시, "대중은 어느 정도 됩니까"라고 물었다. "앞도 삼삼, 뒤도 삼삼이네." 본칙의 이야기는 여기까지이지만 평창에는 이야기의 후반부를 싣고 있다.

무착이 작별인사를 하고 나설 때 문수는 균제 동자에게 무착을 산문까지 배웅하도록 했다. 무착은 그에게 은밀히 물었다. "앞도 삼삼 뒤도 삼삼이라고 노인이 말씀했는데, 대체 몇 사람이 있다는 것인가요?" 동자가 "화상!" 하고 불러 무착이 "예"라고 답하니, 동자가 "거기에는 몇 사람?"이라고 물었다. 무착이 다시 물었다. "이 절의 이름은 무엇인가요?" 동자가 인왕문 뒤쪽을 가리키기에 고개를 돌리는 순간 절도 노인도 없었다. 이에 무착은 노인과 동자 모두 문수보살의 화신이었음을 알아차렸다. 그 후로 무착은 계속 오대산에 남아 오랫동안 수행에 전념하고 그곳을 금강굴이라고 하였다.

'문수'는 반야의 근본지根本智, 즉 일체개공을 상징한다. 이 문답은 바로 '차별지'인 무착과 '근본지'인 문수와의 대담이다. 계율을 지키며 삼백, 오백이라고 숫자를 확실히 하는 것은 차별지의 세계이다. 범부와 성인이 동거하여 차별을 두지 않고, 용과 뱀이 혼잡하여 차별의 벽을 부수며, '전삼삼 후삼삼'이라고 전후가 같은 수를 말하는 것은 전후가 끊어진 세계, 근본지의 세계이다. 문수동자인 균제동자에게 '전삼삼 후삼삼'을 물었을 때, "거기에는 몇 사람?"이라고 동자가 재차 물었다. 근본의 세계는 개념으로는 이해할 수 없는 것이다.

설두는 첫 구로 "일천 봉우리 굽이굽이[盤屈], 색이 쪽빛 같구나"라고 했다. '반굴盤屈'은 산이 겹겹이 이어진 형태를 뜻한다. 산봉우리의 앞과 뒤가 겹쳐 이어진 모습을 보니, 그 경색景色이 비취색과 같다고 하며 먼저 오대산의 일을 노래했다. "누가 문수와 대담했다고 말하는가"라는 말은 문수의 화신이라고 쓸데없는 말은 하지 말라는 의미이다.

"우습구나, 청량에 대중이 어느 정도라니"에서 '청량'은 오대산을 《화엄경》에 나오는 인도의 명산에 비유한 것이다. 청량산의 승이 어느 정도인지, 잠이 덜 깬 소리로 묻지 말라는 것이다. 화불化佛이나 화문수化文殊는 문자 그대로 무수하여 헤아릴 수 없다는 의미가 내포되어 있다. 마지막 구 "전삼삼 후삼삼"은 오대산 중의 화사化寺·화불化佛의 모습이 앞에도 뒤에도 있다는 말이며, 동시에 문수의 일체개공의 세계를 의미한다.

원오의 평창에 따르면, 무착이 오대산에 전좌典座(주방 담당) 소임을 맡아 죽을 끓이는데, 문수가 항상 솥 위에 나타났다가 무착이 휘두르는 주걱에 맞곤 했다고 한다. 이를 원오는 "도적이 떠난 뒤에 활을 당긴 꼴이다"라고 평하였다. 아직도 산 이쪽의 분별지에서 산 저쪽의 근본지를 향하고 있는 무착의 형색을 두고 말한 것이다. 무착은 문수를 주걱으로 치면서, 근본지에 들러붙은 자신의 분별지를 계속 털어냈다.

제36칙

장사, 어느 날 산에서 놀다

장 사 일 일 유 산
長沙一日遊山

본칙

장사가 어느 날 산에서 놀다 돌아와 문 앞에 이르렀을 때, 수좌가 물었다. "화상께서는 어디 다녀오십니까?" 장사가 말했다. "산에 놀러 갔다왔네." 수좌가 말했다. "어디까지 다녀오셨습니까?" 장사가 말했다. "처음엔 방초芳草를 따라갔는데, 그러고는 낙화落花를 쫓아 돌아왔네." 수좌가 말했다. "아주 봄날 같습니다." 장사가 말했다. "그럼, 가을날 이슬이 연잎에 맺히는 것보다 낫지." [설두가 착어로 말하기를, "대답해 주셔서 감사합니다."]

장 사   일 일 유 산   귀 지 문 수   수 좌 문   화 상 십 마 처 거 래   사 운   유
長沙。一日遊山。歸至門首。首座問。和尙什麼處去來。沙云。遊
산 래   수 좌 운   도 십 마 처 래   사 운   시 수 방 초 거   우 축 락 화 회   좌
山來。首座云。到什麼處來。沙云。始隨芳草去。又逐落花回。座

운 대사춘의 사운 야승추로적부거 설두착어운 사답화
云。大似春意。沙云。也勝秋露滴芙蕖。雪竇著語云。謝答話。

【송】

대지에 티끌 하나 없는데

누가 눈을 뜨지 못하는가.

처음은 방초를 따라갔지만

낙화를 따라 다시 돌아왔네.

파리한 학, 차가운 나무 위에서 발돋움하고

화가 난 원숭이, 폐허에서 슬피 우네.

장사의 무한한 뜻이여!

쯧!

대 지 절 섬 애   하 인 안 불 개
大地絶纖埃   何人眼不開
시 수 방 초 거   우 축 락 화 회
始隨芳草去   又逐落花回
이 학 교 한 목   광 원 소 고 대
羸鶴翹寒木   狂猿嘯古臺
장 사 무 한 의   돌
長沙無限意   咄

해설

장사는 호남성에 있는 지명이며, 가까이 동정호가 있어 명승지 가운데 하나이다. 그곳에 있는 경잠景岑, ?-868이 이 공안의 주인공이다. 경잠은 남전 보원의 법을 이었다. 임제·덕산·동산 등과 동시대인이며 조주·육긍대부와는 사형제간이다. 화엄 철학에 정통한 학승이기도 하다. 평창에 '장사 녹원의 초현招賢 대사'라고 하므로 경잠은 장사의 녹원사에서 지낸 것 같다. 그는 '기봉민첩機鋒敏捷'하였다고 하니, 꽤 예리한 사람이었던 것 같다. 학인이 와서 교리에 대해 질문하면 유감없이 교리로 응해주고, 게송을 요구하면 게송으로 답하고, 기봉으로 구하면 기봉으로 대했다. 이러한 이야기가 전한다.

어느 날 앙산 혜적과 함께 달구경을 할 때, 앙산이 달을 가리키며 말했다. "사람마다 '이것'을 가지고 있지만 유감스럽게도 잘 쓰지 못하지." 장사가 "아주 좋은 기회네. 우선 그대에게 '그것' 좀 빌려 써봤으면 좋겠소"라고 하니, 앙산은 "그럼 그대가 사용해 보시오. 어떻게 사용하는지 보여주시오"라고 했다. 말이 끝나자마자 "내가 사용하는 것은 이렇다"라고 하며 앙산을 발로 차서 넘어뜨렸다. 앙산은 겨우 일어나면서 "그대는 마치 호랑이 같소"라고 하였다. 이후 사람들은 장사를 '잠대충岑大蟲'이라고 불렀다고 한다. '대충'은 호랑이를 뜻한다.

아직 녹원사에 있을 때의 일인 것 같다. 어느 날 장사는 홀로 산책하러 나갔다가 해 질 무렵 돌아왔다. 그를 보자, 선당의 지도자인 수좌가 물었다. "어디 다녀오십니까?" 승당의 노사로서 납자들의 공부를 점검해야 할 시간인데 산에 다녀왔다고 하니, 수좌는 내심 못마땅한 것이다. 그래서 퉁명스럽게 물은 것이다. 장사는 태연히 "산에 놀러 갔다 왔네"라고 하였다. '유산 遊山'은 말 그대로 산에 놀러 다니는 것이다. 연緣에 따라 소요 逍遙하는 것이다. 그렇지만 수좌는 그 말귀를 알아듣지 못했다. 수좌는 다시 묻는다. "어디까지 다녀오셨습니까?" 말하자면 산으로 놀러 갔다 왔다고 하니, 대체 산 어디를 다녀왔는지 다그쳐 물은 것이다.

수좌의 질문에 대해 원오는, "만약 다녀온 곳이 있다면 풀 속으로 떨어지는 것을 면할 수 없지"라고 평했다. 만약 '어디에' '무엇 하러'라는 흔적이 있다면 '산놀이'가 아니라는 의미이다. 장사는 말했다. "처음엔 방초芳草를 따라갔는데 다시 낙화落花를 쫓아 돌아왔네." '방초'는 향기로운 풀을 뜻하고 '낙화'는 흩날리는 복사꽃을 말한다. 장사의 이 말은 어디를 목적으로 삼고서 간 것이 아니라는 말이다. 가고 오는 것이 바로 '이것'이 된 것이다. 어느 곳에도 집착하지 않는 무심의 경계를 수좌에게 이처럼 보였다. 자유자재한 '노님[遊]', 즉 유희삼매遊戲三昧에 있었다는 말이다.

수좌는 "아주 봄날 같습니다"라고 했다. 원오는 이를, "한 손은 치켜들고 한 손은 누르네"라고 평했다. 즉 수좌의 말에는 죽이는 듯하고 살리는 듯한 기봉이 있다는 것이다. 그러나 장사는 "그럼, 가을날 이슬[秋露]이 연잎[芙蕖]에 맺히는 것보다 낫지"라고 말했다. '추로秋露'는 가을 이슬이다. '부거芙蕖'는 연잎이다. 만추가 되면 연잎도 누렇게 말라간다. 그 잎새에 추로가 떨어진다는 것은 봄기운과는 정반대이다. 가을바람이 몸을 휘감는 쓸쓸한 정경이다. 겨울을 맞는 가을의 찬 기운은 산천을 서서히 얼어붙게 한다. 열반적정, 대지에 티끌 하나 없는 맑고 차디찬 겨울보다 봄날이 낫다고 하는 것은 장사가 수좌의 속뜻을 간파하고 수좌를 치켜세워준 것이다. 그러나 차디찬 엄동을 겪지 못하면 봄날의 따뜻한 기운을 알 수 없다. 수좌의 통명스러운 말에 대한 장사의 멋진 응대는 수좌와 노사의 기봉이 호환되는 순간이다.

원오는 이러한 세계를 '빈주호환賓主互換의 작용'이라고 평했다. 무심의 세계를 둘러싸고 장사·수좌·설두 3인이 그 세계에서 노닐고 있다. 이를 원오는 하어下語로, "진흙덩이를 만지작거리는 놈들이니, 세 놈을 한꺼번에 연행해야 한다"라고 하였다. 얼핏 보면 전부를 매도하는 것 같지만, 마음속으로는 크게 찬탄하고 있다. 장사와 수좌의 이 문답을 몇 년이 지나 설두가 듣고 바로 "답변에 감사하다"라고 하며 감격해 하였다. 설두는 이렇게 수좌를 대신해 장사의 역량을 찬미했다.

설두는 송에서, 장사와 수좌의 문답에서 중심 문제인 '무집착의 세계'를 노래했다. 선에서는 이 무집착의 세계를 향상일로向上一路의 세계라고 한다. 번뇌에도 깨침에도 머물지 않는 자유로운 세계이다. 이러한 세계는 "대지에 티끌 하나 없는" 세계이다. 그런데 이 세계를 어째서 보지 못하는지 안타까워한다. 한 티끌도 없는 무구청정한 마음은 누구나 태어날 때부터 가지고 있는 것, 즉 '인인구족人人具足 개개원성箇箇圓成'한 것이다. 이를 깨닫지 못하면 '대지에 티끌 하나 없다'라는 소식은 도저히 알 수 없을 것이다. 이해득실이라는 '실오라기 같은 티끌[纖埃]'이 완전히 없어지고 모든 것을 있는 그대로 진실의 모습으로 받아들이는 눈이 열리면, 삼라만상을 모두 긍정하게 된다. 그렇게 되면 당연히 "향기로운 풀을 따라갔다가 낙화를 쫓아 돌아왔네"라고 하는 경지가 되는 것이다. 원오가 '곳곳이 모두 참됨'이라고 착어한 것은 여기저기를 모두 진실의 세계로 긍정한 것이다.

장사의 대답에 수좌가 "봄날 같다"라고 말한 것에 대하여, 설두는 송에서 엄동설한 메마른 고목의 경색으로 대구하였다. "파리한 학[羸鶴], 차디찬 나무[寒木] 위에서 발돋움하고, 화가 난 원숭이[狂猿], 폐허에서 슬피 우네." '이학羸鶴'은 야위고 초라한 학을 뜻한다. '한목寒木'은 잎이 떨어진 고목枯木을 말하고, '폐허'는 난간이 기울어져 사람이 살 수 없을 것 같은 고사古寺를 의미한다. 결국 그것은 '춘의春意'도 '추의秋意'도 아닌 절대의 세계이며, 이를 설두는 "장사의 무한한 뜻이여"라고 노래했다.

　마지막의 '쯧[咄]!'은, 무심의 세계를 노래했지만 노래로 다 할 수 없음을 설두 스스로 한탄한 것이다. 원오가 댓글로 "도적이 떠난 뒤 활을 당겼다"라고 한 까닭이 바로 여기에 있다.

반산, 삼계무법

반 산 삼 계 무 법
盤山三界無法

【수시】

번개 치는 듯한 기機를 생각으로 헤아리려고 한다면 헛수고이며, 허공
에서 내리치는 천둥소리는 귀를 막아도 소용이 없다. 머리 위로 붉은
깃발을 펄럭이고 귀 뒤로 쌍검을 휘두른다. 예리한 눈과 날쌘 손이 아
니면 어찌 대적할 수 있을까. 대개 사람들은 고개를 떨구고 생각에 잠
겨 머리로 헤아리려고 하지만, 해골 앞에 수많은 귀신을 보는 것임을
알지 못한다. 말해보라. 생각에 떨어지지 않고 득실에 구애되지 않는,
이 같은 깨달은 자가 있다면 어떻게 대해야 할까. 예를 들어볼 테니 참
구해보라.

철 전 지 기 도 로 저 사　당 공 벽 력　엄 이 난 해　뇌 문 상 파 홍 기　이 배 후
掣電之機徒勞佇思。當空霹靂。掩耳難諧。腦門上播紅旗。耳背後

륜쌍검 약불시안변수친 쟁능구득 유반저 저두저사 의근하
輪雙劍。若不是眼辨手親。爭能搆得。有般底。低頭佇思。意根下
복탁 수부지촉루전견귀무수 차도불락의근 불포득실 홀유개
卜度。殊不知髑髏前見鬼無數。且道不落意根。不抱得失。忽有箇
임마거각 작마생지대 시거간
恁麽舉覺。作麽生祇對。試舉看。

본칙

반산이 시중에서 말했다. "삼계는 무법인데 어디서 마음을 구할까."

반산수어운 삼계무법 하처구심
盤山垂語云。三界無法。何處求心。

【송】

삼계는 무법인데

어디서 마음을 구하랴.

백운을 지붕 삼고

흐르는 냇물 거문고로 삼는다.

한 곡 두 곡 아는 이 없는데

비 갠 밤, 못에는 가을 물이 깊어라.

삼계무법 하처구심
三界無法 何處求心
백운위개 유천작금
白雲為蓋 流泉作琴
일곡량곡무인회 우과야당추수심
一曲兩曲無人會 雨過夜塘秋水深

"번개 치는 듯한 기"는 날쌘 작용을 뜻한다. 즉 선자의 대단한 활수단活手段이다. 그 같은 뛰어난 작용을 드러내는 자는 "생각으로 헤아리려 한다면 헛수고"라고 하였다. 이 말은 본래 보복 종전保福從展, ?-928의 말이다. 즉 앞으로 나아갈 수도 뒤로 물러설 수도 없이, 그저 멍하니 서서 생각만 할 뿐이다.

　"허공에 내리치는 천둥소리는 귀를 막아도 소용이 없다"라는 말은 크게 어리석다는 말이다. "머리 위로 붉은 깃발[紅旗]을 펄럭인다"라는 것은 전쟁에서 크게 이겨 홍기를 흔든다는 말이다. '홍기紅旗'는 우승기를 뜻한다. "귀 뒤로 쌍검을 휘두른다"라는 말은 살활의 쌍검을 차고 대드는 뛰어난 역량을 뜻한다. 이러한 선자를 대하기 위해서는 예리한 눈빛과 민첩한 행동으로 맞서는 달인이라야 한다.

　'유반저有般底'는 일반적인 사람이라는 뜻이다. 지금 말한 굉장한 선자를 만난다면 보통 사람들은 '저두저사低頭佇思', 즉 머리를 떨구고 생각에 잠겨 진퇴양난에 빠져버린다는 말이다. 이를 "해골 앞에 수많은 귀신을 보는 것"이라고 하였다. 어떻게 해야 할지 몰라 미혹에 빠진 모습이 마치 해골 앞에 유령이 헤매는 것과 같다는 말이다. 그렇다면 "생각[意根]에 떨어지지 않고 득실에 구애되지 않는", 즉 이런저런 의식분별에 집착하지 않고 득실시비에도 구애되지 않는, 눈 뜬 자가 여기에 나타난다면 어떻게 대해야 할까. 시험 삼아 들어볼 테니 참구해보라고 한다.

반산 보적盤山寶積, 720-814은 마조 도일의 법을 이었다. 북쪽의 유주幽

州에 있었다는 것 말고는 출신지도 경력도 잘 나타나 있지 않다. 반산의 제자로는 임제의 깨침을 도운 것으로 유명한 보화普化가 있다.

반산에게는 이런 일화가 있다. 반산이 어느 날 탁발을 하고 어느 정육점 앞에서 쉬고 있었다. 거기에 손님이 와서 "아주 좋은 부위로 고기 한 근 주시오"라고 말했다. 주인이 "따로 좋은 부위라 할 것이 없소. 우리 집에는 상등품의 고기만이 있소"라고 했다. 반산은 이 말을 듣고 홀연히 깨쳤다고 한다.

본칙은 반산의 시중에서 앞머리 두 구만을 보인 것이다. 원문은 이렇게 되어 있다. "삼계는 무법인데 어디에서 마음을 구하겠는가. 사대四大가 본래 공한데 부처는 무엇에 의지해 있다는 것인가." 삼계가 공이라고 하면 삼계를 삼계라고 인식하는 주관의 마음도 없어야 할 것이다. 그러니 '어디서 마음을 구할까'라고 하였다. 사대가 공이라고 하면 부처는 어디에도 없다는 말이다.

'삼계'는 욕계·색계·무색계이다. 욕계는 식욕, 색욕 등의 욕망이 가득한 세계를 뜻한다. 색계는 욕망은 없지만, 물질을 소유하려는 세계이다. 무색계는 욕망도 없고 물질도 없는 정신계이다. 생활 내용에 따라 미혹의 세계를 셋으로 나눈 것이지만, 욕망도 물질도 정신도 모두 인연에 따라 생멸하는 것이므로, 그 자체로 고정적인 자성이 없다. 그런 의미에서 모든 것은 유동적이며 '무'이며 '공'이다. 그러므로 삼계는 무법이다.

《금강경》에 "약견제상비상즉견여래若見諸相非相即見如來"라는 구절이 있다. 만약 여러 가지 상相을 상에 집착해서 보지 않는다면 바로 여래를 본다는 뜻이다. 반산의 시중도 이와 마찬가지로, 주관도 객관도 없는 데에서 절대 무의 세계, 공의 세계를 보라는 의미이다.

원오는 "어느 곳에서 마음을 구할까"라는 말에 대하여 "수고롭게 다시 거량하지 말고"라는 댓글을 달았다. 덧붙여, "삼계무법이라고 하는 불멸의 진실이 있다고 잘못 이해한다면 꿈속에서도 반산을 보지 못할 것이다"라고 하였다. 또한 삼조三祖 승찬의 《신심명》을 인용하여, "그것에 집착하면 법도를 잃게 되어 반드시 삿된 길로 들어가며, 그것을 놓아버리면 자연스러워져 본래 가고 머묾이 없다"라고 경고하였다.

이 세상에 존재하는 것은 모두 인연 따라 있는 것이며 고정적인 것은 아무것도 없다. 모든 것은 유동적이므로 '제행무상'이다. 대상의 세계가 '공'이며 '무'라면, 그것을 대하고 있는 '나'도 없다. 주객이 함께 '무'이며 '공'이다. 그러므로 삼계가 무법인데 어디에서 마음을 구할까? 마음을 구한다는 것은 불가득不可得이다. 그래서 《금강경》에 "과거심 불가득, 미래심 불가득, 현재심 불가득"이라고 했다.

그렇다면 이 세상에는 아무것도 없는가. 모든 것은 허무일까. 하늘을 보면 흰 구름이 유유히 흐르고, 아래로는 냇물이 흘러가는 소리가 들린다. 설두는 "백운을 지붕 삼고 흐르는 냇물을 거문고 삼는다"라고 노래했다. 선에서 말하는 '무'와 '공'은 아무것도 없는 '허무'를 의미하는 것이 아니다. '백운'이나 '냇물'처럼 있는 그대로가 '무'이며, '무'로 있는 것 그대로가 진실의 세계이다.

"한 곡 두 곡 아는 이 없는데", 즉 줄도 없이 미묘한 음을 내는 유천금流泉琴의 곡조를 들을 수 있는 사람이 과연 몇 사람이나 될까. 곡조를 들을 수 있는 사람이 없지는 않다. 하지만 곡조를 아는 사람이라면, 비가 갠 가을밤, 물이 가득한 못에서도 무심의 세계를 본다. 그래서 설두는 이 같은 무정설법無情說法을 "비 갠 밤, 못에는 가을 물이 깊어라" 라고 노래했다. 그러나 원오는 이를 "바로 엉망진창이 되어버렸네"라고 비판한다. 설두가 지나친 자비심으로 마지막 이 구절을 말해버려 '무의 세계'가 만신창이가 돼버렸다는 것이다.

제38칙

풍혈, 조사심인

풍 혈 조 사 심 인
風穴祖師心印

【수시】

점漸을 논하면, 일상을 등지고 도에 계합하여 시끄러운 저자에서 종횡
으로 누빈다. 돈頓을 논하면, 자취가 남지 않아 천 명의 성인도 역시
찾지 못한다. 만일 돈과 점을 세우지 않는다면 그때는 어떠한가. 명민
한 이에게는 말 한마디, 명마에게는 한 번의 채찍이면 된다. 바로 이럴
때 어느 누가 작가일까. 예를 들어볼 테니 참구해보라.

약 론 점 야　　반 상 합 도　　요 시 리 칠 종 팔 횡　　약 론 돈 야　　불 류 짐 적　　천
若論漸也。返常合道。鬧市裏七縱八橫。若論頓也。不留朕迹。千
성 역 모 색 불 착　　당 혹 불 립 돈 점　　우 작 마 생　　쾌 인 일 언 쾌 마 일 편　　정
聖亦摸索不著。儻或不立頓漸。又作麼生。快人一言快馬一鞭。正
임 마 시　　수 시 작 자　　시 거 간
恁麼時。誰是作者。試舉看。

풍혈이 영주 관아에서 설법단에 올라 말했다. "조사의 마음 도장[心印]은 무쇠소[鐵牛]의 기를 닮았다. 도장을 떼면 자국이 남고, 누르면 자국이 망가진다. 떼지도 않고 남기지도 않으려면 찍는 것이 옳은가, 찍지 않는 것이 옳은가." 그때 노파장로가 나서서 물었다. "저에게 철우의 기가 있습니다. 스님께서는 부디 찍지 마십시오." 풍혈이 말했다. "큰 고래를 낚아 바다를 맑히려고 했는데, 개구리 한 마리가 진흙탕을 휘젓고 있지 않은가." 노파가 우두커니 생각에 잠기자 풍혈이 '할' 하고 소리쳤다. "장로는 어찌하여 계속 말을 하지 못하는가?" 노파가 머뭇거리자 풍혈이 불자로 한 번 치고 말하였다. "화두를 알아차렸다면 한마디 해봐라." 노파가 입을 열려고 망설이는데 풍혈이 다시 불자로 한 번 쳤다. 목주가 말했다. "불법도 왕법도 한가지네요." 풍혈이 말했다. "무슨 도리라도 보았소?" 목주가 말했다. "단죄해야 할 때 단죄하지 않으면 반란을 초래하게 됩니다." 풍혈이 바로 설법 자리에서 내려왔다.

풍혈재영주아내　상당운　조사심인　상사철우지기　거즉인주
風穴在郢州衙內。上堂云。祖師心印。狀似鐵牛之機。去即印住。
주즉인파　지여불거부주　인즉시불인즉시　시유노파장로출문
住即印破。只如不去不住。印即是不印即是。時有盧陂長老出問。
모갑유철우지기　청사불탑인　혈운　관조경예징거침　각차와보
某甲有鐵牛之機。請師不搭印。穴云。慣釣鯨鯢澄巨浸。却嗟蛙步
전니사　파저사　혈할운　장로하부진어　파의의　혈타일불자
輾泥沙。陂佇思。穴喝云。長老何不進語。陂擬議。穴打一拂子。
혈운　환기득화두마　시거간　파의개구　혈우타일불자　목주
穴云。還記得話頭麼。試舉看。陂擬開口。穴又打一拂子。牧主
운　불법여왕법일반　혈운　견개십마도리　목주운　당단부단반
云。佛法與王法一般。穴云。見箇什麼道理。牧主云。當斷不斷返
초기란　혈변하좌
招其亂。穴便下座。

【송】

노파를 사로잡아 철우에 앉히니

삼현의 창과 갑옷, 아직 쉽게 응수하지 못하네.

초왕성의 경계, 조종의 물

'할' 한 번에 역류시켜버렸다.

금 득 노 파 과 철 우   삼 현 과 갑 미 경 수
擒得盧陂跨鐵牛　三玄戈甲未輕酬
초 왕 성 반 조 종 수   할 하 증 령 각 도 류
楚王城畔朝宗水　喝下曾令却倒流

해설.

돈頓과 점漸은 선 수행에서 깨침으로 향하는 도정道程을 말한다. '점'
은 점차로 이끄는 방편의 가르침이다. "일상을 등지고 도에 계합하여",
마치 일상적인 이치에 반하는 듯한 엉뚱한 행위를 했어도, 잘 보면 도
에 계합한다는 뜻이다. 선의 '상도常道'가 조용한 곳에서 좌선 수행하
는 것이라고 한다면, '비상非常의 도'는 시끄러운 저자 속을 종횡으로
누비는 것이다. 말하자면, 세속에 있으면서 자유자재하게 지내는 것을
뜻한다. 희로애락으로 소란한 시중에서도 자유자재의 경지를 잃지 않
는 것이 도에 계합하는 것이다.

　이와 반대로 '돈'을 논한다면 자취를 남기지 않는다고 한다. '돈'은
궁극의 진리를 일거에 깨치는 것이다. 그래서 돈오頓悟를 '일초직입여
래지一超直入如來地'라고 한다. 단번에 여래지에 이른다는 의미로, 홀연
히 불성의 자리에 있다는 뜻이다.

'불류짐적不留朕迹'은 조짐과 자취를 전혀 남기지 않는다는 말이다. 돈오의 경지는 중생도 부처도 깨침도 미혹함도 싹 없어진 것이기 때문에, 천 명의 성자가 나온다 한들, 증거가 될 만한 그 어떤 것도 남아 있지 않으므로 찾아볼 수 없다는 것이다. 그러나 "만약 돈과 점을 세우지 않는다면 그때는 어떠한가." 즉 돈·점, 어떠한 입장에도 서지 않으려면 어떻게 해야 하는가.

"명민한 이에게는 말 한마디, 명마는 한 번의 채찍", 즉 머리가 총명한 사람에게는 이런저런 이유를 들거나 쓸데없는 말을 안 해도 한마디 말만으로 깨닫는다는 것이다. 마치 명마가 채찍을 보기만 해도 달리는 것과 같다. '돈'과 '점'에 구애되는 자는 쾌인快人이 아니다. 쾌인이라고 할 수 있는 준수한 자라면 돈도 점도 필요에 따라 자유롭게 쓴다. 그렇다면 이처럼 돈·점을 자유롭게 쓸 수 있는 자가 과연 있을까. 실례를 들어볼 테니 참구해보자.

풍혈風穴延沼, 896-973은 임제의 4대 법손이며 하남성 서경 여주 남원汝州南院의 법을 이었다. 여주 풍혈산에 상주하였다고 '풍혈'이라고 부른다. 임제의 종지를 그대로 받아들인 선장이다. 제자로 수산 성념首山省念이 있다.

'영주郢州'는 호북성 안륙부安陸府이며, '아衙'는 관청의 청사를 말한다. 풍혈은 풍혈사에서 지낼 때 목주牧主(장관직)의 귀의를 받았다. 목주가 호남성 강릉의 서북 영주의 청사로 전임轉任한 뒤 그곳에 풍혈을 청하여 상당 법문을 하게 했는데, 이 본칙은 그때의 문답 상량으로 보인다.

달마가 중국으로 가져온 불심인佛心印, 즉 이심전심以心傳心의 '심心'

을 본칙에서는 '조사의 심인' '철우鐵牛의 기機'라고 하였다. '철우'는 본래 황하의 물이 범람하는 것을 막기 위하여 만든 무쇠소이다. 머리는 하남을 향하고 꼬리는 하북을 향했다고 한다. 아무런 움직임도 없지만, 물이 범람할 때 그것을 막아내는 자유자재한 묘용을 갖추고 있어 '철우의 기'라고 한 것이다.

우리의 참된 본성은 석가나 달마의 그것과 조금도 다르지 않다. 그러나 자신이 깨쳤다고 자부한다면 천마외도이다. 선에서는 반드시 명사名師의 점검이 필요하다. '심인心印'은 역대 조사들이 이어온 '선심禪心'이다. '인印'은 틀림없다고 증명하는 것이다. '인가'라고도 한다. 여기서는 인장에 비유했다. 누르는 인과 드러난 자국은 전혀 다르지 않다. 부처의 마음과 자신의 마음이 털끝만큼도 차이가 없다고 증명하는 것이 '심인'이라는 것이다.

풍혈은 그 심인의 형태가 '철우의 기'와 같다고 하였다. 머리는 33천의 높이까지 돌출하고 발은 물 밑바닥에 있는 철우처럼, 천지 가득히 버티고 있는 것이 우리의 심인, 즉 본심·본성이다. 그것은 천지에 충만하여 지렛대로도 절대 움직이지 않는다. 물론 떼고 남기고 할 것이 못 된다. 그렇지만 한편으로는 "떼면 인印이 남고 떼지 않으면 인이 망가진다"라고 하였다. 심인을 떼고 보면 비로소 심인이 홀연히 드러나고, 심인에 집착하면 스스로 심인을 파손하게 된다. 도장을 종이에 찍으면 그 인이 드러나는 것처럼, 우리 본심의 심인도 천지 현물로 그대로 드러난다. 그러나 도장을 찍은 채 그대로 두면 인이 드러나지 않으니, 이는 '무인無印'의 경우다. 전자는 기와나 작은 돌도 빛을 발한다고 하는 긍정의 입장이고, 후자는 황금도 빛을 잃는다고 하는 부정의 입장이다. 전자는 차별의 세계이고 후자는 평등일여의 세계이다. 풍혈은 여기서 "다만 도장을 떼지도 않고 인을 남기지도 않으려면 찍는 것이 옳은가 찍지 않은 것이 옳은가"라고 대중들에게 물었다.

풍혈이 던진 미끼에 바로 노파장로가 걸려들었다. '장로'는 대단한 수행을 한 사람을 지칭한다. 장로가 나서서 "저는 철우의 기를 가지고 있으므로 청컨대 스승께서는 찍지 마십시오"라고 했다. 말하자면, 자신은 '철우의 기' 같은 선의 경지를 이미 터득하였기에 인가나 증명이 필요하지 않는다는 말이다. 풍혈은 장로에게서 '철우의 기'가 전혀 보이지 않고 이론적 견해로 말만 하고 있음을 간파하고, "큰 고래를 낚아 바다를 맑히려고 했는데, 개구리 한 마리가 진흙탕을 휘젓고 있지 않은가"라고 질책했다.

풍혈은 자신의 심인을 계승할 자를 찾고 있었는데, 터무니없이 노파 같은 무안자無眼子가 걸려들어 한심스러웠다. 노파는 이 말이 무슨 뜻인지 전혀 알아채지 못했다. 노파가 멍하니 있자, 풍혈은 '할'을 하고 "장로는 어찌 말을 하지 못하는가"라고 윽박질렀다. 노파가 머뭇거리자 불자拂子로 한 대 치면서, "화두를 알아차렸다면 밝혀보라"라고 했다. 문제의 의미를 알아챘다면 말해보라고 한 것이다. 노파가 입을 떼려고 하는 찰나에 풍혈은 불자로 또 한 번 쳤다.

이 문답을 곁에서 보고 있던 영주郢州 자사刺史 목주牧主가, "불법도 왕법도 같은 것이군"이라고 말했다. 말하자면, 불교와 정치의 세계는 원리적으로 같다는 뜻이다. 풍혈은 이를 흘려듣지 않고 물었다. "무슨 도리라도 보았소?" 목주는 "끊어야 할 때 끊지 않으면 도리어 파란을 초래하지요"라고 말했다. 처단해야 할 때 처단하지 않으면 나중에 반드시 재앙이 된다는 말이다. 풍혈이 불자로 내리친 것을 기機에 따른 자재한 작용이었다고 찬탄한 것이다. 이 말은 또한 장로에게도 해당하는 것으로, 멍하니 있거나 머뭇거리기만 한다면 필경 깨닫지 못한다는 의미이다. 목주의 한마디에 그나마 위안이 되었던지, 풍혈은 법좌에서 내려왔다.

풍혈은 비록 '개구리가 휘젓는' 것에 만족하지는 못했지만, 노파장로를 철우에 앉히려고 여간 애를 쓴 것이 아니다. 설두는 송 첫머리에서 이를 "노파를 사로잡아 철우에 앉히니"라고 했다. 태어나면서부터 이미 철우에 타고 있음을 노파가 알지 못하여, 풍혈이 이를 깨우쳐주고자 했다는 말이다.

"삼현의 창과 갑옷, 아직 쉽게 응수하지 못한다"라는 말은, 임제로부터 계승한 무기, 즉 방과 할을 노파장로가 쉽게 받아들이지 못한다는 뜻이다. '삼현'은 임제의 '삼현삼요三玄三要'의 종지이다. 삼현은 체중현體中玄, 구중현句中玄, 의중현意中玄을 뜻하고, 삼요에 대해서는 구체적인 항목이 제시되어 있지 않다. 여기서는 임제의 법손인 풍혈이 임제의 종풍을 멋지게 계승하여 자유로이 사용하고 있다는 뜻이 내포되어 있다.

"초왕성의 경계, 조종의 물"이라는 구에는 관련된 고사가 있다. 영주郢州는 일찍이 춘추시대에 초나라 문왕이 수도로 삼았던 곳으로, 제후들은 모두 이 초왕성楚王城에 모여 문왕을 알현했다고 한다. '조종朝宗'은 초나라의 물이 영주에서 한漢나라 물과 합해지는 것을 뜻한다. 마지막 구 "할! 한 번에 역류시켜버렸다"는, 풍혈을 초의 문왕에 빗대어, 조종의 물을 역류시키는 위세가 있다고 하는 말이다. '역류'는 임제의 가르침이 풍혈에 이르러 중흥되었다는 의미이다.

운문, 작약 울타리

운문화약란
雲門花藥欄

【수시】

도중에서 수행하는 자는 호랑이가 산을 기대는 것 같고, 세속적인 지
식만을 말하는 수행자는 원숭이가 우리에 갇힌 것과 같다. 불성의 뜻
을 알고자 한다면, 마땅히 시절 인연을 살펴야 한다. 백번 달구어 순금
으로 제련하고자 한다면, 모름지기 작가의 풀무가 있어야 한다. 말해
보라. 대용이 눈앞에 나타나면 무엇으로 시험해보겠는가.

도중수용저　사호고산　세제유포저　여원재함　욕지불성의　당
途中受用底。似虎靠山。世諦流布底。如猿在檻。欲知佛性義。當
관시절인연　욕단백련정금　수시작가로배　차도대용현전저　장
觀時節因縁。欲煆百錬精金。須是作家爐鞴。且道大用現前底。將
십마시험
什麼試驗。

승이 운문에게 물었다. "청정법신이 무엇입니까?" 운문이 말했다. "작약 울타리." 승이 말했다. "바로 그러할 때는 어떻습니까?" 운문이 말했다. "금빛 털 사자."

僧問雲門。如何是淸淨法身。門云。花藥欄。僧云。便恁麼去時如何。門云。金毛獅子。

【송】

작약 울타리,

멍하니 있지 마라.

눈금은 저울에 있지, 받침대에는 없다.

그러할 때 어떤가?

참으로 엉뚱한 말.

그대들, 금빛 털 사자를 보라.

花藥欄 莫纇頇
星在秤兮不在盤 便恁麼
太無端 金毛獅子大家看

'도중수용途中受用'은 깨달음에 이르기까지의 수행단계에서 자재의 경지를 체득한 자를 뜻한다. 자기를 잊지 않고 차별의 세계와 동화되어, 목적과 수단이 하나가 된 '일용삼매의 생활'이 '도중수용'이다. 《임제록》 가운데 '도중途中이지만 집을 떠나지 않고, 집을 여읜 도중에도 있지 않다'라는 말이 있다. 집은 본분의 세계이고 도중은 방편의 세계를 뜻한다. 본분을 놓치지 않으면서 자유롭게 살아가는 것이 선자禪者의 본래 입장이라는 말이다. "호랑이가 산에 의지하는 것 같고"란, 결국 현실의 삶을 영위하면서도 본래의 밝은 자성 자리를 져버리지 않는다는 뜻이다.

'세제유포世諦流布'는 세속적인 가치관에 휩쓸리는 사람을 가리킨다. 세상의 번민이나 모순 가운데서, 자신의 의지나 자주성이 없이 질질 끌려다닌다. 그것을 "마치 원숭이가 우리에 갇혀 있는 듯하다"라고 했다.

"불성의 뜻을 알고자 한다면, 마땅히 시절 인연을 살펴야 한다"라는 말은 《열반경》에 있는 말이다. 중생은 본래 부처이지만, 시절 인연이 순숙하지 않으면 자각할 수 없다. 인연 없는 중생은 제도하기 어렵다는 말이 있듯, 어떻게 해볼 도리가 없다. 개인의 인생뿐만 아니라, 사회·국가·역사 등 모든 영역에서 시절 인연은 아주 중요하다. 때를 아는 사람은 영웅이다. 시절 인연을 달관한 자는 도중이 그대로 집인, 자기 본래 자리를 깨친 자이다. '당관當觀'은 어떤 것이든 '다만 그것이라고 본다'라는 뜻으로, 시절 인연을 알아챈다는 말이다.

"백번 달구어 순금으로 제련하고자 한다면, 모름지기 작가의 풀무

[노배爐鞴]가 있어야 한다." 즉 수행자는 자신 스스로 깨달음을 점검해서는 안 되고, 눈 밝은 올바른 스승을 찾아 수행을 점검받아야 한다는 말이다. '풀무'는 용광로로, 수행승을 단련시키는 스승의 수단을 비유한 것이다. 그렇다면, 불법의 대기대용이 드러난 자를 무엇으로 시험해볼 수 있을까.

어느 승이 운문에게 "청정법신이 무엇입니까?"라고 물었다. 청정법신은 비로자나불이다. 대일여래大日如來라고도 한다. 일체 어느 곳이나 두루 부처님의 광명이 미치지 않은 데가 없어, 더럽고 깨끗함을 넘어선 청정한 법신, 진리를 당체로 하는 부처이다. 선적으로 말하면 영묘한 '자성청정심'이며 '불성' '본래면목'이다.

운문은 이 질문에 곧바로 "작약 울타리"라고 말했다. 당시 중국의 절에서는 일반적으로 대문에 연결된 나지막한 담의 지붕 아래나 후원(식당) 주변, 변소 울타리에 작약이나 목단을 심었던 듯하다. 운문의 '화약란'은 이처럼 울타리 삼아 심어놓은 작약 꽃이다.

현사 사비에게 어느 승이 "견고한 법신은 어떤 것입니까?", 즉 영원불멸의 본체라는 것은 어떤 것인가를 질문했을 때, 현사는 '농적적지膿滴滴地', 즉 고름이 뚝뚝 떨어지는 똥 보따리라고 답했다. 이러한 답에는 '견고한 법신'에 집착하는 마음을 딱 잘라버리는 힘이 있다.

아무렇지도 않게 "화약란"이라고 대답한 운문에게, 승은 "바로 그러했을 때 어떻습니까?"라고 물었다. 말하자면, '말씀대로 화약란을 화약란이라고 알아차린 그 가운데 법신이 현전했다면 어떻습니까'라고 거듭 물었다. 이에 대해 이번에 운문은, "금빛 털 사자"라고 했다. 금모金毛의 사자는 화엄교학에서 '체體'와 '상相'을 나타내는 예로 자주 사용하였다. 운문은 법신을 '황금색으로 빛나는 털을 가진 사자'라고 답했다. 금모 사자는 상식적으로 생각할 때 세상에 존재하지 않는다. 그렇다면 왜 금모 사자라고 했을까. 원오는 이에 대하여 댓글에서, "그를 칭찬한 것일까 깎아내린 것일까?"라고 질문을 던진다.

설두는 송의 첫 구에 "화약란!"이라고 했다. '법신'에 대한 운문의 입장을 칭송한 것이다. 그러고는 운문에게 물은 승을 향하여 "멍하니 있지[顢頇] 말라"라고 일침을 가한다. '만한顢頇'은 꾸물거리거나 멍청히 있는 모습을 뜻한다. 그래서 "눈금은 저울에 있지 받침대에는 없다"라고 했다. 이는 '화약란'이라는 말에 청정법신이 있는 것이 아님을 알라는 의미이다. 그런데도 승이 다시 "그러할 때 어떻습니까?" 하고 묻는 것은 '참으로 엉뚱한 말'을 하는 것이다. 어리석어도 보통 어리석은 것이 아님을 설두는 개탄한다.

　"그대들은 금모 사자를 잘 살펴보라"라고 하며 설두는 송을 마쳤다. 금모 사자라는 것은 있지도 않고, 있을 수도 없다는 말을 하려는 것이 아닐까. '청정법신이 어디에 있는가'라는 물음에 '화약란' '금모 사자'라고 답하는 운문의 경계가 놀랍다.

제40칙

남전, 꿈속에서와 같이

남 전 여 몽 사
南泉如夢似

【수시】

쉬어버리고 쉬어버리니 무쇠 나무에 꽃이 핀다. 있는가, 있는가. 영리
한 자도 손해를 본다. 설사 칠종팔횡한다 해도, 그는 콧구멍 뚫리는 것
을 면치 못한다. 말해보라, 잘못된 곳이 어디에 있는지를. 예를 들어볼
테니 참구해보라.

휴 거 헐 거　철 수 개 화　유 마 유 마　힐 아 락 절　직 요 칠 종 팔 횡　불 면
休去歇去。鐵樹開花。有麼有麼。黠兒落節。直饒七縱八橫。不免
천 타 비 공　차 도 효 와 재 십 마 처　시 거 간
穿他鼻孔。且道誵訛在什麼處。試舉看。

본칙

육긍대부와 남전이 이야기를 나누던 중에 육긍이 말했다. "조법사가

'천지가 나와 한 뿌리이고 만물이 나와 한 몸이다'라고 말한 것은 정말 대단합니다." 남전은 뜰 앞의 꽃을 가리키며, 대부를 불러 말했다. "요즘 사람들은 이 꽃 한 송이를 마치 꿈속에서 보는 것같이 본단 말이야."

육궁대부　여남전어화차　육운　조법사도　천지여아동근　만물
陸亘大夫。與南泉語話次。陸云。肇法師道。天地與我同根。萬物
여아일체　야심기괴　남전지정전화　소대부운　시인견차일주
與我一體。也甚奇怪。南泉指庭前花。召大夫云。時人見此一株
화　여몽상사
花。如夢相似。

【송】

견문각지, 각각이 아니다.

산하는 거울로 보는 것이 아니다.

서리 내린 하늘, 달은 지고 밤은 깊은데

누구인가, 맑은 못과 함께 그림자 비추는 차가움.

문견각지비일일　산하부재경중관
聞見覺知非一一　山河不在鏡中觀
상천월락야장반　수공징담조영한
霜天月落夜將半　誰共澄潭照影寒

해설

"쉬어버리고[休] 쉬어버리니[歇]"는 쉼마저 완전히 그친다는 뜻이다. 구할 것도 없고 잡념 망상도 없어, 마치 모든 것이 떨어져 나가 완전히 죽은 듯하다는 의미이다. 그러나 이 자리에도 "무쇠 나무에 꽃이 핀다"라고 했듯, 상식을 넘어선 기적이 일어난다. 선가에서는 이를,

완전히 죽으면 소생한다고 하여 '대활현성大活現成'이라고 한다. 무쇠나무에 꽃이 피는 경지를 체득하는 자는 보기 드물다. 그렇기 때문에 "있는가, 있는가"라고 하였다. 완전히 휴헐休歇한 자가 있는지 묻는 말이다.

'힐黠'은 '혜慧'이다. '힐아黠兒'는 약삭빠른 자, 영리한 자를 뜻한다. '낙절落節'은 이익을 잃는다는 의미이다. 아주 약은 자도 크게 손해를 본다는 의미이다. "설사 칠종팔횡한다 해도", 말하자면 종횡무진 자유자재하다 해도 '휴헐'에 걸려서는 "콧구멍을 뚫리는 것을 면치 못한다"라고 한다. 콧구멍을 꿰인 소처럼 여기저기 질질 끌려다닐 뿐이라는 것이다. '효와誵訛'는 잘못되었다는 뜻이다. 영리하고 약은 자가 세상을 잘 살아가다가, 갑자기 숨도 못 쉬고 꼼짝달싹할 수 없이 질질 끌려다니게 되었으니, 뭔가 잘못된 일이 있었는가 하는 의미이다. 본칙의 예를 드니 잘 살펴보라고 한다.

육긍대부陸亘大夫, 764-834는 절강성 소주 사람으로, 남전 보원의 법을 이었다. 그는 승려가 아니라 어사대부御史大夫라는 관직의 관료였다. 조법사僧肇, 384-414?는 구마라집의 제자로서《조론》《보장론》등을 저술했다. 노장학으로 인도불교의 사상을 중국화한 최초의 인물이다. 나중에 중국선은 이 법사의 영향을 크게 받게 된다.

조법사의 〈열반무명론〉 가운데 '천지와 나는 같은 뿌리'라는 구절이 있다. 육긍은 이 문장에 크게 공감하여 남전에게, "조법사가 '천지와 나는 한 뿌리고 만물은 나와 한 몸이다'라고 한 것은 참으로 기묘한 말입니다"라고 하였다. 육긍은 평소 불교학을 깊이 연구하고, 특히《조론》에 매료되어 있는 사람이다. 자신이 가진 불교학 지식을 과시하려고 남전 앞에 와서 이처럼 말한 것이다.

남전은 뜰 앞의 꽃을 가리키며 대부에게 말했다. "요즈음 사람들은 이 한 송이 꽃을 꿈속에서 보는 것같이 본단 말이야." 이 말은 '그대는 이 아름다운 꽃을 꿈속에서 보고 계시는군'이라는 뜻이다. 육긍대부가 만물과 자신을 한 몸으로 생각하고 있음을 남전이 꼬집어 한 말이다. 즉 각각의 참된 모습을 대부는 진실로 보고 있지 못하다는 말이다. 이론적으로 이해할 수는 있어도 체득할 수는 없는 것이 교상의 한계이다. 그 한계를 타파하려고 남전이 한 송이 꽃을 가리켜 보였다. 학습으로 익힌 사람은 다만 한 송이 꽃을 꿈속에서 보는 것에 지나지 않는다는 뜻이다. 이 점을 남전은 애석해하였다.

송의 첫 구는 우선 '천지동근 만물일체'라는 조법사의 말을 받아, "견문각지, 각각이 아니다"라고 하였다. 천지와 나는 같은 뿌리이며 만물과 내가 한 몸임을 나타내는 말이다. 무심으로 볼 때 저절로 몸 전체가 눈이 되어 보고 있다. 무심으로 들을 때 저절로 몸 전체가 귀가 되어 듣고 있다. 그것이 진실한 견문각지의 모습이다.

"산하는 거울로 보는 것이 아니다"라는 구는, '대부는 한 송이 꽃을 마치 꿈속에서 보는 것처럼 본다'라고 하는 남전의 말을 받아, 육긍대부는 아직 거울을 통하여 산과 강을 보고 있다고 힐난하는 말이다.

설두는 송의 일구와 이구에서 본칙의 내용을 노래한 후, 삼구와 사구에서는 '만물'과 '나'는 한 몸도 아니고 다른 몸도 아니라고 노래한다. "서리 내린 하늘, 달은 지고 밤은 깊은데", 즉 서리 내린 엄동설한의 밤, 달도 지고 차디찬 암흑 속에 숨 쉬는 것 하나 없는 연못가에 "누구인가, 맑은 못과 함께 그림자 비추는 차가움", 이는 맑은 못에 살짝

드리운 차가운 그림자, 그것은 누구인가라고 했다. 그림자와 그는 둘
이면서 둘이 아닌 한 몸임을 노래했다.

　남전이 육긍대부에게 건넸던 "요새 사람들은 이 꽃 한 송이를 꿈속
에서 보고 있을 뿐"이라는 말에 대해서, 원오는 "있는가, 있는가. 한 침
상에서 잠자지 않았다면 이불 밑이 뚫렸음을 어떻게 알까?"라고 댓글
을 붙였다. 완전히 체득하지 못한 자는 만물과 한 몸이면서 한 몸이 아
닌 세계를 이해할 수 없다는 말이다. 조법사는 물아物我가 한 몸이라
고 말한 장자莊子의 《제물론齊物論》을 배워, "대소물아大小物我 그 성性
은 모두 자기에게로 돌아간다"라고 말했다. 이에 대해 남전은 '대소물
아 모두 실實이 아니다'라고 설하고, 설두는 '대소물아 모두 한 몸이
아니며 또한 다른 몸도 아니다'라고 노래했다.

제41칙

조주, 완전히 죽은 자

조 주 대 사 저 인
趙州大死底人

【수시】

시비가 서로 얽힌 곳은 성인도 알 수 없고, 역순이 종횡할 때는 부처도
분별하지 못한다. 절세의 뛰어난 인물이어야만 무리 가운데 빼어난 대
사의 능력을 드러내, 얼음 위를 가고 칼날 위를 달린다. 마치 기린의
두각과 같고 불꽃 속의 연꽃과 같다. 사방을 벗어났음을 완연히 보아
야 비로소 같은 길을 가는 자임을 안다. 누가 이런 달인인가. 예를 들
어볼 테니 참구해보라.

시비교결처　성역불능지　역순종횡시　불역불능변　위절세초륜
是非交結處。聖亦不能知。逆順縱橫時。佛亦不能辨。為絕世超倫
지사　　현일군대사지능　향빙릉상행　검인상주　직하여기린두
之士。顯逸群大士之能。向氷凌上行。劍刃上走。直下如麒麟頭
각　사화리연화　완견초방　시지동도　수시호수자　시거간
角。似火裏蓮花。宛見超方。始知同道。誰是好手者。試舉看。

조주가 투자에게 물었다. "완전히 죽은 자가 다시 살아날 때는 어떤 가?" 투자가 말했다. "밤에 다니는 것을 허락하지 않지만, 동이 트는 동시에 도달해야만 합니다."

조 주 문 투 자　　대 사 저 인 각 활 시 여 하　　투 자 운　　불 허 야 행　　투 명 수 도
趙州問投子。大死底人却活時如何。投子云。不許夜行。投明須到。

【송】

살아난 가운데 눈이 있으면 도리어 죽은 것과 같다.

피해야 할 약으로 하필 작가를 시험하려 하는가.

고불도 아직 도달하지 못했다고 하는데,

누가 모래를 뿌릴까 알 수 없네.

활 중 유 안 환 동 사　　약 기 하 수 감 작 가
活中有眼還同死　　藥忌何須鑒作家
고 불 상 언 회 미 도　　부 지 수 해 살 진 사
古佛尚言會未到　　不知誰解撒塵沙

'시비가 서로 얽힌 곳'은 시是와 비非가 아직 일어나지 않은 곳, 즉 시비 이전의 자리이다. 이 자리는 성인도 알 수 없다고 하였다. 드러나면 시 비·선악의 이원·상대적인 것이 분명한데, 얽혀 있으면 어느 쪽이 시인 지 비인지, 어느 쪽이 선인지 악인지 분간이 되지 않는다. 세간의 일이 모두 그렇다. 어떤 훌륭한 자라도 시비가 섞여 있으면 알 수 없다.

'역逆'과 '순順'도 마찬가지다. 역이 순이 되고 순이 역이 되며, 앞이라고 생각하면 뒤가 되고 뒤라고 생각하면 앞이 되는, '역순이 종횡으로 교차'하는 경우가 되면 부처도 분별하지 못한다. "절세의 뛰어난 인물이어야만 무리 가운데 빼어난 대사의 능력을 드러낸다"라는 말은, 걸출한 인물이라면 시비를 알고 순역을 판단할 수 있다는 뜻이다. 순역 자재할 수 없으면 절대로 '뛰어난 인물'이 아니다.

뛰어난 인물은 "얼음 위를 가고 칼날 위를 달린다. 마치 기린의 머리뿔과 같고 불꽃 속의 연꽃과 같다." 상식으로는 도저히 생각할 수 없는 자유자재의 행동을 한다는 의미이다. '불꽃 속의 연꽃'은 《열반경》에 나오는 "물속에 피는 연꽃은 희귀하다고 할 수 없지만, 불꽃 속에 피는 연꽃은 참으로 희귀하다"라는 말을 인용했다. 이같이 뛰어난 인물은 극히 적다.

'초방超方'은 사방을 벗어났다는 뜻이다. 모든 것을 초월한 인물을 만났다면 "비로소 같은 길을 가는 자임을 안다"라고 하였다. 이러한 지음동지知音同志가 세상에는 극히 드물다. 이 같은 '호수好手', 즉 달인이 역사상 몇이나 있을까. 본칙에 나타난 조주와 투자가 이 같은 달인이 아닐까, 참구해보라고 한다.

조주 종심이 투자 대동投子大同, 819-914에게 물었다. 투자는 청원 행사의 4세손인 취미 무학의 법을 이었다. 조주가 어느 날 투자산의 대동을 방문할 때이다. 이때 조주는 103세였고 투자는 62세였다. 투자산에 가까이 갔을 때 도중에 그를 만났다. 조주가 먼저 말을 걸었다. "그대가 투자산에 산다는 대동인가?" 투자는 묻는 말에는 답하지 않고 "나는 마을로 물건을 사러 가는데 돈을 좀 줄 수 없겠습니까?" 하고는 휙 지나가버렸다.

조주는 투자산에 올라 투자가 오기를 기다렸다. 얼마 안 되어 투자가 기름 항아리를 짊어지고 돌아왔다. "투자라는 이름이 세상에 나 있지만, 와서 보니 다만 기름을 파는 남자가 아닌가?" 투자는 자신이 직접 기름을 만들어 팔아 생활을 해왔다. "스님은 단지 기름 파는 늙은이만 볼 뿐 투자를 보지 않네요." 투자가 퉁명스럽게 말하니, 조주는 "그럼 투자의 정체를 보여봐"라고 했다. 투자는 기름 항아리를 내밀며, "기름은 필요 없습니까?"라고 하며 기름 파는 노인을 보여주었다. 이 뒤에 본칙의 문답이 나온다.

조주는 "완전히 죽은 자가 되살아날 때는 어떠한가?"라고 물었다. 죽음에서 살아난다고 할 때, 이를 어떻게 받아들이는가 하는 물음이다. 투자는 "밤에 다니는 것[夜行]을 허락하지 않고 날이 밝기 전에[投明] 도달해야 합니다"라고 답했다. '투명投明'은 동이 트기 전 새벽을 뜻한다. '야행夜行'은 '절대무'이다. 야행을 하지 않고 밝기 전에 목적지에 도달해야 한다는 것이다. 두 사람은 바로 '사활일여' '명암일여'의 자리에 대해서 문답하고 있는 것이다.

원오는 평창에서 "이게 무슨 시절인가. 구멍 없는 피리[무공적無孔笛]와 천으로 만든 판[전박판氈拍版]이 맞부딪친 격이다"라고 하였다. 조주가 구멍이 없는 피리를 불면 투자는 천으로 만든 판을 친다는 말이다. 울리지 않는 피리와 음이 나지 않는 판과의 합주는 참으로 재미있지 않은가 하며 원오는 두 선자를 칭송했다.

"살아난 가운데 눈이 있으면 도리어 죽은 것과 같다." 설두는 송에서 우선 본칙의 '죽은 자가 다시 살아날 때'라는 말을 받아 살아난 가운데 죽었다고 하는 말로 첫 구를 시작하였다. 둘째 구, "피해야 할 약으로 하필 작가를 시험하려 하는가"는 필요하지 않은 약을 먹게 해서 단련된 선자(투자)를 시험할 필요가 있느냐는 말이다. 달인이라고 해야 할 투자에게 와서 "완전히 죽은 자가 살아날 때는 어떠한가" 물으며 기량을 시험하는 것은 건강한 자에게 피해야 할 약을 먹이는 것과 같다는 말이다. 이는 조주 정도 되니 할 수 있는 일이다.

"고불도 아직 도달하지 못했다고 말하는데"에서 '고불'은 완전히 죽은자, 즉 조주를 가리킨다. '아직 도달하지 못한' 세계는, 실은 이미 도달한 참된 불국토이다. 불국토는 '도달'도 '미도달'도 본래 없다. 고불도 가지 못한 곳에 "누가 모래를 뿌릴까 알 수 없네." 누구도 뿌리지 못할 것이다. 그렇지만 투자는 훌륭히 답했다. "모래를 뿌렸다"라고. 마지막 구는 설두가 투자를 칭송한 말이다.

방거사, 멋진 눈송이

방 거 사 호 설 편 편
龐居士好雪片片

【수시】

홀로 제창提唱하고 홀로 희롱함은 물을 막아 썩게 하는 것이고, 북을 치고 노래하는 것은 은산철벽이다. 이리저리 궁리만 하는 것은 해골 앞에서 귀신을 보는 것이며, 깊이 생각하는 것은 흑산 아래 단지 앉아만 있는 것이다. 밝고 밝게 빛나는 태양은 하늘에 솟아 있고, 상쾌한 맑은 바람은 대지를 감싼다. 말해보라. 옛사람에게 오히려 잘못된 곳이 있었는지. 예를 들어볼 테니 참구해보라.

단 제 독 롱 대 수 타 니　　고 창 구 행 은 산 철 벽　　의 의 즉 촉 루 전 견 귀　　심
單提獨弄帶水拕泥。敲唱俱行銀山鐵壁。擬議則髑髏前見鬼。尋
사 즉 흑 산 하 타 좌　　명 명 고 일 려 천　　삽 삽 청 풍 잡 지　　차 도 고 인 환 유
思則黑山下打坐。明明杲日麗天。颯颯清風匝地。且道古人還有
효 와 처 마　　시 거 간
誵訛處麼。試擧看。

방거사가 약산을 떠나려 하자, 약산이 열 명의 선객에게 산문 앞까지 배웅하도록 했다. 방거사가 하늘에서 내리는 눈을 가리키며 말했다. "펄펄 내리는 눈이 다른 곳에 떨어지는 것이 아니구나." 이때 전선객이 물었다. "어느 곳에 떨어집니까?" 거사가 한 대 쳤다. 전이 말했다. "거사께서는 난폭하시네요." 거사가 말했다. "그대를 이렇게 선객이라고 부른다면 염로자가 가만두지 않을 것이요." 전이 다시 말했다. "거사라면 어떻게 하시겠습니까?" 거사가 다시 한 대 치면서 말했다. "눈으로 보는 것이 맹인 같고, 입으로 말하는 것이 벙어리 같다." [설두는 달리 말했다. "처음 물었을 때, 눈을 뭉쳐 바로 던졌어야지."]

龐居士辭藥山。山命十人禪客。相送至門首。居士指空中雪云。好雪片片不落別處。時有全禪客云。落在什麼處。士打一掌。全云。居士也不得草草。士云。汝恁麼稱禪客。閻老子未放汝在。全云。居士作麼生。士又打一掌。云眼見如盲。口說如啞。雪竇別云。初問處但握雪團便打。

【송】

눈 뭉치로 쳐라, 눈 뭉치로 쳐라!

방노인의 작용은 간파할 수 없구나.

천상도 인간도 전혀 알지 못한다.

눈 속, 귓속도 끊어져 맑고 상쾌하네.

맑고 상쾌함조차 끊어짐이여,

벽안의 호승도 알아채기 어려우리.

설 단 타 설 단 타　　방 로 기 관 몰 가 파
雪團打雪團打　龐老機關沒可把

천 상 인 간 부 자 지　　안 리 이 리 절 소 쇄
天上人間不自知　眼裏耳裏絶瀟灑

소 쇄 절　　벽 안 호 승 난 변 별
瀟灑絶　碧眼胡僧難辨別

해설

"홀로 제창하고 홀로 희롱한다"라는 말은 어떤 것에도 의존하지 않고 어떤 것에도 치우치지 않는 행동을 의미한다. 선에서 이 말은 본분사를 직접 제시하는 선자들의 훌륭한 작용[機]을 말한다. "물을 막아 썩게 하는 것"은 중생제도를 위해 자신은 진흙투성이가 되어도 전혀 염려하지 않는다는 말이다. 상대방을 위해서는 자신이 더럽혀지더라도 상관없다.

'고창구행敲唱俱行'의 '고'는 북을 치는 것이지만 여기서는 질문을 뜻하며, '창'은 노래지만 여기서는 답을 의미한다. 말하자면, 문답을 하는 것이다. 이 모든 것은 '은산철벽'의 경지이다. 도저히 가까이할 수 없다는 뜻이다. 이 같은 대단한 선장禪匠 앞에 있을 때, 대개 사람들은 이리저리 머리를 굴리고 의심하거나 궁리한다. 이를 "해골 앞에서 귀신을 본다"라고 했다. 죽은 자 앞에서 죽은 자를 보는 격이라는 의미이다. 또한 선장 앞에서 이리저리 골똘히 생각하고 망상에 빠지는 것은 홀연히 "흑산 아래 단지 앉아만 있는 것"이라고 했다. 깜깜한 계곡에 고목이 선 채로 말라 죽은 듯한 선에 떨어져버리고 만다는 의미이다.

참선은 '밝디 밝게 빛나는 태양이 하늘에 솟아 있고, 상쾌한 맑은 바람은 대지를 감싸'는 것이 아니면 안 된다. 청명한 가을바람이 몸도 마음도 씻어주듯 상쾌해지는 것이 선이다. 어떤가, 옛사람의 이야기에 밝은 태양과 상쾌한 가을바람을 만난 듯한 아름다운 활선活禪의 정경은 없었는가. 다음 본칙과 같은 것은 어떤지 참구해보라고 한다.

방거사龐居士는 이름이 '온蘊'이다. 호남성 형양 사람이다. 그는 본래 유학자였지만 석두 희천700-790 아래서 공부하고, 다음에 마조 도일 707-786 아래서 공부한 후 마조의 법을 이었다. 원오의 평창에 이런 이야기가 있다.

　방거사는 석두를 방문했을 때 "만법과 짝하지 않으니, 이는 어떤 사람입니까?"라고 물었다. 그 말이 끝나자마자 석두가 입을 틀어막았다고 한다. 나중에 마조에게 나아가 같은 질문을 했다. 마조는 "서강의 물을 한입에 다 마셨을 때 말해주겠다"라고 했다. 거사는 여기서 우주와 한 몸인 참된 자기를 대오했다고 한다.

　방거사는 석두의 법을 이은 약산 유엄藥山惟儼, 745-828의 처소에서 식객으로 17, 8년간 지냈다고 한다. 약산은 처음에 석두에게, 다음에는 마조에게 나아가 대오했지만, 석두의 법을 이어 그의 제자가 되었다. 본칙은 방거사가 약산의 처소를 떠날 때의 일이다. 이름 있는 대거사이기 때문에 약산은 운수들에게 산문 앞까지 전송하라고 시켰다. 십여 명 정도가 서운한 마음으로 산문에 이르러 배웅했을 때, 함박눈이 내리기 시작했다.

　거사는 흩날리는 눈발을 보고 "펄펄 내리는 눈이 다른 곳에 떨어지는 것이 아니구나"라고 했다. 흩날리는 눈이 무심히 떨어지는 것을 보고 '호설好雪'이라고 감탄하여 말했다. 방거사의 무심의 경계를 보이는 일단이다. 그러면 눈은 대체 어디에 떨어지는 것일까. 당연히 그런 의

심이 일어난다. 거사의 무심의 경계를 이해하지 못한 전全선객이 물었다. "어느 곳에 떨어집니까." 말이 끝나기도 전에 거사는 손바닥으로 탁 쳤다. 전선객은 "거사께서는 난폭하십니다"라고 했다. "그대를 이처럼 선객이라고 칭한다면 염로자가 그대를 가만두지 않을 거요." '염로자' 는 저승의 염라대왕이다. 전이 물었다. "거사라면 어떻게 하시겠습니까?" 거사는 다시 손바닥으로 치면서 "눈으로 보는 것이 맹인 같고, 입으로 말하는 것이 벙어리 같군"이라고 했다. 무심의 경계를 보였다.

설두는 송에서 방거사의 무심의 작용을 노래했다. "눈 뭉치로 쳐라, 눈 뭉치로 쳐라." 이는 방거사의 노여움에 동조한 어구이다. 선객이 질문할 때마다 방거사가 손바닥으로 친 것을, 설두는 "눈을 뭉쳐 곧바로 쳐야지"라고 노래했다.

"방노인의 작용[機關]은 간파할 수 없구나." '기관機關'은 선사가 수행자를 이끄는 수단과 장치이다. 이는 "천상도 인간도 알지 못한다"라고 하였다. 어떤 사람도 엿볼 수 없는 거사의 선의 경계를 가리킨다.

"눈 속 귓속도 끊어져 경쾌하고 상쾌하다." '끊어짐'은 극점에 이르렀다는 말이다. 거사의 '무심의 경계'는 어떤 것에도 집착하지 않아, 경쾌하고 상쾌함 그 자체임을 이렇게 노래한 것이다. 더구나 설두는 "맑고 상쾌함마저 끊어짐이여!"라고 하여, 방거사의 완전한 무심의 경계를 한 번 더 강조하였다. 이 경계를 "벽안의 호승도 판별하기 어렵다"라고 했다. '벽안의 호승'은 보리달마를 말한다. 《고승전》에 "달마의 눈은 감청색紺靑色이라, 벽안호승이라고 한다"라는 말이 있다. 눈과 하나가 된 거사를 달마가 알기나 할까? 거사의 소쇄瀟灑함은 달마조차 눈치채기 어렵다고, 방거사의 선심禪心을 극찬하며 노래를 맺는다.

제43칙

동산, 춥지도 덥지도 않은 곳

동 산 무 한 서
洞山無寒暑

【수시】

하늘과 땅을 정하는 말은 만세에 모두 받들겠지만, 호랑이와 외뿔소를 잡는 작용은 천 명의 성인이라도 가려내지 못한다. 실오라기만큼도 가려짐 없이 모든 작용이 도처에 그대로 나타난다. 향상의 저울을 밝히고자 한다면 반드시 작가의 풀무질이 있어야 한다. 말해보라, 예로부터 이런 가풍이 있었는지를. 예를 들어볼 테니 참구해보라.

정 건 곤 구   만 세 공 준   금 호 시 기   천 성 막 변   직 하 갱 무 섬 예   전 기
定乾坤句。萬世共遵。擒虎兕機。千聖莫辨。直下更無纖翳。全機
수 처 제 창   요 명 향 상 겸 추   수 시 작 가 로 배   차 도 종 상 래 환 유 임 마
隨處齊彰。要明向上鉗鎚。須是作家爐鞴。且道從上來還有恁麼
가 풍 야 무   시 거 간
家風也無。試舉看。

어느 승이 동산에게 물었다. "추위와 더위가 닥쳤을 때는 어떻게 피할 수 있습니까?" 동산이 말했다. "왜 춥지도 덥지도 않은 곳으로 가지 않는가." 승이 말했다. "어디가 춥지도 덥지도 않은 곳입니까?" 동산이 말했다. "추울 땐 추위가 사리를 죽이도록 내버려두고, 더울 땐 더위가 사리를 죽이도록 내버려두어라."

僧問洞山。寒暑到來如何迴避。山云。何不向無寒暑處去。僧云。如何是無寒暑處。山云。寒時寒殺闍黎。熱時熱殺闍黎。

【송】

손을 뻗치면 만 길 벼랑과 같은데
정과 편이 어찌 안배가 있을까.
옛 유리 궁전에 밝은 달이 비추니
날쌘 한로, 공연히 섬돌을 오르네.

垂手還同萬仞崖　正偏何必在安排
琉璃古殿照明月　忍俊韓獹空上階

"하늘과 땅을 정하는 말은 만세에 모두 받들겠지만"이란, 고금과 동서
양을 묻지 않고 누구나 이에 따른다는 말이다. 옛 성인의 일언일행은
오늘날에도 우리의 행동의 표본이 된다. 우주의 진리를 갈파하고 확정
하는 한마디는 고금을 통하여 모든 사람에게 일관되고 보편적인 것이
다. 봄은 꽃, 여름은 두견새, 가을은 달, 겨울은 눈. 이러한 것들이 천지
에 차례차례 펼쳐지는 무자경無字經 역시 하늘과 땅을 정하는 말이다.

"호랑이와 외뿔소를 잡는 작용[機]"에서, 호랑이와 외뿔소는 아주
사나운 맹수이다. 특히 외뿔소는 푸른색의 들소로 무게가 천 근이며,
뿔은 하나인데 그 길이가 석 자라고 한다. 수행자들 중에 이러한 맹수
를 잡을 만한 기機를 가진 납자는 "천 명의 성인이라도 가려내지 못한
다"라고 하였다. 그러나 만약 그런 기를 가진 자가 있다면, "실오라기
만큼도 가려짐 없이 모든 작용이 도처에 그대로 나타난다"라고 하였
다. 그 같은 사람에게는 '깨달음'이나 '선'도 더 이상 남아 있지 않다.
따라서 그는 언제 어디서나, 누구를 대해서도 '모든 작용[全機]'을 발휘
할 수 있다.

"향상의 저울을 밝히고자 한다면 반드시 작가의 풀무질[노배爐鞴]이
있어야 한다"라는 말은 '제일의제', 즉 향상의 세계를 밝히고자 한다면
뛰어난 지도자에 의한 단련이 필요하다는 말이다. '노배'는 철을 단련
하는 도구이다. 즉 선장이 수행자를 단련하는 수완을 말한다. 예로부
터 이런 가풍이 있었는지, 본칙을 제시하니 잘 살펴보라고 한다.

동산 양개洞山良价, 807-869는 운암 담성雲巖曇晟, 782-841의 법을 이었

다. 본칙은 동산 양개가 개창한 조동종의 '오위五位' 사상을 잘 보여준다. 원오도 평창에서 본칙을 오위설로 해석하고 있다.

어느 승이 동산에게 물었다. "추위와 더위가 닥쳤을 때는 어떻게 피할 수 있습니까?" 여기서 '추위'와 '더위'는 기후를 말하는 것이 아니라, 생사의 일대사一大事를 의미한다. 즉 어떻게 생사의 문제를 벗어날 수 있는가 하는 물음이다.

동산은 "왜 춥지도 덥지도 않은 곳으로 가지 않는가"라고 답했다. 말하자면 생사가 없는 세계로 가면 되지 않는가 하는 의미이다. 그러자 승은 "어디가 춥지도 덥지도 않은 곳입니까?"라고 물었다. 동산이 내민 낚시에 딱 걸려들었다. 동산은 승에게 한심스럽다는 듯이 말한다. "추울 때는 추위가 사리를 죽이도록 내버려두고, 더울 때는 더위가 사리를 죽이도록 내버려두라."

'사리'는 올곧게 수행하는 자를 말하는데, 동산이 겁 없이 대드는 승을 가엾게 생각하여 승을 그렇게 부른 것이다. 동산의 이 말은, 추울 때는 얼어 죽고 더우면 더워서 녹초가 될 때까지 자신을 그냥 내버려두라는 뜻이다. 추울 땐 '나'라는 것이 없이 추위만이 있을 뿐이고, 더울 때도 역시 더움만 있을 뿐 '나'는 없다. '나'가 있을 때 생과 사가 있지만, '나'가 없을 때는 생과 사도 없다. 동산은 추우면 추위가 그대를 얼게 내버려두고 더우면 더위가 그대를 쪄 죽이도록 내버려두라고 일갈하며, 생사에서 벗어나는 길을 아무리 찾아본들 그러한 길은 없음을 강조하고 있다.

원오는 평창에서, 본칙의 문답에 정正과 편偏이 잘 나타나 있다고 설명한다. "동산의 '왜 추위와 더위가 없는 곳으로 가지 않는가'라는 말은 치우침 가운데 바름[편중정偏中正]이며, '추울 때는 얼어 죽고 더울 때는 쪄 죽도록 내버려두라'라는 말은 바름 가운데 치우침[정중편正中偏]이다. 정위正位이면서도 편위偏位이며, 편위이면서도 정위이다"라고 하였다. 이를 '편정회호偏正回互' '명암쌍쌍明暗雙雙'이라고 한다. 명암 쌍쌍은 '명'도 아니고 '암'도 아니라는 뜻이다. '편'이 아니면서 '정'도 아니기 때문에 '겸중도兼中到'라고도 표현한다. 결국 편도 아니고 정도 아니기 때문에 '정중래正中來'의 일위一位이다. 그러나 이것은 하나의 진실을 다섯 가지로 표현한 '오위五位'일 뿐이다.

설두는 송의 첫 구에서 "손을 뻗치면 만 길 벼랑 같은데 정과 편이 어찌 안배가 있을까"라고 노래한다. 오위설의 이치만 고집하는 태도를 피하려는 의도이다. 손을 뻗어 사람을 교화하는 것을 만 길 벼랑의 험준함에 비유했다. 교화는 쉽지 않다. 평범한 것 같지만 실은 위험하다. 동산의 "춥지도 않고 덥지도 않는 곳으로 가라"라든가 "추울 때는 얼어 죽고 더울 때는 쪄 죽도록 내버려두어라"라는 말은 선의 상투어로 보이겠지만, 실은 '만 길 벼랑'처럼 크게 위험하고 두려운 경지이다.

'손을 뻗침[수수垂手]'을 차별의 세계라고 한다면 '만 길 벼랑[만인애萬仞崖]'은 평등의 세계이다. 그러나 이러한 것은 무의식에서 나오는 작용으로, 의식하여 꾸민 것은 아니다. 그래서 "정과 편이 어찌 안배가 있을까"라고 한 것이다. '춥고' '덥고' '살고' '죽고'를 말하는 것은 차별·상대의 세계이지만, 얼어 죽고 쪄 죽게 하라는 것은 그것을 그대로 평등·절대의 세계로 바꾸는, 동산의 정편자재의 훌륭한 수완이다. 그 것은 마치 "유리로 된 옛 궁전에 밝은 달이 비추는 것"과 같다고 하였다. 월광이 유리 궁전을 비출 때, 빛이 유리를 침투하여 달빛 일색으로 보이기도 하고, 그런가 하면 달과 유리 궁전은 완전히 별개로 빛나며

회호回互의 아름다움을 보이기도 한다.

　동산에게 질문한 승은 동산의 말꼬리에 잡혀 작은 소견으로 이래저래 망각妄覺할 뿐이다. 체험적 판단이 서지 않았다. 설두는 이 같은 승의 처지를, 아름다운 월광을 쫓아 전각에 오르는 날쌘 한로에 비유했다. '한로'는 한가漢家의 명견으로 아주 재빠르지만, 교활한 토끼를 쫓다가 둘 다 죽어버렸다고 한다. 한로가 자신을 억제하지 못하고 명월을 쫓아 섬돌을 오른 것이다. 동산을 향한 승의 원망이다. 원오는 평창에서, "동산이 제접하는 속뜻을 아는가?"라고 묻고, 잠시 있다가 "토끼를 찾아서 뭐 하려고?"라고 했다.

제44칙

화산, 북을 잘 치는 것

화 산 해 타 고
禾山解打鼓

화산이 대중에게 말하였다. "익히고 배우는 것을 들음[聞]이라 하고, 더 이상 배울 것이 없는 것을 가까움[隣]이라 한다. 이 둘을 넘어서는 것을 참된 초월이라고 한다." 어떤 승이 나서서 물었다. "참된 초월이란 무엇입니까?" 화산이 말했다. "북을 잘 치는 것이지." 또 물었다. "참된 진리란 무엇입니까?" 화산이 말했다. "북을 잘 치는 것이지." 또 물었다. "'즉심즉불'에 대해서는 여쭙지 않겠지만, '비심비불'이란 무엇입니까?" 화산이 말했다. "북을 잘 치는 것이지." 또 물었다. "향상인이 오면 어떻게 대하시겠습니까?" 화산이 말했다. "북을 잘 치는 것이지."

^{화 산 수 어 운} ^{습 학 위 지 문} ^{절 학 위 지 린} ^{과 차 이 자} ^{시 위 진 과} ^승
禾山垂語云。習學謂之聞。絶學謂之隣。過此二者。是爲眞過。僧
^{출 문} ^{여 하 시 진 과} ^{산 운} ^{해 타 고} ^{우 문} ^{여 하 시 진 제} ^{산 운} ^해
出問。如何是眞過。山云。解打鼓。又問。如何是眞諦。山云。解
^{타 고} ^{우 문} ^{즉 심 즉 불 즉 불 문} ^{여 하 시 비 심 비 불} ^{산 운} ^{해 타 고}
打鼓。又問。即心即佛即不問。如何是非心非佛。山云。解打鼓。
^{우 문} ^{향 상 인 래 시 여 하 접} ^{산 운} ^{해 타 고}
又問。向上人來時如何接。山云。解打鼓。

【송】

한 사람은 연자방아를 끌고 다른 한 사람은 흙을 나른다.

작용을 드러내려면 모름지기 천 균의 활이라야 한다.

상골의 노사가 일찍이 공을 굴렸다지만

어찌 화산이 북을 잘 치는 것만 하겠는가.

그대에게 알리노니, 함부로 하지 말라.

단 것은 달고, 쓴 것은 쓰다.

^{일 예 석 이 반 토} ^{발 기 수 시 천 균 노}
一拽石二般土　發機須是千鈞弩
^{상 골 로 사 증 곤 구} ^{쟁 사 화 산 해 타 고}
象骨老師曾輥毬　爭似禾山解打鼓
^{보 군 지 막 망 로} ^{첨 자 첨 혜 고 자 고}
報君知莫莽鹵　甜者甜兮苦者苦

해설

이 칙에는 수시가 없다. 화산禾山無殷, 884-960은 약산 유엄 계열인 구
봉九峯의 법을 이었다. 복건성의 복주福州 출신이며, 7세 때 설봉 의존
을 만나 시동侍童이 되었다. 설봉은 그때 이미 76세였지만, 화산이 영
리하고 총명하여 시적示寂할 때까지 11년간 곁에 두었다. 20세에 구족

계를 받고 이후 여러 곳을 행각行脚하였다. 강서 균주筠州의 구봉을 만나 깨치고 길주吉州 화산의 대지원大智院에서 지냈다. 그는 한평생 당말·오대·송초의 혼란기를 살았던 셈이다.

어느 때 화산은 대중에게 "익히고 배우는 것을 들음[문閒]이라 하고, 더 이상 배울 것이 없는 것을 가까움[린隣]이라 한다. 이 둘을 넘어선 것을 참된 초월이라고 한다"라고 했다. 이 말은 화산의 독창적인 말이 아니다. 원래 조肇법사의 《보장론》에 나오는 말이지만, 화산이 이를 자신의 심득心得과 같다고 여겨 인용한 것으로 보인다. 학도에는 세 종류가 있는데, 스승 곁에서 수행하는 것[습학習學]을 '들음[聞]'이라 하고, 대오하여 더 이상 배울 것이 없는 것[절학絶學]을 '가까움[隣]'이라고 한다. 그리고 들음과 가까움을 넘어선, 무엇이라고도 말할 수 없는 절대 경계에 이른 것을 '참된 초월'이라고 한다.

'익히고 배우는 것[習學]'은 눈으로 보든지 귀로 들어 외부로부터 흡수하는 지식이지, 본래 자신의 것은 아니다. '들음'은 스승의 가르침을 듣고 이를 충실히 지키고 열심히 수행한다는 뜻이다. '절학絶學'은 중도에 퇴학하거나 공부를 포기하는 것이 아니다. 나한羅漢을 '무학無學'이라고 번역하듯, 배워야 할 것이 더 이상 없는 경지, 배운 것을 완전히 소화하여 배움의 자취가 남지 않은, 소위 '격格'에 들어가 격을 떠난 경지를 '무학' 또는 '절학'이라고 한다.

영가 현각은 《증도가》에서 "절학무위絶學無爲 한도인閑道人, 망상을 없애지 않고 참됨도 구하지 않는다. 무명의 실성實性 즉 불성이며, 환화幻化의 공신空身 즉 법신이다"라고 노래하였다. 여기서 '한閑'은 닦아야 할 도도 없고 증득해야 할 법도 없는, '무위무사無爲無事'를 뜻한다. 습학도 절학도 초월하여, 성인이라고도 부처라고도 이름 지을 수 없으므로 이를 '참된 초월'이라고 한다. 바로 절대 진실의 세계이다. 깨달았다고 하는 감격도, 도를 얻었다고 하는 환희도 완전히 잊어버린, 미련한 것 같고 어리석은 것 같은, 극히 평범한 범부의 일상적 생활로 되돌아간 경지이다.

화산이 이같이 설법을 하니 한 사람의 운수가 화산의 낚시에 걸려들었다. 승은 물었다. "참된 초월이란 무엇입니까?" 지금 막 말해주었는데, 이를 알지 못하다니 바보가 아닌가. 화산은 뜻밖에 "북을 잘 치는 것이지[해타고解打鼓]"라고 했다. 화산의 '해타고'에는 자신의 깨달음의 경지가 스며있다. 여기서 '해解'는 '이해'가 아닌 '능력'을 뜻한다. 설봉이 사람들에게 소매에서 공을 꺼내 굴려 보인다든가, 혜충국사가 물그릇에 물을 가득 채우고 그 안에 쌀 7알을 넣고, 그릇 위에 젓가락을 옆으로 놓고는 '이것이 무엇인가'라고 했다든가, 조주가 누구에게나 '차를 마시게'라고 말한 것과 마찬가지로, 이 '해타고' 역시 예로부터 난해하다고 말해왔다.

원오는 화산의 '해타고'를 '쇠말뚝' '쇠가시'라고 했다. 이것은 원래 적의 진입을 막기 위해 도로에 설치한 무기이다. 알음알이, 즉 이해와 생각으로는 풀리지 않는 공안이다.

승은 다시 "참된 진리란 무엇입니까?"라고 물었다. 참된 초월도 넘어선 최고의 궁극적인 진리가 무엇인지 물은 것이다. 화산은 역시 "해타고"라고 했다. 또다시 승은 "즉심즉불卽心卽佛은 여쭙지 않겠지만, 비심비불非心非佛이란 무엇입니까?"라고 물었다. 이 말은 마조의 다음과 같은 일화에서 유래하였다.

어느 승이 마조에게 "왜 즉심즉불이라고 합니까?"라고 묻자 마조가 "어린아이가 울기 때문에 그치게 하기 위해서"라고 대답하였다. 승이

다시 "어린아이가 그쳤다면 어떻게 하십니까?"라고 묻자 마조는 "비심비불"이라고 대답했다.

이번에도 화산은 의연하게 "해타고"라고 했다. 화산의 흔들리지 않는 심경이 보인다. 승은 다시 "향상인이 오면 어떻게 대하시겠습니까?"라고 물었다. 향상인은 초불초조超佛超祖의 소식을 체득한 자이다. 말하자면, 만약에 달마나 육조가 와서 무엇인가를 묻는다면 어떻게 대응하겠는가를 물은 것이다. 이에 대해 역시 "해타고"라고 답했다.

설두는 화산의 북소리에 대해서 시로 노래했다. 첫 구, "누구는 연자방아를 끌고"는 여산 귀종 지상歸宗智常의 일화를 인용한 것이다. 귀종은 마조 문하의 존숙이다. 어느 때 승당의 납자 전원이 나가 운력을 하고 있었다. 그곳으로 귀종이 가서 유나維那(승당 대중을 화목하게 하는 소임)에게 "오늘 모두 무엇을 하고 있는가?"라고 물으니, "연자방아를 끌고 있습니다"라고 답했다. 귀종은 "방아를 끄는 것은 좋지만 중심에 꽂혀 있는 심봉(나무 봉)은 끌지 않도록 하게"라고 말하고 들어갔다. 연자방아의 돌은 끄는 대로 둘둘 돌아간다. 그러나 가운데 있는 축까지 함께 움직여서는 곤란하다. 이 같은 중심을 신심, 선禪, 참된 초월이라고 한다. 어떠한 괴로움을 만나도 씩씩하게 살아가는 힘이다.

"한 사람은 흙을 나른다"라는 말은 목평산 선도善道의 고사를 인용한 것이다. 선도는 신참 운수가 오면 반드시 삼태기 셋을 주어 흙을 나르게 하고, 그렇게 하지 않으면 만나주지도 않았다고 한다. '반般'은 나른다는 뜻이다.

"기를 드러내려면 모름지기 천 균鈞의 활이라야 한다"라는 구는, 마조의 법을 이은 석공 혜장의 고사를 노래한 것이다. 석공은 출가 전에 수렵꾼이었다. 어느 날 산중에서 사슴을 따라가다가 마조를 만나 깨달음을 얻고 그의 제자가 되었다. 그 후 석공은 산중에 초암을 짓고 왕래하는 자를 접득하였다. 누가 오면 강력한 활에 화살을 메기어 가슴을 겨누고는 "화살을 보라"라고 하며 노려보아, 사람들이 부들부들 떨었다고 한다. '천 균의 활[노弩]'은 무거운 활을 뜻한다. 1균이 30근이니, 천 균은 삼만 근이다. 원오는 평창에서 "용과 호랑이 같은 사나운 맹수에게라면 이 천 균의 활을 쏘겠지만, 뱁새같이 작은 짐승에게는 쏘지 않는다. 삼만 근 활로 생쥐를 쏠 수는 없는 일이다"라고 하였다. 큰 활을 쏘는 것은 '대물大物'을 만났을 때이다. 대물은 '대기大機'이다.

"상골노사가 일찍이 공을 굴렸지만"의 '상골노사'는 상골산의 설봉 의존이다. 상골산은 아주 가파르고 높아 사람들이 좀처럼 이르지 못했다고 한다. 그곳에 설봉이 자리하고 있었다. 설봉은 화산의 스승이다. 그는 언제나 나무로 만든 공을 세 개 가지고 있다가 그것을 굴려 학인을 점검했다고 한다.

원오의 평창에 의하면, 하루는 설봉이 현사가 찾아오는 것을 보고 세 개의 나무 공을 굴렸는데, 현사가 도끼로 공을 찍는 시늉을 하니 설봉이 그를 매우 칭찬한 적이 있었다고 한다. 설두는 이들이 모두 전기대용全機大用이 있기는 하나, 화산의 '해타고'에는 미치지 못한다고 하여, "어찌 화산이 북을 잘 치는 것만 하겠는가"라고 노래했다.

"그대에게 이르노니, 함부로 하지 마라" 즉 그대들에게 미리 말해두지만 이 화산의 해타고를 우습게 여겨서는 절대 안 된다는 것이다. 송의 마지막 구, "단 것은 달고 쓴 것은 쓰다"라는 말은, 그 어떤 일도 철저하지 않으면 안 된다는 의미이다. 앞에서 거론한 네 승에게 역시 각각 독자적인 맛이 있음을 이렇게 노래하였다.

제45칙

조주, 만법귀일

조 주 만 법 귀 일
趙州萬法歸一

【수시】

말이 필요하면 바로 말하니 이 세상에서 짝할 자가 없다. 행하고자 하
면 바로 행하니 완벽한 기량은 남에게 양보하지 않는다. 전광석화와도
같고, 불길 속을 지나가는 질풍과도 같고, 거센 물살을 칼로 베는 것
같기도 하다. 향상의 겸추를 쳐들면 날카로운 기세가 사라지고, 혀가
묶이는 것을 면하지 못한다. 한 가닥의 길을 놓을 테니, 시험 삼아 거
론해보라.

요 도 변 도　　거 세 무 쌍　　당 행 즉 행　　전 기 불 양　　여 격 석 화　　사 섬 전
要道便道。舉世無雙。當行即行。全機不讓。如擊石火。似閃電
광　　질 염 과 풍　　분 류 도 인　　염 기 향 상 겸 추　　미 면 망 봉 결 설　　방 일 선
光。疾焰過風。奔流度刃。拈起向上鉗鎚。未免亡鋒結舌。放一線
도　　시 거 간
道。試舉看。

어떤 승이 조주에게 물었다. "만법은 하나로 돌아가는데, 그 하나는 어디로 돌아갑니까?" 조주가 말했다. "내가 청주에 살 때 옷 한 벌 했는데, 무게가 일곱 근이었지."

僧問趙州。萬法歸一。一歸何處。州云。我在青州。作一領布衫。
重七斤。

【송】

노고추에게 다그쳐 물었다.

일곱 근, 그 무게를 몇 사람이나 알까.

이제 서호 속으로 내던지니,

청풍을 내려 누구에게 전할까.

編辟曾挨老古錐　七斤衫重幾人知
如今抛擲西湖裏　下載清風付與誰

해설

"말이 필요하면 바로 말하니 세상에 짝할 자가 없다"라는 말은 조주의 '어언삼매語言三昧'의 묘妙를 뜻한다. 말할 필요가 있을 때는 서슴없이 기묘하게 말해버리니, 이는 세상 어느 누구와도 견줄 수 없을 정도라는 뜻이다. "행하고자 하면 바로 행하니 완벽한 기량은 남에게 양보하지 않는다"라는 말은, 일을 행해야 할 때는 이리저리 눈치 보지 않고 생각나는 대로 단호하게 실행하여, 누구에게도 양보할 여지 없이 해버린다는 의미이다. 이것 역시 조주만의 탁월한 실행력이다.

승의 질문에 대한 조주의 응답은 마치 전광석화와 같이 신속하다. 달리 표현하자면 "빠른 불길 속으로 바람이 지나가는 것 같고, 거센 물살을 칼로 베는 것 같기도 하다."'질염疾焰'은 급격히 번지는 불길을 뜻한다. '과풍過風'은 세차게 부는 바람이며, '분류奔流'는 격하게 흐르는 물살이고, '도인度刃'은 재빠르게 칼로 베는 것이다.

"향상의 겸추鉗鎚를 쳐들면 날카로운 기세가 사라지고 혀가 꼬이는 것을 면하지 못한다"라는 말은, 조주에게 고차원의 겸추를 쳐들어봤자 조주의 기세에 눌려 침묵할 수밖에 없다는 의미이다. 구순피선口脣皮禪이라고 부를 정도로 어언삼매의 달인인 조주 앞에서는 손을 내밀 도리가 없다. 이를 "날카로운 기세가 사라지고 혀가 묶이는 것[망봉결설亡鋒結舌]"이라고 했다. '겸추'는 제자를 단련한다는 뜻의 선어이다. 이는 대장간에서 아주 발갛게 달군 철을 망치로 쳐서 단련하듯, 선장禪匠이 수행자를 두들겨서 번뇌 망상의 불순물이 완전히 제거될 때까지 단련시키는 것을 의미한다.

그러나 조주는 이 같은 활수단活手段 이외에도, 제이의第二義로 내려와 상대를 지도하는 방편을 가지고 있다. 이를 "한 가닥의 길을 놓을 테니"라고 했다. 즉 하나의 노선路線을 설치하여 실마리를 줄 테니 시도해보라고 하였다.

어느 승이 조주 종심에게 물었다. "만법은 하나로 돌아가는데, 하나는 어느 곳으로 돌아갑니까?" 삼라만상 모든 존재는 하나로 돌아간다고 하는데, 그렇다면 그 하나는 어느 곳으로 돌아가는 것일까. 기독교라면 신으로 돌아간다 할 것이고, 정토문이라면 아미타불로 돌아간다 할 것이다. 교학적으로 말하면 만상은 진여법계로 돌아간다 하겠고, 선문에서 말하면 모든 것은 일심으로 돌아간다 하겠다. 오늘날 과학에서는 만물은 에너지로 돌아간다고 말할지도 모른다.

구극의 하나는 어느 곳으로 가는가. 승의 이 물음은 실로 절실한 것이었다. 금방 생각이 나서 묻는 것이 아니라, 오랫동안 간절하게 이에 대한 답을 찾으려고 헤매고 있었던 것이다. 좌선을 조금 하는 이라면 만법은 '무'로 돌아간다고 알겠지만, 그 '무'가 어디로 돌아가는지 확실히 알지 못하면, 선은 껍데기 좌선에 지나지 않는다.

조주가 답했다. "내가 청주에 살 때 옷 한 벌 했는데, 무게가 일곱 근이었지." '일령一領'은 한 벌이다. '포삼布衫'은 상하의 옷이다. '청주'는 산동성에 있는 마을로, 조주가 태어난 고향이다. 승이 묻는 '일즉만법 만법즉일一卽萬法 萬法卽一'에 대하여 '일즉다 다즉일一卽多 多卽一'을 보인 조주의 마음을 발견해야 한다. 즉 만법은 한 심성으로 돌아가고 한 심성은 또한 만법으로 돌아간다. 하나와 만법은 회호回互하여 그치지 않는다. 일심은 그대로 만념이 되고 만념은 본래 일심이다. 일심이라고 할 것도 없을 때 비로소 진실성이라고 칭할 수 있는 것이다.

《조주록》을 보면, 조주는 우리의 생활에서 동떨어진 말을 절대 하지 않는다. 교학적 논리를 갖춘 어려운 말을 찾아볼 수가 없다. 현실을 직시하고, 현실에서 일어나는 사실을 보여주며 그것에서 깨우치도록 하였다. 만법은 하나이지만 그 하나는 어디로 돌아가는지를 심각하게 묻는 학인에게, 청주에서 옷 한 벌 만드는데 실이 일곱 근이나 들었다는 말로, '하나'라는 미혹에 꼼짝달싹하지 못하고 있는 심경을 단칼에 잘라버렸다.

원오는 평창에서, "불법의 핵심은 번잡스러운 언어 속에 있지 않다. 이는 마치 그 승의 질문에 대한 조주의 응답과 같다"라고 하였다. 또한 조주의 불법에는 헤아림이 없기 때문에, 어떠한 물음도 저버리지 않고 '심성'을 말하고 '현묘玄妙'를 말했다는 것이다. 원오는 이러한 의미가 내포된 공안을 몇 가지 예시한다.

어떤 승이 목평木平에게 물었다. "어떤 것이 불법의 대의입니까?" "겨울 오이가 이토록 크구나." 어떤 승이 귀종歸宗에게 물었다. "깊은 산 가파른 벼랑처럼 전혀 사람의 자취가 끊긴 곳에도 불법이 있습니까?" "있지!" "어떤 것이 깊은 산속에 있는 불법입니까?" "돌멩이가 큰 것은 크고 작은 것은 작지." 원오는 이러한 공안의 어려운 점이 어느 곳에 있는가 물으며, 천지만상 모든 곳에 불법이 있음을 강조했다.

'편벽編辟'은 분양 선소의 18문 중 '편벽문編辟問'으로, 다그쳐 묻는 것을 뜻한다. 혈기왕성한 학인이 '만법은 하나로 돌아가고 그 하나는 어느 곳으로 돌아가는가'라고 "노고추에게 다그쳐 물었다"라는 것이 송의 첫 구이다. '노고추老古錐'는 끝이 닳아 무뎌진 송곳을 뜻한다. 이는 조주의 원숙한 경지를 칭송하여 말한 것이다. 조주는 서둘지 않고 가만히 "내가 청주에 살 때 적삼 한 벌 짓는데 무게가 일곱 근 이었어"라고 말했다. 이에 대해 설두는 "일곱 근, 그 무게를 몇 사람이나 알까"라고 노래했다. 조주가 다만 7근이라고 답했지만 실은 천 근 만 근의 무게이다. 대체 몇 사람이 그 참된 무게를 알겠느냐는 뜻이다.

"이제 서호 속으로 내던지니"라는 말은, 설두 스스로 이 물음을 동정호 속으로 던져버린다는 의미이다. '서호'는 취봉翠峰에서 바라본

동정호라고도 하고 항주의 서호라고도 한다.

　마지막 구, "청풍을 내려 누구에게 전할까"에서, '청풍'은 운수의 물음에 대한 조주의 응답[宗風]을 뜻한다. 설두는 조주의 응답을 청풍이라고 했다. 청풍은 이미 짐이 되었다. 조주의 등에 짊어진 짐을 내려놓아 누구에게 전할까 하는 의미이다. '하재下載'도 또한 조주의 말이다. 원오는 평창에서, "그대들, 만약 북쪽에서 왔다면 바로 싣게 하고[上載] 만약 남쪽에서 왔다면 내리도록[下載] 하겠다. 그대들이 만약 설봉·운거에서 왔다면 이는 한 쪽으로 판을 진 놈이다[담판한担板漢]"라는 조주의 말을 인용했다. 한 짐의 선을 짊어지고 조주 처소에 온 자들 중, 북쪽에서 왔다면 그들은 무사선으로 일관하고 있기 때문에 마음과 성품을 설하고 현과 묘를 설하겠지만, 남쪽에서 왔다면 허다한 의리와 현묘를 내려놓으라고 하겠다는 뜻이다. 설봉이나 운거雲居道膺, ?-902는 모두 남방선을 하는 선자들이다.

　'담판한担板漢'은 융통성이 전혀 없는 사람이라는 뜻이다. 조주는 찾아오는 선자禪者들에게, 모든 것을 집어치우고 '맑기가 그지없고[쇄쇄락락灑灑落落] 조금도 일삼을 것 없음'을 가르쳤다고 하였다. 바로 이것이 조주의 선이다.

제46칙

경청, 빗방울 소리

경 청 우 적 성
鏡淸雨滴聲

【수시】

한 번의 망치질로 범부를 초월하고 성인을 초월한다. 반 마디 말로써 결박을 끊고 매듭을 푼다. 얼음 위를 가고 칼날 위로 달리는 듯하며, 현상[聲色]의 더미 속에 앉아 현상의 머리 위로 간다. 종횡의 묘용은 잠시 두고, 찰나에 바로 가버릴 때는 어떠한가. 예를 들어볼 테니 참구해 보라.

일 추 변 성 초 범 월 성　편 언 가 절　거 박 해 점　여 빙 릉 상 행　검 인 상
一槌便成超凡越聖。片言可折。去縛解粘。如氷凌上行。劍刃上
주　성 색 퇴 리 좌　성 색 두 상 행　종 횡 묘 용 즉 차 치　찰 나 변 거 시 여
走。聲色堆裏坐。聲色頭上行。縱橫妙用則且置。刹那便去時如
하　시 거 간
何。試擧看。

경청이 어떤 승에게 물었다. "문밖에 무슨 소리인가?" 승이 말했다.

"빗방울 소리입니다." 경청이 말했다. "중생이 전도하여 자기를 잃고

사물을 좇는구나." 승이 말했다. "화상은 어떠신가요?" 경청이 말했다.

"하마터면 자신을 잃어버릴 뻔했다." 승이 말했다. "하마터면 자신을

잃어버릴 뻔했다는 것은 무슨 뜻입니까?" 경청이 말했다. "출신은 오

히려 쉽지만, 탈체를 말하기는 어렵다."

鏡清問僧。門外是什麼聲。僧云。雨滴聲。清云。衆生顚倒迷己逐

物。僧云。和尚作麼生。清云。洎不迷己。僧云。洎不迷己意旨如

何。清云。出身猶可易。脫體道應難。

【송】

빈집의 빗방울 소리

작자라도 응대하기 어렵다.

만약 이미 흐름에 들었다고 말한다면

예전처럼 알지 못한 것이다.

알아도 알지 못해도

남산 북산에 세차게 비가 내리네.

虛堂雨滴聲　作者難酬對

若謂曾入流　依前還不會

會不會　南山北山轉霈霈

"한 번의 망치질로"라는 말은, 한마디 말로 수행자의 망견을 타파하여 진정한 견해를 열게 하거나, 혹은 손가락 하나를 세워 '범부[凡]를 초월하고 성인[聖]을 초월하는' 경지를 체득시킨다는 뜻이다. 보통은 '범부를 초월하여 성인에 든다'라고 하는데, 그것은 같은 지평의 이쪽에서 저쪽으로 이동하는 것으로, 범부와 같은 차원의 성인이 되는 것에 지나지 않는다. 선禪은 범성凡聖을 모두 넘어서 미오마저 모두 끊어버리는 것이다.

"반 마디 말"은 너절하게 군더더기가 묻은 말이 아닌, 극히 간단명료한 말이다. 선자들은 아주 짧은 말로써 사람들의 결박을 끊고 매듭을 푼다. 본심의 작용을 속박하는 번뇌나 망상, 견해나 깨달음, 혹은 들러붙어 떨어지지 않는 욕망이나 의혹을 한마디 말로 싹둑 자르는 것이 선자의 수완이다. 선자의 이 같은 작용은 마치 "얼음 위를 가고 칼날 위로 달리는 듯" 자유자재하다는 뜻이다. 이러한 선자는 더구나 "현상[聲色]의 더미 속에 앉아 현상의 머리위로 간다"라고 했다. '성색聲色'은 인식의 대상이 되는 사물이나 모든 현상을 뜻한다. 선자는 시끄러운 저자거리에서도 고요히 좌선하거나 유유자적하게 지낸다는 의미이다.

"종횡의 묘용은 젖혀두고 찰나에 바로 가버릴 때는 어떠한가." 손가락 한 번 튕기는 사이를 65찰나라고 한다. 찰나는 1/60초 정도의 시간이라고 한다. 이렇게 짧은 순간에 "한 번의 망치질로 범부를 초월하고 성인을 초월한다"라는 것은 대체 어떤 것인가. 본칙을 들어볼 테니 참구해보라고 하였다.

경청鏡淸道怤, 868-937은 설봉 의존의 법을 이었다. 어렸을 때에는 현사 사비의 처소에 있었다. 향상일로向上一路의 공부가 되지 않아, 현사에게 "제가 여기에 와서 뼈 빠지게 열심히 공부를 한 것 같은데, 아직 어떠한 실마리도 얻지 못했습니다. 대체 선은 어디로 들어가야 좋겠습니까?"라고 물었다. 현사는 "저 계곡의 물소리가 들리는가?"라고 물었다. "예, 잘 들립니다." "그럼, 거기서부터 들어가게." 경청은 여기서 깨달음의 기연機緣을 얻었다고 한다. 그 때문인지 몇 년 후 사람들을 지도할 경우에 이러한 방법을 사용했다. 원오의 평창에 그런 몇 가지 예가 보인다.

어느 때 경청이 어떤 승에게 "문밖에 무슨 소리인가?"라고 물었다. "비둘기 울음소리입니다." 경청은 이에 대해 "무간업에 떨어지고 싶지 않거든 우선 여래의 정법륜을 비방하지 말라"라고 경고했다. '무간업 無間業'은 현각의 《증도가》에도 나오는 말로, 무간지옥에 떨어질 악업이다. 소리나 색을 대할 때, 소리나 색 이전의 본래의 자기를 깨달아야 한다는 말이다. 원오는, "여기서 납승이 깨칠 수 있다면 현상의 세계에서 자유롭겠지만, 깨치지 못한다면 현상의 세계에 구애받을 것이다"라고 덧붙여 설명하였다.

본칙으로 돌아가, 경청이 어떤 승에게 "문밖에 무슨 소리인가?"라고 물었다. "빗방울 소리입니다." 경청은 "중생이 전도하여 자기를 잃고 사물을 좇는구나"라고 했다. '자기를 잃고 사물을 좇는다'라는 것은 주관과 객관이 분리되어 객관에 이끌려 자신을 잃고 있다는 말이다. 승이 말했다. "화상은 어떠신가요?" 화상에게는 저 소리가 무엇으로 들리느냐는 질문이다. 경청은 "하마터면 자신(본래의 자기)을 잃어버릴 뻔 했다[기불미기洎不迷己]"라고 했다. '기洎'는 '하마터면 ~할 뻔

하다'라는 의미의 부사로서, 그 아래 '불不'을 동반해도 의미는 똑같다. 승은 재차 "하마터면 자신을 잃어버릴 뻔했다는 것은 무슨 뜻입니까"라고 물었다.

이에 경청이 대답했다. "출신出身은 오히려 쉽지만 탈체脫體를 말하기는 어렵다." 바꾸어 말해서 '깨닫기는 그래도 쉽다. 어려운 것은 그 깨달음 속에 자기를 잃지 않고, 그 깨달음을 객체화하여 딱 맞게 말하는 것이다'라는 뜻이다. '출신出身'은 오경悟境에 이른 것, 즉 해탈이다. 해탈의 체득은 오히려 쉽다는 것이다. 탈체는 '있는 그대로'라는 뜻이다. 즉 해탈의 경지를 있는 그대로 표현하는 것이 더욱 어렵다는 것이다.

일본의 당·송대 중국어 학자이면서 선학자인 이리야 요시타카入失義高는 설두의 송은 경청의 말의 의미를 전혀 받아들이지 않았고, 마찬가지로 원오의 평창과 착어도 경청의 말을 경시하고 있다고 주장하였다. 그는 또 "경청은, 승의 단적인 '천의무봉한 답'이 자신의 가슴을 관통한 경이롭고 놀라운 감격을,《능엄경》의 말씀을 인용하여 '자신을 잃을 뻔했다'라고 하였다. 승이 재차 이것이 무슨 의미인가를 묻는 것에 대해, 시의 형태를 빌려 오언五言으로 말한 것이다. 경청의 깊은 내성內省이 저절로 고동을 치면서 시의 음률을 띤 이 같은 표현을 취한 것이다"라고 평했다.

'허당'은 빈집이다. "빈집의 빗방울 소리"는 인기척이 없는 방에 비 내리는 소리만 있다는 말이다. 즉 '탈인불탈경奪人不奪境'이다. 첫 구는 음성에 즉하여 음성 이전의 본래 세계를 깨달아야 함을 보인다.

"작자라도 응대하기 어렵다"라는 말은 경청 같은 수완가라도 여기에서는 응대하기 어렵다는 뜻이다. 바꾸어 말하면 오히려 작자이기 때문에 대답하지 않는다는 말이다. "만약 이미 흐름에 들었다고 말한다면[입류入流]"에서 '입류'는 '되어버린다[변성便成]'라는 의미이다. 여기서 '유流'는 비[雨]와 연관이 있는 말이다. 빗방울 소리에 자신을 잃어버릴 뻔했다면 "예전처럼 알지 못한 것이다"라고 하였다. 이는 소리의 세계에 들어 그 세계에 빠지면, 역시 본분의 세계를 놓친다는 뜻이다.

　마지막 구, "알아도, 알지 못해도"는 승과 경청 두 사람을 가리킨다. "남산 북산에 세찬 비[방패霧霈]가 내리네"는 남북의 산을 완전히 삼킬 정도로 큰 비가 쭉쭉 내리는 모습을 말한다. 안다든가 알지 못한다든가 하는 상대계를 넘어서 보면, 남산 북산 천지에 가득히 내리는 빗소리(본래 구족한 자성)를 알 수 있을 것이라는 것이 설두의 송이다.

제47칙

운문, 육불수

운 문 류 불 수
雲門六不收

【수시】

하늘이 무엇을 말하랴, 사시四時는 행해진다. 대지가 무엇을 말하랴,

만물이 생긴다. 사시가 행해지는 데서 본체를 볼 수 있어야 하고, 만물

이 생겨나는 데서 작용을 간파할 수 있어야 한다. 말해보라. 어느 곳에

서 납승을 간파할 수 있을까. 언어동용·행주좌와를 떠나, 목구멍과 입

술에서 간파할 수 있겠는가?

천 하 언 재　사 시 행 언　지 하 언 재　만 물 생 언　향 사 시 행 처　가 이 견
天何言哉。四時行焉。地何言哉。萬物生焉。向四時行處。可以見
체　어 만 물 생 처　가 이 견 용　차 도 향 십 마 처 견 득 납 승　리 각 언 어 동
體。於萬物生處。可以見用。且道向什麼處見得衲僧。離却言語動
용 행 주 좌 와　병 각 인 후 순 문　환 변 득 마
用行住坐臥。併却咽喉脣吻。還辨得麼。

280

어느 승이 운문에게 물었다. "법신이 무엇입니까?" 운문이 말했다. "육
六으로 헤아릴 수 없다."

僧問雲門。如何是法身。門云。六不收。
<small>승문운문　여하시법신　문운　류불수</small>

【송】

일이삼사오륙,

벽안의 호승도 세지 못한다.

소림에서 신광에게 부촉했다고 함부로 말하고

옷자락을 말아 다시 천축으로 돌아갔다고도 말하네.

천축은 아득하여 찾을 곳이 없었는데

어젯밤 유봉을 마주하여 자고 있었구나.

一二三四五六　碧眼胡僧數不足
<small>일 이 삼 사 오 륙　벽 안 호 승 수 부 족</small>
少林謾道付神光　卷衣又說歸天竺
<small>소 림 만 도 부 신 광　권 의 우 설 귀 천 축</small>
天竺茫茫無處尋　夜來却對乳峯宿
<small>천 축 망 망 무 처 심　야 래 각 대 유 봉 숙</small>

해설

"하늘이 무엇을 말하랴"는《논어》에 있는 공자의 말이다. 하늘은 아무
말도 하지 않지만 "사시四時는 행해진다"라고 했다. '사시'는 사계절을
뜻한다. 사계의 그림이 펼쳐지는 것을 말한다. 이는 무형의 하늘을 묘

사하는 유형의 모습이다. "대지가 무엇을 말하랴." 대지 역시 말없이 모든 것을 정화하고 만물을 생성한다. 즉 만물을 공평하게 자라나게 한다는 의미이다.

불성도 천지와 같이 무형무상無形無相이지만, 각자 제 모습 나름대로의 형태를 드러낸다. 눈으로 보고 코로 냄새를 맡고 혀로 맛을 알고 손으로 쥐고 발로 걷는 등, 불성은 천태만상으로 드러난다.

"사시가 행해지는 데서 본체를 볼 수 있어야 하고, 만물이 생겨나는 데서 작용을 간파할 수 있어야 한다"라고 하였다. 사계절이 유전 변화하는 가운데서 실제의 본질을 보아야 하고, 무형무상에서 본체를 꿰뚫어 알아야 한다. 그러나 '체體'와 '용用'을 둘로 나누어서는 안 된다. 사시四時, 즉 만물이 변화 유전하는 그 가운데서 바로 불성의 체·용을 알아차려야 한다. 그런데 말없는 천지의 체·용은 사시의 '상相'에서 간파할 수 있겠지만, "말해보라, 어느 곳에서 선종의 납승을 간파할 수 있을까." '진실한 자기'라는 것이 '언어동용 행주좌와'를 떠나 어디에 있는 것일까. 임제가 말하는 것처럼 보는 것도 듣는 것도 잡는 것도 걷는 것도 모두 진실의 자기, 불성의 체·용 아닌 것이 없다고 하지만, 이를 떠나[이각離却] 목구멍, 입술에서 간파[병각倂却]할 수 있겠는가?

운문은 석두 계열인 설봉의 법을 이었고, 남한南漢의 왕유엄王劉龑, 889-942의 귀의를 받아 소주의 곡강曲江 운문산에 광태선원을 지었다. 그의 문하는 아주 번성하여 나중에 운문종이 형성되었다. 설두는 운문의 6세世가 된다.

어느 승이 운문에게 물었다. "법신이 무엇입니까?" 불교철학[敎相]에서는 불신佛身을 세 종류로 나누어 법신, 보신, 화신이라고 한다. 임제는 '일념상一念上의 청정관'이 법신이라고 하였다. 말하자면 청정무구의 본성이 법신이다. 보신은 우리들이 만물만경萬物萬境에 접하여, 이것은 기둥, 이것은 꽃이라고 구별하면서도 조금도 차별하지 않는 무분별의 깊은 지혜이다. 화신은 진리의 본체인 법신이 중생제도를 위해 상대에 따라 나타난 인격신이며, 부처의 작용에 해당한다. 임제는 대상에 따라 변화 자재하게 나타나는 일념심一念心의 묘용이 바로 그것이라고 하였다.

승은 삼신三身 중, 불생불멸의 본체라고 하는 '법신'이 무엇인가를 운문에게 물었다. 법신이라는 실체가 있다는 착각에 빠진 이 승에게 운문이 말했다. "육六으로 헤아릴 수 없네." 교학상에서의 '육'은 '육근六根' '육경六境' '육식六識' '육대六大(지수화풍공식地水火風空識 등 여섯 가지의 요소)' 등을 가리킨다. '육조六祖'도 '육불六佛'도 좋다. 그러나 여기서는 그런 의미가 아니다. 원오도 평창에서 '육'은 '육근' 혹은 '육진'이라고 생각해서는 안 된다고 했다. 다시 말하면 수數의 세계, 즉 의식으로 헤아리는 세계를 넘어선 것이 법신인 것이다. 이것은 설두의 송에도 나타난다.

설두는 "육불수"라고 하는 운문의 답을 "일이삼사오륙"의 '수'로 열거하고, 무상無相의 법신은 숫자로 표현될 수 없음을 보였다. 그래서 "벽안碧眼의 호승胡僧도 다 세지 못한다"라고 하였다. '벽안의 호승'은 달마를 뜻한다. 달마라고 해도 법신은 세지 못한다는 것이다. "소림에서 신광(이조 혜가二祖慧可, 487-593)에게 부촉했다고 함부로 말하고"라는 것은, 사람들이 달마가 이조에게 법을 전했다고 함부로 말을 하고 있다는 의미이다. 달마가 신광에게 무엇을 설했고 무엇을 전했다고 말할 수 있을까. 법신은 무상無相하기 때문에 서래西來도, 부법付法도, 귀국 도 없다는 의미가 내포되어 있다.

"옷자락을 말아 다시 천축으로 돌아갔다고 말하네"도 마찬가지이 다. '옷자락을 말아'는 설두의 말이다. 사실 《전등록》에는 이 부분이 "신발 한 짝만을 가지고"라고 되어 있다. "천축은 아득하여 찾을 곳이 없었는데"라는 말은, 넓은 인도의 어디를 찾아보아도 달마의 옷을 발 견할 수가 없었다는 뜻이다.

마지막 구에서 설두는 일보 더 나아가, "어젯밤, 유봉을 마주하여 묵 고 있었구나"라고 하였다. '유봉'은 설두산을 말한다. 유봉이 보이는 산 아래 묵고 있었다는 것이다. 법신이 바로 '여기'에 있음을 뜻한다. 달마는 인도뿐 아니라 여기에도 있다는 말이다. 설두가 본칙과 송에서 말하려고 하는 것은 법신무상이었다. 설두는 운문의 육불수의 의미가 바로 '법신무상'임을 이렇게 노래했다.

왕태부, 차를 달이다

王太傅煎茶

본칙

왕태부가 초경사에 들어가니 차를 달이고 있었다. 그때 낭상좌가 명초를 위해 차를 따르려고 차관(다조茶銚)을 잡았다가 차관을 엎어버렸다. 태부가 이를 보고 상좌에게 물었다. "화로 아래 이것이 무엇이지요?" 낭상좌가 말했다. "봉로신이요." 태부가 말했다. "봉로신이 있다면 어째서 차관이 엎어질 수 있소." 낭상좌가 말했다. "관에서 천 일을 일해도 하루아침에 실각하기도 하지요." 대부는 소매를 털고 바로 나가버렸다. 명초가 말했다. "낭상좌는 초경의 밥을 먹고 사는데 도리어 강밖에서 야채野榾를 두드리네." 낭상좌가 말했다. "화상이라면 무어라 하겠소." 명초가 말했다. "비인非人이 틈을 노렸네."

　　[설두가 말했다. "그때 그냥 화로를 차버렸다면 좋았을 걸."]

_{왕 태 부 입 초 경 전 다} _{시 낭 상 좌 여 명 초 파 조} _{낭 번 각 다 조} _{태 부 견}
王太傅入招慶煎茶。時朗上座與明招把銚。朗翻却茶銚。太傅見
_{문 상 좌} _{다 로 하 시 십 마} _{낭 운} _{봉 로 신} _{태 부 운} _{기 시 봉 로 신} _위
問上座。茶爐下是什麼。朗云。捧爐神。太傅云。既是捧爐神。為
_{십 마 번 각 다 조} _{낭 운} _{사 관 천 일 실 재 일 조} _{태 부 불 수 변 거} _{명 초}
什麼翻却茶銚。朗云。仕官千日失在一朝。太傅拂袖便去。明招
_운 _{낭 상 좌 끽 각 초 경 반 료} _{각 거 강 외} _{타 야 채} _{낭 운} _{화 상 작 마}
云。朗上座喫却招慶飯了。却去江外。打野榸。朗云。和尚作麼
_생 _{초 운} _{비 인 득 기 편} _{설 두 운} _{당 시 단 답 도 다 로}
生。招云。非人得其便。雪竇云。當時但踏倒茶爐。

【송】

묻는 것은 바람을 일으킬 것 같았는데,

대응하는 작용은 훌륭한 솜씨가 아니다.

안타깝구나, 독안룡

일찍이 어금니와 손톱을 드러내지 못했네.

어금니와 손톱을 열면 구름과 우레가 생기고

역류의 물결, 몇 번이나 거쳐야 할까.

_{래 문 약 성 풍} _{응 기 비 선 교}
來問若成風　應機非善巧
_{감 비 독 안 룡} _{증 미 정 아 조}
堪悲獨眼龍　曾未呈牙爪
_{아 조 개 생 운 뢰} _{역 수 지 파 경 기 회}
牙爪開生雲雷　逆水之波經幾回

해설

왕태부는 장경 혜릉_{長慶慧稜}, 854-932에게서 공부한 거사인데, 이름은

연림_{延琳}이다. '태부'는 관직_{官職} 이름으로, 천자를 보필하는 직위이다.

왕태부는 장경의 도풍을 그리워하여, 자신이 천주_{泉州}의 자사(장관)로

지내고 있을 때 초경사로 모셔 주지를 맡게 했다. 초경사는 복건성의 해안 마을인 천주에 있는 절이다.

왕태부가 어느 날 초경사招慶寺에 갔을 때, 마침 차회茶會가 열렸다. 낭상좌(보자 혜랑報慈慧朗)는 장경의 법을 이었다. 그 자리에는 명초 덕겸明招德謙도 합석한 것 같다. 명초는 무주婺州 명초에 살면서 암두-나산의 가풍을 크게 드날렸다. 그를 독안룡獨眼龍이라고 하는데, 실제로 한쪽 눈을 잃어서이기도 하지만, 그의 격한 기성氣性으로 인하여 그렇게 칭한 것이다.

접대하는 낭상좌가 명초를 위해 다조茶銚(금속으로 된 차관茶罐)의 자루를 잡고 차를 따르려고 했다. 그때 낭상좌는 조심성이 없었는지 잘못하여 차관을 엎어버렸다. 태부가 그것을 보고 상좌에게 물었다. "차로茶爐 아래 이것이 무엇인가요?" 상좌는 "봉로신이요"라고 대답했다. '봉로신捧爐神'은 화로 발에 새겨 넣은 귀면鬼面인데, 화로를 받든다는 의미로 그렇게 부른다. 말하자면 화로의 수호신이다.

"봉로신이 있다면, 어째서 차관이 엎어질 수가 있소?" 말하자면 화로 아래에 봉로신이 있는데도 불구하고 어째서 차관을 모시지 않고 뒤엎어지게 내버려두었는가 물은 것이다. 낭상좌는 "관에서 천 일을 일해도 하루아침에 실각하기도 하지요"라고 말했다. 아무리 열심히 일해도 한번 실패가 있으면 관직을 잃게 된다는 뜻이다. 이것은 관리에게 말해서는 안 되는 일종의 '금구禁句'이다. 예의 없이 함부로 말하는 듯한 낭상좌에게 크게 화가 난 왕태부는 소매를 털고 자리에서 일어나바로 나가버렸다. 왕태부와 낭상좌의 대화가 한결같지 못한 것은 서로뜻을 져버렸기 때문이다. 이 같은 내용은 남양 혜충과 자린 공봉紫璘供奉과의 대화에도 나타난다.

혜충이 물었다. "그대가《사익경思益經》의 주해서註解書를 냈다고 들었는데 그러한가?" "그렇습니다." 혜충은 "경전에 주를 달고 해석하려면 반드시 부처님의 뜻을 알아야지"라고 말했다. 공봉은 "그 뜻을 이해하지 못한다면 어떻게 감히 경전에 주해를 붙인다고 하겠습니까?"라고 하였다. 혜충은 시자에게 물 한 주발을 가져오게 한 후, 쌀 일곱 톨을 넣고, 젓가락 한 짝을 주발 위에 얹어 공봉에게 내보이며 물었다. "이게 무언가?" "모르겠습니다." 혜충은 "나의 뜻도 모르면서 어찌 부처의 뜻을 말하겠는가?"라고 말했다고 한다. 혜충의 뜻이 공봉에게 전해지지 못했던 것이다.

명초가 낭상좌의 퉁명스런 말투를 듣고 "낭상좌는 초경의 밥을 먹고 살면서 도리어 강 건너에서 야채野榪를 두드리는 것 같네"라고 비판했다. '야채'는 거친 들판을 불태울 때, 타다 남은 나뭇등걸이다. 말하자면 초경사의 절밥을 얻어먹으면서, 시골의 가난한 자들이 야채를 치고 소란을 피우며 돌아다니듯 거친 행동을 해버렸다는 것이다. 낭상좌는 "화상이라면 뭐라 하겠소?"라고 했다. 명초가 말했다. "비인이 틈을 노렸네." '비인非人'은 '마魔'이다. 즉 세간에서 말하는 '마가 끼었다'라는 뜻이다. 나중에 설두는 이 말을 들어 "그때 그냥 화로를 차버렸다면 좋았을걸"이라고 했다. '그때'는, 대부가 낭상좌에게 "화로 아래 이것이 무엇이지요?"라고 물었을 때이다. 그때 그 자리에서 바로 화로를 차버렸다면 뒤에 이런 싸움도 일어나지 않았을 것이라는 말이다.

송의 첫 구, "묻는 것이 바람을 일으킬 것 같지만"에서, '묻는 것'은 왕태부의 예리한 질문을 뜻한다. '바람을 일으킬 것 같지만'이라는 말에는 고사가 있다. 장석匠石이라는 대공大工이 영인郢人이라는 사람의 코끝에 묻어 있는 진흙을 떼어내려고 바람이 일 정도로 도끼를 휘둘러 코를 스치는데, 상처 하나 내지 않고 진흙을 떼어냈다고 한다. 이는 왕태부의 "화로 아래 이것은 무엇이지요?"라는 질문의 힘을 의미한다.

둘째 구, "대응하는 작용[應機]은 훌륭한 솜씨가 아니다"에서, '응기應機'는 낭상좌가 '봉로신'이라고 대답한 것을 뜻한다. 이것은 썩 좋은 방법이 아니라는 말이다. 제3구와 4구, "안타깝구나, 독안룡 / 일찍이 어금니와 손톱[牙爪]을 드러내지 못했네"는, 설두의 눈으로 볼 때 명초 독안룡의 응답도 아직 본분의 선, 즉 '어금니와 손톱'을 드러내지 못했다는 것이다. 여기서 '아조牙爪'는 용의 어금니와 손톱을 가리킨다.

"어금니와 손톱을 열면 구름과 우레가 일어나니"라는 말은, 본령이 발휘된다면 구름과 우레가 일어난다는 뜻이다. "역류의 물결, 몇 번이나 거쳐야 할까." 얼마 동안 대파란을 되풀이해야만 할까 하는 의미이다. 백천百川 줄기가 바다에 이르러도 바다는 넘치지 않지만, 바다가 성나면 내천으로 역류한다. 그러한 역류의 대파란을 어느 정도 되풀이해야 어금니와 손톱이 열리고 구름과 우레가 일어날까 하는 말이다. 송의 이 마지막 구는, 낭상좌를 비평한 독안룡에게 설두가 기대를 건다는 의미이다.

제49칙

삼성, 그물을 뚫은 금린

삼 성 투 망 금 린
三聖透網錦鱗

【수시】

벽을 뚫어 종횡으로 드나들고, 북을 찢고 기를 빼앗고, 백 겹 천 겹 수비를 견고히 하여 앞에도 뒤에도 틈을 보이지 않는다. 호랑이 머리 위에 앉아 꼬리를 움켜쥔다 해도 아직 작가가 아니다. 우두牛頭가 사라지고 마두馬頭가 돌아온다 해도 아직은 기특하지 않다. 말해보라, 걸출한 자가 나타난다면 어떻게 대처해야 할까. 예를 들어볼 테니 참구해보라.

칠 천 팔 혈　참 고 탈 기　백 잡 천 중　첨 전 고 후　거 호 두 수 호 미　미
七穿八穴。攙鼓奪旗。百匝千重。瞻前顧後。踞虎頭收虎尾。未
시 작 가　우 두 몰 마 두 회　역 미 위 기 특　차 도 과 량 저 인 래 시 여 하
是作家。牛頭沒馬頭回。亦未為奇特。且道過量底人來時如何。
시 거 간
試舉看。

삼성이 설봉에게 물었다. "그물을 뚫고 나온 금린은 무엇을 먹고 삽니까." 설봉이 말했다. "그대가 그물에서 나오기를 기다렸다가 말해주겠소." 삼성이 말했다. "일천오백 인을 거느리는 선지식이 말귀도 알아듣지 못하네요." 설봉이 말했다. "노승은 주지 일이 바빠서."

삼성문설봉　투망금린미심이하위식　봉운　대여출망래　향여
三聖問雪峯。透網金鱗未審以何爲食。峯云。待汝出網來。向汝
도　성운　일천오백인선지식　화두야불식　봉운　로승주지사번
道。聖云。一千五百人善知識。話頭也不識。峯云。老僧住持事繁。

【송】

그물을 뚫은 금린,

물속에 있다고 말하지 말라.

하늘을 흔들고 땅을 쓸어버리며

지느러미를 떨치고 꼬리를 흔든다.

천 길 고래, 내뿜으니 거친 물결이 솟고

한 소리 우레, 진동하니 맑은 회오리바람 일어나네.

맑은 회오리바람이 일어남이여!

천상과 인간, 몇이나 알까.

투망금린　휴운체수
透網金鱗　休云滯水
요건탕곤　진렵파미
搖乾蕩坤　振鬣擺尾
천척경분홍랑비　일성뢰진청표기
千尺鯨噴洪浪飛　一聲雷震淸飆起
청표기　천상인간지기기
淸飆起　天上人間知幾幾

수시의 첫 구, '칠천팔혈'은 '사통팔달'과 같은 의미이다. 벽에 구멍을 뚫어 사통팔달 자유자재로 출입한다는 말이다. "북을 찢고 기를 빼앗고"는, 적진으로 침입하여 승리를 거두었다는 뜻이다. 선제공격하여 적을 철저히 분쇄하는 기백이다. 이는 본칙에 나오는 삼성三聖의 모습을 의미한다. "백 겹 천 겹 수비를 견고히 하여 앞에도 뒤에도 틈을 보이지 않는다"라는 말은, 여러 겹으로 진陳을 치고, 전후를 충분히 살피고 주의하여 엄중히 방어한다는 말이다. 이는 설봉의 입장을 나타내는 표현이다.

그러나 그같이 완벽한 공격이나 방어를 하지만, "호랑이 머리 위에 앉아 꼬리를 움켜쥔다 해도 아직 작가가 아니다"라고 하였다. 호랑이를 제압할 정도로 수완이 좋다고 해도 아직 그것만으로는 선자禪者로서 충분하지 않다는 뜻이다. 또한 "우두가 사라지고 마두가 돌아온다"라고 할 만큼 자유자재한 작용이 있다고 해도, 그것 또한 "기특할 것이 못 된다"라고 하였다. 여기서 '우두'나 '마두'는 단순히 소머리나 말머리를 의미하는 것이 아니라, 사라졌다가 나타났다가 하는 신출귀몰한 모양을 비유한 것이다. 이렇다 해도 진기한 것이 못 된다는 말이다.

그것은 그렇다 치고, 여기에 만약 '과량저인過量底人', 즉 상식을 뛰어넘는 역량이 있는 걸출한 자가 나타난다면 어떻게 대처해야 할까? 시험 삼아 본칙을 들어볼 테니 참구해보라고 하였다.

본칙에서는, 당시 대등한 역량의 작가인 삼성과 설봉이 격렬한 법전을 보이고 있다. 삼성三聖慧然은 임제를 17년간 시봉하며 진주鎭州 삼성원三聖院에서 지냈다. 격조 높은 명구로 인하여 예로부터 어록의 왕이라 불리는 《임제록》을 편집한 선장禪匠이다. 임제가 입적할 때 "내가 떠난 뒤, 나의 정법안장을 잃지 말라"라고 하자, "어찌 감히 스님의 정법안장을 잃겠습니까?"라고 말했다. 임제가 "그럼 이후에 어떤 사람이 너에게 묻는다면 어떻게 하겠느냐?"라고 하자, 삼성이 앞으로 나아가 "악!" 하고 일갈하였다. 그러자 임제가 "나의 정법안장이 이 눈먼 비구 대에서 사라지게 될 줄이야"라고 했다는 유명한 이야기가 있다.

임제 입적 후, 삼성은 여러 곳을 행각 하던 중 설봉을 만나게 되어 그에게 질문했다. "그물을 뚫고 나온 금린은 무엇을 먹고 삽니까?" 원문에 있는 '미심未審'은 의문문을 만드는 조사이다. '금린'은 어떤 그물에도 걸리지 않는 굉장한 물고기를 뜻한다. 이는 깨달음조차 넘어선 자유자재한 자를 의미한다. 불계마계佛界魔界, 오계미계悟界迷界를 벗어난 작가를 '그물을 뚫은 금린'에 비유하였다. 이 같은 물고기는 무엇을 먹는가 하는 물음이다. 즉 수행이나 계율, 깨달음과 같은 그물 사이를 벗어난 '과량저인過量底人' 같은 자는 무엇으로 살아가는가 하는 의미이다. 여기서 '먹이[食]'는 향상인의 '수용의 마음[受用心]'이다.

물론 삼성은 그러한 것을 알지 못해 질문한 것이 아니라, 설봉이 어떻게 나오는지를 살피려는 것이다. 설봉은 노련하다. 삼성이 조금도 꺾이지 않으려는 태세로 '나는 그물을 벗어난 금린이오'라고 대드는 모습에, 설봉은 조금도 흔들림 없이 "그대가 그물에서 나오기를 기다렸다가 말해주겠네"라고 했다. 말하자면 '우선 먼저 그물을 나와봐라. 그런 뒤에 알게 해주겠다'라고 교묘하게 받아친 것이다. 그러나 삼성이 주저앉을 리가 없다. 삼성은 바로 "일천오백 인을 거느리는 선지식이 말귀도 알아듣지 못하는군"이라고 핀잔했다. 설봉은 바로 "노승은 주지 일이 바빠서"라고 대답했다. 설봉 자신은 소임으로 바빠서 그런 한가한 질문에 답할 틈이 없다고 되받은 것이다.

원오는 평창에서 설봉의 이 말에 대하여, "사로잡기도 하고 놓아주기도 하고, 상대가 강하면 약해지고 상대가 미천하면 스스로 고귀하게 상대하니, 그대들이 만약 승부로 이를 이해한다면 꿈에도 설봉을 만나지 못할 것이다"라고 평하였다. 이 두 사람의 대화에는 삼성의 처음 질문에 대한 답이 명확히 나오지 않았지만, 어디에도 걸리지 않는 금린의 물고기의 활작략活作略을 보여준다.

"그물을 뚫은 금린, 물속에 있다고 말하지 말라." 송의 첫 구와 둘째 구는 삼성과 설봉이라는 두 금린이 서로 그물을 치고 거기서 빠져나가는 한바탕의 법전을 묘사한다. 그다음 구에서는 법전의 격렬함을 용에 비유하여 "하늘을 흔들고 땅을 쓸어버리며"라고 하였는데, 이는 용이 되어 천지를 흔들어 움직이는 모습이다. 그다음 "지느러미를 떨치고 꼬리를 흔든다"라고 하였다. 용이 비상하는 모습이다. 모두 자유자재한 선자들의 법전의 모습을 묘사한 표현이다.

"천 길 고래, 내뿜으니 거친 물결이 솟고", 천 길이나 되는 거대한 고래가 바닷물을 내뿜어 큰 파도를 일으킨다는 말인데, 이는 삼성에 대한 비유이다. 다음 구, "한 소리의 우레, 진동하니 맑은 회오리바람[청표淸飈] 일어나네"는 설봉에 대한 비유이다. 설봉이 정체를 드러내니 청천靑天의 벽력霹靂 같은 소리에서 맑은 회오리바람이 일어난다고 하였다.

두 사람 덕분에 선계에 맑은 바람이 일어난 것이다. "맑은 회오리바람 일어남이여!" 그러나 그 맑은 바람을 "천상과 인간, 몇이나 알까"라고 하였다. 맑은 회오리바람 같은 두 사람의 고고한 심경을 천상과 인간 사이에 도대체 몇 사람이나 알까? 설두는 삼성과 설봉의 법전에 승패가 없음을 이렇게 노래했다.

제50칙

운문, 진진삼매

운 문 진 진 삼 매
雲門塵塵三昧

【수시】

계급을 뛰어넘고 방편도 초월하여, 기와 기가 상응하고 한마디 한마디
가 서로 투합한다고 해도, 큰 해탈문에 들어가 큰 해탈의 작용을 하지
못한다면 어떻게 부처와 조사를 저울질하고 종승의 귀감이 되겠는가.
말해보라. 문제의 핵심을 단번에 뚫어 역순종횡하는 출신구를 어떻게
말할 수 있겠는가. 시험 삼아 제시하니 참구해보라.

도 월 계 급 초 절 방 편　　기 기 상 응　　구 구 상 투　　당 비 입 대 해 탈 문　　득 대
度越階級超絶方便。機機相應。句句相投。儻非入大解脫門。得大
해 탈 용　　하 이 권 형 불 조　　귀 감 종 승　　차 도 당 기 직 절　　역 순 종 횡　　여
解脫用。何以權衡佛祖。龜鑑宗乘。且道當機直截。逆順縱橫。如
하 도 득 출 신 구　　시 청 거 간
何道得出身句。試請擧看。

296

어느 승이 운문에게 물었다. "진진삼매가 무엇입니까?" 운문이 말했다. "발우 속에 밥, 물통 속에 물."

승 문 운 문　　여 하 시 진 진 삼 매　　문 운　　발 리 반 통 리 수
僧問雲門。如何是塵塵三昧。門云。鉢裏飯桶裏水。

【송】

발우 속에 밥, 물통 속에 물

다구아사라도 입을 떼지 못한다.

북두와 남성의 위치 다르지 않고

새하얀 파도, 하늘에 미칠 듯 대지에 일어나네.

헤아려도 헤아려지지 않고, 멈춰도 멈춰지지 않는다.

각각 잠방이 하나 없는 장자의 아들.

발 리 반 통 리 수　　다 구 아 사 난 하 취
鉢裏飯桶裏水　　多口阿師難下嘴
북 두 남 성 위 불 수　　백 랑 도 천 평 지 기
北斗南星位不殊　　白浪滔天平地起
의 불 의 지 부 지　　개 개 무 곤 장 자 자
擬不擬止不止　　箇箇無裩長者子

"계급을 뛰어넘고 방편도 초월한다"라는 말은 '단번에 여래의 경지에 드는[일초직입여래지一超直入如來地]'돈오를 가리키며, '즉신성불卽身成佛'의 선을 뜻한다. 여기서 '계급'은 불도佛道 수행의 단계를 의미한다.

《화엄경》에서 말하는 보살 수행 단계이다. 일찍이 청원 행사가 육조를 참례했을 때, 육조가 "성스런 진리마저 문제 삼지 않는데, 거기에 무슨 계급이 있겠는가"라고 하니, 행사는 "깊이 그것을 바탕[器]으로 삼겠습니다"라고 했다는 고사古事가 있다.

"기機와 기가 상응하고 한마디 한마디가 서로 투합한다"라는 말은, 스승과 제자 사이가 마치 거울과 거울이 서로 비추는 것과 같다는 뜻이다. '기機'는 미묘한 작용을 가리키고, '한마디'는 언구나 문자를 뜻하는데, 모두 자신의 경지를 표현하는 수단이다. 그러나 이것을 '선禪'이라고 단정해버리면 바로 사구死句가 되고 사기死機가 되어, 활선活禪이라고 할 수 없다. '해탈'이 없으면 안 된다. '해解'는 모든 개념을 해소解消하는 것이며, '탈脫'은 자신을 구속하고 있는 생각, 고정관념에서 벗어나 자유무애하게 되는 것이다. 해탈은 미혹이나 번뇌만이 아니라, 신이나 부처, 진리나 깨달음에 대한 속박이나 집착에서도 벗어나는 것을 의미한다.

선이란 '큰 해탈문으로 들어가 큰 해탈의 작용을 얻는 것'이다. '큰 해탈의 작용'은 마치 새가 하늘을 나는 것처럼 자유자재한 묘용을 의미한다. 모든 속박에서 해방되어 자유자재한 경지에 들고, 또한 깨달음의 경지마저 초월한 자유 활달한 작용을 뜻한다. 이러한 자유자재한 작용이 없다면 "어떻게 부처와 조사를 저울질하고 종승의 귀감이 될까", 즉 큰 해탈의 작용이 없다면 어떻게 불조佛祖와 어깨를 나란히 하고 선문禪門의 대표가 되어 납자들의 귀감이 될 수 있겠는가. 그러니 "자, 말해보라. 문제의 핵심에 직면하여 단도직입적이고 역순의 경계를 종횡하는 출신구를 어떻게 말할 수 있겠는가." '출신구出身句'는 깨달음의 경지에 든 자의 자유롭고 활달한 언어표현을 뜻한다. 실례를 들어볼 테니 참구해보라고 하였다.

어느 승이 운문에게 물었다. "진진삼매가 무엇입니까?" 승은 화엄교학의 '진진삼매' 사상을 가지고 운문에게 질문하였다. 즉 일미진一微塵(대상계) 가운데서 일체의 삼매를 행한다는 것이 무엇인가 하는 질문이다. '진진삼매'는《화엄경》〈현수품〉의 "한 티끌 속에서 삼매에 들어 모든 미진정微塵定을 성취한다. 그 일미진 속에 두루 생각하기 어려운 세계[찰刹]가 또한 나타난다"라는 말씀에 근거한다. 말하자면 '일즉일체一卽一切'라는《화엄경》의 법리를 말한 것이다. 티끌은 극히 작아 공空에 가까운 원자인데, 이렇게 미세한 하나의 티끌 가운데 헤아릴 수 없이 많은 세계가 나타난다는 말이다.

　방에 등불을 하나 켜놓고 사방에 거울을 달아놓았을 때, 한 개의 등불이 천 등, 만 등이 되는 것처럼, 자성의 부처는 하나의 등불이라 해도 만법으로 나타난다. 승이 "진진삼매가 무엇인가?"라고 물은 것은 바로 화엄의 이러한 진의眞意가 무엇인가를 물은 것이나 다름없다. 이 승은 자신 밖에 그러한 세계가 있다고 보고 있는 것은 아닐까. 원오가 착어하여 "천하의 납승은 다 이 속에 있고 소굴巢窟을 이룬다"라고 한 것은 이 점을 지적한 것이 아닐까. 승뿐 아니라 누구라도 진진삼매 속에 있으면서 그것을 느끼지 못하고 있는 것은 아닐까. 물속에 있으면서 목마르다고 소리치는 것처럼 말이다.

　운문은 "발우 속에 밥, 물통 속에 물"이라고 답했다. 발우에는 밥, 물통 속에는 물이 그대로 법이고, 법위法位에 머물면서 진여를 나타내고 있다는 뜻이다. 한 가지 일을 꿰뚫으면 모든 것을 꿰뚫을 수 있다. '일진' 삼매 가운데 '일체' 삼매가 포함되어 있다. 일체삼매, 근본삼매는 자신의 일상에 있다. 밖으로 향하여 구해서는 안 된다. 따라서 원오도 "함원전含元殿 속에서 장안을 묻지 마라"라고 하였다. 함원전은 장안의 어전御殿이다. 자기 일신一身에 일체삼매가 갖추어져 있다는 말이다. 그것을 철견徹見하지 않으면 안 된다는 것을, 운문이 승에게 이렇게 말한 것이다.

설두는 송에서 "발우 속에 밥, 물통 속에 물"이라는 운문의 대답을 첫 구로 썼다. 그러고는 이것에 대해 "다구아사多口阿師도 입을 떼지 못한다"라고 하였다. '다구아사'는 불필요하게 말이 많은 선생을 뜻한다. 그들도 운문의 이 말에는 한마디도 할 수 없다는 의미이다. 여기서는 질문한 승을 가리킨다.

"북두와 남성의 위치 다르지 않고 /새하얀 파도, 하늘에 미칠 듯 대지에 일어나네." '북두'는 북두성北斗星이며 '남성'은 남극성이다. 이 별들을 들어 북도 남도 있어야 할 곳에 있음을 보인 것이다. 그것을 "새하얀 파도, 하늘에 미칠 듯 대지에 일어나네"라고 하였다. 물통 속의 물이 평지에서 하늘을 향하여 새하얀 파도를 내뿜는다고 노래한 것이다. 대지도 바다도 하늘도, 한 장場의 세계이다. 일진삼매가 일체삼매이다. 그 세계는 다구아사도 생각할 수 없다.

마음을 향하려고 해도 향해지지 않고, 마음을 그치려고 해도 그쳐지지 않음을, "헤아려도 헤아려지지 않고 멈춰도 멈춰지지 않는다"라고 하였다. 설두는 진진삼매를 질문한 승에 대하여, 마지막 구에서 "각각 잠방이 하나 없는 장자의 아들"이라고 했다. '무곤無裩'은 잠방이 한 장도 없다는 뜻이다. 《법화경》의 비유에서처럼, 장자의 아들이 자신의 신분을 잊고 가난하게 지내고 있는 것과 같다는 의미이다. 말하자면 어찌해볼 도리가 없을 정도로 비천하게 되어도, 신분은 장자의 아들, 즉 부처의 아들이라는 것이다. 원오는 이를 댓글로 "방관자는 웃는다"라고 하였다. 야멸차지 못한 승에 대해 제삼자는 피식 웃을 수밖에 없다는 말이다.

제51칙

설봉, 이게 뭐야!

설 봉 시 십 마
雪峰是什麼

【수시】

조금이라도 시비가 있으면 분연히 마음을 잃는다. 계급에 떨어지지 않으면 모색할 것이 없다. 자 말해보라. 방행放行하는 것이 옳은가, 파주把住하는 것이 옳은가. 여기에 이르러 만약 실오라기만큼이라도 해석하겠다고 하면, 오히려 말[언전言詮]에 막히고 기연이나 경계[기경機境]에 구애되니, 이것은 모두 풀에 붙고 나무에 의지하는 격이다. 설사 바로 독탈처獨脫處에 이른다 해도 아직 만 리 밖 고향을 바라보는 것을 면치 못한다. 알지 못하겠는가. 아직 알지 못한다면 차라리 다만 이 현성공안을 깨치도록 하라. 예를 들어볼 테니 참구해보라.

재유시비　분연실심　불락계급　우무모색　차도방행즉시　파주
纔有是非。紛然失心。不落階級。又無摸索。且道放行即是。把住
즉시　도저리　약유일사호해로　유체언전　상구기경　진시의초
即是。到這裏。若有一絲毫解路。猶滯言詮。尚拘機境。盡是依草
부목　직요변도독탈처　미면만리망향관　환구득마　약미구득
附木。直饒便到獨脫處。未免萬里望鄕關。還搆得麽。若未搆得。
차지리회개리성공안　시거간
且只理會箇理成公案。試舉看。

설봉이 초암에 머물 때, 두 승이 인사를 드리러 왔다. 설봉이 이들이

오는 것을 보고 암자의 문을 밀치고 뛰쳐나오며 말했다. "이게 뭐야!"

승도 또한 "이게 뭐지!"라고 했다. 설봉은 고개를 숙이고 초암 안으로

들어갔다.

　그 승이 나중에 암두에게 갔을 때 암두가 물었다. "어디에서 오는

가?" 승이 대답했다. "영남에서요." 암두가 물었다. "설봉에게 간 적이

있는가?" 승이 대답했다. "네, 간 적이 있습니다." 암두가 물었다. "무

슨 말이 있었던가?" 승이 앞의 일을 말하니 암두가 말했다. "그가 무슨

말이라도 했는가?" 승이 대답했다. "그는 말없이 고개만 숙이고 초암

으로 들어갔습니다." 암두가 말했다. "흠! 내가 당초에 그에게 마지막

한마디[말후구末後句]를 말해주지 않았던 것이 후회되는구나. 만약 그

에게 말해주었다면 천하가 설노장을 어찌하지 못하였을 텐데."

　여름이 끝날 무렵, 그 승이 다시 앞의 일을 꺼내며 한마디 청하였다.

암두가 말했다. "왜 일찍이 묻지 않았는가?" 승이 말했다. "감히 쉽지

않아서요." 암두가 말했다. "설봉은 비록 나와 같은 줄기에서 났지만

나와 같은 줄기에서 죽지는 않는다. 그대가 마지막 한마디를 알기 원

한다면, '다만 이것'일 뿐."

설봉주암시　유랑승래례배　봉견래　이수탁암문　방신출운　시
雪峯住庵時。有兩僧來禮拜。峯見來。以手托庵門。放身出云。是
십마　승역운　시십마　봉저두귀암　승후도암두　두문　십마처
什麼。僧亦云。是什麼。峯低頭歸庵。僧後到巖頭。頭問。什麼處
래　승운　영남래　두운　증도설봉마　승운　증도　두운　유하
來。僧云。嶺南來。頭云。曾到雪峯麼。僧云。曾到。頭云。有何
언구　승거전화　두운　타도십마　승운　타무어저두귀암　두
言句。僧舉前話。頭云。他道什麼。僧云。他無語低頭歸庵。頭
운　희아당초회불향타도말후구　약향이도　천하인불내설로하
云。噫我當初悔不向他道末後句。若向伊道。天下人不奈雪老何。
승지하말　재거전화청익　두운　하부조문　승운　미감용이　두
僧至夏末。再舉前話請益。頭云。何不早問。僧云。未敢容易。頭
운　설봉수여아동조생　불여아동조사　요식말후구　지저시
云。雪峯雖與我同條生。不與我同條死。要識末後句。只這是。

【송】

말후구, 그대에게 말하니,

명암쌍쌍, 어떤 시절인가.

같은 줄기에서 태어난 것은 서로 함께 알아도

같은 줄기에서 죽지 않는 것이 다르다.

다른 것!

황두(석가)와 벽안(달마)을 잘 구별해야 하네.

남으로 북으로 동으로 서로, 돌아가자!

깊은 밤, 수천 봉우리의 눈을 함께 바라보게.

말후구위군설　　명암쌍쌍저시절
末後句為君說　明暗雙雙底時節
동조생야공상지　　부동조사환수절
同條生也共相知　不同條死還殊絕
환수절　　황두벽안수견별
還殊絕　黃頭碧眼須甄別
남북동서귀거래　　야심동간천암설
南北東西歸去來　夜深同看千巖雪

"조금이라도 시비가 있으면 분연히 마음을 잃는다"라는 말은 중국 선종 3조 승찬의 《신심명》에 나오는 말이다. '시비'는 반드시 시비선악으로 보지 않아도 좋다. 본래 하나인 것을 둘로 보는 분별심의 소산이라고 보면 좋을 것이다. 분별취사의 마음이 없어졌다가 다시 일어나면 이미 마음은 평정한 상태를 잃고, 있는 그대로의 진실한 모습을 보지 못한다. 그러나 "계급에 떨어지지 않으면 모색할 것이 없다"라고 했다. 단계에 따라 나아가는 '틀'을 벗어나면, 깨달음의 단서를 찾는 수단이 없어진다는 의미이다.

"자, 말해보라. 방행하는 것이 옳은가, 파주하는 것이 옳은가." '방행'은 하고 싶은 것을 하도록 내버려두는 긍정의 길, 즉 차별의 세계이다. '파주'는 꽉 잡아 옴짝달싹할 수 없게 하는 부정의 길, 즉 평등의 세계이다. 긍정하는 것이 결코 좋은 것도 아니고, 부정하는 것이 결정적으로 나쁜 것도 아니다. 그때 그 자리에서 파주·방행, 부정·긍정을 뛰어넘어 자유로이 작용하는 것이 선의 길이다.

"실오라기만큼이라도 해석을 하겠다고 하면"이란, '조금이라도 이론, 분별이 있다면'이라는 의미이다. 그렇게 한다면 말[言詮]에 휘둘리고 경계나 상대의 움직임[機境]에 구속되어, 그것은 모두 '의초부목依草附木', 즉 '초목에 들러붙은 정령'처럼, 스스로 일어설 줄 모른다.

그렇다고 '독탈처獨脫處에 이른' 자유인이 되면 완전한가. "아직 만리 밖 고향을 바라보는 것을 면하지 못한다"라고 했다. '독탈처'란 홀로 초탈하는 것이다. 유아독존의 자립을 의미한다. 완전한 자유인이라고 해도, 아직 고향은 일만 리 저쪽에 있다. 다시 말해서 자기 본래의 면목과는 아주 멀리 동떨어져 있다는 것이다.

"알지 못하겠는가"는 '본분의 고향을 깨닫지 못하겠는가'라는 말이다. "아직 알지[撏得] 못했다면 이 현성공안을 깨치도록 하라"라고 하였다. '구득撏得'은 본래의 면목을 깨친다는 뜻이다. '현성공안現成公案'은 '견성공안見性公案'이다. 공안을 철견하라는 것이다. 구체적인 예를 들어볼 테니 참구하라고 하였다.

설봉은 덕산 선감德山宣鑑, 780-865의 법을 이었다. 젊었을 때 대단히 선에 힘썼다. 세 번 투자投子에게 법을 묻고 아홉 번 동산洞山에게 갔다고 한다. 수많은 편력 이후 다시 덕산에게 돌아가 법을 이었다. 이후 운문 문언 등의 뛰어난 제자를 배출했다. 설봉은 당 무종武宗, 814-846(재위: 840-846)의 폐불정책으로 인한 법난을 피해 야산에 작은 초암을 짓고 몸을 숨겼다. 그러던 어느 날 두 승이 이 암자에 온 것이다. 물론 참선 문답(법거량)을 위해서이다.

설봉은 그들이 오는 것을 보자, 문을 밀치고 뛰쳐나가면서 "이게 뭐야!"라고 하였다. 승 역시 "이게 뭐지요!"라고 했다. 설봉은 두 승이 자신의 공부는 하지 않고 모방만 힘쓰는 학승임을 알아챘다. 그러나 설봉은 내색하지 않고 고개를 떨구고 처소로 들어갔다. 실망한 것이다. 설봉이 말후의 뇌관牢關을 보였는데, 두 승은 정녕 알아채지 못했다.

승은 나중에 암두에게 갔다. 암두와 설봉은 덕산 문하의 사형사제지간이다. 암두는 설봉으로 하여금 마지막 깨달음을 체득할 수 있게 한 선사로, 설봉의 역량이나 인물됨을 잘 알고 있었다. 암두 역시 그 승의 공부를 알아챘다. 암두는 "흠! 내가 당초에 설봉에게 말후구末後句를 일러주지 못한 것이 후회되네. 만약 그에게 말해주었다면 천하의 사람들이 설노장을 어찌하지 못했을 텐데"라고 말했다. 말후구는 당시 덕산·암두·설봉 사이에 자주 논해진 화두이다. '말후향상의 일구', 또는 '말후의 뇌관牢關'이라고도 한다. 범凡·성聖·미迷·오悟를 초월한, 최후의 선경禪境을 보이는 한마디이다. 이러한 경지는 어떠한 언구나 기연을 가지고도 나타내 보일 수 없으므로, '다만 이것'이라든가, '가만히 머리를 숙이고 암자로 돌아가는 것' 이외에 달리 보일 방법이 없다.

암두가 설봉에게 말후의 일구를 가르쳐주지 못해서 후회하는 듯한 말로 보이지만, 실은 이 승에게 말후의 일구를 가르치려고 한 것이다. 다시 말해서 승에게 은근히 '말후구'를 궁구하도록 유도한 것이다.

이 승은 열심히 참구하였는지, 하안거 해제일에 다시 암두의 처소로 왔다. 승은 앞의 일을 다시 꺼내며 지도를 부탁했다. 암두가 "왜 빨리 묻지 않았는가?"라고 다그치자, 승은 "쉽지 않은 문제라 생각해서 지금까지 참구해왔습니다"라고 했다. 암두는 "설봉이 나와 같은 줄기에서 태어났다 해도 같은 줄기에서 죽지는 않는다"라고 했다. 같은 문하에서 같이 불법을 깨달았지만, 깨침을 나타내고 가르치는 방식은 서로 달라 천지만큼 큰 차이가 있다는 것이다. 이를 설두의 송에서는 '수절殊絶'이라고 하였다.

언어와 기연을 끊은 세계이기 때문에 암두는 '다만 이것'일 뿐이라고 할 수밖에 없었다. 어쨌든, 암두는 "말후구를 알고자 한다면 '다만 이것'일 뿐"이라고 한 반면 설봉은 "이게 뭐야!"라고 말한 데서, '같은 줄기에서 죽지 않음'을 볼 수 있다.

미혹에도 깨달음에도 집착하지 않고, 범부의 세계에도 부처의 세계에도 속박되지 않는, 최고 자유자재의 해탈경을 말후향상의 세계라고 한다. 이 말후구의 이야기는 덕산의 문하에서 자주 행해진 것 같다. 이

전에 덕산이 설봉에게 말후의 일구를 가르쳤을 때도 역시 '말없이 머리를 숙이고 암자로 돌아가는 것'을 보였다고 한다. 마조 문하의 반산 보적盤山寶積의 말 중에도, "말후의 뇌관牢關, 천성千聖도 전하지 못한다"라는 말이 있다.

송은 본칙에서 문제가 된 말후의 일구를 중심으로 노래했다. "말후의 구, 그대에게 말한다." 여기서 '그대'는 설봉과 암두, 두 사람이다. 말후의 구는 '명암쌍쌍'의 세계를 나타낸다. '쌍쌍'은 둘이 대對가 되는 관계이다. 명은 차별, 암은 평등이다. 명과 암이 서로 대對를 이룰 때는 "어떤 시절인가." '저底'는 속어로 '어떤[何]'이라는 뜻이다. 차별과 평등이 하나가 된 세계는 '같은 줄기에서 태어나 같은 줄기에서 죽지 않는' 것이다. 무차별 평등 가운데서 차별을 분간하지 않으면 안 되고, 또한 차별 가운데서 무차별 평등을 판별하지 않으면 안 된다.

'수절殊絕'은 '천지격차' '천지현격天地懸隔'이라는 의미이다. "다른 것! 황두와 벽안을 잘 구별해야 하네"에서, '황두'는 석존, '벽안'은 달마를 가리킨다. 석존과 달마를 확실히 구별할 줄 알아야 한다는 말이다. '견별甄別'은 '구별' '변별'이라는 뜻이다.

"남으로 북으로 동으로 서로, 돌아가자"라는 말은 각각 서로 다른 모습으로 돌아가자는 뜻이다. 그러나 이는 하나의 대지 위에서 일어나는 일이다. 그래서 "깊은 밤, 함께 수천 봉우리의 눈을 바라보게"라고 하였다. '명'은 흰 눈, '암'은 어두운 밤이다. 칠흑같이 어두운 밤에 흰 눈을 함께 보는 것처럼, 차별과 평등이 하나가 된 세계가 바로 향상일로向上一路, 말후의 세계임을 노래했다.

제52칙

조주, 돌다리

趙州石橋
_{조 주 석 교}

본칙

어떤 승이 조주에게 물었다. "조주의 돌다리에 대해 들은 지가 오랜데, 와서 보니 단지 외나무다리군요." 조주가 말했다. "그대는 외나무다리 만 보고 돌다리는 보지 못했군." 승이 말했다. "돌다리가 무엇입니까?" 조주가 말했다. "나귀도 건너고 말도 건너네."

僧問趙州。久響趙州石橋。到來只見略彴。州云。汝只見略彴。且
不見石橋。僧云。如何是石橋。州云。渡驢渡馬。

【송】

고고한 위엄을 세우지 않아도 도는 드높기만 하네.

바다에 들어가서는 반드시 큰 자라를 낚는다.

참으로 우습구나, 같은 때의 관계노인,

아주 빠르다고 해도 역시 헛수고이구나.

고 위 불 립 도 방 고   입 해 환 수 조 거 오
孤危不立道方高   入海還須釣巨鼇
감 소 동 시 관 계 로   해 운 벽 전 역 도 로
堪笑同時灌溪老   解云劈箭亦徒勞

해설

이 칙에는 수시가 없다. 조주 종심은 지금부터 약 1,200년 전에 활약했던 선의 거장이다. 그의 '구자불성狗子佛性'은 지금도 간화선을 하는 납자들에게 잘 알려진 화두이다. 조주는 만년에 조주성 동관음원에 살았다고 한다. 그곳에는 당시 천하의 3석교石橋라고 하여 유명한 세 개의 석교가 있었다고 한다. 천태산의 석교, 남악의 석교, 그리고 이 조주의 석교이다. 평창에 의하면 조주의 석교는 이응李膺, 후한110-169 때 만든 것으로, 관음원에서 2, 3리 정도 떨어진 곳에 있었다고 한다.

이 석교를 보고 싶어서 멀리서 온 승이 조주에게 물었다. "조주의 석교를 오랫동안 보고 싶어 했는데, 와서 보니 단지 외나무다리[略彴]네요." '약작略彴'은 한 개의 통나무로 만든 다리이다. 원오는 이 승이 조주에게 와서 물은 것에 대해 "호랑이 수염을 잡아당긴다"라고 댓글을 달았다. 승이 거장에게 대담하게 덤벼들었다는 것이다. 그러나 조주는 조금도 개의치 않고 "그대는 다만 외나무다리만 보고 돌다리는 보지 못했구나"라고 했다. 원오는 이를 두고, "승은 평소의 생각대로 말했지

310

만 조주가 이 말로 그를 낚은 것이다. 승은 낚시에 걸려들었다"라고 평하였다.

승이 거듭 물었다. "무엇이 돌다리입니까?" '석교와 약작' '깨침과 미혹' '부처와 중생'이라는 이원상대二元相對의 개념에 빠져 있다. 눈앞의 외나무다리 외에 석교라는 것이 달리 있을 것으로 생각한 것이다. 조주는 "나귀도 건너고 말도 건너지"라고 했다. 이에 대해 원오는, "조주의 말 가운데에는 깨달음의 계기가 되는 지점이 있다. 임제나 덕산처럼 '할'을 쓰거나 '방棒'을 사용하지 않고, 말로 납승을 죽이기도 살리기도 한다. 평범한 일상생활 속에서 기봉機鋒(동작과 표정)으로 싸우는 것 같지만, 핵심에 접근하기가 여간 어렵지 않다"라고 평하였다.

어느 날 조주가 납자와 돌다리를 구경하다가 그에게 물었다. "누가 만들었는가?" "이응이 만들었다고 합니다." "만들 때 어디부터 손을 댔는가?" 납자가 말이 없자 조주가 말했다. "평소에 '돌다리, 돌다리'라고 잘도 말하면서, 물으니 손을 댄 곳도 모르는구나." 원오는 조주가 납자를 응대하는 모습에 대해서 평하기를, "주변에 흔히 있는 이야기를 가지고 납자들을 지도하되, 칼날을 상하게 하거나 손을 다치게 하지 않았다. 반드시 고준孤峻하여 기봉을 매우 정교하게 사용한다"라고 하였다.

조주의 경계에서는 돌다리든 외나무다리든, 그 형태는 아무 상관이 없다. 모든 것에 그대로 불성이 노출되어 있기 때문이다. 어떤 것이든 석교 아닌 것이 없다. 붉은 잎새도 노랑 단풍도 모두 조주의 석교이다. 이 석교는 모든 것이 건너갈 수 있는 다리이다. 이것은 다름 아닌 대승의 자비로운 보살행을 나타내고 있다. 조주의 보살행이 바로 참된 석교이다. 승은 이 석교를 간파하지 못했던 것이다. 본칙의 의미는 이러한 석교를 보지 않으면 안 된다는 것이다.

조주가 관음원에서 지낸 것은 80세부터 120세 입적 때까지이다. 그는
뛰어난 선기禪氣로 찾아오는 수많은 납자를 깨치게 했다. 설두는 송의
첫 구에서 조주의 모습을 "고고한 위엄을 세우지 않아도 도는 드높기
만 하네"라고 찬미했다. 조주의 종풍은 대단히 온화하여, 임제의 '할'
이나 덕산의 '방'과 같은 고고한 위엄은 없지만, 그의 선이 훨씬 더 훌
륭하다고 예찬했다. 또한 "바다에 들어가서는 반드시 큰 자라를 낚는
다"라고 하였다. '거오巨鼇'는 바닷속 신산神山을 떠받친다는 전설의
큰 자라이다. 조주의 온화한 선풍으로 대물大物을 낚아 올린다고 하지
만, 조주의 그물에 걸려드는 영웅은 별로 없었던 것 같다.

　"참으로 우습구나[堪笑], 같은 때의 관계灌溪노인이여." '감소堪笑'는
'굉장하다' '유쾌하다'라는 뜻과 '조소嘲笑하여 낮추어 본다'라는 두 가
지 의미가 있다. 설교조의 시송詩頌의 첫머리에 쓰일 때는 후자의 뜻으
로 쓰인다. '관계'는 임제의 제자이며 조주와 동시대인인 관계 지한灌溪
志閑, ?-895이다. 조주의 이 이야기와 비슷한 대화가 관계에게도 있다.

　어느 승이 관계에게 말했다. "관계의 소문을 들은 지 오래인데 막상
와보니 삼麻이나 축일 정도의 작은 웅덩이군." 관계는 "그대는 삼을
축일 웅덩이만 보았지 관계는 보질 못했군"이라고 말했다. 승은 "어떤
것이 관계입니까?"라고 물었다. 관계는 바로 "벽전급劈箭急!"이라고
했다. '관계'라는 이름은 개천과 관련이 있다. '벽전급'은 눈에 보이지
않을 정도로 빠르게 날아가는 화살을 뜻한다. 말하자면 관계의 흐름은
아주 빨라 보이지 않는다는 것이다.

　나중에 어떤 사람이 현사玄沙에게 이 이야기를 하니, 그는 "30년을

배웠어도 아직 선을 알지 못하는군"이라고 하며 관계의 선을 비평하였다. 설두는 조주의 경계에 관계노인의 '벽전급'을 가지고 나와, "아주 빠르다고 해도[勞籌] 역시 헛수고이구나"라고 송의 결구를 맺었다. '벽전급'이라는 말에서 볼 수 있듯, 설두는 '관계의 선이 아무리 빠르다고 해도 헛수고일 뿐'이라 하며, 조주의 온화한 종풍 쪽이 한층 더 빠르다고 조주의 선을 찬미하였다.

제53칙

백장, 들오리

_{백 장 야 압 자}
百丈野鴨子

【수시】

온 우주에 두루하여 감추지 않으니 전 작용이 숨김없이 드러난다. 어디에 가도 막힘이 없고 한 수 한 수 출신의 작용이 있다. 일언반구도 사심이 없고 어떠한 말 한마디에도 살인의 기백이 있다. 자 말해보라, 옛사람은 필경 어느 곳에서 쉬었는가를. 예를 들어볼 테니 참구해보라.

_{변 계 부 장　　전 기 독 로　　촉 도 무 체　　착 착 유 출 신 지 기　　구 하 무 사　　두}
遍界不藏。全機獨露。觸途無滯。著著有出身之機。句下無私。頭
_{두 유 살 인 지 의　　차 도 고 인　　필 경 향 십 마 처 휴 헐　　시 거 간}
頭有殺人之意。且道古人。畢竟向什麼處休歇。試舉看。

마대사가 백장과 길을 갈 때 들오리가 날아가는 것을 보았다. 대사가 "이게 뭐지?"라고 하니, 백장이 "들오리입니다"라고 대답했다. 대사가 "어느 곳으로 갔나?"라고 묻자, 백장이 "날아갔습니다"라고 했다. 대사가 백장의 코를 비틀었다. 백장이 아픔을 참을 수 없어 소리를 질렀다. 대사가 말했다. "왜? 날아갔다면서?"

마 대 사 여 백 장 행 차　　견 야 압 자 비 과　　대 사 운　　시 십 마　　장 운　　야 압
馬大師與百丈行次。見野鴨子飛過。大師云。是什麽。丈云。野鴨
자　　대 사 운　　십 마 처 거 야　　장 운　　비 과 거 야　　대 사 수 뉴 백 장 비 두
子。大師云。什麽處去也。丈云。飛過去也。大師遂扭百丈鼻頭。
장 작 인 통 성　　대 사 운　　하 증 비 거
丈作忍痛聲。大師云。何曾飛去。

【송】

들오리, 어디로 갔을까.

마조가 보고 말을 걸었네.

산운해월의 정을 다 말해도

여전히 알지 못한 채 날아갔다고 하네.

날아가려는 것을 도리어 붙잡아,

말해보라, 말해보라.

야 압 자 지 하 허　　마 조 견 래 상 공 어
野鴨子知何許　馬祖見來相共語
화 진 산 운 해 월 정　　의 전 불 회 환 비 거
話盡山雲海月情　依前不會還飛去
욕 비 거 각 파 주　　도 도
欲飛去却把住　道道

진실의 자기, 불성은 전 우주에 두루하여 한 점도 감춤 없이 드러나 있다. 그것은 산이 되어서는 드높게 솟아 있고 물이 되어서는 잔잔히 흘러, 조금도 감춤 없이 자기를 전부 드러낸다. 이를 "온 우주에 두루하여 감추지 않으니 전 작용이 숨김없이 드러난다"라고 하였다. '나와 너' '산과 개천' 등 이원·상대의 범정凡情이 완전히 없어지면 그대로 깨침의 세계, 부처의 정토이다. 그래서 "어디에 가도 막힘이 없고", 보는 것, 듣는 것마다 막힘이 없어, "한 수 한 수[著著] 출신의 작용이 있다"라고 하였다. '착착著著'은 바둑 용어로 '한 수, 한 수'를 말한다. '출신의 작용[출신지기出身之機]'은 모든 속박을 떠나 자유자재한 해탈의 경지이다.

이러한 경지에 이른 사람에게는 일언반구도 사심[私]이 없다. 이는 부처의 경계를 나타낸 말로, '나'라는 것은 전혀 내재해 있지 않다는 것이다. 무사無私의 한마디에는 범인凡人들의 사심을 단번에 격쇄하는 힘이 들어 있다. 그래서 "말마다[頭頭] 사람을 죽이는 기백이 있다"라고 하였다. 어떤 한마디 말에도 상대를 죽여버리는 용기가 있다는 것이다. 여기서 '살인'은 실제로 사람을 죽이는 것이 아니라 망상·번뇌·무명·사정私情을 없앤다는 말이다. 이뿐만 아니라 깨달음도 불견佛見도 법견法見도 모두 분쇄하여, '전 작용이 숨김없이 드러남[전기독로全機獨露]'에 이르는 것이다. 그렇다면 옛사람[古人]은 대체 어디에서 무사안락無事安樂의 대휴헐지大休歇地를 얻은 것일까. 실례를 들어볼 테니 참구해보라고 하였다.

마조는 '대사大師'로 존칭될 만큼 당시 선문에서 대기대용의 선사로 추앙받았다. 남악 회양의 법을 이었으며 마조계 홍주종의 조祖가 되고, 남전 등 134인의 제자를 배출했다. 그중 한 명인 백장 회해가 《백장청규》를 제정하였는데, 오늘날까지 선종사원에서는 그가 제정한 청규를 근간으로 하여 선의 정신을 계승하고 있다.

마대사가 백장百丈懷海, 749-814과 함께 길을 가고 있을 때, 들오리가 날아가는 것을 보고 대사가 말했다. "뭐지?" 제자를 점검하려고 말을 건 것이다. 백장은 "들오리입니다"라고 했다. 불성이 그대로 오리로 나타난, '전기독로全機獨露'의 경지를 보았다면 훌륭한 답변이다. 그런데 마조가 다시 물었다. "어느 곳으로 갔나?" 백장은 마조의 물음에 "날아가버렸습니다"라고 했다. 마조는 바로 백장의 코를 비틀었다. 백장은 아픔을 참을 수 없어 소리를 질렀다. 무시겁래의 망상이 뿌리부터 뽑혀 모든 것이 탈락하는 순간이다. 대사는 "왜? 날아갔다면서?"라고 대갈大喝했다. 이를 기연으로 백장은 크게 깨쳤다.

이 일화에는 그 뒷이야기가 있다. 마조가 상당上堂을 하자, 백장이 와서 마조가 밟은 자리[배석拜席]를 거둬버렸다. 마조는 그대로 상당에서 내려왔다. 저녁때 마조가 백장에게 물었다. "설법하려고 했는데 왜 자리를 말아버렸나?" 백장은 "어제는 코를 비트셔서 대단히 아팠습니다"라고 말했다. 마조는 "아플 때 무엇을 깨달았는가?"라고 물었다. 백장은 "아니오, 오늘은 이제 아프지 않습니다"라고 말했다. 마조가 "그대는 깊이 오늘의 일을 알았구나"라고 했다. 불가득不可得의 무심無心을 들오리나 코 비틀기, 혹은 울기도 하고 웃기도 하는 행위를 통해 보여주는 이야기이다. 마조 이후 중국선의 종풍은 많이 변하여 '할'을 토하고 눈썹을 치켜뜨고 코를 비트는 등의 기관機關이 많아지게 된다.

송에서 설두는 마조가 백장에게 '불가득 무심'의 '심心'을 알게 하려고 이리저리 손 쓰고 말 거는 모습을 노래하였다. 첫 구 "들오리, 어디로 갔을까[知何許]"에서, '지知'는 '부지不知'의 뜻이고 '하허何許'는 '어느 곳'이라는 의미이다. 첫 두 구에서는 들오리가 날아가는 모습을 보고 마조가 백장에게 말을 건 정경을 묘사하였다.

"산운해월의 정을 다 말해도"는 '산의 구름'이나 '바다의 달'의 모습을 말로 다 했다는 뜻으로, 여기서는 마조가 두 번이나 "어디로 갔는가?"라고 물은 것을 가리킨다. 산운해월은 들오리의 세계이기도 하다.

"여전히 알지 못한 채 날아갔다 하네." 마조는 알지 못한 채 그대로 날아가려는 백장을 붙잡고[把住], "자, 말해봐, 말해봐"라고 옥박지른다. 마조가 심혈을 기울여 백장을 깨우치게 하려는 모습이 들오리를 통해 생생히 나타나는 송이다.

제54칙

운문, 양손을 펴다

운 문 각 전 양 수
雲門却展兩手

【수시】

생사를 뚫고 나오며 숨긴 작용을 격발한다. 태연히 철을 끊고 못을 자르며 어느 곳에서나 하늘을 덮고 땅을 덮는다. 자, 말해보라. 이는 어떤 사람의 행리처行履處인가. 예를 들어볼 테니 참구해보라.

투 출 생 사　　　발 전 기 관　　　등 한 절 철 참 정　　　수 처 개 천 개 지　　　차 도 시 십 마
透出生死。撥轉機關。等閑截鐵斬釘。隨處蓋天蓋地。且道是什麼
인 행 리 처　　　시 거 간
人行履處。試擧看。

본칙

운문이 승에게 물었다. "근래 어디에 있다가 왔는가?" 승이 말했다. "서선입니다." 운문이 물었다. "서선에서는 요새 어떤 이야기를 하는

가?" 승은 양손을 폈다. 운문이 뺨을 때렸다. 승이 말했다. "저도 아직 할 말이 있는데요." 운문이 양손을 폈다. 승이 말이 없었다. 운문이 바로 때렸다.

운문문승근리심처　　승운　　서선　　문운　　서선근일유하언구　　승전
雲門問僧近離甚處。僧云。西禪。門云。西禪近日有何言句。僧展
량수　　문타일장　　승운　　모갑화재　　문각전량수　　승무어　　문변타
兩手。門打一掌。僧云。某甲話在。門却展兩手。僧無語。門便打。

【송】

호랑이의 머리와 꼬리, 한번에 잡으니,

늠름한 위풍이 사백 고을에.

묻고 싶구나, 어째서 그렇게 준엄한지를.

스승이 말했다, "한 수를 방과한다."

호 두 호 미 일 시 수　　름 름 위 풍 사 백 주
虎頭虎尾一時收　　凜凜威風四百州
각 문 부 지 하 태 험　　사 운 방 과 일 착
却問不知何太嶮　　師云放過一著

해설

"생사를 뚫고 나오며 숨긴 작용[機關]을 격발한다." 생사를 벗어났기에 생이나 사로부터 어떠한 방해도 받지 않는다. 생사는 생사에 맡기고 그대로 두면, 그 밖에 자기라고 할 것이 없다. '기관機關'은 본래는 '작용'을 의미하지만, 여기서는 '깨달음으로의 관문', 혹은 '수단'을 뜻한다. 그것을 격발한다는 것은 자유자재로 드러낸다는 말이다.

이같이 할 정도가 되면 "태연히[等閑] 철을 자르고 못을 끊는다"라고 하였다. '등한等閑'은 태연한 모양, 대수롭지 않은 모습이다. 철이나 못은 쉽게 끊거나 자를 수 없다. 여기서는 번뇌나 망상을 말하지만, 깨달음이나 지견知見도 그것에 해당한다. 이러한 것들을 간단히 자를 수 있는 자는 "어느 곳에서나 하늘을 덮고 땅을 덮는다"라고 하였다. 어떠한 역경이나 순경, 생사의 경계, 어디서나 천지를 덮어버리는 역량을 보인다는 것이다. 그렇다면 그것은 어떤 사람의 행리처行履處인가? '행리처'는 실천하고 체현體現하는 것을 의미한다. 누가 이러한 자인지, 실례를 보일 테니 참구해보라고 하였다.

운문이 신참新參 운수에게 물었다. "어디에서 왔는가?" 극히 일상적인 물음이다. 대수롭지 않게 내민 낚싯바늘이기도 하다. 원오는 이를 '탐간영초探竿影草'라고 하였다. 승은 아무렇지도 않게 "서선입니다"라고 했다. '서선西禪'은 소주에 있는 서선사西禪寺로, 남전 보원의 도량이다.

운문은 다시 "서선에서는 요즈음 어떤 이야기를 하는가?"라고 물었다. 말하자면 요즈음 서선에서는 어떤 선을 설하는가를 물은 것이다. 승은 양손을 폈다. 즉 양손을 펴서 법계일상의 평등세계를 먼저 보이고 운문을 살핀 것이다. 그렇지만 운문은 바로 이 승의 뺨을 때렸다. 운문은 이 승이 자신을 점검하려 드는 술수를 간파하고, 뺨을 때림으로써 승의 미진한 깨달음을 질타한 것이다. 운문에게 뺨을 맞은 승은 "저는 할 말이 남아 있는데요"라고 말했다. 이야기가 아직 끝나지 않았다는 말이다.

이번에는 운문이 양손을 폈다. 앞서 승이 보인 법계일상의 세계를 빼앗았고, 이제 양손을 펴서 승을 원상회복시키려 한 것이다. 그러나

이 승은 말이 없었다. 그러자 운문은 또 바로 때렸다. 이것이 본칙의 결말이다. 운문의 대단히 엄한 점검을 보이는 이야기이다. 원오는 이에 대해 "끊어야 할 때 끊지 않으면 도리어 난亂을 초래한다"라고 댓글[하어下語]을 달았다.

송의 첫 구에서, 설두는 납자에 대한 운문의 엄격한 작용을 노래했다. "호랑이 머리와 꼬리, 한번에 잡는다"라는 말은 호랑이의 머리도 꼬리도 손안에 있다는 의미이다. 대역량을 발휘하는 모습을 나타낸 말이다. 운문이 승을 처음부터 끝까지 억눌러 꼼짝 못 하게 했다는 뜻이다.

"늠름한 위풍이 사백 고을에"라는 말은 운문의 의연한 위풍이 대당의 사백주를 압도한다는 뜻이다. '사백주四百州'란 천하를 총칭하는 말인데, 이는 송대부터 쓰이기 시작했다. '각却'이라는 글자가 구절 맨 앞에서 쓰이면 어기語氣를 고치는 기능을 한다. "묻고 싶구나, 어째서 그렇게 준엄한지를"은 운문이 승을 바로 때리거나 손바닥을 보이는 등의 숨겨진 작용이 어디서 그렇게 격발하는지를 한번 묻고 싶다는 말이다.

송의 마지막 구, "스승[師]이 말했다, 한 수[일착一著]를 방과한다"에서, '방과放過'는 보고도 못 본 체하는 것을 의미한다. 원오는 '사師'를 설두로 해석했지만, 앞뒤의 문맥으로 보아 운문이라고 보아야 적절할 것 같다. 운문을 대신해서 설두가 말한 것이다. 승이 말 없는 한 수를 둘 때, 운문이 다시 때리고 바로 나가버린 것을 "한 수를 방과한다[방과일착放過一著]"라고 말한 것이다.

제55칙

도오, 점원과 조문

도 오 점 원 조 위
道吾漸源弔慰

【수시】

온밀하고도 참된 진실을 단번에 깨치고, 만물이 유전하는 가운데로 헤쳐 들어가, 그것을 자유롭게 부리면서 그대로 받아들여 자기 것으로 한다. 전광석화 가운데서 잘못된 곳을 끊어버리고, 호랑이 머리에 타서 호랑이 꼬리를 잡아채며, 천 길 벼랑에 우뚝 서 있는 것은 그렇다 치자. 한 줄기 길을 놓아 사람들을 위하는 곳이 있는가, 예를 들어볼 테니 참구해보라.

온밀전진　당두취증　섭류전물　직하승당　향격석화섬전광중
穩密全眞。當頭取證。涉流轉物。直下承當。向擊石火閃電光中。
좌단효와　어거호두수호미처　벽립천인　즉차치　방일선도　유
坐斷詼訛。於據虎頭收虎尾處。壁立千仞。則且置。放一線道。有
위인서야무　시거간
爲人處也無。試舉看。

도오가 점원을 데리고 어느 집에 조문을 갔다. 점원이 관을 두드리면서 말했다. "살았는가, 죽었는가?" 도오가 말했다. "살았다고 말할 수도 없고, 죽었다고 말할 수도 없네." 점원이 물었다. "왜 말하지 못합니까?" 도오가 답했다. "말하지 못해, 말하지 못해." 돌아오는 도중에 점원이 말했다. "화상께서는 빨리 저에게 말씀해주십시오. 말씀해주지 않으시면 화상을 칠 겁니다." 도오가 대답했다. "때리겠다면 맞겠지만 말해줄 것은 없어." 점원은 바로 때렸다. 도오가 천화한 후, 점원은 석상에게 가서 이 이야기를 꺼냈다. 석상이 말했다. "살았다고 말하지도 못하고 죽었다고 말하지도 못하지." 점원이 물었다. "어째서 말 못 합니까?" 석상이 답했다. "말하지 못해, 말하지 못해." 점원은 이 말끝에 알아차렸다. 점원이 어느 날 가래를 들고 법당에 올라 동에서 서로, 서에서 동으로 이리저리 돌아다녔다. 석상이 물었다. "뭐 하는 거냐?" 점원이 대답했다. "돌아가신 스승의 영골을 찾는 중입니다." 석상이 말했다. "넓고 넓은 대해의 흰 물결이 하늘까지 용솟음치고 있는 이러한 시방의 공간, 어디서 스승의 영골을 찾겠는가." [설두가 착어했다. "아이고, 아이고!"] 점원이 말했다. "거기에 온 힘을 다했구나." 태원의 부孚가 말했다. "스승의 영골이 아직 남아 있네."

道吾與漸源至一家弔慰。源拍棺云。生邪死邪。吾云。生也不道。死也不道。源云。爲什麼不道。吾云。不道不道。回至中路。源云。和尚快與某甲道。若不道。打和尚去也。吾云。打卽任打。道卽不道。源便打。後道吾遷化。源到石霜舉似前話。霜云。生也不道。死也不道。源云。爲什麼不道。霜云。不道不道。源於言下有

성 원일일장초자 어법당상 종동과서 종서과동 상운 작십
省。源一日將鍬子。於法堂上。從東過西。從西過東。霜云。作什
마 원운 멱선사령골 상운 홍파호묘백랑도천 멱십마선사령
麼。源云。覓先師靈骨。霜云。洪波浩渺白浪滔天。覓什麼先師靈
골 설두착어운 창천창천 원운 정호착력 태원부운 선사령
骨。雪竇著語云。蒼天蒼天。源云。正好著力。太原孚云。先師靈
골 유 재
骨猶在。

【송】

토끼와 말은 뿔이 있고, 소와 양은 뿔이 없다.

털끝마저 끊어졌고 산악과 같네.

황금빛 영골, 지금도 아직 있는데,

흰 물결이 하늘까지 용솟음치건만 어디에 두었을까.

둔 곳이 없구나,

신 한 짝 메고 서천으로 돌아가 없어져버렸네.

토 마 유 각 우 양 무 각 절 호 절 리 여 산 여 악
兔馬有角牛羊無角　絶毫絶氂如山如嶽
황 금 령 골 금 유 재 백 랑 도 천 하 처 착
黃金靈骨今猶在　白浪滔天何處著
무 처 착 척 리 서 귀 증 실 각
無處著　隻履西歸曾失却

해설

"온밀하고도 참된 진실을 단번에[當頭] 깨치고"에서 '온밀(안온면밀安隱
綿密)'은 말이 미치지 않는 세계이며, '참된 진실'은 눈에도 보이지 않고
귀로도 들리지 않는 진실의 세계이다. 이러한 세계를 단박에 깨쳐야
한다는 것이다. '당두當頭'는 '홀연히' '즉좌卽座'라는 의미가 있다. 사

물을 보고 바로 참된 실상을 간파한다는 뜻이다. 이것은 '파주把住'의 입장이다.

"만물의 흐름 가운데로 헤치고 들어가 그것을 자유롭게 부리면서"는, 활발히 작용하는 하나하나의 대상을 모두 본래면목으로 받아들인다는 말이다. "그대로 받아들여 자기 것으로 한다"라는 말은, 만물의 유전流轉을 자기화할 수 있는 능력을 바로 이 자리에서 얻는다는 뜻이다. 꽃을 보면 자신이 꽃이 되어 화려하게 피고, 산을 대하면 산이 되어 높이 솟아 부동의 모습을 드러내는 격이다. 이것은 '방행放行'의 입장이다.

"전광석화 가운데서 잘못된 곳을 끊어버리고[坐斷請訛]"라는 말은, 털끝만큼의 틈도 용납하지 않고 재빨리 해결해버리는 선자禪者들의 수완을 의미한다. '좌단효와坐斷請訛'는 엉켜 있는 것을 싹둑 잘라버린다는 뜻이다.

"호랑이 머리에 타서 호랑이 꼬리를 잡아채며"라는 말은, 호랑이처럼 두려운 상대라고 해도 머리부터 꼬리까지 생각대로 눌러버린다는 의미이다. "천 길 벼랑에 우뚝 서 있는 것은 그렇다 치고"는 '제일의 문第一義門에서 활동하는 것은 잠시 두고'라는 의미이다. "한 줄기 길을 놓으니"라는 말은 제이의문第二義門으로 내려와 한 가지 방편의 도를 제시한다는 뜻이다. "오히려 사람들을 위하는 곳이 있는가"는 '중생을 제도할 수 있는 일이 있을까' 하는 의미이다. 옛사람[古人]의 실례를 들 테니 참구해보라고 하였다.

본칙에 나오는 선자는 도오, 도오의 제자 점원과 석상, 그리고 태원의 부孚상좌와 설두이다. 점원漸源仲興은 도오 원지道吾圓智, 769-835의 법을 이었다. 도오는 운암雲巖曇晟, 782-841과 함께 약산 유엄의 법을 이었고, 조동종의 원류源流가 된다. 운암의 속형俗兄으로 속성은 왕씨이다. 도오는 처음 백장 열반에게 출가하였지만 약산 유엄에게 사사師事하였다.

석상石霜慶諸, 807-888은 도오의 법을 이었다. 처음에는 위산에게 사사하고, 만년에 도오의 탑을 지키며 석상에 살기를 20년, 고담枯淡의 가풍으로 유명하여 그 문하의 무리는 '고목중枯木衆'이라고 불렸다.

'조위弔慰'는 죽은 자를 애도하는 것이다. 도오가 점원을 데리고 어느 집에 조문을 갔다. 점원이 관을 두드리며 말했다. "살았는가, 죽었는가." 도오가 말했다. "살았다고 말할 수도 없고, 죽었다고 말할 수도 없네." 도오는 이 말에서 불생불멸의 진리를 나타내고 있었지만, 점원은 이해할 수 없었다. 점원이 물었다. "왜 말하지 못합니까?" 도오는 "말 못 해, 말 못 해"라고 했다. 돌아오는 도중에 점원이 "화상! 빨리 저에게 말해주십시오. 말해주시지 않는다면 후려칠 것이오"라고 말했다. 도오는 "치겠다면 쳐도 좋아. 그래도 말해줄 것은 없어"라고 했다. 그러자 점원은 바로 쳐버렸다.

점원이 생과 사의 상대계를 탈득脫得하지 못한 사이에 스승 도오가 천화遷化했다. 점원은 동참同參인 석상 처소로 갔다. 석상에게 앞의 일을 이야기했다. 석상 역시 "말 못 해, 말 못 해"라고 답했다. 이때 점원은 그 말에 도오가 말한 "말 못 해, 말 못 해"의 참된 의미를 알아차렸다.

어느 날 점원은 가래를 들고 법당에 올라 동으로 서로 이리저리 돌아다녔다. 석상이 무엇을 하고 있는지 물으니, 스승 도오의 영골(사리)을 찾고 있다고 답했다. 그러자 석상이 말했다. "넓고 넓은 대해의 흰 파도가 하늘까지 용솟음치고 있다. 이 시방의 공간 어디에 스승의 영골이 있겠는가?" 석상이 이처럼 스승의 영골이 어디에도 없다고 말한 것에 대해, 후일 설두는 "아이고, 아이고!"라고 착어했다. 왜 슬플까? 우주에 편만遍滿한 영골을 이것이라고 내놓을 수 없는 것이 슬픈 것이 아닐까. 석상의 말에 점원은, "거기에 내 일생을 바쳤구나"라고 말했다. 어디에서도 찾을 수 없는 영골을, 자신은 목숨 바쳐 찾고 있었다는 것이다. 이에 태원의 부孚상좌가 "스승의 영골이 아직 있네"라고 하였다. 여기저기, 하늘에도 땅에도 가득하다는 것이다. 여하간 본칙은 불생불멸의 영골을 둘러싼 문답이다.

송의 첫 구는 '생'이라고도 말할 수 없고 '사'라고도 말할 수 없다는 도오의 말을 노래한다. "토끼와 말은 뿔이 있고"라는 말은 본래 《능가경》에 나온다. '유명무실'을 의미하는 말이다. 토끼와 말은 본래 뿔이 없다. 그런데 여기서는 있다고 한다. '살았다'라고 하면 이와 같다는 뜻이다. 또한 소나 양에는 당연히 뿔이 있는데 여기서는 없다고 한다. 역시 '죽었다'라고 하면 뿔이 없는 소와 양이다.

　불생불멸의 영골은 "털끝[毫釐]마저 끊어졌고 산악山嶽과 같네." 즉 호리毫釐보다도 더 미세하고 산악같이 굉장하다는 의미이다. 세 번째 구는 이러한 의미에서 석상의 말을 그대로 인용하였다. "황금빛 영골, 지금도 아직 있는데, / 흰 물결이 하늘까지 용솟음치건만 어디에 두었을까." 황금 영골은 불생불멸의 법신이다. 붓다의 영골을 가리킨다. 흰 물결이 하늘까지 미친다는 말은 휘몰아치는 거센 파도인 영골을 가리킨다. "둔 곳이 없구나", 즉 영골을 둔 곳은 어디에도 없다는 것이다.

　"신 한 짝 메고 서천으로 돌아가다 없어져버렸네." 한 짝의 신발만을 지고 서쪽으로 돌아갔다는데, 도무지 간 곳을 알지 못하겠다는 말이다. 설두는 이렇게 달마의 전설을 인용하며 송을 마쳤다. 전설에 의하면, 달마는 독살되어 오나라의 어느 비탈길에 묻혔지만, 관 속에 신한 짝을 남기고 인도로 돌아갔다고 한다. 후에 위나라 송운宋雲이 파미르 고원 정상에서 신 한 짝을 멘 달마를 만났고, 귀국하여 달마의 관뚜껑을 열었을 때 신 한 짝만 남아 있었다는 이야기이다. 달마의 영골을 관속에서 볼 수 없다는 고사를 인용하여, 불문불견不聞不見, 불생불멸의 영골을 노래하였다.

제56칙

흠산, 화살 하나로 삼관을 쏘다

흠 산 일 촉 파 삼 관
欽山一鏃破三關

【수시】

모든 부처님은 일찍이 세상에 나오시지 않았고, 역시 한마디의 가르침
도 사람들에게 전하지 않았다. 조사는 일찍이 서쪽에서 오지 않았고,
마음을 전해주지 않았다. 그런데도 사람들은 알지 못하고 밖으로 향해
치달리며, 자기 발밑의 일대사인연은 천성千聖도 역시 모색하지 못한
다는 것을 알지 못한다. 다만 지금 보려고 해도 보지 못하고, 들으려
해도 듣지 못하고, 말하려고 해도 말하지 못하고, 알려고 해도 알지 못
하는 것을 어디에서 증득할 수 있을까. 아직도 통달하지 못했다면 우
선 갈등 소굴에서 알도록 하라. 예를 들어볼 테니 참구해보라.

제 불 부 증 출 세   역 무 일 법 여 인   조 사 부 증 서 래   미 상 이 심 전 수   자
諸佛不曾出世。亦無一法與人。祖師不曾西來。未嘗以心傳授。自

시시인불료 향외치구 수부지자기각근하 일단대사인연 천성
是時人不了。向外馳求。殊不知自己脚跟下。一段大事因緣。千聖
역모색불착 지여금견불견문불문 설불설지부지 종십마처득
亦摸索不著。只如今見不見聞不聞。說不說知不知。從什麼處得
래 약미능통달 차향갈등굴리회취 시거간
來。若未能洞達。且向葛藤窟裏會取。試舉看。

본칙

양선객禪客이 흠산에게 물었다. "화살 하나로 세 겹의 관문을 쏘았다면 어떻습니까?" 흠산이 말하기를, "관關 안의 주인을 내놔봐라." 양이 말했다. "여기서 허물을 안 이상 반드시 고치겠습니다." 흠산은 "그럼 언제까지 기다려야 하겠는가"라고 물었다. 양이 "잘 쏜 화살은 장소에 구애받지 않습니다"라고 하며 바로 나갔다. 흠산은 "이리로 와보게, 사리!"라고 말했다. 양이 고개를 돌리자 흠산이 가슴팍을 부여잡고 말하기를, "화살 하나로 세 겹의 관문을 쏘는 것은 그렇다 치고, 시험 삼아 흠산을 화살로 쏴봐라"라고 했다. 양은 말하려다 머뭇거렸다. 흠산은 일곱 방을 치면서 말했다. "이 정도로 끝내지만, 이놈! 30년 정도는 더 의심해야겠다."

양선객문흠산 일촉파삼관시여하 산운 방출관중주간 양운
良禪客問欽山。一鏃破三關時如何。山云。放出關中主看。良云。
임마즉지과필개 산운 갱대하시 양운 호전방불착소재 변
恁麼則知過必改。山云。更待何時。良云。好箭放不著所在。便
출 산운 차래사리 양회수 산파주운 일촉파삼관즉차지 시
出。山云。且來闍黎。良回首。山把住云。一鏃破三關即且止。試
여흠산발전간 양의의 산타칠방운 차청저한의삼십년
與欽山發箭看。良擬議。山打七棒云。且聽這漢疑三十年。

【송】

그대를 위해 관 안의 주인을 내놓게 하니,

화살을 쏘는 무리, 함부로 대들지 말라.

이 눈을 취하면 귀가 반드시 먹고

이 귀를 버리면 두 눈 모두 멀어버린다.

대단하구나, 화살 하나로 삼관을 쏘니

날아가는 자취, 확실하고 분명하네.

그대는 아는가, 현사에게 이런 말이 있다네,

'대장부는 천지에 앞서 마음을 조사로 삼는다.'

여 군 방 출 관 중 주　　방 전 지 도 막 망 로
與君放出關中主　放箭之徒莫莽鹵

취 개 안 혜 이 필 롱　　사 개 이 혜 목 쌍 고
取箇眼兮耳必聾　捨箇耳兮目雙瞽

가 린 일 촉 파 삼 관　　적 적 분 명 전 후 로
可隣一鏃破三關　的的分明箭後路

군 불 견 현 사 유 언 혜　　대 장 부 선 천 위 심 조
君不見玄沙有言兮　大丈夫先天為心祖

해설

부처란 2,500년 전 인도에서 태어난 석존이고, 선의 진리란 석존이 설한 법이라고 생각하는 사람이 많다. 그런데 여기 수시垂示의 앞 구절에는 "제불諸佛은 일찍이 세상에 나오시지 않았고, 한마디의 가르침도 사람들에게 전하지 않았다"라고 하였다. 왜 그럴까. '진실한 자기'라는 것은 제불이 이 세상에 나오는 것과는 아무런 관계가 없기 때문이다. 석존의 설법이 없어도 하늘은 파랗고 산은 푸르고 꽃은 붉고 물은 아래로 흐른다.

　또한, 달마가 인도에서 멀리 중국으로 건너와 '직지인심直指人心 견성성불見性成佛'의 선의 진리를 전했지만, 실은 달마가 중국에 와서 비

로소 마음을 전한 것도 아니다. 달마가 중국에 온 것과 관계없이 선은 천하에 두루하고 마음은 본래 사람마다 구족하다. 그래서 이처럼 "조사는 일찍이 서쪽에서 오지 않았고 마음을 전수하지 않았다"라고 말할 수밖에 없다. 사람들은 이 같은 이치를 알지 못하고 밖을 향해 진리를 찾고 있다는 것이다. 더구나 전혀 알지 못하는 것은 '자기 발밑의 일대사인연'이다. 즉 자기의 본래면목을 알지 못한다는 것이다. 이를 "천성도 역시 모색하여 찾아내지 못한다"라고 했다. 결국 진실의 자기라고 하는 것은 자신의 눈으로 보고 자신의 코로 냄새맡아야 하는 것이다. 아무리 성스러운 자라고 해도 우리를 대신하여 견성해주지 못한다는 말이다.

"다만 지금 보려고 해도 보지 못하고, 들으려 해도 듣지 못하고, 말하려고 해도 말하지 못하고, 알려고 해도 알지 못하는 것을 어느 곳에서 얻을 수 있을까." 모색하여 찾아낼 수 없는 선의 도를 대체 어디서 얻으면 좋을까. 존재하는 모든 것이 진실의 상相이라고 한다면, 굳이 알려고 할 필요가 없다. 만약 이를 "아직도 통달하지 못했다면, 잠시 갈등의 굴속에서 알도록 하라"라고 하였다. '갈등의 굴'은 문자언어의 굴을 뜻한다. 즉 이 안에서 알도록 해보라는 것이다.

양선객은 흠산의 제자인데, 본칙의 이 문답은 처음 선객으로 입참入參했을 때의 일인 것 같다. 양을 호랑虎狼선객이라고도 했다. 선객은 본래 문답을 전문으로 하는 선방의 식객이다. 요새는 일반적으로 본방 대중 외에, 잠시 선방에서 나와 이리저리 유랑하며 숙식을 원하는 선자들을 선객이라고 호칭한다.

흠산은 풍주澧州의 흠산 문수欽山文邃이며, 동산 양개洞山良价, 807-

869의 법을 이었다. 설봉·흠산·암두 세 사람은 깊이 수행하기로 뜻을 모은 도반이다. 그래서 이들을 '설암흠雪巖欽'이라고도 부른다. 양선객이 어느 때 흠산에게 물었다. "화살 하나로 세 겹의 관문[三關]을 쏘았다면 어떻습니까?" '삼관三關'을 '법신·반야·해탈' 또는 '조도鳥道·현로玄路·전수展手'라고 해석하기도 하지만, 여기서는 반드시 이러한 해석에 구애될 필요는 없다. 세 겹의 관문을 쏜다는 의미는 '일초직입여래지一超直入如來地', 즉 단박 여래지에 바로 들었다는 것으로 봐도 좋을 것이다. 양선객이 흠산에게 '나는 이 경지를 얻었다'라고 자부하며 물은 것이다.

이에 대해 흠산은 "관중의 주인을 내놔봐라"라고 하였다. '관중의 주인[關中主]'은 '그[나일인那一人]'이다. 관문 속의 주인공을 쏘았을 테니 어디 여기에 꺼내보라는 말이다. 원오는 착어로 "주산主山은 높고 안산按山은 낮다"라고 하였다. 높은 산은 높고 낮은 산은 낮은 것이 관중關中의 주인의 모습이라는 뜻이다. 양선객은 "그렇다면 허물을 알았으니 반드시 고치겠습니다"라고 했다. 선객은 자신의 과실을 안 이상 고치겠다고 하며 일보 뒤로 물러났다.

흠산이 다그쳐 말했다. "그럼 언제까지 기다릴까?" 지금 당장 해보라는 것이다. 양선객이 뒤질세라 바로 말했다. "잘 쏜 화살[호전好箭]은 장소에 구애받지 않습니다." 양선객은 이렇게 말하고는 곧장 나가버렸다. 말하자면 화살을 잘 쏘았지만, 무엇을 쏘았는지 알지 못하는 사람에게는 무슨 말을 해도 소용이 없다는 의미이다. '호전'은 실수 없는 화살이다.

흠산은 나가려는 선객에게, "이리로 와보게, 사리!"라고 뒤에서 불렀다. 양선객이 고개를 돌렸다. 흠산은 양선객이 꼼짝 못 하도록 가슴팍을 부여잡고, "화살 하나로 세 개의 관문을 쏘는 것은 그렇다 치고, 시험 삼아 화살로 흠산을 한번 쏴봐라!"라고 윽박질렀다. 양선객은 여기서 피해보지도 못하고 그대로 흠산의 일갈一喝에 전율하였다. 선객은 말을 하려다 머뭇거렸다. 이에 흠산이 손을 죽비 삼아 일곱 방을 내리쳤다. 여기서 '칠방七棒'의 '칠'은 '만滿'을 뜻한다. 완전히 몽둥이 벌을 내린 것이다.

흠산이 말했다. "용서는 하겠다만, 이놈아! 30년 정도는 더 의심해야 하겠어." 여기서 30년은 한 생애를 뜻한다. 말하자면 평생 의심해도 결단이 나지 않을 놈이라고 결론을 내린 것이다. 흠산의 입장에서 보면 이 선객은 처음부터 끝까지 상대가 되지 않았다.

설두는 송에서 흠산이 제시한 '관중의 주'에 대해서 노래한다. "그대를 위해 관중의 주인을 내놓게 하니", 즉 화살 하나로 세 겹의 관문을 쏠 수 있다는 선객에게 흠산이 관문 속의 주인을 내봐보라고 했다는 말이다. "화살을 쏘는 무리들, 함부로 대들지 말라", 엉터리 선객은 도저히 쏠 수 없다는 것이다.

"이 눈을 취하면 귀가 반드시 먹고, 귀를 버리면 두 눈이 멀어버린다." 관중의 주인은 눈에 보이는 것도 아니고 귀에 들리는 것도 아니라는 의미이다. "대단하구나, 화살 하나로 삼관을 쏘다니." 여기서 화살 하나는 흠산이 쏜 화살을 말한다. "화살이 날아가는 자취, 확실하고 분명하네." 날아가는 화살의 자취가 적적분명하게 보인다는 말이다. 양선객이 "잘 쏜 화살은 장소에 구애받지 않습니다"라고 한 말을 일시에 불식시킨 것이다. 소위 '몰종적沒蹤跡'을 넘어선 소식이다.

"그대는 아는가, 현사에게 이런 말이 있다네." 설두는 현사玄沙師備,

835-908의 말을 인용하여 "대장부는 천지에 앞서[先天] 마음을 조사[心祖]로 삼는다"라고 노래했다. '대장부'는 《임제록》에서 말하는 '대장부아大丈夫兒'이며 '선천先天'은 천지가 생기기 이전을 말한다. '심조心祖'는 《열반경》 제28의 "원컨대 '마음의 스승'으로 삼지 않고, '마음'을 스승으로 삼는다"라는 말씀에 근거한 것이다. 일체 만물이 생기기 이전의 마음, 그 마음을 조사로 삼는 자가 대장부이다. 이것을 모르면 참된 선자라고 할 수 없다. 화살이 날아가는 길이 적적분명하게 보일 때가 천지에 앞선 '주主'를 보는 때이며, 관문 속의 '주'를 체득하는 때라고 설두는 노래했다.

제57칙

조주, 어리석은 놈

조 주 전 사 노
趙州田厙奴

【수시】

투득하기 이전에는 그저 은산철벽 같지만, 투득하게 되면 자신이 본래
은산철벽이다. 혹 어떤 사람이 어째서인가를 묻는다면, 다만 그에게
말하겠다. "만일 여기에서 하나의 작용[一機]을 드러내 보이고, 한 경계
[一境]를 살필 줄 알면, 중요한 길목을 꽉 막고 범부도 성인도 통과하지
못하게 한다 해도 남달리 뛰어난 것은 아니다." 만약 이렇지 않다면 옛
사람의 모습을 보라.

미 투 득 이 전　　일 사 은 산 철 벽　　급 호 투 득 료　　자 기 원 래 시 철 벽 은 산
未透得已前。一似銀山鐵壁。及乎透得了。自己元來是鐵壁銀山。
혹 유 인 문 차 작 마 생　　단 향 타 도　　약 상 개 리　　로 득 일 기　　간 득 일 경
或有人問且作麼生。但向他道。若尙箇裏。露得一機。看得一境。
좌 단 요 진 불 통 범 성　　미 위 분 외　　구 혹 미 연　　간 취 고 인 양 자
坐斷要津不通凡聖。未爲分外。苟或未然。看取古人樣子。

어느 승이 조주에게 물었다. "'도에 이르는 것은 어렵지 않다, 다만 간택을 해서는 안 된다'라고 했는데, 어떤 것이 간택하지 않는 것입니까?" 조주가 말했다. "천상천하 유아독존." 승이 말했다. "그것 역시 간택입니다." 조주가 말했다. "어리석기 짝이 없는 놈이구면, 어디가 간택인가?" 승은 아무 말이 없었다.

僧問趙州。至道無難唯嫌揀擇。如何是不揀擇。州云。天上天下唯我獨尊。僧云。此猶是揀擇。州云。田庫奴。什麼處是揀擇。僧無語。

【송】

깊은 바다 같고,

견고한 산 같네.

모기와 등에, 허공 속 거센 바람을 희롱하고

땅강아지와 개미, 무쇠 기둥을 흔든다.

간揀이라, 택擇이라,

난간에 매달린 천으로 싼 북.

似海之深　如山之固
蚊虻弄空裏猛風　螻蟻撼於鐵柱
揀兮擇兮　當軒布鼓

선뿐만 아니라 어떠한 길도 요점을 파악하지 못하면 전혀 앞으로 나아가지 못한다. 선도禪道로 말하면, 아직 첫 관문도 뚫리지 않고 마음의 문이 전혀 열리지 않아, 마음을 짓누르고 있는 것이 은산철벽 같다. 그렇지만 초일관初一關이 뚫리고 '무無' 자字가 간파되면, 무자 공안은 더 이상 은산철벽이 아니다. 자기 자신이 그대로 '무' 자이며 은산철벽이 된다. '천상천하 유아독존'임을 알게 된다. 수시의 첫 구, "투득하기 이전에는 그저 은산철벽과 같지만, 투득하게 되면 자신이 본래 은산철벽이다"라는 말은 이를 뜻한다.

만일 어떤 사람이 어째서인가를 묻는다면 그에게 이렇게 답해 주겠다고 한다. "만일 여기에서 한 움직임을 드러내고 한 경계를 보인다면, 중요한 길목을 막고 범부도 성인도 통과하지 못하게 한다 해도, 남달리 뛰어난 것은 아니다." '여기[개리箇裏]'는 자신이 본래 은산철벽임을 깨달은 자리이다. 다시 말해서 지도至道이다. '한 움직임을 드러내고'는 어떤 일을 당했을 때 자기 본래의 작용을 발로發露하는 것이고, '한 경계를 보인다면'은 어떤 상황에 처했을 때, 생각지도 않게 무위無位의 진인眞人이 되어 자유자재한 경계를 보인다는 의미이다. '요진要津(나루터)'은 선의 심요로 들어가는 관문이다. 이러한 관문을 막아 범부든 성인이든, 깨달았다는 사람이든 미혹한 사람이든, 아무도 접근하지 못하게 하더라도 특별할 것은 없다는 것이다. 본래의 자리, 즉 자신이 은산철벽이 된 자리에 아직 이르지 못했다면, 고인古人의 모습을 참구해 보라고 하였다.

승이 조주에게 물었다. "'도에 이르는 것은 어렵지 않다, 다만 간택을 해서는 안 된다[지도무난 유혐간택至道無難唯嫌揀擇]'라고 했는데 어떤 것이 간택하지 않는 것입니까?" '지도무난 유혐간택'은 삼조三祖 승찬의 《신심명》에 나오는 구이다. 조주는 "천상천하 유아독존"이라고 답했다. 이 세상에 존재하는 모든 것은 '절대'이다. 소위 '만상 가운데 홀로 몸을 드러낸 것[만상지중 독로신萬象之中獨露身]'이며, 무난無難한 지도至道의 모습 아닌 것이 하나도 없다는 뜻이다.

존재는 '간揀' '불간不揀'이 끊어진 실상이며, 유불여불唯佛與佛의 세계이다. 그러나 승은 여전히 '간택' '불간택'이라는 차별의 세계에 갇혀, "그것 역시 간택입니다"라고 했다. 이 승은 이 세계가 사사무애의 법계임을 꿈에도 보지 못한 것이다. 거기서 조주는 이 승을 "어리석기 짝이 없는 놈[전사노田庫奴]이구먼!"이라고 꾸짖었다. '전사노'는 일반적으로 '객작아客作兒'라고도 한다. 중국 복당福唐 지방의 방언으로, 어리석게 큰소리치며 돌아다니는 아이를 뜻한다. 조주는 멍청하기 짝이 없는 승을 이렇게 부르며, "어디가 간택인가?"라고 되물었다. '불간택'을 구한 승은 자신이 바로 간택에 걸려들었음을 알지 못하고 있다. 이를 파악한 조주가 다시 무엇이 간택인가 하며 다그친 것이다. 조주는 승에게 간택, 불간택의 대립의 경계를 넘어서게 하려 했지만, 아쉽게도 승은 이를 넘어서지 못해 아무 말이 없었다.

설두는, 어려움이 없는 지도至道는 "깊은 바다 같고, 견고한 산 같네"라고 노래했다. 이러한 세계에서 노니는 조주를 향하여 문답을 건 승의 모습이, "모기와 등에가 허공 속의 맹풍을 희롱하고, 땅강아지와 개미가 무쇠 기둥을 흔드는 것" 같다고 했다. 힘 없는 벌레들이 거센 바람에 지지 않고 날아다니려 하고 철주鐵柱를 움직이려 하는 것처럼, 전혀 이도 들어가지 않는 모양새라는 것이다. 결국 이 승은 '간택' '불간택'이라고 말하면서 스스로가 간택의 세계에서 허둥대고 있다. 이를 마치 "난간에 매달린 천으로 싼 북"과 같다고 했다. 천으로 싼 태고太鼓는 소리가 나지 않는다. 쓸모가 없는 것이다.

　이처럼 설두가 송의 후반에서 승의 모습을 노래한 것에 대해, 원오도 역시 하어下語로 "이 같은 놈은 웅덩이에 묻어버려. 이 같은 류類의 승이 마麻같이, 밤栗같이 아주 많아!"라고 하였다. 승처럼 알음알이로 희롱하고 말장난하는 납자들을 개탄한 것이다. 예전만이 아닐 것이다.

조주, 해명할 수 없네

조 주 분 소 불 하
趙州分疏不下

본칙

승이 조주에게 물었다. "도에 이르는 것은 어렵지 않다. 다만 간택을 해서는 안 된다.' 이것이 요즈음 사람의 둥지가 된 것은 아닐까요?" 조주가 말했다. "전에도 어떤 사람이 나에게 물었는데, 5년이 지났어도 그것에 대해 해명할 수가 없네."

승 문 조 주　지 도 무 난 유 혐 간 택　시 시 인 과 굴 부　주 운　증 유 인 문
僧問趙州。 至道無難唯嫌揀擇。 是時人窠窟否。 州云。 曾有人問
아　직 득 오 년 분 소 불 하
我。 直得五年分疎不下。

【송】

왕 코끼리는 으르렁거리고

342

사자는 포효한다.

무미한 말씀,

사람의 입을 틀어막는다.

남북동서,

까마귀 날고 토끼 달리네.

象王嚬呻 獅子哮吼
무 미 지 담 색 단 인 구
無味之談 塞斷人口
남 북 동 서 오 비 토 주
南北東西 烏飛兔走

해설

이 칙은 수시가 없다. 바로 본칙으로 들어간다. 《벽암록》 가운데는 '도에 이르는 것은 어렵지 않다. 다만 간택을 해서는 안된다[至道無難 唯嫌揀擇]'라는 구에 대한 문답이 네 번 나온다. 이 칙은 제2칙의 본문, "지도무난 유혐간택, 조금이라도 어언語言이 붙으면 이것은 간택이고 명백이다. 노승은 명백 속에 있지 않다"라는 말을 놓고 문답한 것이다. '명백'은 선가에서는 깨달음을 의미한다. '노승은 명백 속에 있지 않다'라는 말은 '노승은 깨달음 속에도 있지 않다'라는 말이다.

'유혐간택'의 세계가 명백의 세계라고 해도, 거기에 안주한다면 이는 선의 '둥지'가 될 수 있다. 그래서 승이 조주에게, '간택해서는 안 된다고 하면, 이 또한 둥지[과굴窠窟]에 있는 것이 아닌가요?'라고 물은 것이다. '과窠'나 '굴窟'은 구멍을 말하며, 새의 둥지라는 뜻이다. '둥지에 있다'라는 말은 굴속에서 안주한다는 의미이다. 번뇌나 망념에 갇혀 있는 것은 물론, 자신이 알고 있는 지식이나 과학, 종교에 빠져 있는 것도 이에 해당할 것이다.

조주는 천연덕스럽게 말했다. "일찍이 나에게 물은 자가 있었지만, 5년이나 지났는데도 그것에 대해 해명할 수가 없네." '직득直得'은 상태가 계속되는 것을 뜻한다. '분소分疏'는 해명, 변명이다. '불하不下'는 할 수 없다는 뜻이다. 말하자면, '둥지가 아니다'라고 답하면 그것 역시 둥지가 돼버리므로, 이에 관해서는 언구로써 뭐라고 말할 수가 없다는 뜻이다.

'좋다' 또는 '싫다'라는 것은 어느 한편에서 보는 견해이다. 3조 승찬은 "증애憎愛가 없으면 확 뚫려 명백하다"라고 하였다. '증·애'라는 이원·상대의 세계를 넘어 비교나 대비가 끊어진 자리이다. 승으로부터 쉽지 않은 질문을 받은 조주는, 그의 특유한 부드러움으로, '그런 질문이 일찍이 있었는데 5년이 지나도 아직 답이 떠오르지 않네'라고 대답하였다. 임제라면 '할!'로 승의 정신을 혼비백산하게 했을 테고, 덕산이라면 바로 그 자리에서 방망이 세례를 퍼부었을 텐데, 노 조주는 부드러운 말로 질문한 승을 부끄럽지 않게 해주었다. 그러나 거기에는 생각을 끊게 하는 신랄함과 예리함이 있다. 이것을 조주의 독특한 '구순피선口脣皮禪'이라고 한다. 원오는 평창에서, "조주, 둥지 속에서 그에게 답했을까, 둥지 밖에서 그에게 답했을까"라고 했지만, 조주에게는 안도 밖도, 처음부터 둥지 같은 것은 없었다.

옛날 당唐대, 방龐거사 일가一家가 이 '지도무난 유혐간택'이라는 문제를 놓고 논한 일이 있었다. 먼저 거사가 "어렵구나, 어려워. 마유麻油를 넣은 백 개의 기름통을 나무 위에 올려놓을 만큼"이라고 말했다. 다음에 처가 "쉽구나, 쉬워. 백 가지 풀끝마다 조사祖師의 모습이니"라고 했다. 이처럼 처는 거사와 다른 견해를 보였다. 마지막으로 딸이 말했다. "어렵지도 쉽지도 않네. 밥 때가 되면 밥을 먹고, 차가 나오면 차를 마시니 그뿐이다"라고 했다. 이 딸은 부친보다 더 선의 달인이라고 하는데, 영조靈照 비구니가 바로 그녀이다. 세 사람 모두 함축된 말로 '지도무난'을 나타냈다.

송의 첫 구, '왕 코끼리는 으르렁거리고 사자가 포효한다'라는 것은, 조주가 '5년이나 지나도 해명할 수 없네'라고 답한 모습이 마치 석존의 무외無畏설법과 같다는 의미이다. '빈신嚬呻'은 으르렁거리는 소리를 내는 것이다. 그러나 그것은 "무미無味한 말씀"이라고 했다. 그렇기 때문에 어느 누구도 말할 것이 못된다.

임제종 양기파楊岐派 백운 수단白雲守端은 이 칙에 대하여, "5년이나 지나도 해명할 수 없는데, 조각배[일엽편주一葉片舟]에 대당大唐을 실었구나. 끝없이 넓은 수면에 높은 파도가 일어나니 누가 알까, 따로 무미한 말씀[호사량好思量]이 있음을"이라고 노래했다. 아무도 모르는 '무미한 말씀'에는 모든 수행자로 하여금 아무 말도 못 하게 하는 강한 힘이 있다. 그래서 "사람의 입을 틀어막는다"라고 하였다. 입을 열었다 하면 참된 도는 도망간다. 거기에는 지도至道가 없다.

"남북동서"는 공간을 보이고, "까마귀는 날고 토끼 달리네"는 시간을 보인다. 까마귀는 금오金烏로서 태양을 말하고 토끼는 달을 뜻한다. 달과 태양의 운행을 말한다. 지도의 움직임이다. 언제나 어디에나 있는 '지도'를 조주는 "5년이 지나도 해명할 수 없다"라고 하였다. 지도는 '지금' '여기'에 현실적이고 구체적으로 드러나 있으므로, 보면 보이는 것이다. 구태여 해명할 필요가 있을까. 여기서 '남북동서'라는 구는 단지 '까마귀는 날고 토끼는 달린다'라는 구를 끌어내기 위해 사용했을 뿐이다. 이것은 조주가 말하지 못한 것을 설두 스스로 힘주어 창한 결구이다.

제59칙

조주, 다만 이것이 지도

조 주 지 저 지 도
趙州只這至道

【수시】

천지를 포괄하고 성인과 범부를 초월했다. 백 가지 풀끝마다 열반묘심을 내보이며, 무기를 쌓아놓은 전장에서 납승의 명맥을 결정한다. 자, 말해보라. 어떤 사람의 은력을 받았기에 바로 이처럼 할 수 있는가를. 예를 들어볼 테니 참구해보라.

해 천 괄 지　　월 성 초 범　　백 초 두 상 지 출 열 반 묘 심　　간 과 총 리 점 정 납
該天括地。越聖超凡。百草頭上指出涅槃妙心。干戈叢裏點定衲
승 명 맥　　차 도 승 개 섭 마 인 은 력　　변 득 임 마　　시 거 간
僧命脈。且道承箇什麼人恩力。便得恁麼。試擧看。

본칙

어느 승이 조주에게 물었다. "도에 이르는 것은 어렵지 않다. 오직 간

택을 꺼려야 한다'라고 했습니다. 조금이라도 언구를 붙인다면 이것 역시 간택이 됩니다. 화상께서는 사람들에게 어떻게 가르치겠습니까?" 조주가 말했다. "어째서 이 말을 전부 인용하지 않는가?" 승이 말했다. "저는 다만 여기까지만 생각했습니다." 조주가 말했다. "다만 이것이 '도에 이르는 것은 어렵지 않다. 오직 간택을 꺼려야 한다'이네."

僧問趙州。至道無難。唯嫌揀擇。纔有語言是揀擇。和尚如何為人。州云。何不引盡這語。僧云。某甲只念到這裏。州云。只這至道無難唯嫌揀擇。

【송】

물을 쏟아도 젖지 않고,

바람이 불어도 들지 않는다.

호랑이같이 걷고 용같이 가니,

혼이 외치고 귀신이 운다.

머리 길이가 석 자, 이는 누구인지 알까.

상대하여 말이 없고 한쪽 발로 서 있다.

水灑不著　風吹不入

虎步龍行　鬼號神泣

頭長三尺知是誰　相對無言獨足立

"천지를 포괄하고"는 하늘과 땅을 모두 그대로 감싸버린다는 의미이다. 위로는 삼십삼천부터 아래로는 나락에 이르기까지를 뜻한다. 이는 결국 '지도至道'의 당체를 가리키는 것으로, 이 세상에 지도 아닌 것이 하나도 없다는 의미이다. 이러한 지도는 당연히 성인과 범부를 초월한다. 이 자리는 미혹도 깨달음도 없다. 상대적인 것은 이미 뛰어 넘었다. 푸른 소나무, 붉은 꽃에 이것이 범부인가, 성인인가 말할 수 없는 것처럼. 푸르고 붉은 것은 소나무와 꽃의 본래 모습이다.

이같이 지도의 본체가 이해되면 이름 모를 수많은 풀잎에서도 역력히 지도를 볼 수 있다. 말하자면 만물에서 불심의 작용을 보는 것이다. '열반묘심'은 불생불멸의 묘심妙心으로, 영원불멸의 불심, 여기서 말하는 '지도'이다. 그래서 "열반묘심을 내보이며"라고 하였다.

"무기를 쌓아놓은 전장에서 납승의 명맥命脈을 결정한다." '무기를 쌓아놓은 전장'은 진지하게 선의 법거량을 하는 법전法戰의 장場을 뜻한다. 이러한 가운데 '납승의 명맥을 정한다', 즉 수행자의 공부를 점검하고 판정하는 것이다.

"자 말해보라, 어떤 사람의 은력恩力을 받았기에 바로 이처럼 할 수 있는가를." 이는 앞에서 말하는 것처럼 훌륭한 경지, 대단한 활기용活機用을 얻어 자유자재로 기량을 떨치는 것은 도대체 누구의 덕분인가 말해보라는 것이다. 시험 삼아 들어볼 테니 참구해보라고 했다.

승이 조주에게 물었다. "도에 이르는 것은 어렵지 않다. 다만 간택을 하지 않을 뿐'이라고 했습니다. 조금이라도 언구를 붙이면 이것 역시 간택이 됩니다. 화상은 사람들에게 어떻게 가르치겠습니까?" 무슨 말을 조금이라도 했다가는 이것 역시 간택에 해당된다는 것이다. 그러니 간택이 없는 조주의 말을 듣게 해달라는 것이다.

조주는 "어째서 이 말을 다 인용하지 않는가?"라고 했다. 말하자면 문장을 끊어 뜻을 취해서는 안 되고, 본래의 문맥 가운데로 돌아가서 생각해보라는 것이다. 《신심명》에는, "도에 이르는 것은 어렵지 않다. 다만 간택을 하지 않을 뿐. 증애가 없으면 탁 틔어 환하다[至道無難 唯嫌揀擇 但莫憎愛 洞然明白]"라고 되어 있다. 조주는 승이 문장의 반만 알고, '증애가 없으면 통연명백하다'라는 말은 모르고 있음을 보고, 문맥 전부를 생각해보라고 한 것이다.

간택은 이원·상대의 세계로, 싫고 좋고를 분별하는 것이다. '간택해서는 안 된다'라는 말은 좋은 것에 집착하고 싫은 것을 피하려는 분별심을 버리라는 말이다. 다만, 좋은 것을 좋다 하고 나쁜 것을 나쁘다 하는 '무분별'의 분별은, 소나무는 푸르고 꽃은 붉다고 하는 것처럼 간택이 아니다. 눈이 내리는 날은, 깨달아도 미혹해도 눈이 내린다. 눈이 내려 '나쁘다' '좋다' 하는 생각에 의해 분별이 일어나는 것일 뿐이다.

조주가 어째서 반밖에 말하지 않는가 물었을 때 승은, "저는 다만 여기까지만 생각했습니다"라고 했다. 자신은 여기까지밖에 외우지 않았다는 것이다. 조주는 담백하게 "다만 이것이 '도에 이르는 것은 어렵지 않다, 오직 간택을 꺼려야 한다'이네"라고 말했다. 반밖에 외우지 않았다는 승의 말을 받아, "바로 그것이야말로 '지도무난 유혐간택'이지"라고 하여 승의 입을 틀어막은 것이다. 이 경우 조주의 '지도'는 간택과 명백마저 넘어선 세계이다.

설두는 조주가 보이려는 지도의 세계를 노래했다. "물을 쏟아도 젖지 않고 바람이 불어도 들지 않는다." 이는 사람의 상식으로는 생각할 수 없는 세계이다. 조주의 세계를 가까이 할 자가 아무도 없다는 말이다. '물을 쏟아도 젖지 않는다'라는 구句는 위산과 운암의 문답에도 있다.

위산이 약산의 제자 운암에게 묻기를, "듣기로 그대는 오랫동안 약산에 있었다고 하던데, 맞는가?" 운암이 말했다. "그렇습니다." 위산이 말하기를, "약산대인의 모습은 어떤가?" 운암이 말했다. "열반후유涅槃後有입니다." 위산이 말했다. "열반후유란 무엇인가?" 운암이 말했다. "물을 쏟아도 젖지 않습니다."

송의 둘째 구에서는, 승의 물음에 대한 조주의 대답을, "호랑이같이 걷고 용같이 간다" "혼이 외치고 귀신이 운다"라고 표현하였다. 조주의 통연명백한 대답은 귀신조차 울부짖게 한다는 말이다. '호읍號泣'은 소리를 내며 우는 것이다.

송의 마지막 두 구절, "머리 길이가 석 자, 이는 누구인지 알까. 상대하여 말이 없고 한쪽 발로 서 있다"에 대해서, 원오는 "아들만이 아비의 뜻을 알고 있다"라고 평창하였다. 아들은 설두이며 아비는 조주이다. 이 마지막 두 구는 이상한 형상으로 지도의 세계를 그리고 있다. 그 세계를 말로 나타내자니 '지도무난 유혐간택'이라 할밖에는 어떤 다른 도리가 없다. 그 이상한 모습이 나와 서로 마주하여 가만히 한쪽 발로 서 있다고 한다. '머리 길이가 석 자'라는 것은 '지도'로 화化한 조주의 모습이다. 이는 바로 이 승의 눈에 비친 '지도'의 모습이기도 하다. 이 말은 동산洞山良价과 어느 승의 문답에도 나온다.

승이 묻기를, "사문沙門의 행은 어떤 것입니까?" 동산은 "머리 길이 석 자, 목 길이 두 치"라고 말했다. 동산은 시자에게 이 말을 삼성 혜연 화상에게 묻도록 했다. 삼성은 시자의 손바닥 위를 치고 또 쳤다. 시자가 돌아와 이 일을 동산에게 말했다. 동산은 "이를 수긍했구나"라고 하였다. 동산은 '머리 길이 석 자, 목 길이 두 치'가 그대로 사문의 행行임을 삼성으로 하여금 알게 한 것이다. '서로 마주하여 말없이 한쪽 발로 서 있다'라는 것은, 말이 통하지 않는 '지도'가 눈앞을 불쑥 가로막고 있다는 의미이다. 설두는 간택을 넘고 명백을 넘은 조주의 세계를 이처럼 형용해 보여준다.

운문, 주장자가 용이 되다

운 문 주 장 화 위 룡
雲門拄杖化爲龍

【수시】

제불과 중생은 본래 다르지 않다. 산하와 자신, 어찌 차등이 있을까. 그런데 무엇 때문에 모든 것은 양변으로 되어 있는가. 설령 화두를 자유자재로 다루고 급소를 꽉 누른다고 해도 방과해서는 안 된다. 방과하지 않는다면 온 세상이 한 움큼도 되지 않는다. 자, 어떻게 해야 이 화두를 잘 다룰 수 있는가. 예를 들어볼 테니 참구해보라.

제 불 중 생 본 래 무 이　　산 하 자 기 녕 유 등 차　　위 십 마 각 혼 성 량 변 거 야
諸佛衆生本來無異。山河自己寧有等差。爲什麼却渾成兩邊去也。
약 능 발 전 화 두　　좌 단 요 진　　방 과 즉 불 가　　약 불 방 과　　진 대 지 불 소 일
若能撥轉話頭。坐斷要津。放過即不可。若不放過。盡大地不消一
날　　차 작 마 생 시 발 전 화 두 처　　시 거 간
捏。且作麼生是撥轉話頭處。試擧看。

운문이 주장자를 대중에게 보이며 말했다. "주장자는 용이 되어 건곤을 삼켜버렸다. 산하대지는 어디에서 손에 넣을 수 있는가?"

운문이주장시중운　주장자화위룡　탄각건곤료야　산하대지심
雲門以拄杖示衆云。拄杖子化爲龍。吞却乾坤了也。山河大地甚
처득래
處得來。

【송】

주장자는 건곤을 삼켰는데

복사꽃 물결처럼 흩날린다, 쓸데없이 말하네.

꼬리를 태운 놈, 운무를 움켜잡았다 할 수 없고

아가미 말리는 놈, 어찌 실망낙담했다 할 수 있을까.

그만두자.

들었는가, 못 들었는가.

반드시 청결하고 담백해야지,

어수선하고 시끄러워서는 안 된다.

칠십이 몽둥이로 용서하겠지만

백오십 몽둥이로도 그대는 용서하기 어렵다.

[스님이 갑자기 주장자를 들고 자리에서 내려오니 대중은 일시에 흩어져 달아났다.]

주장자탄건곤　도설도화랑분
拄杖子吞乾坤　徒說桃花浪奔
소미자부재라운화무　폭시자하필상담망혼
燒尾者不在拏雲攫霧　曝腮者何必喪膽亡魂
염료야　문불문
拈了也　聞不聞

직 수 쇄 쇄 락 락　　 휴 갱 분 분 운 운
直須灑灑落落　 休更紛紛紜紜
칠 십 이 방 차 경 서　　 일 백 오 십 난 방 군
七十二棒且輕恕　 一百五十難放君

(사 맥 염 주 장 하 좌　　 대 중 일 시 주 산)
(師驀拈拄杖下座。大衆一時走散)。

해설

"제불과 중생이 본래 다르지 않다." '중생즉부처'이다. "산하와 자신,
어찌 차등이 있을까." 산과 강, 풀과 나무 등 자연은 언뜻 보면 우리들
과 직접적인 관계가 없는 것처럼 생각되지만, 석존이 성불 후 '초목국
토가 모두 성불'이라고 하신 것에서 보면 자연과 우리 자신은 그 본질
이 동등하다. 그러나 본질을 놓쳐버리면 '산하와 자신이 왜 차등이 있
을까'라는 의문이 생긴다. "무엇 때문에 모든 것은 양변으로 되어 있는
가." 즉 왜 둘로 대립하고 있는가. 이는 양변으로 이루어진 모든 것들
의 본질은 동등하며, 하나하나가 전체를 이루고 전체가 하나하나로 살
아가고 있다는 것을 인식하지 못하기 때문이다.

　"설령 화두를 자유자재로 굴리고 급소를 꽉 누른다고 해도 방과해
서는 안 된다." 일반적으로 화두는 고칙공안古則公案이지만, 이 경우는
앞에서 말한 '제불과 중생, 산하와 자기 등이 본래 하나라고 했는데 왜
둘로 이루어졌는가'의 문제를 말한다. 그것은 어째서일까. 이리저리
궁구하여, 문제가 되는 의심덩어리를 탁 털어버리고 급소를 꽉 눌러[坐
斷]버릴 수 있게 된다 해도, 부처도 중생도 자기도 산하도 '차별이 그대
로 하나임'을 몸소 체득하지 않으면 안 된다는 뜻이다. 그것을 방과하

면, 즉 방심하여 무심하게 되면 다시 본래대로 자기와 산하가 대립하고, 부처와 중생의 세계가 차별로 보이게 된다. 이것이 '방과해서는 안 되는' 이유이다.

만약 방과하지 않는다면, 즉 방심하지 않고 부단히 수행하면, "온 대지가 한 움큼도 되지 않는다"라고 하였다. 천하가 한 줌도 안 된다는 것은 산하대지와 자기를 그대로 한 몸으로 받아들인다는 의미이다. 그렇다면 어떻게 해야 화두를 자유자재로 굴릴 수 있는지, 시험 삼아 참구해보라고 했다.

운문에게는 주장자를 사용한 문답이 대단히 많다. 그 중에서도 이 칙의 이야기는 유명하다. 어느 때 운문이 주장자를 대중에게 들어 보이며 말했다. "이 주장자는 용이 되어 건곤을 삼켜버렸다." 주장자는 운문이 손에 잡고 있는 막대기이다. 용은, 구름을 동반해야 용이다. "산하대지는 어디에서 손에 넣을 수 있는가"라는 말은, 본래 설봉의 "한 입에 건곤을 다 삼켰다"라는 시중의 말에 운문이 붙인 코멘트이다.

운문의 '주장자' 속에는 화엄사상이 숨어 있다. 이 주장자가 용이 되어 건곤·천지를 삼켰다는 말은 바로 일체의 만물이 하나 속에 들어 있음을 보인 것이다. 다름 아닌 '일즉일체 다즉일一卽一切 多卽一'의 사상이다. 그렇다면 그 '일체'는 어디서 손에 넣을 수 있는가 하는 것이 이 칙의 주제이다.

'일즉일체'의 '일一'은 운문이 가지고 있는 주장자이다. 하나에서 산하대지 만법의 차별계가 분명히 나타난다. 만법 차별계는 바로 이 '일심', 즉 주장자가 만든 것이다. 일심의 세계는 일미평등의 세계이다. 일즉일체의 '일'을 알아야 한다는 것이 운문의 시중이다.

송의 첫 구는 주장자가 용이 되어 건곤을 삼켰다는 운문의 설법을 노래한다. "복사꽃, 물결처럼 흩어진다고 쓸데없이 말하네"라는 구는 전설에서 인용했다. 황하의 상류에 '용문의 폭포'라고 하는, 삼단으로 이어진 폭포가 있다. 복사꽃이 물결처럼 흩날리는 춘삼월이면 많은 잉어가 이 폭포를 오른다. 그 가운데 가장 힘센 잉어가 폭포를 뛰어오르면, 그 순간 천둥 번개가 쳐 잉어의 꼬리가 타고, 잉어는 바로 용이 되어 승천한다고 한다. '쓸데없이 말하네[도설徒說]'라는 말은, 이러한 전설이 지금은 웃기는 소리라는 것이다. 주장의 용에 비하면 전혀 이야기가 되지 않는다는 의미이다.

"꼬리를 태운 놈, 운무를 움켜잡았다 할 수 없고"라는 것은, 번개가 쳐 용이 되어도 하늘을 나는 진짜 용이 되었다고 단정할 수 없다는 말이다. "아가미 말리는 놈, 어찌 실망낙담했다 할 수 있을까"는, 폭포의 삼단을 뛰어오르다가 이마가 바위에 부딪쳐 폭포의 소沼에 떨어진 잉어를 정말 죽었다고 단정할 수 없다는 의미이다. 제자가 스승과 대등한 법전을 펼쳤다 하여 자만하면 안 되고, 낙제하였다 하여 실망해서도 안 된다는 뜻이다. '상담망혼喪膽亡魂'은 '실망낙담'을 뜻한다.

"그만두자"라는 것은 모든 강석講釋을 이쯤에서 그만하자는 말이다. 이 말을 "들었는가, 못 들었는가?"라고 묻고 있다. "반드시 청결하고 담백해야지[쇄쇄락락灑灑落落]"라는 말은, 용이 되든 못 되든, 깨달았다고 하든 못했다고 하든, 그러한 것은 부질없는 이야기이므로 털어버리고, 절대 깨끗하고 순수무구해야 한다는 말이다. 그래서 "절대 어수선하고 시끄러워서는 안 된다"라고 하였다. 화엄사상을 주장자로 보이는 등, 어수선하고 혼잡한 곳에 정신이 팔려서는 절대 안 된다는 것이다. 하여간 오늘은 "칠십 둘 몽둥이로 용서는 하겠지만", 본래대로라면

"백오십 몽둥이로도 그대를 용서하지 못한다"라고 하였다.

설두의 송은 여기서 끝난다. "스님이 갑자기 주장자를 들고 자리에서 내려오니"에서, 스님은 설두이다. 설두가 주장자를 쥐고 대중을 치려고 내려오니, "대중은 일시에 흩어져 달아났다." 일즉일체의 '일'에 매여 있다면 운문의 설법을 진정으로 이해한 것이 아니다. 그것을 때려눕혀 본래의 쇄쇄락락灑灑落落으로 돌아가게 하기 위해 설두는 대중을 뒤쫓았다. 대중은 혼비백산하였다.

제61칙

풍혈, 한 티끌을 세우면

풍 혈 약 립 일 진
風穴若立一塵

【수시】

법당을 세우고 종지를 세우는 것은 본분종사에게 돌린다. 용과 뱀을
정하고 흑과 백을 구별하는 것은 작가의 지식이라야 한다. 칼날 위에
서 살활을 논하고, 몽둥이 끝에서 기연의 적절함을 분별하는 것은 미
루어 두고, 말해보라, 홀로 천하를 다스리는 일을 한마디로 어떻게 드
러내겠는가. 예를 들어볼 테니 참구해보라.

건 법 당 립 종 지　　환 타 본 분 종 사　　정 룡 사 별 치 소　　수 시 작 가 지 식　　검
建法幢立宗旨。還他本分宗師。定龍蛇別緇素。須是作家知識。劍
인 상 론 살 활　　봉 두 상 별 기 의　　즉 차 치　　차 도 독 거 환 중 사 일 구 작 마
刃上論殺活。棒頭上別機宜。則且置。且道獨據寰中事一句作麽
생 상 량　　시 거 간
生商量。試舉看。

풍혈이 문제를 제기하여 말했다. "한 티끌을 세우면 나라가 흥성하고, 한 티끌을 세우지 않으면 나라가 멸망한다."[설두가 주장자를 집어 들고 말했다. "도대체 동생동사할 만한 납승이 있는가?"]

풍 혈 수 어 운　약 립 일 진　가 국 홍 성　불 립 일 진　가 국 상 망　설 두 염
風穴垂語云。若立一塵。家國興盛。不立一塵。家國喪亡。雪竇拈
주 장 운　환 유 동 생 동 사 저 납 승 마
拄杖云。還有同生同死底衲僧麼。

【송】

시골 노인이 설사 미간을 펴지 않는다 해도

여하간 나라의 웅대한 기초를 세우고자 한다.

지략이 있는 신하와 용맹한 장군은 지금 어디 있는가.

만 리 청풍, 다만 스스로 알 뿐.

야 로 종 교 부 전 미　차 도 가 국 립 웅 기
野老從教不展眉　且圖家國立雄基
모 신 맹 장 금 하 재　만 리 청 풍 지 자 지
謀臣猛將今何在　萬里清風只自知

'법당을 세우고 종지를 세운다'라는 구는 현각의 《증도가》에 있다. 불법의 본뜻을 명시한다는 말이다. 선의 진수를 제시하고 후진을 지도하는 데는 깨달음도 확실해야 하고, 경지 역시 명쾌해야 한다. 법리法理에도 밝고 세간의 학문에도 통할 필요가 있다. 따라서 범용凡庸한 자는

도저히 할 수 없는 일이다. '본분종사'는 '이 몸이 즉 부처'라고 하는 본분을 꿰뚫는, 대역량이 있는 선사이다. 그러므로 법당을 세우고 종지를 세우는 것은 "본분종사에게 돌려야 한다"라고 하였다.

이러한 선사의 처소에 무리를 지은 수행자들이 다양하게 있다. 그들 중 누가 용 같은 대물大物인지 뱀 같은 별 볼일 없는 자인지 각자의 소질을 보아 정하고, 흑[緇]인지 백[素]인지 수행의 정도나 그릇을 식별하는 것도 '작가의 지식'이 있지 않으면 안 된다. 말하자면 뛰어난 수완手腕을 가지고 법을 택하는 안목을 가진 작가라야 하는 것이다. 그 같은 사람은 "칼날 위에서 살활을 논하고"라고 하였다. 이는 상대와 눈을 마주치는 순간에 죽이든 살리든, 부정·긍정의 활活수단을 꾀한다는 말이다. "몽둥이 끝에서 기연[機]의 적절함을 분별하는 것"은, 몽둥이로 친다든가 두드리는 등의 거친 수단을 통해, 상대에게 나타난 반응을 보고 깨달았는지 여부를 점검하는 것이다.

이러한 것은 별도로 하고, "홀로 천하[환중寰中]를 다스리는 일을 어떻게 한마디로 드러낼 수 있겠는가"라고 하였다. '환중'은 아홉 겹의 구름으로 둘러싸인 궁중이다. 독존獨尊의 주체로서 천하를 점유하는 일, 즉 선의 최고의 경계에 대해 어떻게 한마디로 구명할 수 있겠는가 하는 의미이다.

풍혈風穴延沼, 896-973은 중국 항주 출신으로, 남원 혜옹의 법을 이었고, 임제 아래의 법손이다. 일찍이 앙산이 남방에 임제의 법을 이을 자가 출생한다고 예언했던 바로 그 사람이다. 풍혈이 대중에게 제기한 문제에 설두가 비평을 가하여 본칙으로 만들었다. "만일 한 티끌을 세우면 나라가 흥성하고"의 뒤에는 원래 '시골 노인네들이 얼굴을 찌푸

린다'라는 구가 있는데, 여기에는 생략되어 있다. '티끌'은 '미진微塵'
이다. 여기서는 국가 존립을 위한 최소의 조건을 뜻한다. 그 다음 구
"한 티끌을 세우지 않으면 나라가 망하여" 뒤에는 '시골 노인들이 크
게 안심한다'라는 구가 생략되었다.

　일진을 세우는 세계를 '건립문建立門'이라 하고, 일진을 세우지 않는
세계를 '소탕문掃蕩門'이라 한다. 건립문은 방편의 세계로, 차별계를
말한다. 여기서는 시골 노인이 얼굴을 찌푸리게 된다. 소탕문은 일체
개공의 세계를 말한다. 천하태평하여 노인들이 안도의 한숨을 쉰다.
이 두 문[二門]을 한 몸[一體]으로 할 수 있다면 참된 납승이 될 것이다.
그래서 설두는 주장자를 집어 들고 "도대체 동생동사할 수 있는 납승
이 있는가?"라고 일갈하였다.

　주장자는 본래의 자기이다. 범부는 모든 것이 주장자 하나의 천변만
화임을 알지 못한다. 유, 무, 사바, 정토라고 해도 모두 거짓이요, 다만
주장자의 천변만화일 뿐이다. '동생동사할 납승'은 국가의 흥망과 운
명을 함께하는 사람을 뜻하기도 하지만, 여기서는 '건립·소탕의 두 문
을 자유자재로 능숙하게 잘 드나들 수 있는 자가 있는가'라는 의미이
다. 일진을 세우면 만법 차별의 세계가 나타난다. 일진을 세우지 않으
면 일체는 공무空無로 돌아가, 천하가 태평하게 된다.

본칙에서는 건립과 소탕의 두 문을 들었지만, 송에서는 건립만을 노래
하고 있다. "시골 노인이 설사 미간을 펴지 않는다 해도"의 의미는, 본
칙에서 말한 것처럼 미진한 법을 내세운 차별의 세계에 사는 노인네들
은 미간을 찡그릴 수밖에 없다는 것이다. 평화롭고 자유로운 세계가
아니기 때문이다.

그러나 설두는 "나라의 웅대한 터전을 세우고자 한다"라고 다짐한다. 웅대한 국가, 즉 선 세계의 기반을 세우려고 한다는 것이다. 그렇기 때문에 이 선의 국가를 경영할 참모와 신하를 찾아야 한다. "지략이 있는 신하와 용맹한 장군은 지금 어디 있는가?" 설두 자신만이 알고 있다는 뜻으로, "만 리 청풍, 다만 스스로 알 뿐"이라고 하였다. 자신의 일을 결구結句로 노래했다.

제62칙

운문, 가운데 보배 하나가 있다

운 문 중 유 일 보
雲門中有一寶

【수시】

무사의 지혜로써 무작의 묘용을 나타내고, 무연의 자비로써 청하지 않는 홀륭한 벗이 된다. 한마디 말로 죽이기도 하고 살리기도 한다. 작용 하나로 놓기도 하고 잡기도 한다. 자 말해보라, 어떤 자가 이와 같은가? 예를 들어볼 테니 참구해보라.

이 무 사 지　발 무 작 묘 용　이 무 연 자　작 불 청 승 우　향 일 구 하　유 살
以無師智。發無作妙用。以無緣慈。作不請勝友。向一句下。有殺
유 활　어 일 기 중　유 종 유 금　차 도 십 마 인 증 임 마 래　시 거 간
有活。於一機中。有縱有擒。且道什麼人曾恁麼來。試舉看。

본칙

운문이 대중에게 말했다. "건곤의 안, 우주 사이, 그 가운데에 보배 하

나가 있다. 비밀리 형산에 있다. 등롱을 들고 불전 속으로 향하고, 삼문을 가지고 등롱 위로 온다.”

운문시중운　건곤지내　우주지간　중유일보　비재형산　염등롱
雲門示衆云。乾坤之內。宇宙之間。中有一寶。祕在形山。拈燈籠
향불전리　장삼문래등롱상
向佛殿裏。將三門來燈籠上。

【송】

보라, 보라!

옛 언덕에서 낚싯대를 드리운 자는 누구인가.

구름은 뭉게뭉게, 물은 콸콸.

명월과 억새꽃, 그대 스스로 보라.

간간　고안하인파조간
看看　古岸何人把釣竿
운염염수만만　명월로화군자간
雲冉冉水漫漫　明月蘆花君自看

해설

‘무사無師의 지’는 스승에 의지하지 않고 스스로 증득한 지혜를 말한다. 고인古人이 ‘어떤 연緣에도 의지하지 않음을 무사의 지라고 한다’라고 한 것처럼, 타인으로부터 배운 지식이 아니라 스스로 자연히 용출하는 지혜이다. 견성의 눈이라는 것은 스승으로부터 받지 않은 본래의 지혜이다. ‘무사의 지’에 의해서만 분별도 노력도 필요치 않은 ‘무작無作의 묘용’이 일어난다. 무작의 묘용은 정식분별情識分別을 섞지 않은 절묘한 작용으로, 자연히 일어나는 것이다.

"무연無緣의 자비[慈]로써 청하지 않는 멋진 벗이 된다"에서 '무연의 자비'는 어떠한 인연도 전혀 없는 자를 도우려 하는 대자비심이다. 자비에는 '중생연衆生緣' '법연法緣' '무연無緣' 세 가지가 있다고 한다. 중생연은 생명을 가진 중생을 보고 자비를 일으키는 것이며, 법연은 중생이 모두 오온五蘊(색·수·상·행·식)을 갖추고 있으므로 오온의 법을 믿고 자비심을 일으키는 것이다. 무연은 능소能所, 즉 주관과 객관을 잊고 자타를 따로 보지 않는 마음에서 일어나는 자비이다. 이러한 자비의 마음이 있으면, 괴로워하는 사람을 보면 아무런 관련이 없더라도 지나치거나 버리지 않는다. 진정한 친구는 요청하지 않아도 스스로 가서 친절을 베푼다. 승조는 "참된 친구는 청하는 것을 기다리지 않는다. 어머니가 어린아이에게 다가가는 것과 같다"라고 했다. 상대가 구하지 않아도 먼저 알고 나아가는 훌륭한 벗을 '청하지 않는 벗'이라고 했다.

"한마디 말로 죽이기도 살리기도 한다"라는 말은, 말 한마디로서 망상을 자르고 대활大活시키는 살활殺活자재의 묘용을 뜻한다. "작용 하나로 놓기도 잡기도 한다"라는 것은, 놓아주기도 하고 잡기도 하는 자유자재한 작용을 말한다. 이는 '무사의 지'에서 나오는 묘용이며, '무연의 자慈'에서 일어나는 불청不請의 벗으로, 중생제도의 방편이다. 자 말해보라, 어떤 자가 이 같은가? 본칙 공안을 들어볼 테니 참구해보라.

"건곤의 안, 우주 사이, 그 가운데에 보배 하나가 있다. 비밀리 형산形山에 있다[秘在]"라는 구절은 본래 승조의 《보장론寶藏論》에 나오는 말이다. 운문은 이것을 인용하며, "등롱을 들고 불전 속으로 향하고, 삼문을 가지고 등롱 위로 온다"라고 했다. 등롱이 불전 쪽으로 향하고, 더구나 그 등롱 위로 삼문을 가지고 온다고 하는, 완전히 상식을 벗어난 말을 했다. 운문은 이처럼 상식을 타파하는 세계를 보여준다. '건곤의 안, 우주 사이'는 시간과 공간을 뜻한다. 곧 시방十方과 삼세三世를 아우른 말이다. '그 가운데 하나의 보배가 있는데, 형산에 비밀리에 있다'라고 하였다. '형산形山'은 우리들의 육신으로, 사대오온四大五蘊의 산을 의미한다. 이것은 도가道家의 말이다. '형形'은 형상인데, 육신을 산으로 보아 형산이라고 했다.

'비재秘在'는 감추어져 있다는 뜻이 아니라, 보는 대로 듣는 대로 느껴진다는 의미이다. 임제의 "붉은 육신 덩어리에 한 무위無位의 진인眞人이 있다"라는 말과 의미가 같다. 임제의 '진인'은 말이나 논리로 생각할 수 있는 것이 아니다. 건곤과 우주 사이에 있는 보배 하나를 운문은 "등롱을 들고 불전 속으로 향하고, 삼문을 들고 등롱 위로 온다"라고 표현하였다. 이는 보배의 움직임을 보인 것이다. 승조의 형이상학적 표현을, 역동적인 이미지로 변화시켜 구체적 개성을 살린 것이다.

등롱은 발광체이다. '삼문三門'은 공空·무상無相·무작無作의 삼해탈을 상징하며, 선원의 총문總門, 즉 산문山門을 가리킨다. 따라서 여기서는 삼문을 불전 속에 넣어 등롱을 대신하게 된다. 비재라고 해도 빛이 넘쳐나는 느낌이다.

설두의 송은 운문이 대중에게 말한 "등롱이 불전 속으로 향하고 삼문을 등롱위로 가지고 온다"라는 두 구를 노래한 것이다. "보라, 보라!", 운문의 말을 잘 보라는 의미이다. 왜 저렇게 상식을 타파하는 말을 토했는가를 생각해보라는 것이다.

"옛 언덕에서 낚싯대를 드리운 자는 누구인가." 옛 언덕에서 누군가가 낚싯대를 드리우고 있는 것 같이, 운문이 중생을 깨달음으로 이끌기 위해 낚싯줄을 드리우고 있다. 형산에 비밀리에 있는 보배 하나를 알게 하기 위해서이다. 그 보배는, 구름이 뭉게뭉게 피어올라 전 세계를 덮은 것처럼, 물이 콸콸 흘러 전 세계를 가득 채우는 것처럼, 눈앞에 명백히 나타나 있다. 그러나 그것을 확실하게 알려면, 각자 힘을 다해 간파하지 않으면 안 된다.

"명월과 억새꽃, 그대 스스로 보라." 하얗게 빛나는 명월과 하얀 꽃으로 핀 억새, 어느 쪽이 더 흰지를 자신이 잘 알아차려야 한다는 의미이다. 승조는 "형산에 한 보배가 있다"라고 말했지만, 운문은 언구나 상식을 타파하고 그것을 직접 그대로 보라고 했다. 그 이상 전할 도리가 없기 때문이다.

제63칙

남전, 고양이를 베다

남 전 참 묘 아
南泉斬猫兒

【수시】

생각이 미치지 않는 곳은 똑바로 잘 제시해야 하고, 말이 미치지 않는 곳은 적절히 빨리 착안해야 한다. 만약 번개가 치고 유성이 떨어지면, 바로 못의 물이 뒤집히고 높은 산이 거꾸로 넘어진다. 대중 가운데 이를 간파할 자가 있기나 할까. 예를 들어볼 테니 참구해보라.

의 로 부 도　정 호 제 시　언 전 불 급　의 급 착 안　약 야 전 전 성 비　변 가
意路不到。正好提撕。言詮不及。宜急著眼。若也電轉星飛。便可
경 추 도 악　중 중 막 유 변 득 저 마　시 거 간
傾湫倒嶽。衆中莫有辨得底麼。試擧看。

본칙

어느 날 동서 양당이 고양이로 다투었다. 이를 본 남전은 고양이를 집

어 들면서 말했다. "말한다면 베지 않겠다." 대중은 말이 없었다. 남전은 고양이를 베어 양단을 냈다.

남전일일동서량당쟁묘아　남전견수제기운　도득즉불참　중무
南泉一日東西兩堂爭猫兒。南泉見遂提起云。道得即不斬。衆無
대　전참묘아위량단
對。泉斬猫兒爲兩段。

【송】

양당 모두 어리석은 승들이니

크게 시끄럽게 되어 어찌하지 못한다.

다행히 남전이 멋지게 영을 내려

일도양단, 편파에 맡겼다.

량당구시두선화　발동연진불내하
兩堂俱是杜禪和　撥動煙塵不奈何
뇌득남전능거령　일도량단임편파
賴得南泉能舉令　一刀兩段任偏頗

해설

"생각이 미치지 않는 곳"은 생각을 넘어선 세계이다. 이 세계야말로 납자가 염원하는 도량이며 스승이 수행자를 이끌어 가는 목적지이다. '제시提撕'는 스승이 수행자를 지도하는 것을 뜻한다. "말이 미치지 않는 곳"은 말이나 문자로 설명할 수 없는 언어도단言語道斷의 경계를 가리킨다. "적절히 빨리 착안해야 한다"라는 말은 의로意路나 언전言詮이 미치지 않는 경계에서, 수행자가 '아, 그렇구나' 하고 수긍할 수 있을 정도의 체험을 해야 한다는 의미이다. 이같이 체득한 자는, "번개가 치고 유성이 떨어지면", 즉 조용한 하늘에서 갑자기 천둥 번개가 치고 유성流星이 형적도 없이 지나가는 듯 빠른 작용이 나오면, "못의 물이 뒤집히고 높은 산이 거꾸로 넘어지는 듯한[경추도악傾湫倒嶽]" 대역량을 발휘한다는 것이다. "대중 가운데 이를 간파할 자가 있기나 할까?"라고 하며 본칙을 제시한다.

본칙 공안은 《종용록》 제9칙과 《무문관》 제14칙에도 나오는 것으로 보아, 납승들에게 크게 평판 받은 문답인 것 같다. 이 공안은 다음에 나오는 제64칙의 이야기로 이어진다. 남전南泉普願, 748-834은 마조의 법을 이었다. 그의 성이 왕씨이므로 사람들은 '왕노사'라고 불렀다. 남전이 주석하는 좌선당은 동서로 나뉘어 있었다. 선당은 운수납자가 엄격하게 좌선 수행하는 장소이다.

어느 날 양당의 납자들은 고양이를 두고 불성의 유무에 대한 법론을 벌이며 소란을 떨었다. 밖에서 돌아온 남전은 하등의 가치가 없는 법전法戰을 두 눈 뜨고 볼 수가 없었다. 한심했다. 남전은 전광석화같이 바로 고양이를 집어 들어 보이며, 무섭고 사나운 표정으로 우레같이 소리쳤다. "말할 수 있으면 베지 않겠다!" 그렇지만 양당의 납자들에게서는 단 한마디도 나오지 않았다. '중생무변서원도'를 신념으로 삼는 운수의 도량에서 고양이를 벤다는 것은 있을 수 없는 일이다. 뜻밖이다. 절박한 순간에 대중은 모든 생각이 끊어진 상태로 멍하니 바라보기만 할 뿐이었다. 바로 그 자리에서 남전이 고양이를 베어 양단을 냈다. 여기서 '고양이'는 무엇을 뜻하는가? 분별망상이다. 납승들이 자신의 일 밖의 고양이만을 보고 설전을 벌이는 것에 대하여 남전이 '참묘斬猫'한 것이다.

이 문답은 예로부터 '이류중행異類中行'의 문제로 시끄럽게 받아들여졌다. '이류중행'은 축생도를 살아간다는 뜻이다. 윤회 사상이 있었던 당시에는, 사후에 자신이 축생도에 떨어지는 것을 큰 문제로 삼아 진지하게 생각한 것 같다. 축생도에 떨어지면 어떻게 그 축생도에서 해탈할 것인가를 묻고 있다고 봐도 좋을 것이다. 축생이지만 축생으로 살아가지 않는 방법은, 축생도 가운데서 인과에 어둡지 않고[불매인과不昧因果] 그 세계에서 칠전팔기七顚八起하며 살아가는 것이다. 그 자체가 윤회로부터의 해방이다. 나아가, 축생도에 떨어져서도 법을 설하는 보살행이 참된 '이류중행'이기도 하다.

설두는 고양이를 벤 남전의 행동을 송으로 찬탄하였다. 그리고 양당의 승들이 모두 '두찬杜撰'과 같다고 꾸짖어, "양당 모두 어리석은 승들[杜禪和]이니"라고 했다. '두선화杜禪和'는 멍청한 선 수행자를 의미한다. '두杜'는 '두찬杜撰'이라는 말에서 인용하였다. 옛날 중국에 '두묵杜黙'이라는 자가 있었는데, 그가 지은 시는 운율도 맞지 않고 격률格律에도 맞지 않았다. 그래서 세상 사람들은 시가 시답지 않을 때, "두찬과 같다"라고 했다. 동서 양당의 승들은 이 두찬과 같은 패거리라고 하는 것이다.

'연진煙塵'은 '전진戰塵'과 같은 뜻으로, 전쟁으로 인하여 일어나는 연기나 먼지를 뜻한다. 여기서는 '법전法戰'을 의미하며, 양당이 알맹이도 없는 법거량으로 시끄럽게 소란을 피우고 있는 상황을 가리킨다. 이를 "크게 시끄럽게 되어 어찌하지 못한다"라고 하였다.

"다행히 남전이 멋지게 영을 내려", 즉 다행히 남전과 같은 역량 있는 선걸禪傑이 있어서 불조의 가르침을 바르게 행하고 분쟁의 근원, 망상의 원류를 일소一掃하였다는 의미이다. '뇌득賴得'은 부사로 '~에 의하여'라는 뜻이다. "일도양단, 편파에 맡겼다"라는 말은, 남전이 고양이를 벤 행동은 중용의 자세가 아닌 편파적인 조치였지만, 도리어 한쪽으로 치우친 이 방법이 분쟁의 근원을 끊고 선의 명맥을 지켰다는 의미이다.

남전, 조주에게 묻다

남 전 문 조 주
南泉問趙州

본칙

남전이 다시 앞의 이야기를 들어 조주에게 물었다. 조주가 바로 짚신을 벗어서 머리에 이고 나가버렸다. 남전이 말했다. "그대가 있었더라면 고양이를 구했을 텐데."

남전부거전화 문조주 주변탈초혜 어두상대출 남전운 자약
南泉復擧前話。問趙州。州便脫草鞋。於頭上戴出。南泉云。子若
재 흡구득묘아
在。恰救得猫兒。

【송】

공안을 결말짓고 조주에게 물으니

장안성 안에서 한가로이 노니네.

짚신을 머리에 인 것, 사람들은 알지 못한다.

고향으로 돌아가 편히 쉬고 있네.

공안원래문조주　　장안성리임한유
公案圓來問趙州　　長安城裏任閑遊
초혜두대무인회　　귀도가산즉편휴
草鞋頭戴無人會　　歸到家山即便休

해설

이 칙은 수시가 없다. 앞의 제63칙의 이야기가 이어진다. 여기서는 남전과 조주가 지음知音의 관계임이 잘 드러나 있다. 남전은 앞에서 벌어졌던 이야기를 조주에게 말하고 다시 물었다. "만약 그대가 그 자리에 있었더라면 어찌했을 것 같은가?" 조주는 바로 짚신을 벗어 머리에 이고 나갔다. 앞 칙에서, 남전이 동서 양당의 납승들에게 보여준 '참묘(고양이를 벰)'가 바로 '이류중행異類中行'임을 설명했다. 여기서 조주가 머리에 짚신을 이고 나간, 상식을 뒤엎는 행동도 예로부터 이류중행이라고 본다.

《조주록》(897)에는, "남전이 조주에게 '그대는 어떻게 해야 고양이를 구할 수 있겠는가'라고 하니 조주는 한 켤레의 신발을 머리에 이고 나가버렸다"라고 되어 있다. 이 문맥으로 보면, 조주가 자신의 신발을 벗어서 이고 나간 것이 아니라, 거기에 있었던 남전의 신발을 이고 나갔다는 이야기이다.《전등록》(1004) 이후의 텍스트에 '벗어서'라고 기록된 것은 지나친 수정이라고 본다.

남전은 조주의 이러한 행동을 보고, "그대가 있었더라면 바로 고양이를 구했을 텐데"라고 말했다. 앞 칙에서 남전이 고양이를 베었다고 말했지만, 실은 '유有'와 '무無'라는 두 머리를 베어 철저히 '부정否定'을 행한 것이다. '불조의 정령正領'을 집행한 것이라고 볼 수 있다. 그것은 "불성이 있는가"라고 질문한 승에게 조주가 "있다"라고 답한 것과 동일한 맥락이다. '없다'라고 하면, 사람들은 불성을 '무無'라고 고정화하여 받아들이는 경향이 있다. 그것은 참된 구함이 아니다. 조주가 신발을 인 것은, 조주 자신이 "개에게 불성이 있는가"라는 물음에 대하여 "있다"라고 답한 것과 같은 긍적의 방식으로, '기왓장과 조약돌[와력瓦礫]도 빛을 뿜는다'라는 취지이다.

부정할 때는 철저히 부정하지만 긍정해야 할 때는 철저히 긍정하지 않으면 안 된다. 남전과 조주 모두 '파정把定하기만 하면 황금도 색色을 잃고, 방행放行하기만 하면 와력도 빛을 뿜는다'라는 이치를 보인 것이다. 원오가 댓글로 "남전이 노래를 부르면 조주가 손으로 박자를 맞춘다"라고 하는 까닭이다. 원오는 또한 "지음자知音子는 드물다"라고 하였다. 서로 마음이 통하는 자는 극히 적다는 것이다. 그러나 원오는 "실수로써 실수를 이룬다"라고도 하였다. 이는 조주가 남전의 과오를 솜씨 좋게 감싸주었다는 의미로, 신발을 이는 행위 자체에 빠지는 것을 경계해야 한다고 일침한 것이다.

송의 첫 구, "공안公案을 결말짓고[원래圓來] 조주에게 물으니"는, 앞 칙에서 양 승당의 고양이 소동이 결말이 났고, 그다음 조주에게 물었다는 말이다. '공안公案'은 재판의 안건이며, '원래'는 한 안건이 낙착落着되었다는 뜻이다. 남전의 물음에 조주는 짚신을 머리 위에 얹었다. 이는 고양이를 벤[참묘斬猫] '부정'과 짚신을 얹은[대혜戴鞋] '긍정'이 서로 보완하여, 공안이 완전한 일원상이 되었다는 의미이다.

"장안성 안에서 한가로이 노니네"에서 '장안'은 남전이 있는 세계를 뜻한다. 대당국 안에서 남전이 제일인자라는 어감도 있다. '한가로이 노니네'는 짚신을 머리에 이고 나가서 한가로이 노니는 조주를, 남전이 기쁘게 바라보고 있다고[任] 노래 한 것이다. 남전이 그의 제일 제자인 조주의 경계를 인정하며 흐뭇하게 바라보고 있는 정경이다.

송의 셋째 구에서는 남전과 조주 두 사람의 경계를 아는 자가 없음을, "짚신을 머리에 이는 것, 사람들은 알지 못하네"라고 노래하였다. "고향으로 돌아가 편히 쉰다"라는 말은, 고양이 소동에도 마음에 전혀 걸림이 없는 조주의 시종 무사無事를 노래한 것이다. 이미 자신의 집으로 돌아가서 마음 편안하게 쉬고 있다는 뜻이다. 뒤의 두 구는 조주의 심경을 높이 찬탄한 노래이다.

제65칙

외도, 부처에게 묻다

외 도 문 불
外道問佛

【수시】

모양은 없으나 형태는 시방허공에 충만하여 두루 미치고, 무심으로 응대하니 찰해에 두루하여 번잡하지 않다. 하나를 들면 셋을 알고, 한눈에 경중輕重을 알아채고, 몽둥이로 비 오듯 내리치고, 우레 치듯 할을 한다 해도, 향상인의 행리에는 아직 미치지 못한다. 자, 말해보라. 어떤 것이 향상인의 일인가. 예를 들어볼 테니 참구해보라.

무 상 이 형　　충 십 허 이 방 광　　무 심 이 응　　변 찰 해 이 불 번　　거 일 명 삼 목
無相而形。充十虛而方廣。無心而應。遍刹海而不煩。擧一明三目
기 수 량　　직 득 방 여 우 점 할 사 뢰 분　　야 미 당 득 향 상 인 행 리 재　　차 도
機銖兩。直得棒如雨點喝似雷奔。也未當得向上人行履在。且道
작 마 생　　시 향 상 인 사　　시 거 간
作麼生。是向上人事。試擧看。

외도가 부처님께 여쭈었다. "유언도 묻지 않고 무언도 묻지 않겠습니다." 세존은 잠시 침묵했다. 외도는 찬탄하여 말했다. "세존의 대자대비로 저는 미혹한 구름이 거두어져 깨달음에 들게 되었습니다." 외도가 간 후, 아난이 부처님께 여쭈었다. "외도는 무엇을 증득[證]했기에 깨달음에 들게 되었다고 말합니까?" 부처님이 말씀하셨다. "그것은 좋은 말이 채찍의 그림자만 보아도 달려가는 것과 같다."

외도문불　불문유언　불문무언　세존량구　외도찬탄운　세존대
外道問佛。不問有言。不問無言。世尊良久。外道讚歎云。世尊大
자대비　개아미운　령아득입　외도거후아난문불　외도유하소
慈大悲。開我迷雲。令我得入。外道去後阿難問佛。外道有何所
증　이언득입　불운　여세량마견편영이행
證。而言得入。佛云。如世良馬見鞭影而行。

【송】

기륜은 아직 구르지 않았지만,

구르면 반드시 양두兩頭로 달린다.

명경을 경대에 걸쳐놓으니

당장 아름답고 추한 것이 분명하다.

아름답고 추한 것이 분명하니 미혹의 구름이 갠다.

자비의 문, 어느 곳에 티끌이 일겠는가.

그렇다 해도 채찍의 그림자를 보고 달려 나간 명마는

천 리를 바람같이 달리다가 부르니 돌아온다.

잘 돌아왔구나! 손가락을 세 번 튕겼다.

기륜증미전　전필량두주
機輪曾未轉　轉必兩頭走

明鏡忽臨臺　當下分姸醜
명경홀림대　당하분연추

姸醜分兮迷雲開　慈門何處生塵埃
연추분혜미운개　자문하처생진애

因思良馬窺鞭影　千里追風喚得回
인사량마규편영　천리추풍환득회

喚得回鳴指三下
환득회명지삼하

해설

"모양은 없으나 형태는 시방허공에 충만하여 두루 미치고"라는 말은, 본래 형태가 없는 물이 용기에 따라 형태를 이루듯, 우리의 본성도 그와 같이 대상에 따라 모습이 각기 달리 나타나는데, 이렇게 모양 없는 본성이 '십허十虛', 즉 시방허공에 한없이 가득하고 무한한 공간에 충만하여 두루 미치지 않음이 없다는 의미이다. '십허'는 '시방十方'이다. 동서남북사유상하東西南北四維上下의 전 공간을 뜻한다.

"무심으로 응대하니 찰해에 두루하여 번잡하지 않다." 본성은 무아·무심이기 때문에, 밥 때가 되면 밥을 먹고 차를 마시고 싶으면 차를 마시듯, 자유자재로 상황에 응한다는 말이다. 본성은 찰해刹海(세계)에 빠짐 없이 두루하여, 조금도 부족하지 않다는 뜻이다. 이 같은 무상無相의 자기, 무심의 기용機用은 '하나를 들면 셋을 알고 한눈에 경중輕重을 알아챌' 정도로 예민하지만, "몽둥이로 비 오듯 내리치고 우레 같은 할을 한다 해도, 향상인의 행리에는 아직 미치지 못한다"라고 하였다. 향상인向上人은 깨달음마저 초월한 경지에 있는 사람이기 때문이다. '행리'는 일상적인 모습이다. 어떤 것이 향상인의 일인지, 이하의 공안으로 참구해보라고 한다.

본칙에는 먼저 외도와 부처님의 문답이 나오고, 이어서 아난과 부처님의 대화가 나온다. 외도와 부처님의 문답이 아난에게는 공안이다. 불교 이외의 사상을 가진 학파를 당시에는 외도라고 불렀다. 《화엄대론》에 의하면, 석존이 세상에 계셨을 때 96종의 외도가 있었다고 한다.

어느 날 외도 한 사람이 석존의 처소에 와서 질문했다. "유언도 묻지 않고 무언도 묻지 않겠습니다." 세상에서는 이를 두고 '양도논법兩刀論法'이라고 하여, 유신론과 무신론에 대한 것이라 하기도 하고, 위인爲人 설법과 불위인不爲人설법이라 하기도 한다. 외도는 부처님을 시험하려는 의도로 오만한 질문을 했다. 외도는, 한마디라도 말한다면 그것은 '유(있다)'에 걸리고, 한마디도 말하지 않는다면 '무(없다)'에 걸리게 된다는 양도논법에서 질문한 것이다.

선에서는 불교의 경전 가운데서 여러 가지 이야기를 인용한다. 예를 들어 '불법부촉佛法付屬'에 대한 유명한 공안으로 '가섭문전찰간迦葉門前刹竿' '세존염화世尊拈華' 등이 있다. 유무범성有無凡聖을 넘어선 세계를 찾는 외도의 물음에 세존은 '잠시 침묵[양구良久]'으로 답했다. 유언도 무언도 아닌 절대의 세계를 보인 것이다. 외도라고 해도 극히 뛰어난 사람이었던지, 이 외도는 세존의 침묵을 통해 바로 깨달았다. 외도는 찬탄하여, "세존의 대자대비 덕분에 저는 미혹의 구름이 거두어져 깨달음에 들게 되었습니다"라고 자신의 심경을 말했다. '대자비'라는 말을 한 것을 보면, 외도는 불법을 '위인爲人'의 가르침으로 본 것이 확실하다.

여기서 아난Ānanda은 외도보다 경지가 낮은 불제자로 등장한다. 아난은 석존의 십대제자 중 한 분이다. 24년간 석존의 시자侍者로 수행했으며, 석존의 재세在世 때에는 깨닫지 못했으나 가섭존자로 인해 깨달음을 얻었다. 그래서 선종사에서는 가섭이 제1조, 아난이 제2조로 되어 있다.

외도가 나간 후 아난이 세존에게 물었다. "외도는 무엇을 증득했기에 깨달음에 들게 되었다고 말합니까?" 이에 대해 세존은 "그것은 좋은 말이 채찍의 그림자만 보아도 달려가는 것과 같다"라고 하였다. 《잡아함경》 권33에는 네 종류의 좋은 말에 대한 설명이 있다. 첫째는 채찍의 그림자만 보아도 달리고, 둘째는 채찍이 꼬리에 스치면 달려 나가고, 셋째는 채찍이 몸에 닿으면 비로소 달려 나가고, 넷째는 수레가 몸을 자극하면 그때 겨우 달려 나간다고 한다. 그 외도가 최상의 근기를 가졌는지, 세존은 그를 채찍의 그림자를 본 것만으로 달려 나가는 영민한 말과 같다고 칭찬했다. 불제자보다 외도 쪽이 더 우수할 수도 있다는 이야기이다. 세존의 침묵을 통해 외도가 무엇을 깨달았는지가 본칙의 핵심이다.

송의 첫 구, "기륜은 아직 구르지 않았지만"은 외도의 기륜이 아직 발동하지 않았다는 말이다. 그러나 "구르면 반드시 양두로 달린다"라고 했다. '양두兩頭'는 유무·범성의 양변을 말한다. 만약 기륜이 발동한다면 유무의 양변으로 향한다는 말이다.

"명경을 경대에 걸쳐놓으니"라는 말은, 세존의 침묵에 의해 곧바로 깨달은 외도의 일을 명경과 경대에 비유한 것이다. 그 깨달음이라는 명경을 통해 미오迷悟가 확실히 드러난다는 말이다. 이를 "당장 아름답고 추한 것[연추姸醜]이 분명하다"라고 하였다. '당하當下'는 '당장' '곧'을 의미한다.

"아름답고 추함이 분명하니 미혹의 구름이 갠다"라는 말은, 깨달음

의 세계에서 양변이 분명하게 보이니 자연히 미망迷妄이 거두어진다
는 의미이다. "자비의 문, 어느 곳에서 티끌이 일겠는가"라는 말은 미
혹의 구름이 갠 자비의 세계에는 유무·범성이라는 양변의 미혹이 절
대 없다는 의미이다.

"그렇다 해도 채찍의 그림자를 보고 달리는 명마는 천 리를 바람같
이 달리다가 부르니 돌아온다." 마치 채찍의 그림자를 보기만 해도 달
리는 명마처럼 석존이 살짝 보인 채찍만으로도 달려 나갔지만, 설두
자신이 그를 한번 부르는 것만으로 돌아오게 한다[환득회喚得回]는 것
이다. 이 구는 설두가 자신의 기량이 그토록 뛰어나다고 농담조로 하
는 말이다. '천 리千里'는 하루에 천 리를 달린다는 뜻이며, '추풍追風'
은 바람처럼 재빠르게 달린다는 말이다.

유·무 양두로 내달리던 외도는 세존의 침묵에 의해 본분의 세계로
돌아올 수 있었다. "잘 돌아왔구나! 손가락을 세 번 튕겼다[명지鳴指]."
여기서 '손가락을 튕기는 것[鳴指]'은 '탄지彈指'와 같은 뜻이다. '탄지'
는 두 가지 용도로 쓰인다. 찬탄의 경우와 깨닫는 경우이다. 이 경우는
찬탄의 뜻이다. 외도가 본분의 집으로 돌아온 것을, 설두가 세존을 대
신해서 손가락을 세 번 튕겨 칭찬하였다.

제66칙

암두, 어디서 왔는가

암 두 십 마 처 래
巖頭什麼處來

【수시】

눈앞에서 호랑이를 함정에 빠뜨릴 듯한 작용을 드러내고, 정면에서 누르고 측면에서 일으켜 도적을 사로잡는 계략을 편다. 밝음에도 합하고 어둠에도 합하며, 놓아주기도 하고 거두어들이기도 하니, 죽은 뱀을 다루어 소생시키는 것은 저 작자에게 돌려라.

당 기 적 면　제 함 호 지 기　정 안 방 제　포 금 적 지 략　명 합 암 합　쌍 방
當機覿面。提陷虎之機。正按傍提。布擒賊之略。明合暗合。雙放
쌍 수 해 롱 사 사　환 타 작 자
雙收解弄死蛇。還他作者。

본칙

암두가 승에게 묻는다. "어디서 왔는가?" 승이 말했다. "서경에서 왔습

니다." 암두가 말했다. "황소가 지나간 후 검劍을 손에 넣었는가?" 승이
말했다. "넣었습니다." 암두가 목을 내밀며 가까이에서 말했다. "툭!"
승이 말했다. "스님의 머리가 떨어졌습니다." 암두가 한바탕 크게 웃었
다. 승이 나중에 설봉에게 갔다. 설봉이 물었다. "어디서 왔는가?" 승이
말했다. "암두에서 왔습니다." 설봉이 말했다. "무슨 말이라도 있었던
가?" 승이 앞의 이야기를 했다. 설봉이 30방을 치고 내쫓았다.

_{암두문승십마처래　　승운　서경래　두운　황소과후　환수득검}
巖頭問僧什麼處來。僧云。西京來。頭云。黃巢過後。還收得劍
_{마　승운　수득　암두인경근전운　화　승운　사두락야　암두가}
麼。僧云。收得。巖頭引頸近前云。囟。僧云。師頭落也。巖頭呵
_{가대소　승후도설봉　봉문　십마처래　　승운　암두래　봉운　유}
呵大笑。僧後到雪峯。峯問。什麼處來。僧云。巖頭來。峯云。有
_{하언구　승거전화　설봉타삼십방간출}
何言句。僧舉前話。雪峯打三十棒趂出。

【송】

황소가 지나간 후 검을 손에 넣었다,

한바탕 웃음, 응당 작자만이 안다.

삼십 방 주장자로 잠시 봐주었지만,

편의를 얻은 것이 편의에 떨어졌네.

_{황소과후증수검　대소환응작자지}
黃巢過後曾收劍　大笑還應作者知
_{삼십산등차경서　득편의시락편의}
三十山藤且輕恕　得便宜是落便宜

'눈앞에서[당기적면當機覿面]'는 문제의 핵심을 정면으로 헤쳐 단번에 뚫는다는 말이다. "호랑이를 함정에 빠뜨릴 듯한 작용을 드러내고"라는 말은, 선장禪匠은 호랑이처럼 두려운 상대라도 힐끗 보았을 때 이미 수중에 거두어버리는 역량과 수단이 있다는 의미이다. "정면에서 누르고 측면에서 일으켜 도적을 사로잡는 계략을 편다"라는 말도 선장이 수행자를 지도하는 수단을 의미한다. '기機'와 '계략'이 없으면 감당할 수 없다. "밝음에도 합하고 어둠에도 합하며"라는 말은, 명암의 어떤 세계에도 잘 부합하여 야무지고 힘찬 상대에게는 밝음, 즉 차별로 대처하고, 차별에 사로잡힌 상대에게는 어두움, 즉 평등으로 대한다는 의미이다.

 "놓아주고 거두어 들여"라는 말은 긍정할 때는 모두 긍정하고, 부정할 단계에서는 모두 부정하기도 한다는 말이다. 역시 선장이 수행자를 접득接得하는 방법의 자재함을 뜻한다. 이러한 자유자재한 수단을 발휘하여 "죽은 뱀을 다루어 소생시키는 것"은 본칙에 등장하는 "저 작자의 수완으로 돌린다"라는 것이다.

본칙은 서경에서 온 승과 암두가 황소黃巢의 검을 가지고 상량商量한 내용이다. 암두가 승에게 물었다. "어디서 왔는가?" 승이 말했다. "서경에서 왔습니다." 서경은 장안을 뜻한다. 암두가 물었다. "황소가 지나간 후, 검劍을 손에 넣었는가?"

 황소는 당조唐朝 붕괴의 계기가 된 농민반란(875-884)의 지도자이다. 황소는 본래 소금을 파는 사람이었다. 세상이 문란하고 인심이 불

안정해지자, 황소는 이를 틈 타 친구 왕선지王仙芝와 더불어 수만의 민중을 모아 반란을 일으켰다. 어느 날 하늘에서 물건 하나가 떨어져 집어 들어 보니 검劍이었다. 거기에는 '천사황소天賜黃巢(하늘이 황소에게 하사한다)'라고 새겨져 있었다. 이에 그는 자신自信을 가지고 스스로를 '충천衝天장군'이라 부르고, 강서로 그 세력을 넓혀 동서 두 수도를 수중에 넣었다. 광명廣明 원년에 제위帝位에 올라 '대제大齊 황제'라 칭하고, 연호도 '금통金統'으로 고쳤다. 그러나 조카 임언林言에게 살해되어 4년 만에(881-885) 멸망했다.

암두가 승에게 '황소의 난이 지난 후 그대는 검을 가졌는가?'라고 물었을 때의 '검'은, 황소가 가진 검이 아니라 우리들 누구나 태어날 때부터 가지고 있는 '원성圓成의 지검智劍'을 가리킨다. 승은 자신만만하게 손에 넣었다고 하였다. 바꾸어 말하면, 승은 견성, 즉 '무자無字'를 보았다고 한 것이다. 그러나 이 검은 본래 얻었다, 얻지 못했다 할 수 있는 것이 아니다.

암두가 승에게 목을 내밀며 "툭!"이라고 말했다. 말하자면, 승이 얻었다고 하니, 암두가 슬금슬금 앞으로 나가 머리를 쳐보라는 듯 내밀고는, 자신의 목이 떨어지는 소리를 낸 것이다. 승은 "스님의 목이 떨어졌습니다"라고 했다. 암두는 바로 한바탕 크게 웃었다. 정말 바보 같은 납승이다. 암두의 목이 떨어졌다기보다 오히려 승의 목이 떨어진 것이다. 암두는 웃을 수밖에 없었다. 이 승은 암두와의 상량을 도무지 이해할 수 없어서 암두의 사제인 설봉에게 갔다.

설봉이 "어디서 왔는가?"라고 물었다. "암두에서 왔습니다." "무슨 말이라도 있었는가?" 설봉은 암두와의 이야기를 듣자, 바로 산 모양으로 된 주장자로 승을 30방 치고 내쫓았다.

원오의 평창에 황소의 검에 관한 이야기가 하나 있다. 투자가 염평이라는 승에게 물었다. "황소가 지나간 후, 검을 손에 넣었는가?" 승은 손으로 땅을 가리켰다. 투자는, "30년간 말을 탔는데, 오늘 도리어 이 당나귀에게 받혔구나"라고 했다. 이 경우의 승은 진정 선의 작가라고 해야 할 것이다.

송의 일구와 이구는 암두의 선을 노래했다. "황소가 지나간 후, 검을 손에 넣었다"라고 승이 말했지만, "한바탕 큰 웃음은 응당 작자만이 안다"라고 하였다. 우리 모두가 이미 가지고 있는 진검眞劍을 모른 채, 승은 단지 피상적으로만 생각하여 암두가 묻는 대로 답할 뿐이었다. 스승과 승의 차이는 바다를 두고 있는 격이다. 아직 멀었다고, 암두가 소리 내어 크게 웃었던 것이다. 암두의 이 모습을 설두는 "작자만이 안다"라고 했다.

삼구와 사구는 '무안자無眼者'인 승을 노래했다. 제 삼구 "삼십 방 주장자로 잠시 봐주었지만"이라는 말은, 승이 설봉에게 가서 '암두의 목이 떨어졌다'라고 자신만만하게 말하니, 설봉이 암두를 대신해서 바로 몽둥이로 30방을 쳐, 그런대로 용서를 해주었다는 것이다.

그러나 마지막 사구에서는 "편의를 얻은 것이 편의에 떨어졌네"라고 하였다. 편의를 얻었다는 말은 본래 장사를 해서 돈을 벌었다는 뜻이다. 벌었다고 생각했는데 따져보니 손해를 본 것을 '편의에 떨어졌다'라고 한다. 승은 암두의 목이 떨어졌다고 의기양양하게 생각하겠지만, 실은 도리어 자신의 목이 떨어져버렸음을 이렇게 노래 한 것이다. 암두와 설봉이 크게 웃기도, 30방을 먹이기도 했지만, 승은 본래 목불木佛이었던지 애쓴 보람도 없이 크게 헛수고만 하고 말았다는 말이다.

제67칙

부대사, 《금강경》 강의

부 대 사 강 경
傅大士講經

본칙

양무제가 부대사에게《금강경》 강의를 청하였다. 대사가 바로 법상에
올라 경상을 한 번 휘젓고 바로 내려왔다. 무제는 깜짝 놀랐다. 지공이
물었다. "폐하께서는 아시겠습니까?" 무제가 말했다. "모르겠소." 지공
이 말했다. "대사의 강경講經이 끝났습니다."

양 무 제 청 부 대 사 강 금 강 경　　대 사 변 어 좌 상　　휘 안 일 하　　변 하 좌
梁武帝請傅大士講金剛經。大士便於座上。揮案一下。便下座。
무 제 악 연　　지 공 문　　폐 하 환 회 마　　제 운　　불 회　　지 공 운　　대 사 강
武帝愕然。誌公問。陛下還會麼。帝云。不會。誌公云。大士講
경 경
經竟。

【송】

쌍림에 이 몸을 의지하지 않고

도리어 양나라에서 먼지를 일으키네.

그때 지공노인이 없었더라면

이 또한 서둘러 나라를 떠날 사람이었네.

불 향 쌍 림 기 차 신   각 어 양 토 야 애 진
不向雙林寄此身　　却於梁土惹埃塵
당 시 부 득 지 공 로   야 시 서 서 거 국 인
當時不得誌公老　　也是栖栖去國人

해설

이 칙은 수시가 없다. 양무제와 지공과의 관계는 제1칙에 이미 나와

있다. 부대사傅大士는 부흡傅翕, 497-569이며, 무주婺州 의오義烏 출신

이다. 호는 선혜善慧이며 반승반속으로 생애를 살았다. 기행奇行이 많

았고 자칭 미륵의 화신이라고 했다. '쌍림수하당래해탈선혜대사雙林樹

下當來解脫善慧大士' '백국주구세보살白國主救世菩薩'이라고 칭했다. 대

사는 보살이라는 뜻이다.

　부대사는 보지寶誌와 함께 무제의 귀의를 받았다. 무제의 명에 의해

《금강경》을 착어着語한 책 한 권과 《심왕명心王銘》이 전한다. 예로부터

천태의 조통祖統으로 받들어졌다. 《전등록》의 머리말에 있는 칠불七佛

의 차례는 대사의 감득感得에서 비롯된다. 또한 대사를 경장經藏의 수

호신이라고도 하는데, 이는 경전이 새겨진 나무판을 서가에 꽂고 이를

돌리는, 대사의 경전 독송 방법에서 유래한 것이다. 오늘날 티베트불

교사원에서 볼 수 있는 회전서가回轉書架는 여기에서 비롯된 것이다.

부대사와 지공418-514이 살았던 시대를 살펴보면, 부대사가 양무제에게 초빙된 연대는 분명하지 않지만, 지공의 만년의 일이므로 부대사가 젊었을 때의 이야기이다. 지공은 이미 80세가 넘었고 부대사는 20세도 안 된 나이였다.《전등록》〈부대사장章〉에 보면, 지공이《금강경》을 강의했다는 이야기가 있고, 대사가 이미 어주語註도 지었다고 하여, 부대사는 대단한 경전 학자였던 것 같다.

그런 교학자 부대사가 하루는 무제의 청으로《금강경》을 설하게 되었다. 그러나 부대사는 자리에서 일어나, 무엇을 생각했던지 법상에 올라가 경상을 한 번 휘젓고 바로 내려왔다. 말하자면 책상 위의 경전을 주루루 훑고는 자리를 내려간 것이다. 무제는 깜짝 놀았다. 무슨 뜻인지 전혀 알 수 없었다. 부대사의 그런 행위는, 문자·언구를 떠나《금강경》에서 설하는 '일체개공'의 이치를 그대로 보인 것이다. 즉 '공'을 설하는 것 자체도 이미 가명假名이며 실체가 없음을, 향상向上(깨침)의 입장에서 무제에게 보인 것이다.

어안이 벙벙한 무제에게 지공이 "아시겠습니까?"라고 물었다. 무제가 말했다. "모르겠소." 지공이 "대사의 강의가 끝났습니다"라고 했다.《금강경》에 "법은 설해야 할 것이 없으므로 이름 하여 법을 설했다고 한다(제21 비설소설분)"라는 구절이 있다. 이 법은 사람마다 갖추고 있으므로 굳이 타인에게 말할 필요가 없다는 것이다. 부대사는 사람마다 이미《금강경》을 수지受持하고 살아가고 있음을 무제에게 보여주었다.

송의 첫 구, "쌍림에 이 몸을 의지하지 않고"에서 '쌍림'은 부대사가 지은 절 이름이다. 절에 가만히 있지 않았다는 뜻이다. "도리어 양나라에서 먼지를 일으키네", 즉 일부러 양나라로 와서 번잡함을 일으켰다는 것이다. 이 두 구는 부대사의 행동을 노래한 것이다. "그때, 지공노인이 없었더라면 이 또한 서둘러 나라를 떠날 사람이었네." 이는 무제에게 경고한 지공이 없었다면 부대사는 서둘러 나라를 떠났을 것이라는 의미이다. 달마가 양나라에서 북위로 간 이야기에 빗대어 표현한 것이다. 당대에는 '서서恓恓'와 '서서栖栖'를 구별하지 않고 썼는데, 이는 '서둘러'라는 뜻이다. 설두는 이렇게 부대사와 지공 두 사람이 지음知音의 관계임을 송으로 노래했다.

제68칙

앙산, 삼성에게 묻다

앙 산 문 삼 성
仰山問三聖

【수시】

천관을 번쩍 들고 지축을 뒤엎고, 호랑이와 외뿔소를 잡고 용과 뱀을

가리는 것은 분명 활발발한 놈으로, 주고받는 말이 서로 호응되고 기와

기가 상응한다. 예로부터 어떤 사람이 바로 이와 같을까? 참구해보라.

혼 천 관 번 지 축   금 호 시 변 룡 사   수 시 개 활 발 발 한   시 득 구 구 상 투
掀天關翻地軸。擒虎兒辨龍蛇。須是箇活鱍鱍漢。始得句句相投
기 기 상 응   차 종 상 래 십 마 인 합 임 마   청 거 간
機機相應。且從上來什麼人合恁麼。請舉看。

본칙

앙산이 삼성에게 물었다. "그대 이름은 무엇인가?" 삼성이 말했다. "혜

적입니다." 앙산이 말했다. "혜적은 내 이름인데?" 삼성이 말했다. "제

이름은 혜연입니다." 앙산이 한바탕 크게 웃었다.

앙 산 문 삼 성　　여 명 십 마　　성 운　　혜 적　　앙 산 운　　혜 적 시 아　　성 운
仰山問三聖。汝名什麼。聖云。惠寂。仰山云。惠寂是我。聖云。
아 명 혜 연　　앙 산 가 가 대 소
我名惠然。仰山呵呵大笑。

【송】

쌍수쌍방, 대체 어떤 종지인가.

호랑이를 타는 것은 본래 절묘한 수완이 필요하다.

웃고서는 어디로 갔을까,

다만 천고에 비풍을 일으키리라.

쌍 수 쌍 방 약 위 종　　기 호 유 래 요 절 공
雙收雙放若為宗　騎虎由來要絕功
소 파 부 지 하 처 거　　지 응 천 고 동 비 풍
笑罷不知何處去　只應千古動悲風

해설

"천관을 번쩍 들고"라는 말은 하늘의 문을 손으로 높이 번쩍 들어 올린다는 뜻이며, "지축을 뒤엎고"는 대지의 중심을 뒤엎는다는 말이다. 이 두 구는 천지를 쥐었다 폈다하여 마음대로 희롱하는 선승의 대기대용을 뜻한다. 이 같은 대단한 선사는 "호랑이와 외뿔소를 잡고", 즉 맹수와 같은 대단한 수행자를 아주 쉽게 잡아당긴다. 또한 상대가 용인지 뱀인지 아주 쉽게 분별한다. 이는 "분명 활발발한 놈"이다. 이런 자이면 "비로소 구절마다 서로 호응되고 기기機機마다 상응한다"라고 하

였다. '기기상응'은 서로 주고받는 것이 호흡이 딱 맞는다는 말이다. '활발발'은 물고기가 펄떡펄떡 뛰어오르는 것을 말한다. 예로부터 어떤 사람이 바로 이와 같을까? 하나의 사실을 들어볼 테니 보라.

앙산仰山惠寂, 807-883은 위산 영우의 법을 이었고, 스승 위산과 함께 오가五家의 하나인 위앙종을 열었다. 삼성은 중국 진주鎭州 삼성원 혜연惠然이다. 그의 생몰과 전기는 불분명하다. 그는 임제의 법을 이었고 《임제록》을 편찬했다. 삼성이 임제와의 사별 이후 총림을 방문하고 처음 앙산을 만났을 때의 일이다.

앙산은 삼성의 얼굴을 보자, "그대 이름은 무엇인가?"라고 물었다. 눈에 보이는 삼성이 아닌, 천지에 홀로 선 경지에서 마주한 삼성이 어떻게 나오는지를 보려고 한 것이다. 원오는 착어로 "명실상탈名實相奪"이라고 하였다. 어떤 것이라도 이름이 붙여지면 그 이름이 실체화하기 마련이다. 그런데 지금 앙산이 "그대의 이름은?"이라고 물었을 때, 그 실체도 부정하고 '명'과 '실' 모두 넘어선, 이름 없는 부모미생이전의 이름을 물은 것이다. 삼성은 뜻밖에 앙산의 이름을 말해버렸다. "혜적입니다."

이것은 상대를 포용하는 답으로, 주객을 끊고 인人·경境을 없앤 평등의 세계를 보인 것이다. 부모미생이전의 세계에서는 내가 그이고 그가 나이다. 앙산이 삼성을 절대의 세계로 끌어당기려고 했다면, 삼성은 역으로 이렇게 앙산을 평등의 세계에 품어버렸다. 거기에는 그와 나의 차별이 없다. 이것이야말로 부모미생이전의 세계에 선 명답이며 소위 빈주호환賓主互換의 '구구상투句句相投하고 기기상응機機相應'하는 훌륭한 작용이다. 앙산은 자신의 이름을 상대가 사용해도 전혀 개의치 않으며, "혜적은 내 이름인데?"라고 했다. 상대가 인·경을 모두 빼앗은 평등일여의 세계를 보였으므로, 이쪽은 인·경 모두 그대로 두고 차별의 세계, 긍정의 입장에서 응한 것이다. 원오는 "각자 봉강封疆을 지킨다"라고 댓글을 달았다. 즉 앙산은 앙산이고 삼성은 삼성이라는 말이다. '봉강'은 영토라는 뜻이다.

삼성은 즉각 "제 이름은 혜연입니다"라고 말했다. 그쪽은 그쪽이고 이쪽은 이쪽이라고, 긍정의 입장으로 바꾸어버린 것이다. 원오는 댓글로 "피차가 도리어 본분을 지켰다"라고 하였다. 앙산은 삼성의 이 답을 듣자 한바탕 크게 웃었다. '앙산이 삼성이 되고, 삼성이 앙산이 된다' 하는 본분의 세계를 다만 웃음으로 보인 것이다. 설두는 무엇이라는 말도 없이, 다만 웃었다는 이야기로 한 칙의 공안을 만들었다.

송의 첫 구에서 "쌍방쌍수, 대체 어떤 종지인가"라고 했다. '쌍방쌍수'의 '쌍'은 혜적과 혜연 두 사람을 뜻한다. '수收'와 '방放'은 파주와 방행을 의미한다. 본칙에 보인 두 사람의 멋진 응수應酬는 도대체 어떤 종지인가, 이러한 훌륭한 종지가 또 있을까 하며 두 사람을 찬탄했다.

둘째 구에서, "호랑이를 타는 것은 본래 절묘한 수완[절공絶功]이 필요하다"라고 했다. 호랑이를 타는 것은 쉬운 일이 아니다. 언제 탔는지도 모르게 이미 타 있는 그런 수단이어야 한다. 두 사람이 서로 빈주호환하는 것을 이에 비유한 것이다. 사량분별이나 방편 수단 등이 남아 있는 수행 정도로는 호랑이를 탄다고 하는 생각을 아예 하지 말아야 한다. '절공絶功', 즉 무공용無功用의 대공大功을 얻지 않으면, 원오의 말대로 '경境에 타는 것'은 불가능하다. 앙산과 삼성이 서로를 교묘하게 탈 수 있었던 것은 절공이 있었기 때문이다. 호랑이를 타는 것도 어렵지만 달리는 호랑이 등에서 내리는 것은 더욱 어렵다. 이 두 사람은 멋지게 등에서 내리는 일도 해 보았다.

셋째 구, "웃고서는 어디로 갔을까?" 앙산이 삼성의 대답에 한바탕 웃었지만, 웃고 난 후는 어찌 되었을까. 앙산이 크게 웃은 의미를 묻는 것이다. '흰 구름 그림자 속에서 크게 웃는다[백운영리소가가白雲影裏笑呵呵](제73칙)'에서의 풍취가 느껴진다.

넷째 구, "다만 천고千古에 비풍悲風을 일으키리라"에서 '천고비풍'은 누군가 살았던 자취가 전혀 남아 있지 않은, 오래된 유적의 쓸쓸함을 말한다. 앙산의 텅 빈 적막함을 그리고 있다. 앙산의 이름은 '혜적惠寂'이다. 이름 자체에 적적요요寂寂寥寥함이 스며있다. '월백풍청月白風淸'이라고 하지 않고 '비풍'이라고 했다. 천년 후까지 비풍이 불어올 것이라고 앙산의 선을 찬미하는 노래이다.

남전, 일원상

南泉一圓相

【수시】

먹지도 쪼지도 못하는 조사의 심인, 모양이 무쇠소의 기와 같다. 가시
덤불을 뚫은 납승은 붉은 화로에 떨어지는 한 점의 눈과 같다. 평지에
칠천팔혈하는 것은 그만두고, 인연貪緣에 떨어지지 않는 것은 또한 어
떤 것인가. 예를 들어볼 테니 참구해보라.

무 담 탁 처　　조 사 심 인　　상 사 철 우 지 기　　투 형 극 림　　납 승 가　　여 홍
無啗啄處。祖師心印。狀似鐵牛之機。透荊棘林。衲僧家。如紅
로 상 일 점 설　　평 지 상 칠 천 팔 혈 즉 차 지　　불 락 인 연　　우 작 마 생　　시
爐上一點雪。平地上七穿八穴則且止。不落貪緣。又作麼生。試
거 간
舉看。

남전, 귀종, 마곡이 함께 충국사를 예배하러 갔다. 가는 도중에 남전이 땅 위에 일원상을 그리고 나서 말했다. "말하면 가겠다." 귀종이 원상 가운데에 앉았다. 마곡은 바로 여인이 절하는 모습을 했다. 남전은 말했다. "그렇다면 가지 않겠다." 귀종이 말했다. "무슨 짓인가?"

南泉歸宗麻谷。同去禮拜忠國師。至中路。南泉於地上。畫一圓相云。道得即去。歸宗於圓相中坐。麻谷便作女人拜。泉云。恁麼則不去也。歸宗云。是什麼心行。

【송】

유기, 화살로 원숭이를 쏘니,

나무를 돌면서 어째서 그렇게 곧을까.

천 인 만 인 중,

누가 적중한 적이 있었는가.

서로 서로 부르며,

"돌아가자, 조계의 길 오르기를 그만두자."

(다시 말하기를)

"조계의 길은 평탄한데 오르는 것을 어째서 그만둘까."

由基箭射猿　遠樹何太直
千箇與萬箇　是誰曾中的
相呼相喚歸去來　曹溪路上休登陟

(부운) 조계로탄평   위심마휴등척
(復云) 曹溪路坦平。爲什麽休登陟。

해설

"먹지도 쪼지도 못하는"이란 이빨도 들어가지 못한다는 말이다. '모기가 무쇠소를 문다[문자교철우蚊子嚙鐵牛]'라는 말과 같은 뜻이다. "조사의 심인, 모양이 무쇠소[鐵牛]의 기 같다"에서 '조사의 심인'은 달마대사가 전한 심법, 즉 '선' 또는 '본래의 심성'이다. 그것은 우왕禹王이 황하의 치수治水를 위해 산골짜기 마을에 만들어놓았다는 무쇠소의 '기'와 같다는 말이다. 무쇠소이기 때문에 아무런 의식도 작용도 없지만, 그 무의식·무작용의 무쇠소가 황하의 범람을 막는 작용을 한다. 이처럼 '무쇠소의 기'란, 작용이 없을 것 같지만 큰 작용을 하는 것을 뜻한다.

'조사의 심인', 즉 본래의 심성은 언어·문자도 사상·지식도 초월한다. 이를 "먹지도 쪼지도 못한다"라고 하였다. 이는 '무쇠소의 기'처럼 미동도 하지 않으면서 자유무애하게 작용한다. "가시덤불을 빠져나온 납승"은 망념이나 망상은 물론이고, 깨달음이나 자각 등 그 어떤 것에도 구애됨이 없는 납승이라는 뜻이다. 그 같은 선승이라면 "붉은 화로에 떨어지는 한 점의 눈"과 같다고 했다. 발갛게 타오르는 화로에 떨어지는 한 송이의 눈꽃이 즉시 사라지는 것처럼, 선승의 행위는 그 흔적이 없다는 뜻이다. 그렇게 되면 "평지에 칠천팔혈하는 것" 같다고 하였다. '칠천팔혈七穿八穴'은 '사통팔달四通八達'과 같은 뜻이다. 평탄한 대지를 자유자재로 오가는 것처럼, 어떤 사태가 일어나도 태평 무사하

400

게 활동하는 것을 말한다. 이러한 경우는 잠시 그만두고, "인연에 떨어지지 않는 것은 또한 어떤 것인가." '인연贏緣'은 '인연因緣'과 같은 의미로, 여기서는 수행을 하는 데 있어서 타율적인 일체의 조건을 뜻한다. 이러한 틀에서 자유롭다는 것이 어떤 것인지 묻고 있다. 시험 삼아 실례를 들어볼 테니 참구해보라고 하였다.

남전南泉普願, 귀종歸宗智常, 마곡麻谷寶徹이 함께 스승 충국사(남양 혜충南陽慧忠)를 참견參見하러 떠났다. 세 사람은 마조의 법을 이은 제자로, 말하자면 형제이다. 충국사는 육조의 법을 잇고 남양에서 몸을 숨기고 수행하기를 40년, 만년에 숙종에게 초빙되어 장안의 광택사에서 지냈다.

　그들이 충국사에게 가던 도중에, 남전이 길 위에 일원상을 그리고 나서 느닷없이 "말하면 가겠다"라고 했다. 일원상은 충국사의 가풍을 상징한다. 즉 이 일원상에 대해 각자 한마디씩 한다면 가겠지만, 그렇지 않으면 그만두겠다는 뜻이다. 남전은 일원상을 그림으로써 이미 충국사가 여기 있음을 보여주었다. 그랬더니 귀종이 그 원상 가운데 앉았다. 귀종은 남전의 마음을 이미 알고, 자신이야말로 충국사임을 그렇게 보여준 것이다. 마곡은 바로 여인이 절하는 모습을 했다. 여인이 절하는 모습은 양쪽 무릎이 바닥에 닿은 채로, 오체투지五體投地로 예배하는 작법이다. 말하자면 마곡은 충국사로 변해 있는 귀종을 향해 예배를 한 것이다.

　남전이 말했다. "그렇다면 가지 않겠다." 즉 그처럼 알고 있다면 갈 필요가 없다는 말이다. 이 말을 받아들여 귀종이 말했다. "무슨 짓[心行]인가?" '심행心行'은 제멋대로 하는 행동을 뜻한다. 귀종이 남전의 언사에 대해 말한 것이다. 세 사람은 여기서 충국사를 소재로 삼아 사람들이 본래 구족한 '그것'의 존재를 보이고 있다.

《전등록》권8 〈남전장〉에는 이후의 이야기를 이렇게 전한다. "귀종이 '이게 무슨 짓인가'라고 말하자, 남전은 바로 그들을 불러 그냥 돌아가버렸다." 결국 세 사람은 충국사를 방문하지 않은 채 돌아갔다고 한다.

송의 첫 구, "유기, 화살로 원숭이를 쏘니"는 양유기養由基의 고사古事를 인용한 구이다. 양유기는 춘추시대 초나라의 대부大夫로 활쏘기의 명인이었다. 공왕恭王이 유기를 데리고 산에 들어가니 하얀 원숭이가 나무 위에서 놀고 있었다. 왕이 좌우 사람들에게 쏘도록 명령했다. 원숭이는 교묘히 화살을 피하고 희롱하기까지 했다. 왕은 마지막으로 유기에게 명했다. 유기가 활을 조절해서 쏘려고 화살을 바로잡으니, 아직 화살이 떠나지도 않았는데 원숭이는 나무를 안고 울었다. 화살을 쏘니, 나무 주변으로 피하는 원숭이를 따라 화살도 나무를 돌아 마침내 원숭이를 맞추었다고 한다. 송의 두 번째 구 "나무를 돌면서 어째서 그렇게 곧을까"는 이를 두고 한 말이다. 유기의 화살에 비유하여, 세 사람이 다른 형태를 취하면서 똑같이 하나의 표적을 맞추었다고 노래한 것이다.

"천 인 만 인 중 일찍이 누가 적중한 적이 있었는가"라는 구는, 고래로 수많은 선객이 있었지만 이 세 사람같이 훌륭하게 표적을 쏜 자는 아직 없었다고 세 사람을 칭송한 말이다. 남전이 그들에게 다시 돌아가기를 종용한 것에 대하여 설두는 이렇게 노래했다. "서로 부르며, 돌아가자! 조계의 길에 오르기를 그만두자." 충국사에게 가는 도중의 문답에서 충국사를 뵌 것과 다름없으니, 세 사람이 서로서로 불러가며 조계로 가는 발길을 멈추고 그만 돌아가자고 재촉했다는 뜻이다.

조계는 육조 혜능六祖慧能, 638-713이 있었던 곳이다. 여기서 '조계의 길'은 충국사가 있는 장안으로 향하는 길을 뜻하기도 한다. '그만두자' 라는 것은 이미 자신의 본연의 집, 즉 일원상을 각자 알고 있기 때문에 굳이 가야 할 이유가 없다는 의미이다. 남전이 돌아가자고 한 뜻에 귀종과 마곡은 동감하고 다 같이 돌아간다.

설두는 마지막으로 "조계의 길은 평탄한데 어째서 오르는 것을 그만둘까"라고 다시 세 사람의 등에다 대고 묻고 있다. 이는 세 선자에게 묻는 것이 아니라 우리 모두에게 묻는 것이다. 조계의 길, 즉 선의 길은 티끌도 없고 자취도 없음을, 간다고 해도 갈 수 없는 것이 조계의 길임을, 전후좌우 길이 끊어진 조계의 길이 바로 조계의 선임을, 설두가 선명히 제시해 보여준다.

위산, 백장을 시립하다

위 산 시 립 백 장
潙山侍立百丈

【수시】

총명한 사람은 말 한마디에 모든 것을 깨닫고, 명마는 채찍 한 번으로 전력을 다해 달린다. 만년이 일념이고 일념이 만년이다. 직절을 알고자 하면 아직 들어 보이기 이전이어야 한다. 자, 말해보라. 들어 보이기 이전, 어떻게 모색하겠는가. 예를 들어볼 테니 참구해보라.

쾌 인 일 언 쾌 마 일 편   만 년 일 념 일 념 만 년   요 지 직 절   미 거 이 전   차
快人一言快馬一鞭。萬年一念一念萬年。要知直截。未舉已前。且
도 미 거 이 전   작 마 생 모 색   청 거 간
道未舉已前。作麼生摸索。請舉看。

본칙

위산, 오봉, 운암이 함께 백장 곁에 서 있었다. 백장이 위산에게 물었

404

다. "목구멍과 입을 닫고 어떻게 말하겠는가?" 위산이 말했다. "오히려 화상께 말씀을 청합니다." 백장이 말했다. "내가 그대에게 말하는 것은 괜찮지만, 훗날 내 자손들을 잃을까 두렵구나."

위 산 오 봉 운 암　동 시 립 백 장　백 장 문 위 산　병 각 인 후 순 문　작 마 생
潙山五峯雲巖。同侍立百丈。百丈問潙山。併却咽喉脣吻。作麼生
도　위 산 운　각 청 화 상 도　장 운　아 불 사 향 여 도　공 이 후 상 아 아 손
道。潙山云。却請和尚道。丈云。我不辭向汝道。恐已後喪我兒孫。

【송】

도리어 화상에게 말하기를 청하니

머리에 뿔을 단 호랑이가 거친 수풀에서 나왔네.

온 대지에는 봄이 끝나 꽃도 시들었고,

산호 숲에는 태양이 찬연히 빛나네.

각 청 화 상 도　호 두 생 각 출 황 초
却請和尚道　虎頭生角出荒草
십 주 춘 진 화 조 잔　산 호 수 림 일 고 고
十洲春盡花凋殘　珊瑚樹林日杲杲

해설

"총명한 사람은 말 한마디에 모든 것을 깨닫고, 명마는 채찍 한 번으로 전력을 다해 달린다"라는 말은, 뛰어난 수행자를 명마에 비유한 표현으로, 스승이 구차하게 설명하지 않아도 한마디 말, 행동에서 전부를 알아차린다는 의미이다.

　"만년이 일념이고 일념이 만년"이라는 말은, 영원이나 무한이라는

시간은 한순간 움직이는 일념 가운데 있고, 그 일념은 무한의 시간이 내포된 지금이라는 의미이다. 일념은 시간적·공간적 틀을 넘어선 것이다. 일상에서 자주 체험하는 바, 하나의 일에 열중하다 보면 시간도 장소도 의식하지 못한다. 그 같은 체험상태가 '만년일념, 일념만년'이다. 그런데 '만년일념, 일념만년'의 당체는 시간·공간을 끊은 세계, 어떤 것에도 마음 붙이지 않고 미혹도 깨침도 절단한 초월의 세계이다. 그것을 '직절直截 근원'이라고 한다. 그것을 군이 알려고 하면 "아직 들어 보이기 이전", 즉 '아' 혹은 '어'라고 말하기 이전에 간파해야 한다. '쾌인일언快人一言, 쾌마일편快馬一鞭'과 같이. '아직 들어 보이기 이전'은 '부모미생이전'이라고 해도 좋을 것이다. 그렇다면 '아직 들어 보이기 이전'의 소식을 어떻게 하면 모색할 수 있을까. 고인古人의 자취를 제시할 테니 참구해보라고 하였다.

본칙은 다음에 나오는 제71칙, 72칙으로 계속 이어지지만, 《전등록》〈백장장〉에는 하나의 이야기로 되어 있다. 위산은 위앙종의 개조開祖로, 이름은 영우이다. 오봉은 백장의 법을 이은 강서성 균주筠州의 상관常觀이다. 운암 담성雲巖曇晟, 782-841은 백장 아래서 20년이나 공부했는데, 기연[機]이 맞지 않은 탓인지 약산 유엄에게서 법을 이었다. 어쨌든 당시의 쟁쟁한 선사들이다. 그들이 백장 곁에 서 있었다.

백장이 먼저 그들 중 가장 형뻘이 되는 위산에게 말했다. "목구멍과 입술을 닫고 말해볼 수 있겠나?" 이것은 생각으로는 풀리지 않는 난제이다. 수시의 '아직 들어 보이기 이전'에서 '직절'의 근원을 내보이라고 하는 말과 같다. 고인은 이 말을 평하여 "사자가 새끼를 천 길이나 되는 낭떠러지에 던지는 격"이라고 했다.

위산이 대답했다. "오히려 화상께 말씀을 청합니다." 먼저 백장에게 한마디 해보라고 한 것이다. 고인은 이를 "적의 말에 올라타 적을 쫓는 것이며, 혀 없이 한마디를 내뱉은 것"이라고 평하였다. 여기서 '혀 없이'는 '전신이 혀가 되어'라는 의미이다. 백장은 이 말을 듣고 "내가 그대에게 말하는 것은 사양하지 않겠다만, 훗날 내 자손을 잃을까 두렵구나"라고 했다. 자신이 말하는 것은 쉬운 일이지만 그로 인해 법이 쇠퇴할까 두렵다는 말이다.

"목구멍과 입을 닫고 무엇인가를 말해보라"라는 것은 말로 다할 수 없는 '도부득道不得'의 세계를 찾는 것이다. 이를 백장·위산 두 사람이 빈주호환賓主互換하면서 보인다. 위산은 물음을 되돌려 "화상께서 말해보라"라고 다그침으로써 도부득道不得의 세계를 보였다. 백장 또한 "말하는 것은 쉬우나…"라고 하며 역시 도부득의 세계를 보이고 있다.

송의 첫 구, "도리어 화상에게 말하기를 청하니"는 위산이 백장에게 도리어 물음에 대한 답을 청했다는 말이다. 백장에게 다그치는 위산의 기세를 "머리에 뿔을 단 호랑이가 거친 수풀에서 나왔네"라고 칭송했다. 삼구·사구는 대구對句이다. "온 대지에 봄이 끝나 꽃은 시들었고"는 암暗의 세계를 노래하고, "산호 숲에 태양이 찬연히 빛나네"는 명明의 세계를 노래했다. 즉 백장과 위산이 각각 빈주호환하며 일체가 되어 도부득(암)의 세계를 환하게 밝힌(명), 명암쌍쌍의 세계를 노래한 송이다.

백장, 오봉에게 묻다

백 장 문 오 봉
百丈問五峰

백장은 다시 오봉에게 물었다. "목구멍과 입을 다물고 어떻게 말하겠는가?" 오봉이 말했다. "화상도 다무십시오." 백장이 말했다. "사람이 없는 곳에서 이마에 손을 대고 그대를 바라본다."

백 장 부 문 오 봉　　병 각 인 후 순 문　　작 마 생 도　　봉 운 화 상 야 수 병 각　　장
百丈復問五峯。併却咽喉脣吻。作麼生道。峯云和尚也須併却。丈
운　　무 인 처 작 액 망 여
云。無人處斫額望汝。

【송】

화상도 다무십시오.

용사진 앞에서 모략을 본다.

사람들에게 옛적 이장군을 떠오르게 하고,

하늘가 만 리를 나는 매 한 마리.

和尚也倂却　龍蛇陣上看謀略
화　상　야　병　각　　룡　사　진　상　간　모　략

令人長憶李將軍　萬里天邊飛一鶚
령　인　장　억　이　장　군　　만　리　천　변　비　일　악

해설
───

본칙은 앞의 칙에 이어지는 내용이다. 백장이 이번에는 오봉 상관五峯
常觀을 점검한다. 백장이 오봉에게 물었다. "목구멍과 입을 다물고 어
떻게 말할 수 있겠는가." 앞 칙에서는 백장의 질문에 위산이 "화상이
먼저 말씀해 보시오"라고 했다. 물음에 대하여 파정把定으로 답한 것
이다. 같은 질문에 대해 오봉은 "화상도 다무십시오"라고 했다. 모든
언구를 잘라 백장을 상대한 것이다.

　오봉의 말을 듣고 백장은 "사람이 없는 곳에서 이마에 손을 대고[작
액斫額] 그대를 바라본다"라고 했다. '사람이 없는 곳[無人處]'은 공겁空
劫에 인가人家가 없는 곳을 뜻한다. 심心·법法이 모두 없어진 자리이
다. '작액'은 이마에 손을 대고 멀리 보는 모양을 말한다. 백장의 이 말
은, 사람이 없는 곳에서 그대를 친구로 삼고 싶다는 뜻이다. 입뿐만이
아니라 눈도 감은 모습이 느껴진다.

송의 첫 구, "화상도 다무십시오"는 오봉이 답한 말 그대로이다. 둘째
구, "용사진 앞에서 모략을 본다"에서 '용사진龍蛇陣'은 《손자孫子》 병

법에서 진陣을 치는 방법 중 하나이다. '모략'은 백장의 수중을 의미한다. 오봉이 백장에게 "화상께서도 다무십시오"라고 한 것은 오봉의 포진이다. 백장이 그 포진에서 어떻게 빠져나오는지를 보려는 것이다. 백장은 이 포진에 대처하여 "사람이 없는 곳에서 이마에 손을 대고 그대를 본다"라고 했다.

"사람들에게 옛적 이장군을 떠오르게 하고"라는 말은, 이러한 백장의 대처가 한나라의 활쏘기 명수였던 비기飛騎장군 이광李廣, ?-B.C.119이 적진에서 말을 빼앗아 도망쳐 돌아온 일을 생각나게 한다는 의미이다. "하늘가 만 리를 나는 매 한 마리"에서, '하늘가 만 리'는 '무인처'를 상징한다. 백장이 손으로 이마를 가리고 멀리 날아가는 한 마리 매를 바라본다. 무인처를 훨훨 날고 있는 듯한 오봉을 대견한 마음으로 바라보고 있는 백장을 노래했다.

제72칙

백장, 운암에게 묻다

백 장 문 운 암
百丈問雲巖

본칙

백장은 또 운암에게 물었다. "목구멍과 입을 닫고 어떻게 말하겠는가?" 운암이 말했다. "화상은 할 수 있습니까?" 백장이 말했다. "나의 자손을 잃었구나."

백 장 우 문 운 암　병 각 인 후 순 문　작 마 생 도　암 운　화 상 유 야 미　장
百丈又問雲巖。倂却咽喉唇吻。作麽生道。巖云。和尙有也未。丈
운　　상 아 아 손
云。喪我兒孫。

【송】

화상은 할 수 있습니까?

금빛 털의 사자, 엉거주춤하네.

두 사람, 세 사람 옛길을 가고

대웅산 아래서 헛되이 손가락을 튕기네.

화 상 유 야 미　금 모 사 자 불 거 지
和尙有也未　金毛獅子不踞地
량 량 삼 삼 구 로 행　대 웅 산 하 공 탄 지
兩兩三三舊路行　大雄山下空彈指

해설

앞의 제70칙에서 위산은 백장의 질문에 "먼저 말해 보시오"라고 파정 把定으로 대했고, 제71칙에서 오봉은 "다무십시오"라고 하여 모든 언 구를 잘라버렸다. 여기 본칙에서는 "목구멍과 입을 닫고 어떻게 말하 겠는가?"라는 백장의 질문에 운암이 "화상은 할 수 있습니까?"라고 답 했다. 목구멍과 입을 다물었는데 말을 할 수 있겠는가 반문한 것이다. 다시 말해서 운암 자신에게는 말해야 할 것이 없는데, 화상에게는 '이 것[저개這箇]'이 있는지 묻는 것이다. '야미也未'는 의문의 조사이다. 이 에 백장이 말했다. "나의 자손을 잃었구나." 말하자면 '그대 같은 자가 있는 한, 선의 명맥은 끊어져버릴 거야' 하고 탄식한 것이다.

　운암은 담주 운암산의 담성曇晟이다. 그는 본래 백장 아래서 20년이 나 수행했지만 철저하지 못해, 백장이 천화遷化한 후 약산의 유엄 곁 으로 갔다. 약산이 "그대는 백장선사의 처소에서 어떤 수행을 했는 가?"라고 묻자 "네, 생사를 투탈했습니다"라고 대답하였다. 약산이 "아, 그래. 그것은 좋은 일이로고. 완전히 생사의 바닥을 쳐버렸는가?" 라고 묻자 운암이 말했다. "본래 자기에게는 생사의 사태沙汰가 없습니다." 이에 약산은, "바보 같은 놈! 너는 백장스님 곁에서 20년이나 있었다고 했는데, 아직도 그런 상투적인 말만 한단 말인가. 냄새가 나서 코를 들이댈 수가 없네"라고 매섭게 야단쳤다. 그래서 운암은 남전의 처소로 옮겼다. 여기서도 얻을 것이 없어, 다시 어쩔 수 없이 약산 곁으로 돌아가 열심히 정진하여 비로소 대오하였다. 그 후 약산의 법을 이었고, 그의 문하에서 동산 양개가 나왔다. 본칙의 문답은 아직 백장의 처소에서 수행하고 있을 무렵의 일이다.

송의 첫 구, "화상은 할 수 있습니까?"는 앞 칙과 마찬가지로 백장의 물음에 운암이 대답한 말을 그대로 인용했다. 설두는 둘째 구에서, 운암의 이 답변이 시원치 않음을 "금빛 털 사자, 엉거주춤하네"라고 노래했다. 운암을 금모 사자로 비유하였지만, 역량이 부족하여 백장에게 덤벼들지 못하고 웅크리고 있는 모습을 그린 것이다.

"두 사람, 세 사람[兩兩三三] 옛길을 가고"에서 '양양삼삼兩兩三三'은 위산·오봉·운암 세 사람을 뜻하며, 두 사람, 세 사람 줄지어 오래된 길을 간다는 말이다. 여기서 '옛길'은 아무도 없는 공겁空劫 이전, 즉 백장 이전의 길이다. "대웅산 아래서 헛되이 손가락을 튕기네"에서 '대웅산'은 백장산이다. 즉 백장이 보람 없이 손가락을 튕기며 탄식하고 있을 뿐이라는 뜻이다. 설두는 운암에 대한 백장의 아쉬움을 송의 결구로 하였다.

제73칙

마조, 사구백비

마 조 사 구 백 비
馬祖四句百非

【수시】

'무릇 설법은, 설할 것도 없고 보일 것도 없다. 청법이란, 듣는 것도 없고 얻는 것도 없다'라는 말이 있다. 설할 것도 없고 보일 것도 없다 해서, 어찌 설함과 설하지 않음이 같겠는가. 듣는 것도 없고 얻는 것도 없다 해서, 어찌 들음과 듣지 않음이 같겠는가. 설하는 것이 없고 듣는 것이 없어도, 그래도 조금은 다르다. 다만 지금 그대들은 여기서 산승의 설함을 들었으니, 어찌 허물을 면할 수 있겠는가. 관문을 꿰뚫는 눈을 갖춘 자, 예를 들어볼 테니 참구해보라.

부 설 법 자　무 설 무 시　기 청 법 자　무 문 무 득　설 기 무 설 무 시　쟁
夫說法者。無說無示。其聽法者。無聞無得。說既無說無示。爭
여 불 설　청 기 무 문 무 득　쟁 여 불 청　이 무 설 우 무 청　각 교 사 자
如不說。聽既無聞無得。爭如不聽。而無說又無聽。却較些子。

414

지여금제인　청산승재저리설　작마생면득차과　구투관안자　시
只如今諸人。聽山僧在這裏說。作麼生免得此過。具透關眼者。試
거　간
舉看。

본칙

어떤 승이 마대사에게 물었다. "사구와 백비를 떠나, 청컨대 스승께서는 제게 '서래의'를 곧바로 가르쳐주십시오." 마대사가 말했다. "내가 오늘 피곤하여 그대에게 말해줄 수 없으니 지장에게 가서 묻거라." 승이 지장에게 물으니 지장이 말했다. "왜 화상께 여쭈지 않았는가?" 승이 말했다. "화상께서 스님께 와서 물어보라고 시키셨습니다." 지장이 말했다. "내가 지금 머리가 아파서 그대에게 말해줄 수 없다. 회해 형에게 가서 물어보아라." 승이 회해에게 물었더니 회해가 말했다. "나도 여기에 이르러 역시 알지 못했다." 승이 마대사에게 이 일을 거론하니 마대사가 말했다. "지장의 머리는 희고 회해의 머리는 검다."

승문마대사　리사구절백비　청사직지모갑서래의　마사운　아금
僧問馬大師。離四句絕百非。請師直指某甲西來意。馬師云。我今
일로권　불능위여설　문취지장거　승문지장　장운　하불문화
日勞倦。不能為汝說。問取智藏去。僧問智藏。藏云。何不問和
상　승운　화상교래문　장운　아금일두통　불능위여설　문취해
尚。僧云。和尚教來問。藏云。我今日頭痛。不能為汝說。問取海
형거　승문해형　해운　아도저리각불회　승거사마대사　마사
兄去。僧問海兄。海云。我到這裏却不會。僧舉似馬大師。馬師
운　장두백해두흑
云。藏頭白海頭黑。

【송】

지장의 머리는 희고 회해의 머리는 검다,

명안 납승도 알지 못하네.

망아지는 천하 사람들을 짓밟고

임제, 아직 낮도둑이 아니었네.

사구를 떠나고 백비를 끊어

천상과 인간 가운데 오직 나만이 알 뿐.

<ruby>藏<rt>장</rt>頭<rt>두</rt>白<rt>백</rt>海<rt>해</rt>頭<rt>두</rt>黑<rt>흑</rt></ruby>　<ruby>明<rt>명</rt>眼<rt>안</rt>衲<rt>납</rt>僧<rt>승</rt>會<rt>회</rt>不<rt>부</rt>得<rt>득</rt></ruby>

藏頭白海頭黑　明眼衲僧會不得
馬駒踏殺天下人　臨濟未是白拈賊
離四句絶百非　天上人間唯我知

해설

수시의 첫머리, "무릇 설법은, 설할 것도 없고 보일 것도 없다. 청법이란, 듣는 것도 없고 얻는 것도 없다"라는 구절은《유마경》〈제자품弟子品〉에 있다. 이 구를 인용하여 '설함'과 '들음'에 대해 설명한다. 본래 진실한 자기에게는 제거해야 할 미혹도 없고 닦아서 얻을 깨달음도 없다. 그것 자체가 완전무결하고 원만하기 때문이다. 진실은 진실함 그 자체이므로, 설해야 할 진리도 따로 없으며 보일 법도 역시 없는 것이다. 얼음은 차갑고 불은 뜨겁다. 어떠한 설명도 필요 없다.《금강경》에서 '설법이란, 설할 수 있는 법이 없음을 이름하여 설법이라 한다[說法者 無法可說是名說法]'라고 하는 것처럼, 설명할 것도 보일 것도 없는 것이 참된 설법이라는 것이다. 그런 의미에서 '차가움'이나 '따뜻함'을 스스로 알게 하는 자가 설법의 명인이다. 들을 것도 없고 얻을 것도 없다.

　옛사람은 "문으로 들어오는 것은 진정 집안의 보배가 아니다"라고

416

말했다. 귀로 듣는다든가 가르침을 받아 익혀 깨달았다든가 하는 것은 온전한 것이 아니다. 온전한 것은 입으로 설할 수 없으므로, 차라리 설하지 않는 편이 낫다. 이미 자신에게 모든 것이 온전히 갖추어져 있어 타인에게 구해야 할 것이 없으므로, 설법을 들을 필요도 없다. 설할 것도 없고 들을 것도 없고 주고받을 것도 없는 절대의 장場에서는 가만히 있는 편이 낫다.

그러나 설할 것도 없고 들을 것도 없다고 해서 그것으로 충분할까. 그것을 수시에서는 "조금 다르다"라고 하였다. 그렇지 않다는 뜻이다. "만약 그대들이 지금 산승의 설법을 귀로 들었다고 하면, 허물을 면할 수 없다." 다시 말해서 산승은 설함이 없이 설했고, 그대들도 들음이 없이 들었기 때문에, 귀로 들었다고 하면 허물이 있다는 뜻이다. 이러한 소식을 보이는 옛사람의 실례 하나를 제시해볼 테니, 꿰뚫어 보는 눈을 가진 자라면 참구해보라고 하였다.

본칙에는 마조 도일과 서당 지장西堂智藏, 735-814 백장 회해, 그리고 아직 안목을 갖추지 못한 한 승이 등장한다. '사구四句'는 모든 현상이나 개념을 규정하는 네 가지 표현형식을 말한다. 원오는 평창에서 '유' '무' '비유비무' '비비유비비무'를 4구의 예로 들지만, 본래의 사구는 '일—' '이異' '유有' '무無'이다.

'백비百非'는 모든 개념과 사유 형식에 대한 부정표현을 말한다. 일체의 개념이나 논리를 넘어선 것이다. 사구의 각 구에 대하여 네 가지 '비非'가 있으므로 십육 비非, 그것이 과거·현재·미래의 삼세三世에 걸쳐 존재하므로 사십팔 비, 여기에 '미기未起'와 '기기旣起'의 경우가 있으므로 구십육 비, 또한 앞의 일— ·이異·유有·무無의 부정을 보태,

합계 일백 비가 된다. 따라서 사구를 떠나고 백비를 끊는다고 하는 것은 모든 '차전표전遮詮表詮', 즉 설명할 수 있는 것도 설명할 수 없는 것도 모두 다 끊는다는 뜻이다.

어떤 승이 당대의 최고 선장인 마조에게 와서 "사구를 떠나고 백비를 끊고, 청컨대 스승께서는 저에게 '서래의'를 바로 가르쳐 주십시오"라고 하였다. '서래의'는 보리달마가 서쪽에서 온 뜻을 의미한다. 불법의 근본 대의이다. 승이 마조에게 모든 언어 표현을 떠난 일구로 불교의 근본 교의를 말해보라고 청한 것이다. 마조는 "나는 오늘 피곤하여 그대에게 말해줄 수 없으니 지장에게 가서 묻거라"라고 하였다. 그래서 지장에게 가서 이를 묻자, "어째서 화상에게 듣지 못했는가" 하였다. 승은, "화상이 스님께 가서 들어보라고 시켰습니다"라고 했다. 지장은 "나는 오늘 머리가 아프니, 도저히 설할 수가 없다. 백장에게 들어보라"라고 했다. 백장에게 물으니, "나도 여기에 이르러 역시 알지 못했다"라고 했다. 어쨌든 이 승僧의 처지에서 보면 답이라 할 수 있는 말을 듣지 못했다. 그러나 세 사람이 모두 사구·백비를 끊은 곳에서 한마디씩 해주었음을 살펴볼 수 있다. 즉 모든 언어 표현을 떠난 곳을, '두통'으로 보여주기도 하고, '알지 못한다'라고 하기도 하며, 차전遮詮으로 답해준 것이다. 마조는 이를 두고 "지장의 머리는 희고 회해의 머리는 검다"라고 했다. 두 사람의 차이를 대조적으로 보인 것이다. 지장 쪽이 나이로는 선배이지만, 공부에는 선후배가 없다. 지장은 명백의 세계로 답하고 회해는 암흑의 세계로 답했다. 명과 암은 낮과 밤에 대비되므로, '명암은 스스로 오고가도 허공은 동요하지 않는다'라는 뜻을 암시한다. 두 사람 각각 사구·백비를 끊은 세계, 즉 '서래의'를 흑과 백으로 나타냈던 것이다.

당시에는 '사구·백비를 끊는' 문답이 자주 행해진 것 같다. 다른 승이 똑같은 질문을 했을 때, 마조는 "그대가 서강의 물을 한입에 다 마실 때, 바로 그대에게 말해주겠네"라고 답했다. 여하간 '차전', 즉 부정적 표현으로 답함으로써, 모든 사량분별을 자르는 곳에 '서래의'가 있음을 밝힌 것이다.

송의 첫 구, "지장의 머리는 희고 회해의 머리는 검다"는, 마조의 말을 그대로 노래한 것이다. 희고 검은 명암쌍쌍의 세계는 사구와 백비를 끊은 세계이다. 웬만한 명안 납승은 알지 못하고 말로도 할 수 없다. 그 세계를 묻는 승에게, 마조가 그의 제자인 지장과 백장에게 대신 대답해주도록 시켰으니, 송의 둘째 구에서 이를 "한 마리의 말(마조)이 천하 사람들을 짓밟는다"라고 노래한 것이다.

셋째 구, "임제, 아직 낮도둑[백념적白拈賊]이 아니었네." 그 세계는 임제라도 아직은 말할 수 없다는 뜻이다. 임제는 마조의 4세 법손으로, 기봉機鋒이 예리하여 '낮도둑'이라고 불리기도 했다. 거기에는 이런 이유가 있다. 임제가 어느 날 상당하여 '일무위진인一無位眞人'에 대해서 설하였는데, 그때 "무위진인은 무엇인가?"라고 묻는 승이 있어, 그 승의 멱살을 잡고 떠밀면서 "무위진인, 이 무슨 똥 막대기 같은 소리를!"이라고 하였다. 이를 설봉이 "마치 백념적 같다"라고 평한 데서 비롯된 말이다.

송의 마지막 구에서 설두는, "사구·백비를 끊은 세계는 실로 천상과 인간 가운데 오직 나만이 알 뿐"이라고 노래했다. 즉 그 세계는 오직 설두 자신만 알지만, 그것을 말로 표현할 수 없다는 것이다.

제74칙

금우, 크게 웃다

금 우 가 가 소
金牛呵呵笑

【수시】

막야를 비껴들고 칼끝으로 갈등의 소굴을 끊어버린다. 명경을 높이 걸고 한마디에서 비로인毘盧印을 끌어낸다. 전지온밀한 곳에서 옷을 입고 밥을 먹는다. 신통유희의 경지, 어떻게 하면 접근할 수 있을까? 알겠는가? 아래의 글을 잘 살펴보라.

막 야 횡 안　봉 전 전 단 갈 등 과　명 경 고 현　구 중 인 출 비 로 인　전 지 온
鏌鎁橫按。鋒前剪斷葛藤窠。明鏡高懸。句中引出毘盧印。田地穩
밀 처　착 의 끽 반　신 통 유 희 처　여 하 주 박　환 위 실 마　간 취 하 문
密處。著衣喫飯。神通遊戲處。如何湊泊。還委悉麼。看取下文。

본칙

금우화상은 점심때가 되면 밥통을 승당 앞으로 들고 와서 춤을 추면서

껄껄 웃으며 말하곤 했다. "자, 보살들이여 밥을 드시오." [설두가 말했다. "그랬다 하더라도 금우가 선의善意로 한 건 아니지."] 승이 장경에게 물었다. "옛사람이 '보살들이여 밥을 드시오'라고 한 말은 무슨 뜻입니까?" 장경이 말하기를, "점심때가 되어 고맙다고 하는 것과 같다."

금우화상매지재시　자장반통　어승당전작무　가가대소운　보살
金牛和尙每至齋時。自將飯桶。於僧堂前作舞。呵呵大笑云。菩薩
자끽반래　설두운　수연여차　금우불시호심　승문장경　고인
子喫飯來。雪竇云。雖然如此。金牛不是好心。僧問長慶。古人
도　보살자끽반래　의지여하　경운　대사인재경찬
道。菩薩子喫飯來。意旨如何。慶云。大似因齋慶讚。

【송】

흰 구름 그림자 속에서 껄껄 웃으며,

양손으로 가지고 와서 저들에게 건네네.

만약 이것이 금모의 사자 새끼라면

삼천 리 밖에서도 그릇된 곳을 간파하리.

백운영리소가가　량수지래부여타
白雲影裏笑呵呵　兩手持來付與他
약시금모사자자　삼천리외견효와
若是金毛獅子子　三千里外見誵訛

해설

'막야鏌鎁'는 '간장干將'과 함께 중국의 대표적인 명검이다. 그러나 여기서는 반야의 지검智劍에 비유하였다. '갈등葛藤'은 칡과 등나무가 서로 엉겨 붙은 것을 말한다. 그것에 감기면 수목도 말라버린다. 인간도 마찬가지로 사량분별에 휘감기게 되면 본래의 불심을 가린다. 불교의 경전, 교리 등도 때로는 갈등이 된다. 선에서는 문자나 언구를 모두 갈등이라고 한다. 명검을 비껴드는 것만으로, 칼끝이 닿기도 전에 "갈등의 소굴을 끊어버리는" 것이 종사가宗師家들의 완력腕力이다.

선에서는 우리들의 본심을 '명경'에 비유한다. 지혜의 눈을 닦아 거울처럼 맑아지면 모든 대상을 있는 그대로 보게 되기 때문이다. "일구 가운데서 비로인을 인출한다"라는 말은, 만물을 있는 그대로 비출 수 있는 명경 같은 눈을 가진 자가 상대의 심중에 있는 비로자나불을 끌어낼 수 있다는 뜻이다. '비로인毘盧印'은 비로자나불의 법계정인法界定印을 뜻한다. '인印'은 확실한 증명이다. 명경 같은 견지의 밝은 선장이면, 일언반구 속에서 확실히 본래 불심의 불가사의한 대광명을 끌어낼 수 있다는 의미이다.

이상은 이타행의 측면을 말한 것으로, 그러한 힘을 가진 사람은 결국 "전지온밀田地隱密한 곳에서 옷을 입고 밥을 먹는다[착의끽반著衣喫飯]"라고 하였다. '전지온밀'은 견실堅實하여 아무런 흔적조차 남기지 않는 경지를 뜻한다. 이러한 경지에서, 추우면 옷을 입고 배고프면 밥을 먹는 일상을 영위한다는 뜻이다.

그렇다면, "신통유희의 경지, 어떻게 하면 접근[주박湊泊]할 수 있을까?" '신통유희'는 신비하고 불가사의한 작용이라고 생각할 수도 있겠지만, 방거사의 "신통과 함께 묘용, 물을 긷고 장작을 나른다"라는 말처럼, 일상의 일에 무애자재함을 말한다. '주박湊泊'은 항구에 배를 댄다는 말이다. 신통유희의 경지에 어떻게 접근할 수 있는지 알겠는가, 본칙을 제시하니 살펴보라고 한다.

금우화상은 마조의 법을 이었다. 그의 전기는 분명하지 않다. '재齊'란 오전 10시에 한 번 하는 식사로, 보통 점심을 의미하기도 한다. 화상은 점심때가 되자 밥통을 들고 승당 앞으로 와서, 춤을 추면서 크게 웃으며 말했다. "보살들이여, 밥을 드시오."《전등록》에는 이 같은 일을 매일 했다고 전한다. 설두가 이에 착어하기를, "그랬다 하더라도 금우가 선의善意로 한 건 아니지"라고 하였다. 설두가 금우의 말을 한 칙으로 엮은 이 공안의 핵심은 설두의 이 말에 있다.

나중에 한 승이 장경長慶慧稜, 854-932에게 물었다. "옛사람이 '보살들이여! 밥을 드시오'라고 한 말은 무슨 뜻입니까?" 장경은 "그것은 점심때가 되어 보살들에게 공양하고 보살의 덕을 경찬하는 것과 같다"라고 답했다.《전등록》〈금우장〉 말미에는 이 화제를 여러 가지로 논평한 내용이 나온다. 거기에서는 '춤을 추다'라는 부분에 주목한다. 금우의 춤을 '깨친 경지의 세계', 즉 향상말후向上末後의 일로一路라고 보는 것이 종래의 전통적 해석이다. 원오는 이러한 해석에 근거하여, 향상말후의 세계를 알려주기 위해 이 이야기를 끌어냈다고 설명한다.

송의 첫 구, "흰 구름 그림자 속에서 껄껄 웃으며"는, 금우화상이 매일 밥통을 가지고 크게 웃고 춤추면서, "보살들이여, 밥을 드시오"라고 외치며 풍광風狂(미치광이) 짓을 하고 있는 장면을 노래한 것이다. '흰 구름[白雲]'이 무엇을 뜻하는지는 불분명하지만, 오래된 주註에는 '선당禪堂' 또는 '백반白飯'을 뜻한다고 하였다.

둘째 구에서는, 이 미치광이 짓이 실은 향상말후의 세계를 보이려는 행위이므로, "양손으로 들고 와서 저들에게 건네네"라고 노래하였다. 그러나 이 세계는 금모의 사자 새끼가 아니면 알 수 없다. '금모金毛'는

'금우'와 관계 짓는 말이다. '사자 새끼'는 금우의 밥을 받을 만한 보살을 뜻한다. 사자 새끼라면 금우가 추는 풍광의 춤 따위는 굳이 필요하지 않다. 그것이 마지막 구, "삼천 리 밖에서도 그릇된 곳을 간파하리"의 진의眞意이다. 멀리서 금우가 왜 이 같은 풍광의 짓을 하는지 간파한다는 것이다. 이것은 원오의 해석이다. 즉 원오는, 사자 새끼의 눈으로 보면, 금우화상의 풍광은 바로 한바탕의 부끄러움이라고 해야 할 것이라고 착어했다.

제75칙

오구, 법도를 묻다

오 구 문 법 도
烏臼問法道

【수시】

영봉의 보검, 언제나 눈앞에 드러나 있다. 사람을 살리기도 하고 죽이기도 한다. 저기에도 있고 여기에도 있고, 함께 얻기도 하고 함께 잃기도 한다. 제지하기를 요하면 제지하게 내버려두고 평전하기를 요하면 평전에 맡긴다. 자, 말해 보라. 빈주의 범주에 떨어지지 않고 회호에 구애되지 않을 때는 어떠한가. 예를 들어볼 테니 참구해보라.

영 봉 보 검　　상 로 현 전　　역 능 살 인 역 능 활 인　　재 피 재 차　　동 득 동 실
靈鋒寶劍。常露現前。亦能殺人亦能活人。在彼在此。同得同失。
약 요 제 지　　일 임 제 지　　약 요 평 전　　일 임 평 전　　차 도 불 락 빈 주　　불 구
若要提持。一任提持。若要平展。一任平展。且道不落賓主。不拘
회 호 시 여 하　　시 거 간
回互時如何。試舉看。

승이 정주화상의 회하에서 나와 오구에게 갔다. 오구가 물었다. "정주의 법도는 여기에 비해 어떤가?" 승이 말했다. "다를 것이 없습니다." 오구는 "다를 것이 없다면 당장 그곳으로 가라"라고 하며 바로 쳤다. 승이 말했다. "몽둥이에도 눈이 있는데, 황망히 사람을 치는 것은 그만두십시오." 오구가 말했다. "오늘은 한 놈을 칠 만하네" 하며 세 번 쳤다. 승이 바로 나가버렸다. 오구가 말했다. "말 없는 몽둥이지만 원래 맞을 사람이 있지." 승이 몸을 획 돌리며 말했다, "어쩌지요, 몽둥이 자루는 화상의 손안에 있는데요." 오구가 말했다. "원한다면 산승이 그대에게 주겠네." 승은 가까이 가서 오구의 손안에 있는 몽둥이를 빼앗아 오구를 세 번 쳤다. 오구가 말했다. "말이 없는 몽둥이다, 말이 없는 몽둥이다." 승이 말했다. "맞을 사람이 있습니다." 오구가 말했다. "간단히 이놈을 쳐라." 승이 바로 예배했다. 오구가 말했다. "화상은 이런 식인가?" 승은 크게 웃으며 나가버렸다. 오구가 말했다. "그럴 만하네, 그럴 만해."

僧從定州和尚會裏。來到烏臼。烏臼問。定州法道何似這裏。僧云。不別。臼云。若不別更轉彼中去。便打。僧云。棒頭有眼。不得草草打人。臼云。今日打著一箇也。又打三下。僧便出去。臼云。屈棒元來有人喫在。僧轉身云。爭奈杓柄。在和尚手裏。臼云。汝若要山僧回與汝。僧近前奪臼手中棒。打臼三下。臼云。屈棒屈棒。僧云。有人喫在。臼云。草草打著箇漢。僧便禮拜。臼云。和尚却恁麼去也。僧大笑而出。臼云。消得恁麼。消得恁麼。

【송】

부르기는 쉽고, 쫓아버리기는 어렵다.

호환의 기봉을 잘 보라.

대반석이 견고하다 해도 결국은 부서져버리고

창명의 깊은 곳도 금방 말라버린다.

오구노장이여, 오구노장이여, 어느 정도일까.

그에게 몽둥이 자루를 준 것은 아주 뜻밖이네.

<ruby>呼<rt>호</rt></ruby><ruby>即<rt>즉</rt></ruby><ruby>易<rt>이</rt></ruby><ruby>遣<rt>견</rt></ruby><ruby>即<rt>즉</rt></ruby><ruby>難<rt>난</rt></ruby>　<ruby>互<rt>호</rt></ruby><ruby>換<rt>환</rt></ruby><ruby>機<rt>기</rt></ruby><ruby>鋒<rt>봉</rt></ruby><ruby>子<rt>자</rt></ruby><ruby>細<rt>세</rt></ruby><ruby>看<rt>간</rt></ruby>。
呼即易遣即難　互換機鋒子細看。
劫石固來猶可壞　滄溟深處立須乾
烏臼老烏臼老幾何般　與他枸柄太無端

해설

'영봉의 보검'은 사람마다 갖추고 있는 반야의 지검智劍이다. 이 지검
은 아침부터 밤까지, 누구에게나 언제나 눈앞에 드러나 있다. 창고 속
에나 금고 속에 들어 있는 것이 아니다. 그것을 사용할 때는 생각나는
대로 하며, 사람을 살리기도 죽이기도 한다. 그 보검은 저기에도[賓] 여
기에도[主] 있고, 얻을 때는 빈주賓主가 함께 얻고 잃을 때는 빈주가 함
께 잃는다. 선사와 납승이 본래 갖추고 있는 신령스런 지혜의 검이다.

　"제지하기를 요하면　제지하게 내버려두고 평전하기를 요하면 평전
에 맡긴다"라고 했다. '제지提持'는 문제로 삼아 들이댄다는 뜻이다. 여
기서는 그 보검을 손에 들고 마음 내키는 대로 하게 내버려두는 것을

의미한다. 또한 '평전平展'은 평소 하는 대로 제시한다는 뜻이다. 요는 빈주 모두 보검을 가지고 있으므로 자유롭게 보검을 쓴다는 의미이다.

"빈주의 범주에 떨어지지 않고", 즉 소유한 보검을 사용함에 있어 빈주의 범주에 구애되지 않고, 또한 빈주가 서로 입장을 교환하는 '회호'에도 구애되지 않을 때는 대체 어떤 때인가? 예를 들어볼 테니 시험 삼아 참구해보라.

정주定州石藏, 718-800는 북종계의 사람으로 숭산 보적의 법을 이었다. 오구烏臼는 마조의 법을 이었다. 정주와 오구는 호각互角의 역량을 가지고 있다. '굴봉屈棒', 소위 말없이 치는 몽둥이를 둘러싸고 두 사람이 일출일입一出一入, 빈주호환의 작용을 보인다. 정주의 처소로부터 온 승에게 오구가 물었다. "정주의 법도는 여기에 비해 어떤가?" 말하자면 북종의 불법과 남종의 불법은 어떤 차이가 있는지 물은 것이다. 승은 "다를 것이 없습니다"라고 했다. 그러자 오구가 "다를 것이 없다면 당장 그곳으로 가라!"라고 하며 몽둥이로 쳤다. '똑같으면 일부러 여기까지 올 필요가 있나, 돌아가!'라고 하며 내쫓은 것이다.

승이 말했다. "몽둥이에도 눈이 있는데 황망히 사람을 쳐서는 안 되지요." 몽둥이에 눈이 있다는 말은 몽둥이로 함부로 쉽게 치는 것은 경솔한 행동이니, 몽둥이를 부끄럽게 하지 말라고 오구에게 대든 것이다. 오구가 말했다. "오늘은 칠 만한 한 놈이 있네." 말하자면 몽둥이로 칠 만한 놈이 있다고 놀라워하며, 승을 조금은 칭찬하였다. 그러고는 다시 세 번을 쳤다.

승이 나가려 하자 오구가 말했다. "말 없는 몽둥이지만 원래 맞을 사람이 있다." 승은 몸을 획 돌리면서 "어떻게 하지요? 몽둥이 자루는 화상의 손안에 있는데요"라고 말했다. 오구가 말했다. "원한다면 산승이 그대에게 주겠네." 승은 가까이 가서 오구의 손안에 있는 몽둥이를 빼앗아 세 번 쳤다. 오구가 말했다. "말이 없는 몽둥이다, 말이 없는 몽둥이다." 오구는 승이 처음 말했던 말투로 따라했다. 승이 말했다. "맞을 사람이 있습니다." 오구가 말했다. "간단히 이놈을 쳐라." '초초草草'는 '간단히', '쉽게'라는 의미다. '이놈[箇漢]'은 오구 자신을 뜻한다.

승이 바로 예배했다. 오구가 말했다. "이런 식인가." 말하자면 북종 사람들은 이런 식의 예를 갖추는지 물은 것이다. 승은 껄껄 웃으며 나가버렸다. 오구가 말했다. "그럴 만하네, 그럴 만해." '소득消得'은 가치나 자격이 있다는 뜻이다. 오구가 승에게 참 괜찮은 납승이라고 넌지시 칭찬한 것이다.

송의 첫 구, "부르기는 쉽고 쫓아버리기는 어렵다"라는 말은, 북종계의 한 승과 오구와의 호환작용을 뜻한다. 그다음, "호환의 기봉機鋒을 잘 보라. 대반석이 견고하다고 해도 결국은 부서져버리고, 창명의 깊은 곳도 금방 말라버린다"라고 주의를 준다. 이 두 사람의 호환작용을 살펴보면, 아주 오래된 돌이라도 무너뜨리고, 아주 깊은 바다라도 금방 말려버릴 듯한 뛰어난 작용이 있다는 것이다. 여기서 설두는 이 이상 오구를 찬탄할 만한 말이 없어서 다만 "오구노장이여, 오구노장이여"라고 이름만을 불렀다.

결구에서는, "어느 정도일까? 그에게 몽둥이 자루를 준 것은 뜻밖이네"라고 했다. 승의 행동이 어느 정도의 자격이 되는지 모르지만, 오구가 몽둥이 자루를 건네주니 참으로 뜻밖이라는 것이다.

제76칙

단하, 어디서 왔는가를 묻다

단 하 문 심 처 래
丹霞問甚處來

【수시】

미세함은 쌀가루 같고, 차가움은 얼음과 서리 같다. 천지에 꽉 차 있어

밝음을 여의고 어둠도 끊어졌다. 가장 낮은 곳에서 그것을 보면 여유

가 있고, 가장 높은 곳이라 해도 그것을 평평하게 하기에는 부족하다.

파주도 방행도 모두 이 속에 있는데 출신처가 있겠는가. 예를 들어볼

테니 참구해보라.

세 여 미 말　　냉 사 빙 상　　복 색 건 곤　　리 명 절 암　　저 저 처 관 지 유 여
細如米末。冷似氷霜。冨塞乾坤。離明絕暗。低低處觀之有餘。
고 고 처 평 지 부 족　　파 주 방 행　　총 재 저 리 허　　환 유 출 신 처 야 무　　시
高高處平之不足。把住放行。總在這裏許。還有出身處也無。試
거 간
舉看。

단하가 어떤 승에게 물었다. "어디서 왔는가?" 승이 말했다. "산 아래서 왔습니다." 단하가 말했다. "밥은 먹었는가, 아직인가?" 승이 말했다. "먹었습니다." 단하가 말했다. 너에게 밥을 먹게 한 사람은 대체 눈이 있더냐?" 승은 말이 없었다.

장경이 보복에게 물었다. "사람에게 밥을 먹게 했으니, 보은할 일인데, 어째서 눈이 있느냐고 합니까?" 보복이 말했다. "베푸는 자나 받는자나 모두 눈먼 놈들이지." 장경이 말했다. "전력을 다해 수행했는데 도리어 맹인이 되겠습니까?" 보복이 말했다. "나를 맹인이라고 보는가?"

丹霞問僧。甚處來。僧云。山下來。霞云。喫飯了也未。僧云。喫飯了。霞云。將飯來與汝喫底人。還具眼麼。僧無語。長慶問保福。將飯與人喫。報恩有分。為什麼不具眼。福云。施者受者二俱瞎漢。長慶云。盡其機來。還成瞎否。福云。道我瞎得麼。

【송】

기를 다했다면 맹인이 되지 않았을 텐데
소머리를 눌러 풀을 먹이네.
사칠 이삼 모든 조사,
보배의 그릇을 가져와 허물이 되었다.
허물이 너무 깊어 찾을 곳이 없으니
천상 인간, 모두 깊이 잠겼구나.

盡機不成瞎　按牛頭喫草

사 칠 이 삼 제 조 사　보 기 지 래 성 과 구
四七二三諸祖師　寶器持來成過咎
과 구 심 무 처 심　천 상 인 간 동 륙 침
過咎深無處尋　天上人間同陸沈

해설

"미세하기로는 쌀가루 같고 차갑기로 말하면 얼음과 서리 같다"라는
말은 우리의 본성을 두고 하는 말이다. 우리의 본성은 또한 '광대하기
로는 우주를 에워쌀 만큼 크고, 뜨겁기로는 불보다도 더 뜨겁다'라고
도 할 수 있다. 극소는 극대와 같고 차가움은 오히려 불꽃과 같다. 즉
우리의 본성은 상대적인 대소나 냉열을 넘어선 절대의 것이다. 따라서
천지간에 없는 데가 없다. "천지에 꽉 차" 있으므로 어디에도 있다.
"밝음도 여의고 어두움도 끊어졌다"라는 말은, 반대로 밝음도 어둠도
나타나 있다는 의미이다. 말하자면 명과 암이 한정되지 않아 없는 데
가 없다는 뜻이다.

"가장 낮은 곳에서"라는 말은 가장 밑바닥을 뜻한다. 미혹한 범부의
세계라고 보아도 좋다. 이 세계에 본래의 본성, 즉 여래의 지혜 덕상이
남을 정도로 충만하여 "그것을 보면 여유가 있다"라고 하였다. 이와
반대로 "가장 높은 곳이라 해도 그것을 평평하게 하기에는 부족하다."
즉 높고 높은 세계, 부처님이나 깨달은 자라고 해도 범부보다 지혜 덕
상을 많이 가지고 있는 것은 아니다. 이것은 실로 범부에게도 가득하
고 부처에게도 가득하다는 말이다.

"파주도 방행도 모두 이 속에 있는데 출신처가 있겠는가." 파주와
방행은 수행자를 연마하는 수단으로, 억누르는 것과 상대에게 맡겨 두

는 것이다. 즉 살리기도 죽이기도, 긍정하기도 부정하기도 하는 것이
모두 이 속에 있으므로 이것을 떠날 수 없다는 말이다. 옛사람이 말한
것처럼 피어도 꽃이고 져도 꽃이므로, 이것을 여의는 것은 하나도 없
다. '출신처出身處'는 해탈의 경지를 뜻한다. 모든 것이 거기에 들어 있
는 '이 속'을 벗어나 자유롭게 지낼 수 있겠는가? 어떤가, 실례를 들어
볼 테니 참구해보라.

단하丹霞天然, 738-824는 청원 행사계系의 선사이다. 처음 마조에게 출
가했지만, 기연이 계합하지 않아 나중에 석두 희천石頭希遷, 700-790 아
래서 법을 잇게 된다. 단하가 목불木佛을 태운 이야기는 유명하다. 제
자로 취미 무학이 있다. 본칙의 앞부분은 승과 단하와의 문답이며, 뒷
부분은 보복과 장경의 문답이다.

먼저 단하가 승에게 물었다. "어디서 왔는가?" 승이 말했다. "산 아
래서 왔습니다." 안목을 갖춘 승이라고 생각할 수 있다. 도리어 단하를
시험하려 하는 답처럼 보인다. 단하가 말했다. "밥은 먹었는가, 아직인
가?" 승이 말했다. "먹었습니다." 단하가 말했다. "너에게 밥을 먹게 한
사람은 눈이 있던가?" 직접적으로는 승에게 밥을 공양한 사람의 눈을
물었지만, 동시에 공양에 응한 자에게 눈이 있는가를 묻는 것이다. '눈
이 있는가'는 '안목眼目을 갖추었는가'라는 말이다. 승은 말이 없었다.
단하의 물음에 답할 수 없었다. 말하자면 '무안자無眼者'임이 폭로되어
버렸다. 이 문답의 중심 문제는 "너에게 밥을 먹게 한 자는 안목을 갖
추었던가?"이다.

그 후 백 년이 지났다. 장경長慶慧稜, 854-932과 보복保福從展, ?-928은
설봉의 법을 이은 사형제이다. 보복은 이미 대오했지만 장경은 아직

깨닫지 못했을 때의 문답이다. 보복과 장경이 이 문제에 대해 법거량을 하고 있다. 장경이 보복에게 물었다. "사람에게 밥을 먹게 했으니, 보은을 해야 할 일인데, 어째서 안목을 갖추었느냐고 하지요?" 장경은 스스로 베푸는 자의 입장에 서서, 단하를 대신하여 보복을 점검하려고 한 것이다.

보복이 말했다. "베푸는 자나 받는 자나 모두 눈먼 놈이다." '삼륜공적三輪空寂'을 설하고 있다. '삼륜'은 베푸는 자, 받는 자, 베푸는 물건이다. 이 세 가지가 모두 '공'이라고 하는 반야 사상에 입각하여 말한 것이다. '맹인[瞎瞎]'은 공적空寂을 나타낸다고 봐도 좋을 것이다. 이에 대해 장경이 "온 힘을 다해 수행했는데 도리어 맹인이라고 하는가요?" 라고 물었다. 장경은 '맹인'을 문자 그대로 알아들었던 것이다. 보복이 말한 맹인은 눈이 어두운 사람을 말하는 것이 아니라, 공적空寂을 증득한 자, 즉 본래의 자기가 된 자를 뜻한다. 그래서 보복이 말했다. "나를 맹인이라고 보는가?"

송은 본칙의 후반을 노래했다. 첫 구, "기機를 다했다면 맹인이 되지 않았을 텐데"는 장경의 "전력을 다해 수행했는데 도리어 맹인이 되겠습니까?"라는 말에 대해 노래한 구이다. 이에 대해 보복이 "나를 맹인이라고 하는가?"라고 말하며 맹인의 본래 의미를 알려주려 했는데, 장경은 이해하지 못했다. 설두는 이 장면을 "소머리를 눌러 풀을 먹이네"라고 노래하였다. 무익한 일이 되고 말았다는 뜻이다.

그러면서 설두는 보복과 장경과의 문답만으로는 만족하지 않고 계속해서 삼구, 사구를 노래했다. "사칠 이삼 모든 조사"에서 '사칠'은 서천 28조祖, '이삼'은 동토 6조祖을 말한다. 이들이 공연히 삼륜공적이라는 어려운 문제를 꺼내서 많은 사람이 도리어 불법에 상처를 낸 격이 되었다고, "보기寶器를 가져와 허물이 되었네"라고 노래했다. 보배를 가져왔는데 도리어 그것이 허물이 되었다는 뜻이다. 말하자면 의발衣鉢을 전한다는 등의 쓸데없는 짓을 해서 문제를 일으켰다는 말이다. '보기'는 《유마경》〈제자품〉에 '더러운 밥을 보기에 담지 말라'라는 말에서 인용했다.

"허물이 너무 깊어 찾을 곳이 없으니"라는 말은 그 상처가 너무 깊어 헤아릴 수 없다는 것이다. "천상 인간, 모두 깊이 잠겼구나[육침陸沈]." 천상도 인간도, 애석하게도 지하로 깊이 잠겨버렸다는 말이다. 결구에서는 설두가 선계禪界를 안타깝게 여기는 비탄의 어조가 느껴진다.

제77칙

운문, 호떡

운 문 호 병
雲門餬餅

【수시】

향상向上으로 굴러가면 천하 사람들의 콧구멍을 뚫는다. 매가 비둘기를 잡는 것과 같다. 향하向下로 굴러가면 자신의 콧구멍이 다른 사람의 손안에 있다. 거북이 껍질[龜甲] 속에 갇혀 있는 것과 같다. 여기에서 만약 어떤 사람이 홀연히 나와, "본래 향상도 향하도 없는데 굴러서 무엇 하게"라고 말한다면, 다만 그에게 말하겠다. "나는 안다. 그대가 귀신 굴속에서 지내고 있다는 것을." 자, 말해보라. 검은 것과 흰 것을 어떻게 가릴 수 있을까. 잠시 있다가 말했다. "조條가 있으면 조에 의하고 조가 없으면 예例에 의한다." 예를 들어볼 테니 참구해보라.

향 상 전 거　가 이 천 천 하 인 비 공　사 골 착 구　향 하 전 거　자 기 비 공 재
向上轉去。可以穿天下人鼻孔。似鶻捉鳩。向下轉去。自己鼻孔在

436

별인수리　여구장각　개중홀유개출래도　본래무향상향하　용전
別人手裏。如龜藏殼。箇中忽有箇出來道。本來無向上向下。用轉
작십마　지향이도　아야지이향귀굴리작활계　차도작마생　변개
作什麼。只向伊道。我也知爾向鬼窟裏作活計。且道作麼生。辨箇
치소　량구운　유조반조무조반례　시거간
緇素。良久云。有條攀條無條攀例。試擧看。

본칙

승이 운문에게 물었다. "부처를 뛰어넘고 조사를 넘었다는 이야기는
무엇입니까?" 운문이 말했다. "호떡"

승문운문　여하시초불월조지담　문운　호병
僧問雲門。如何是超佛越祖之談。門云。餬餅。

【송】

초담의 선객, 무턱대고 물으니
틈이 생겨 산산 조각난 것이 보이네.
호떡으로 배를 채우기만 하니
지금 천하는 소화불량이다.

초담선객문편다　봉하피리견야마
超談禪客問偏多　縫罅披離見也麼
호병축래유부주　지금천하유효와
餬餅塦來猶不住　至今天下有誵訛

해설

향상向上이란 더 이상 위가 없는 절대평등의 입장이며, 제일의第一義
의 경지이다. 그러한 입장에 있는 자는 자유로이 활동하여 모두의 '콧

구멍'을 뚫는다는 것이다. 그 위세는 "매가 비둘기를 잡는 것과 같다" 라고 했다.

반대로 향하向下는 상대차별의 세계인 제이의第二義로 내려가 일체를 긍정하는 입장이다. 이러한 자는 자칫하면 타인의 생각대로 콧구멍이 꿰어져 무참하게 될 수 있다. 그것을 "거북이 껍질[龜甲] 속에 갇혀 있는 것과 같다"라고 했다. 완전히 부자유한 상태가 되어버리는 것이다.

"본래 향상도 향하도 없는데 굴러서 무엇하게?"라는 말은 향상, 향하라고 나누는 것 자체가 틀렸다는 말이다. 본래 선은 그런 것이 아니지 않은가, 차라리 구별이 없는 '무'라는 곳으로 굴러가는 것이 낫지 않겠는가 하는 말이다. 만약 그렇게 말하는 자가 나타난다면, "나는 안다. 그대가 귀신 굴속에서 지내고 있다는 것을"이라고 말하겠다고 한다. 향상도 향하도 없다고 말하는 그대는 유령의 세계로 떨어져 공무空無에 잡혀 옴짝달싹도 하지 못할 것이라는 의미이다.

"자, 말해보라. 어떤 것이 검고[치緇] 어떤 것이 흰지[소素] 가릴 수 있는가?" 어떤 것이 진짜고 어떤 것이 거짓인지를 말해보라고 한다. 그리고서 잠시 가만히 있다가, "조條가 있으면 조에 의하고 조가 없으면 예例에 의한다"라고 하였다. '조'는 법률 조문이고 '예'는 판례判例이다. 조문이 없으면 예로부터의 관례대로 판결하는 것이 좋을 것이다. 여기에 적절한 조문이 있으니 시험 삼아 참구해보라고 하였다.

운문은 중국 선종의 오가五家 중, 운문종의 개조이다. 수시에서 돌연히 "본래 위도 아래도 없는데 굴러서 무엇 하게"라고 하는 묘한 질문을 던진 승이 운문의 처소에 와서 물었다. "불조佛祖를 초월했다는 말이 무엇입니까?" 이 질문은 당시 '조사서래의祖師西來意'와 같이 이미 일반화된 화제였던 것 같다. 《목주록睦州錄》에도 같은 질문이 있다. 이 말은 이미 부처를 묻고 조사를 묻고 선을 묻고 불도를 묻고, 향상을 찾고 향하를 찾은 후, 마지막에 이르러 그 어떠한 것도 없어져버린 곳을 묻는 것이다.

이에 대해 운문은 "호떡"이라고 답했다. 대개 교학자들은 이 답변뿐만 아니라, 운문의 모든 말이 늘 최상의 진리를 나타낸다고 하였다. 그러나 운문의 뜻이 그와 같은 데에 있다고 보이지는 않는다. 화산禾山의 "큰 북을 잘 쳐야 한다[해타고解打鼓]"나 동산의 "마삼근麻三斤"이라는 답과 마찬가지이다. 언전불급言詮不及(말로 설명할 수 없음)의 세계를 이처럼 일상의 물건으로 답하고 있을 뿐이다. 마삼근이나 호떡에는 어떤 의미도 담겨 있지 않다. 덕산德山은 그 자리를 "다만 이것[只這是]"이라고 답했다. '다만 이것'이라고 말하는 것 말고는 달리 나타낼 도리가 없는 세계이기 때문이다. 진여眞如라든가 공이라든가 하는 말을 사용하면 도리어 진여나 공에 구애된다. 불조를 넘어선 세계를 운문이 단 한마디로 '호떡'이라고 한 것에는 그 말조차 관계가 없다는 의미가 들어있다. 말하자면 우리 자신의 일상의 일이 그대로 불조를 넘어선 세계임을 '호떡'으로 단박 보인 것이다.

《운문록》 가운데는 '초불월조超佛越祖'의 말을 묻는 이야기가 곧잘 나온다. 설두는 이 물음을 겨냥하여 송으로 노래했다. 첫 구, "초담의 선객, 무턱대고 물으니"의 '선객禪客'은, 상당上堂 때에 질문을 전문으로 하는 식객食客 승을 뜻한다. 여기서는 초불월조에 대하여 물은 선승이다. '초담超談'은 초불월조의 이야기를 뜻하고, '문편다問偏多'는 함부로 많은 질문을 한다는 의미이다. 선종의 선객들이 초불월조에 대해 말하기를 좋아하고 그것을 시험 삼는 것은 예나 지금이나 마찬가지이다. 그러나 그것이 실은 '불병조병佛病祖病'에 걸려 있다는 증거이다.

"틈이 생겨[봉하縫罅] 산산 조각난[피리披離] 것이 보이네"에서 '봉하'는 바위가 갈라져 틈새가 생긴 것이고, '피리'는 여기저기 산산 조각난 것을 뜻한다. 초불월조를 묻고 있는 승은 산산조각의 균열투성이로, 전혀 운문과 상대가 되지 않는다는 의미이다.

"호떡으로 배를 채우기만 하니"라는 말은, 그 호떡으로 균열이 난 곳을 메우라고 주었더니, 그들은 호떡을 쉴 새 없이 먹어 배를 채우기만 한다는 것이다. "지금 천하는 소화불량이다." 즉 납자들이 도리어 소화불량에 걸려버린 것 같다는 말이다. 설두 당시의 선자들이 자기 스스로 깨칠 생각은 않고, 무턱대고 공안에만 매달리고 있음을 염려하는 일구이다.

제78칙

십육 보살, 욕조에서 깨닫다

십 육 개 사 입 욕
十六開士入浴

본칙

옛날 십육 개사開士가 있었다. 목욕할 때 열을 지어 입욕하다가 홀연히 물의 본성을 깨달았다. [모든 선덕이여, 저들이 "부사의한 촉각이 선명하여 불자로서의 경지에 이르렀다"라고 말한 것을 어떻게 이해하는가. 역시 칠천팔혈해야 비로소 알 것이다.]

고 유 십 육 개 사　어 욕 승 시 수 례 입 욕　홀 오 수 인　제 선 덕 작 마 생 회
古有十六開士。於浴僧時隨例入浴。忽悟水因。諸禪德作麼生會。

타 도 묘 촉 선 명　성 불 자 주　야 수 칠 천 팔 혈 시 득
他道妙觸宣明。成佛子住。也須七穿八穴始得。

【송】

일올 끝낸 납승 하나가 필요한데,

긴 선상 위에 다리를 뻗고 누웠네.

꿈속에서 일찍이 원통을 깨달았다고 말하니

향수로 씻고 오면 뺨에 침을 뱉겠다.

료사납승소일개　장련상상전각와
了事衲僧消一箇　長連床上展脚臥
몽중증설오원통　향수세래맥면타
夢中曾說悟圓通　香水洗來驀面唾

"옛날 십육 개사가 있었다"라는 구는 《능엄경》 권5의 고사古事에 나온다. '십육 개사'는 발타바라跋陀婆羅보살 이하 16인이다. '개사開士'는 보살을 의미한다. 《능엄경》은 반야의 '일체개공一切皆空 불가득不可得' 사상을 설한 경이다. 진리를 체득하여 중생을 제도하겠다는 원을 세운 십육 보살이 함께 수행하고 있었다. 이 십육 보살이 어느 때 "열을 지어 입욕"하였다. '열을 지어'라는 것은, 수행승에게는 입욕할 때나 공양할 때 각각 일정한 작법이 있어서, 그 작법에 따라 열을 짓는다는 의미이다.

　승당에서는 식당, 욕실, 동사東司(변소)를 삼묵당三黙堂이라고 하는데, 그곳에서는 침묵하며 일을 치른다. 십육 보살이 욕실의 작법대로 입욕하던 중, 홀연히 물의 본성을 깨달았다. '수인水因'은 '물이 원인이 되어'라는 의미이다. 욕실에서 묵묵히 신체의 더러움을 씻는 중, '이 물은 본래 흘러가고 흘러가지만, 결코 일정한 상相을 가지고 정체하지 않는다. 물의 실상은 본래 공이며 불가득不可得이다'라고 알게[知見]

된 것이다.

"모든 선덕이여"부터 끝까지는 설두의 말이다. "부사의한 촉각觸覺이 선명하여[묘촉선명妙觸宣明] 불자로서의 경지에 이르렀다"라는 구句는,《능엄경》에서 발타바라의 깨달음을 묘사한 내용을 설두가 인용하여 문제를 제기한 것이다. '묘촉妙觸'은 촉각의 영묘靈妙함이다. 반야개공의 입장에서 볼 때, 설사 진실로 접촉했다 하더라도 접촉했다든가 알게 되었다든가 하는 상이 있다면, 이는 반야가 아니라 '상사반야相似般若'라 할 수 있다. '묘촉선명'의 참된 의미는, '불촉의 촉' '불가득의 득'이다. 말하자면 촉각觸覺을 통해 물로 씻고 있는 자기를 반조해 보니, 과연 거기에는 물도 없고 자기도 없고 다만 씻는다고 하는 하나의 사실만이 있음을 깨닫는 것이다.

이러한 경계에 다다른 것을 "불자로서의 경지에 이르렀다[성불자주成佛子住]"라고 한다. 발타바라의 경계는 발타바라의 것이다. 자신의 '성불자주'를 납자 스스로 철저히 추구하지 않으면 안 된다. 설두는 이를 "어떻게 이해해야 하는가"라고 자문하고서, "역시 모름지기 칠천팔혈해야 깨닫는다"라고 직언하였다. '칠천팔혈七穿八穴'은 구멍투성이를 뜻한다. 구멍투성이가 될 때까지 불자로서의 경지를 철저히 돌파해야 한다는 말이다. 임제가 "부처를 만나면 부처를 죽인다"라고 한 것과 같은 의미이다.

설두는 송에서, 진실로 깨달은 자는 깨달았다고 하는 마음도, 깨달음의 냄새도 전혀 없음을 노래하였다. 첫 구, "일을 끝낸[了事] 납승 하나가 필요한데"에서 '요사了事'는 진실한 자기를 구명究明하고 생사의 일을 완전히 알았다는 뜻이다. 이러한 선자, 즉 완전히 깨달은 자 한 사람이면 좋다는 말이다. 그러나 실제로는 그 한 사람이 좀처럼 쉽게 얻어지지 않는다.

"긴 선상 위에 다리를 뻗고 누웠네." 일을 마친 납승이 좌선을 하는 선상 위에서 좌선마저 버리고 편히 다리를 쭉 뻗고 누워 있다. 이런 납승이 필요하다는 뜻이다. 자기를 밝힌 수행자는 더 이상 구할 것도 버릴 것도 없기에, 태평락太平樂이다.

이에 비하면, 십육 보살이 물의 본성을 깨달았다고 하는 것은 꿈속에서나 하는 말에 지나지 않는, 아무것도 아니라는 말이다. 그래서 설두는 "꿈속에서 일찍이 설한 원통圓通을 깨달았다고?"라고 하였다. '원통'은 《능엄경》에서 나오는 말이다. 깨달음을 말하는 자에 대해 설두는 "향수로 씻고 오면 뺨에 침을 뱉겠다"라고 하였다. '향수로 씻고 오면'이라는 말은 '깨달음의 냄새를 피운다면'이라는 뜻이다. 이런 자가 있다면 당장 벌집처럼 구멍투성이로 만들어줄 것이라는 말이다. 일체의 부처나 깨달음의 세계를 타파한다는 의미이다.

제79칙

투자, 모든 소리는 부처의 소리

투 자 일 체 불 성
投子一切佛聲

【수시】

대용이 눈앞에 나타나니 규칙에 의존하지 않고, 사로잡음에 힘이 들지

않는다. 말해보라. 어떤 사람이 이런가. 예를 들어볼 테니 참구해보라.

대 용 현 전　부 존 궤 칙　활 착 생 금　불 로 여 력　차 도 시 십 마 인　증 임
大用現前。不存軌則。活捉生擒。不勞餘力。且道是什麼人。曾恁
마 래　　시 거 간
麼來。試舉看。

본칙

어떤 승이 투자에게 물었다. "모든 소리는 부처의 소리입니까?" 투자

가 말했다. "그렇다." 승이 말했다. "화상, 물 끓는 소리 같은 말은 하지

마십시오." 투자가 바로 때렸다. 또 물었다. "거친 말이든 부드러운 말

제79칙 투자, 모든 소리는 부처의 소리 ○ 445

이든 모두 근본진리로 돌아간다고 하던데 그렇습니까?" 투자가 말했다. "그렇다." 승이 말했다. "그럼, 화상을 한 마리 나귀라고 불러도 되겠습니까?" 투자가 바로 때렸다.

僧問投子。一切聲是佛聲是否。投子云。是。僧云。和尚莫屎沸碗鳴聲。投子便打。又問。麤言及細語皆歸第一義。是否。投子云。是。僧云。喚和尚作一頭驢得麼。投子便打。

【송】

투자여, 투자여!

기륜이 막힘이 없구나.

하나를 놓고 둘을 얻으니

저기도 같고 여기도 같다.

가련하구나, 파도를 타던 무한한 사람들

도리어 파도에 빠져 죽었네.

홀연히 살아난다면

모든 강물이 역류하여 콸콸 흐르리.

投子投子　機輪無阻

放一得二　同彼同此

可憐無限弄潮人　畢竟還落潮中死

忽然活　百川倒流鬧湱湱

'대용大用'은 자기를 완전히 비우고 대상과 하나가 된 작용을 의미한다. 그 같은 대용이 눈앞에 현실로 나타날 때는, 이것이 아니면 안 된다는 정해진 규칙이 없다. 진정 대기대용을 얻은 자라고 한다면, 어디에 있어도 어떤 일을 해도 그대로 도에 상응하기 때문에, 소위 '입처개진立處皆眞', 즉 어디에서 무엇을 해도 진실하다. 그러므로 상대를 사로잡음에 어떠한 수고도 필요 없다. 그러면 어떤 사람이 그럴까, 시험 삼아 거론해볼 테니 참구해보라.

투자는 서주舒州 투자산의 대동大同, 819-914이며, 단하 천연의 법을 이은 취미 무학의 문하이다. 투자의 처소에 어떤 승이 와서 물었다. "모든 소리는 부처의 소리라고 하던데 그렇습니까?" 이 말은 《법화문구法華文句》에 나오는 말인데, 승이 이를 그대로 들고 나와 물은 것이다. 투자가 말했다. "그렇다." 승이 말했다. "화상, 물 끓는 소리[독비완명성屎沸碗鳴聲] 같은 말은 하지 마십시오." '독비완명성'은 그릇에서 물이 부글부글 끓는 소리를 뜻한다. 모든 소리가 부처의 소리[佛聲]라면, 물이 끓어오르는 소리도 부처의 소리이고, 개 짖는 소리, 고양이가 '야옹'하는 소리도 다 부처의 소리라는 것인가.

　투자는 바로 승을 때렸다. '부처의 소리'라는 말에 이끌려 악평등에 빠져, 부글부글, 왕왕, 야옹야옹이라는 소리가 모두 부처의 소리라고 하는 것은 천만의 말씀이라는 뜻이다. 즉 승이 평등과 차별을 상대적으로 보고 있다는 것이다.

　승이 거듭 질문했다. "거친 말이든 부드러운 말이든, 모두 근본진리

[第一義]로 돌아간다고 하던데, 그렇습니까?" 말하자면 조잡한 말이든 진중한 말이든 모두 제일의의 진리에 합당하다는데, 정말 그런가 묻는 것이다. 투자가 말했다. "그렇다." 승이 말했다. "그럼, 화상을 한 마리 나귀라고 불러도 되겠습니까?" 투자가 바로 때렸다. 투자는 승의 악평등, 즉 '차별'과 '평등'에 대한 잘못된 편견을 되받아쳐버린 것이다.

본칙에서 승은 '모든 소리는 불성인가'와 '거친 말이든 부드러운 말이든 모두 제일의인가'라는 두 가지 질문을 제기하였다. 이 승은 천태계의 학승이라는 설이 있다. 천태계의 학승들은 교상敎相에 집착하여 그 진의에 어긋나면 절대 부정하였다. 본칙에 등장하는 승도 천태계 교상의 지식을 가지고 물은 것이다. 당시 교상가는 '무정설법無情說法'에 대해서 대단히 시끄럽게 논의하고 있었다. 이 승 역시 선자인 투자에게 무정설법에 대해 은근히 따져, 시비를 가리려고 작정한 것이다. 그러나 투자는 종횡무진 능수능란한 전술로 힘을 쓰지 않고 사로잡았다.

설두는 교묘하게 교상가敎相家를 사로잡아버린 투자 대동의 선기禪機를 노래했다. "투자여, 투자여! 기륜이 막힘이 없구나." '기륜機輪'은 본래 가지고 있는 영기靈機이다. 그 작용이 한없다는 뜻이다. 계속해서 "하나를 놓고 둘을 얻으니[放一得二], 저기도 같고 여기도 같다"라고 하였다. '방일득이放一得二'는 일석이조一石二鳥를 뜻한다. 투자가 두 번 모두 "그렇다"라고 답한 것을 가리킨다.

설두는 투자의 '대용현전'과 '산채로 사로잡는 선기禪機', 이 둘이 모두 동일한 선지禪旨임을 찬양했다. 많은 교상가들이 '지식'의 삿갓을 쓰고 용감히 도전하지만, 교상에 집착하는 한 그들은 진의에 이를 수 없다. 설두는 그것을 "가련하구나, 파도를 타던 무한한 사람들, 도리어 파도에 빠져 죽었네"라고 노래하였다. 파도 타는 기술을 자랑하다가 파도 속에 빠져 죽는 것에 비유한 것이다. 그러나 만약 그 같은 교상가 가운데서도 한 번 크게 죽었다 홀연히 살아난다면, "모든 강물[百川]이 역류하여 콸콸 흐르리[鬧聒聒]"라고 하였다. '료괄괄鬧聒聒'은 개천이 콸콸 흐르는 소리이다. 이렇게 맺은 결구의 저의底意는, 안타깝게도 그와 같은 교상가가 없다는 것이다. 또한 지식이 깊은 교상가가 실지로 대오하면 그야말로 '일석이조'라는 뜻도 숨어 있다.

조주, 갓 태어난 아기

조 주 초 생 해 자
趙州初生孩子

본칙

승이 조주에게 물었다. "갓 태어난 아기가 육식六識을 가지고 있습니까?" 조주가 말했다. "급류 위에서 공을 치는 것이다." 승이 다시 투자에게 물었다. "급류 위에서 공을 친다는 것은 무슨 뜻입니까?" 투자가 말했다. "생각 생각, 흐름이 멈추지 않는 것이다."

승 문 조 주　초 생 해 자　환 구 육 식 야 무　조 주 운　급 수 상 타 구 자　승
僧問趙州。初生孩子。還具六識也無。趙州云。急水上打毬子。僧
부 문 투 자　급 수 상 타 구 자　의 지 여 하　자 운　념 념 부 정 류
復問投子。急水上打毬子。意旨如何。子云。念念不停流。

【송】

육식의 무공無功을 질문하니,

작가는 질문의 요점을 가렸네.

끝도 없는 세찬 물에서 공을 치니,

낙처, 멈추지 않으니 누가 보아 알까.

육 식 무 공 신 일 문　작 가 증 공 변 래 단
六識無功伸一問　作家曾共辨來端
망 망 급 수 타 구 자　락 처 부 정 수 해 간
茫茫急水打毬子　落處不停誰解看

해설

갓난아기는 눈이나 코를 가지고 있지만, 아직 의식이 발달하지 않았
다. 본칙은 그 아기의 육식六識을 가지고 선의 무심의 세계를 묻고 있
는 내용이다. 어느 승이 조주의 처소에 왔다. 겁도 없이 다음과 같은
질문을 했다. "갓 태어난 아기가 육식을 가지고 있습니까?"

　육식은 안·이·비·설·신·의 등 여섯 가지의 인식작용이다. 이 중
안식에서 신식까지의 다섯 식(전오식前五識)은 현대에서 말하는 시각·
청각·후각·미각·촉각 등 다섯 가지의 감각에 해당한다. 오식은 각각
의 개별적 감각 대상을 가지지만, 이와 달리 여섯 번째 식인 의식(제
6식)은 모든 존재를 대상으로 하는 심적 활동이며 인식작용이다. 불교
에서는 이 다섯 가지의 전오식과 의식을 합하여 육식이라고 한다. 즉
육식은 감각과 지각을 총칭한다. 본칙에서 승은 아기가 이와 같은 여
섯 가지 식을 가지고 있는지 물었다.

　승의 질문에 조주가 말했다. "급류 위에서 공을 치는 것이다." 조주
가 만약 아기에게는 육식이 없다고 답했다면, 승은 '그렇다면 어떻게

울고 웃고 하는 것인가'라고 반문했을 것이고, 만약 조주가 있다고 답했다면, 승은 '그렇다면 왜 추위나 더위, 종소리 북소리 등을 식별할 수 없는 것인가'라고 반문했을 것이다. 더구나 선에서는 무의식과 무분별의 작용을 지향하므로, 아기에게 육식이 없다고 하면 '아기는 대오한 사람인가'라는 물음이 제기될 수도 있다. 이 질문은 단순하게 보이지만 꽤 어려운 질문이다.

조주는 "급류 위에서 공을 친다"라고 말했다. 이것은 '무심'으로, 육근六根의 작용이 무공용無功用의 작용임을 나타내는 말이다. 다시 말해서 일어나는 생각의 앞뒤가 절단된, '절대 지금'의 움직임을 말한 것이다.

조주의 대답에 승은 아연실색했다. 그래서 다시 투자에게 갔다. 똑같은 질문을 했다. 투자는 아주 정직하게 대답했다. "일념일념, 흐름이 멈추지 않는 것이다." 이 또한 무공용의 작용을 말한 것이다.

불교의 가르침 중, '십육관행十六觀行' 중에 '영아행嬰兒行'이라는 것이 있다. 아기가 눈이나 코를 가지고 있지만 보거나 듣는 것에 집착하지 않듯, 그렇게 수행하는 선법을 말한다. 그러나 그것만으로는 참된 무심이라고 할 수 없다. 참된 무심은 집착이 없는 경계에서 보고 듣는 것이다. 그것이 참된 무공용으로, 때에 따라 자유자재로 작용한다. 이것을 조주는 "급류 위에서 공을 친다"라고 하였고, 투자는 "일념일념, 흐름이 멈추지 않는 것"이라고 하였다. '염념상속念念相續'이라는 말이다. 일념 즉 영원이며 영원 즉 일념임을 보이고 있다.

송의 첫 구는 승이 육식의 무공에 대해 질문한 것을 노래했다. 둘째 구는 그 질문에 대한 조주와 투자, 두 작가의 답이 훌륭했음을 노래했다.

'내단來端'은 질문의 요점이다. 승의 질문에 단박 무공용의 '용用'을 보인 것이다.

"끝도 없는 세찬 물에서 공을 치니"란, 멈추지 않는 급류에서 공을 가지고 논다는 말이다. "낙처, 멈추지 않으니 누가 보아 알까"는 투자의 말을 설두 자신이 돌려 말하는 것이다. '낙처'는 물이 떨어지는 곳이다. 조주와 투자가 친 공의 행방은 누구에게도 보이지 않는다는 말이다. 이 역시 무심·무공용의 작용을 노래한 것이다.

제81칙

약산, 왕사슴 중 왕사슴

^{약 산 주 중 주}
藥山麈中麈

【수시】

깃발을 잡아당기고 북을 뺏는 것, 천성도 궁구하지 못한다. 뒤얽힌 문제를 절단하는 것, 만기萬機로도 미치지 못한다. 이것은 신통묘용이 아니고 역시 본체가 그러한 것도 아니다. 자, 말해보라. 어디에 근거하여 이처럼 기이하고 특별한 것을 얻었는지를.

^{참 기 탈 고} ^{천 성 막 궁} ^{좌 단 효 와} ^{만 기 부 도} ^{불 시 신 통 묘 용} ^{역 비}
攙旗奪鼓。千聖莫窮。坐斷謔訛。萬機不到。不是神通妙用。亦非
^{본 체 여 연} ^{차 도} ^{빙 개 심 마} ^{득 임 마 기 특}
本體如然。且道。憑箇什麼。得恁麼奇特。

본칙

승이 약산에게 물었다. "넓고 넓은 초원에 왕사슴이 무리를 이루고 있

454

습니다. 어떻게 해야 왕사슴 중 왕사슴을 쏠 수 있습니까?" 약산이 말했다. "화살을 보라!" 승이 바로 쓰러졌다. 약산이 말했다. "시자여, 이 죽은 놈을 끌어내라!" 승은 바로 도망쳤다. "똥자루를 가지고 노는 놈, 무슨 기약이나 있겠는가." [설두가 이에 대해 말했다. "세 걸음은 살았다고 해도, 다섯 걸음에서는 필시 죽을 것이야."]

僧問藥山。平田淺草塵鹿成群。如何射得塵中塵。山云。看箭。僧
放身便倒。山云。侍者扲出這死漢。僧便走。山云。弄泥團漢有什
麼限。雪竇拈云。三步雖活五步須死。

【송】

왕사슴 중 왕사슴,

그대는 보라!

화살 하나를 쏘니

달아나기 세 걸음.

다섯 걸음에서 살아난다면

무리를 지어 범을 쫓을 것이다.

정안은 본래 사냥꾼에게 있었네.

설두, 큰 소리로 말했다. "화살을 보라!"

塵中塵　君看取
下一箭　走三步
五步若活　成群趁虎
正眼從來付獵人　雪竇高聲云看箭

선사가 납자를 지도할 때의 수단은 전광석화와 같다. 더구나 철저하지 않으면 안 된다. 전쟁에 비유하면, 적의 진영을 점령하여 군기軍旗도 북도 모두 빼앗아 한 물건도 남기지 않고 분쇄하는 것과 같다. 이를 수 시에서는 "깃발을 잡아당기고 북을 뺏는 것"이라고 하였다. 상대가 가 지고 있는 것을 모조리 빼앗아 절대무의 세계로 밀어붙인다. 그것이 선사들의 수완이고, 그렇게 하면 불조佛祖가 천인 만인이 와도 그 수 단을 엿보지 못한다. 이를 "천성도 궁구하지 못한다"라고 하였다. 그것 은 미리 이렇다 할 방법이나 작전계획 같은 그 어떤 분별도 가지고 있 지 않기 때문이다.

"뒤얽힌 문제를 절단하는 것"이란, 상대가 어떠한 어려운 문제를 가 지고 와도 간단히 뿌리째 절단해버린다는 의미이다. "만기萬機로도 미 치지 못한다"라는 말은 어떤 기략機略을 가지고 와서 대들어도 전혀 접근할 수조차 없다는 것이다. "이것은 신통묘용이 아니고"라는 말은, 각별한 수행으로 손에 넣은 신통력의 절묘한 작용이 아니라, 지극히 평범하고 예사로운 작용이라는 뜻이다.

"역시 본체가 그러한 것이 아니다"라는 말은, 선장禪匠이 태어날 때 부터 그러한 작용이 있었는가 하면 그렇지 않다는 말이다. 일상의 평 범한 생활이 그대로 깨달음의 경지이며 일상생활 그대로가 '선禪'임을 의미한다. "자 말해보라, 어디에 근거하여 이처럼 예사롭지 않은 작용 을 얻은 것인지를." 실례를 들어볼 테니 참구해보라고 했다.

어느 승이 약산의 처소에 왔다. 약산은 강서성江西省 사람이며 17세에 광동성 서산 혜조西山慧照 아래로 출가했다. 백장 회해도 함께 했다. 처음에는 희조希操율사에게서 계율을 배웠고(773), 나중에 선문으로 전향하여 석두 회상에서 대오하여 법을 이었다. 풍주豐州 약산에 선당을 짓고 가풍을 드날렸다. 약산의 '비사량非思量(생각하는 것이 아닌 생각)'의 선은, 일본 조동종 개조인 도원道元, 1200-1253의 주요한 좌선관이 되었다.

약산과 이고李翶, 774-836와의 문답은 후대까지 널리 알려졌다. 유학자이면서 관리인 이고가 약산에게 물었다. "어떤 것이 삼학(계·정·혜)입니까." 약산은 "빈도貧道의 처소에 그 같은 쓸데없는 가구[한가구閑家具]는 없소"라고 했다. 또 "도는 무엇입니까?"라고 묻자 "달은 푸른 하늘에 있고 물은 물병에 있소"라고 했다.

본칙은 어떤 승과의 문답이다. 승이 물었다. "넓고 넓은 초원에 왕사슴[주록塵鹿]이 무리를 이루고 있습니다. 어떻게 해야 왕사슴 중 왕사슴을 쏠 수 있습니까?" '주塵'는 사슴의 왕으로, 꼬리를 흔들어 사슴무리를 지휘한다고 한다. 왕사슴 중에 왕사슴이라고 하기 때문에 사슴의 대왕이라고 보아야 할 것이다. 승은 자신 스스로를 왕사슴 중의 왕사슴으로 여기고, 작은 놈이라면 쏘는 것이 쉽겠지만 자신 같은 법왕 중의 법왕은 어떻게 쏘겠느냐고 빗대어 말한 것이다. 그러면서 약산이 어떤 대답을 하는지 은근히 엿보고 있었다.

이렇게 왕사슴으로 '일무위진인一無位眞人'을 나타내려고 하는 승에게, 약산은 "화살을 봐라!"라고 했다. 말하자면 약산이 활을 끌어당기는 자세로 '쏜다! 잘 봐라!'라고 대갈大喝한 것이다. 승은 바로 바닥에 쓰러졌다. 승 자신이 바로 사슴 중의 왕이므로 화살에 맞아 쓰러짐을 보였다. 그렇지만 약산은 시자를 불렀다. "시자여, 이 죽은 놈을 끌어내라!" 진짜인지 아닌지를 점검해보려고 한 것이다. 승은 바로 도망쳤다. 가짜임을 스스로 보인 것이다. 약산이 말했다. "똥자루를 가지고 노는 놈, 무슨 기약이 있을까." 선 수행을 한다고 대들지만, 알고 보니 그저 똥자루밖에 안 되는 주제에 언제 깨달음을 기약하겠는가 하고 개탄한 것이다.

뒤에 설두가 이를 비평했다. "세 걸음은 살았다고 해도 다섯 걸음에서는 필시 죽을 것이야." 달아나는 세 걸음까지는 목숨이 붙어 있겠지만, 다섯 걸음도 못 가서 끝나버린다는 것이다. 그렇지만 설두의 이 말속에는, 이 승이 만약 크게 죽어 되살아난다면 훌륭한 선자가 될 것이라는 저의가 포함되어 있다.

송의 전반부는 본칙을 그대로 노래했다. "왕사슴 중 왕사슴." 왕사슴은 무위진인이며 본래면목이며 무자無字의 근원이다. 약산은 "그대는 봐라!"라고 하였다. 자신의 눈으로 직접 보라고 한 것이다. 어디에도 근거하지 않고, 승 스스로 본래면목을 알아차리게 하는 것이 약산의 의도였다. "화살 하나를 쏘니, 달아나기 세 걸음." 약산이 승을 향해 시위를 당기니 승이 쓰러졌다가, 끌어내려고 하니 바로 달아난 것을 뜻한다.

"다섯 걸음에 살아난다면", 즉 죽어서 다섯 걸음 째 크게 다시 소생한다면, "무리를 지어 범을 쫓을 것이다", 즉 왕사슴 중 왕이 되어 호랑이를 쫓을 정도가 될 것이라는 뜻이다. 그렇지만 실제로 이 이야기에서 이 승은 사슴의 왕이 될 수 없었다. "정안正眼은 본래 사냥꾼에게 있었네." '정안'은 깨침의 눈이다. 정안은 처음부터 약산이라는 사냥꾼에게 있었다는 뜻이다. 겨누는 것은 엽사獵師, 즉 약산이지 왕사슴이 아니다. 문제는 화살 쪽에 있다. 설두는 큰 소리로 말했다. "화살을 봐라!" 즉 화살에 크게 집중하라고 했다.

제82칙

대룡, 견고한 법신

대 룡 견 고 법 신
大龍堅固法身

【수시】

낚싯줄은 눈을 갖춘 자라야 안다. 격을 넘어선 작용은 작가라야 구별
한다. 자, 말해봐라. 어떤 것이 낚싯줄이고 격외의 기인가? 예를 들어
볼 테니 참구해보라.

간 두 사 선 구 안 방 지   격 외 지 기 작 가 방 변   차 도 작 마 생 시 간 두 사 선
竿頭絲線具眼方知。格外之機作家方辨。且道作麼生是竿頭絲線
격 외 지 기   시 거 간
格外之機。試擧看。

본칙

어느 승이 대룡에게 물었다. "색신은 무너지는데, 견고한 법신은 어떻
습니까?" 대룡이 말했다. "산에 핀 꽃들은 비단 같고, 계곡의 깊은 물

은 쪽빛 같구나."

<ruby>僧<rt>승</rt></ruby><ruby>問<rt>문</rt></ruby><ruby>大<rt>대</rt></ruby><ruby>龍<rt>룡</rt></ruby>。<ruby>色<rt>색</rt></ruby><ruby>身<rt>신</rt></ruby><ruby>敗<rt>패</rt></ruby><ruby>壞<rt>괴</rt></ruby>。<ruby>如<rt>여</rt></ruby><ruby>何<rt>하</rt></ruby><ruby>是<rt>시</rt></ruby><ruby>堅<rt>견</rt></ruby><ruby>固<rt>고</rt></ruby><ruby>法<rt>법</rt></ruby><ruby>身<rt>신</rt></ruby>。<ruby>龍<rt>룡</rt></ruby><ruby>云<rt>운</rt></ruby>。<ruby>山<rt>산</rt></ruby><ruby>花<rt>화</rt></ruby><ruby>開<rt>개</rt></ruby><ruby>似<rt>사</rt></ruby><ruby>錦<rt>금</rt></ruby>。<ruby>澗<rt>간</rt></ruby><ruby>水<rt>수</rt></ruby>
<ruby>湛<rt>잠</rt></ruby><ruby>如<rt>여</rt></ruby><ruby>藍<rt>람</rt></ruby>。

【송】

물은 것도 알지 못하고

답도 역시 알지 못한다.

달은 차디차고 바람도 세차니

옛 암벽에 떨고 있는 회나무.

참을 수 없이 우습구나,

길에서 달도達道인을 만나면 말로도 침묵으로도 응대하지 말라니.

손에 백옥의 채찍을 쥐고

여주를 모두 부순다.

부수지 않으면 흠집이 더하니,

나라에 헌장이 있고 삼천의 죄목이 있다.

<ruby>問<rt>문</rt></ruby><ruby>曾<rt>증</rt></ruby><ruby>不<rt>부</rt></ruby><ruby>知<rt>지</rt></ruby>　<ruby>答<rt>답</rt></ruby><ruby>還<rt>환</rt></ruby><ruby>不<rt>불</rt></ruby><ruby>會<rt>회</rt></ruby>
<ruby>月<rt>월</rt></ruby><ruby>冷<rt>랭</rt></ruby><ruby>風<rt>풍</rt></ruby><ruby>高<rt>고</rt></ruby>　<ruby>古<rt>고</rt></ruby><ruby>巖<rt>암</rt></ruby><ruby>寒<rt>한</rt></ruby><ruby>檜<rt>회</rt></ruby>
<ruby>堪<rt>감</rt></ruby><ruby>笑<rt>소</rt></ruby><ruby>路<rt>로</rt></ruby><ruby>逢<rt>봉</rt></ruby><ruby>達<rt>달</rt></ruby><ruby>道<rt>도</rt></ruby><ruby>人<rt>인</rt></ruby>　<ruby>不<rt>부</rt></ruby><ruby>將<rt>장</rt></ruby><ruby>語<rt>어</rt></ruby><ruby>默<rt>묵</rt></ruby><ruby>對<rt>대</rt></ruby>
<ruby>手<rt>수</rt></ruby><ruby>把<rt>파</rt></ruby><ruby>白<rt>백</rt></ruby><ruby>玉<rt>옥</rt></ruby><ruby>鞭<rt>편</rt></ruby>　<ruby>驪<rt>려</rt></ruby><ruby>珠<rt>주</rt></ruby><ruby>盡<rt>진</rt></ruby><ruby>擊<rt>격</rt></ruby><ruby>碎<rt>쇄</rt></ruby>
<ruby>不<rt>불</rt></ruby><ruby>擊<rt>격</rt></ruby><ruby>碎<rt>쇄</rt></ruby><ruby>增<rt>증</rt></ruby><ruby>瑕<rt>하</rt></ruby><ruby>纇<rt>뢰</rt></ruby>　<ruby>國<rt>국</rt></ruby><ruby>有<rt>유</rt></ruby><ruby>憲<rt>헌</rt></ruby><ruby>章<rt>장</rt></ruby><ruby>三<rt>삼</rt></ruby><ruby>千<rt>천</rt></ruby><ruby>條<rt>조</rt></ruby><ruby>罪<rt>죄</rt></ruby>

'낚싯줄'은 '탐간영초探竿影草'에서의 '탐간', 즉 낚싯대[竿]에 미끼를 끼우고 물속에 드리워 물고기를 살피는 것처럼, 상대가 어느 정도인지를 살피는 방편이다. 만약 상대가 안목을 갖추었다면 쉽게 낚싯바늘에 걸려들지 않는다. 이를 "눈을 갖춘 자라야 안다"라고 하였다. "격을 넘어선 기는" 상식을 넘어선 활기活機를 의미한다. "작가라야 변별한다"라는 말은, 납자의 활기는 단련된 선장禪匠만이 변별할 수 있다는 뜻이다. 그렇다면 "어떤 것이 낚싯줄이고 격외의 기인지" 시험 삼아 들어볼 테니 참구해보라고 한다.

대룡은 송대 호남성 상덕부常德府의 대룡산에서 지낸 지홍智洪이며, 백도 지원白兆志圓의 법을 이었다. 덕산 선감계의 선장이다. 어느 날 승이 대룡에게 물었다. "색신은 무너지는데 견고한 법신은 어떻습니까?" 색신이 무너진다는 것은 육신이 없어진다는 뜻이다. 이에 비해 법신은 견고하여 불멸한다고 생각한 것이다. 본래 법신은 진리의 신체, 즉 진리 자체이다. 여기서 승은 부처의 색신과 법신에 대해서 묻고 있다.

원오는 이 승의 질문에 대해 "이야기, 두 개의 말뚝이 되었네"라고 평했다. 이 승이 물物·심心을 둘로 보고, 육체는 멸하지만 마음은 멸하지 않는다고 생각했다는 것이다. 승은 교학적 지식에 붙잡혀서, '멸'의 색신과 '불멸'의 법신이 본래 일여一如라는 것을 알지 못하여 둘로 나누어 질문하였다. 영가 현각은 《증도가》에서, "무명의 실성實性 즉 불성, 환화幻化의 공신空身 즉 법신"이라고 하였다. 무명이 불성이고 환화가 법신이라는 말이다.

승의 이원적 망상에 대해 대룡이 말했다. "산에 핀 꽃들은 비단 같고, 계곡의 깊은 물은[간수잠澗水湛] 쪽빛 같구나." 봄의 경치로 답했다. '간수澗水'는 계곡에 흐르는 물이다. 이는 "시든 나무 잎새, 떨어질 때 어떠합니까?"라는 물음에 "체로금풍體露金風"이라고 답한 운문의 말과 일맥상통한다. 둘 다 견고법신에 대한 문답이다. 일체의 법신을 한쪽에서는 가을의 경색景色으로, 다른 한쪽에서는 봄의 경색으로 답했다. 색신이든 법신이든 이것은 따로따로 있는 것이 아니다. 피어나는 꽃에만 봄이 있는 것이 아니다. 낙화무상落花無常 가운데서도 불멸의 봄을 보지 않으면 안 된다.

설두는 노래한다. "물은 것도 알지 못하고 답 역시 알지 못한다." 승이 색신과 법신에 대해 전혀 알지 못하고 물었으니, 그 대답을 알 수 있을까? '견고법신'이라 하지만, 질문할 만한 법신도 없고 답할 수 있는 법신도 없다.

대룡이 '견고법신'을 묻는 승에게 봄의 경색으로 답했지만, 설두는 승이 이번에는 봄의 경색에 견고법신이 있는 것으로 알지 않을까 염려하여, "달은 차디차고 바람도 세차니, 옛 바위에 떨고 있는 회나무"라고 노래하였다. 엄동설한 겨울의 경색으로 견고법신을 보인 것이다.

그러나 견고법신은 말로 도저히 설명할 수 없다. 이를 "웃음을 참을 수 없구나, 길에서 달도인達道人을 만나면 말로도 침묵으로도 응대하지 말라니"라고 하여, 향엄 지한香嚴智閑의 '담도譚道'의 송을 빌어 노래하였다. 그런데 지금 대룡은 "산에 핀 꽃들은 비단 같고 … "라고 하며 말과 침묵을 넘어서 자재하게 답을 하였으니, 말과 침묵으로 대하지 말라고 한 향엄의 말이 우습다는 말이다.

"손에 백옥의 채찍을 쥐고 여주를 모두 부순다"라는 말은, 설두 자신이 백옥의 채찍으로 견고법신을 쳐부순다는 뜻이다. '백옥'은 전혀 훼손되지 않는 보석 중 대표적인 것이다. '여주驪珠'는 여룡驪龍의 턱 아래에 있는 보배구슬이다. 이는 견고법신을 비유한 것이다. "부수지 않으면 흠집[하뢰瑕纇]이 더하니"라는 말은, 견고법신은 불가득이므로 견고법신에 대한 집착을 타파하지 않으면 안 된다는 말이다. 견고법신이라는 집착을 타파한 것이 바로 견고법신이라는 뜻이다.

송의 결구에서는 "나라에 헌장이 있고 삼천의 죄목이 있다"라고 했다. 나라에는 헌장, 즉 법전이 있어 죄가 있으면 죄목에 따라 벌하므로 조심해야 하듯이, 법신을 구하는 자는 누구나 스스로 조심하고 경계해야 한다고 일침했다.

운문, 고불과 기둥

운 문 고 불 로 주
雲門古佛露柱

본칙

운문이 대중에게 말했다. "고불과 노주露柱가 서로 사귀는데, 이것은 몇 번째 기機인가?" 스스로 대신해서 말했다. "남산에 구름이 일고 북산에 비가 내린다."

운 문 시 중 운　　고 불 여 로 주 상 교　　시 제 기 기　　자 대 운　　남 산 기 운　　북
雲門示衆云。古佛與露柱相交。是第幾機。自代云。南山起雲。北
산 하 우
山下雨。

【송】

남산의 구름, 북산의 비.

사칠과 이삼이 서로 마주 본다.

신라국에서는 벌써 상당했는데

대당국에서는 아직 북을 치지 않네.

고중락, 낙중고

누가 말했나, 황금과 분토가 같다고.

_{남 산 운 북 산 우}　_{사 칠 이 삼 면 상 도}
南山雲北山雨　四七二三面相覩
_{신 라 국 리 증 상 당}　_{대 당 국 리 미 타 고}
新羅國裏曾上堂　大唐國裏未打鼓
_{고 중 락 락 중 고}　_{수 도 황 금 여 분 토}
苦中樂樂中苦　誰道黃金如糞土

해설

운문雲門文偃은 운문종의 개조이며,《벽암록》에 여러 번 등장하는 선사이다. 운문은 어느 날 문하의 수행자들에게 말했다. "고불과 노주가 서로 사귀는데, 이것은 몇 번째 기인가?" 제일기第一機인지 제이기인지 물은 것이다. 이 구는《운문광록》의 다음 내용 가운데서 인용한 것이다.

(스승이) 상당하여 말했다. "고불과 노주가 서로 사귀는데 이것은 몇 번째 기機인지 말해보라." 아무 대답이 없었다. 스승이 말했다. "그대들이 나에게 물어보라. 말해주겠다." 어떤 승이 그대로 물었다. 스승이 말했다. "일조一條의 조條, 삼십 문文에 판다." 스승이 승을 대신해서 스스로 또 말했다. "남산에 구름이 일고 북산에 비가 내린다." 승이 물었다. "일조의 조, 삼십 문이 무엇입니까?" 스승이 말했다. "패줄까보다."

"일조의 조, 삼십 문에 판다"라는 말은 여러 가닥으로 꼰 끈 한 줄 가격이 삼십 원이라는 의미이다. '고불'은 법당에 있는 오래된 부처이다. '노주'는 법당 안에 세워져 있는 둥근 기둥을 뜻한다. 이 기둥 이야기는 석두 희천石頭希遷에게도 있다. 어떤 승이 석두에게 "서래의西來意가 무엇입니까?"라고 묻자 석두가 말했다. "노주에게 물어봐라." 그 승이 "모르겠습니다"라고 하자, 석두가 "나도 또한 모른다"라고 했다고 한다.

"고불과 노주가 서로 사귄다"라는 말은 고불과 노주가 하나가 되는 세계를 뜻한다. 즉 미오범성迷悟凡聖의 일체를 뜻한다. 이러한 세계는 몇 번째의 선의 작용인지 운문이 대중에게 물은 것이다. 그러나 대중 가운데 한 사람도 답하는 자가 없었다. 그래서 운문 스스로 대중을 대신해서 말했다. "남산에 구름이 일고, 북산에 비가 내린다." 남북의 세계를 구름과 비로 표현했다. '조 하나가 삼십 문'이라는 말도 또한 같은 의미이다.

원오는 "남산에 구름이 일고"에 대하여 "칼로 자르려 해도 들어가지 않는다"라고 착어했다. 칼도 들어갈 틈 없이 하늘 가득 구름 일색인 경계를 나타낸 말이다. "북산에 비가 내린다"라는 말은 비 한 방울 내리지 않는다는 뜻이다. 북산이 떠내려갈 만큼 폭우가 쏟아진다고 해도, 비 그 자체는 '내린다'라는 의식분별을 가지지 않기 때문이다. 뭉게뭉게 피어오르는 구름은 마음이 없어 칼을 들이댈 틈도 없이 남산을 뒤덮고, 비는 아무런 분별 없이 그저 세차게 쏟아질 뿐이다.

송의 첫 구는 운문이 "남산의 구름, 북산의 비"라는 양구兩句로 보여준 세계를 노래했다. 사칠 이십팔 인의 서천의 조사와 이삼 육 인의 동토의 조사들이 그 세계에서 만나는 장면을 "사칠과 이삼이 서로 마주 본다"라고 표현하였다.

"신라국에서는 벌써 상당했는데 대당국에서는 아직 북을 치지 않네", 즉 당나라에서는 북도 울리지 않았는데 멀리 떨어진 신라에서는 벌써 승이 당 위에 올랐다고 하여, 원근遠近 전후前後 모두가 법신의 세계임을 노래했다.

다음 구에서는 《선월집禪月集》의 시 '송호수좌주원送皓首座住院'(선월이 호수좌를 보낼 때 지은 시)을 인용하여, "괴로움 속에 즐거움, 즐거움 속에 괴로움"이라고 노래했다. 괴로움과 즐거움은 완전히 서로 다른 것 같지만, 사실 괴로움이 곧 즐거움이고 즐거움이 곧 괴로움이다. 괴로움이든 즐거움이든 그것이 철저해져 '절대'가 되면, 즐거움도 괴로움도 넘어선 고락일여의 세계가 된다.

"누가 말했나, 황금과 분토가 같다고"에서 '황금과 분토가 같다'라는 말 역시 선월의 시를 인용한 것이다. 황금과 분토에 대한 이야기의 유래는 이렇다. 옛날 양나라에 장이張耳라는 사람과 진여眞余라는 사람이 있었는데 지음知音과도 같은 좋은 친구 관계였다. 사람들은 그들의 우정을 황금 같다고 하였다. 그런데 나중에 둘은 권력 때문에 서로 다투고, 장이가 정적政敵이 된 진여를 죽이고 만다. 사람들은 이들을 똥보다도 더러운 관계라고 하였다. 친구 관계가 황금이라고 생각했는데 분토 밖에 되지 않았음을 '황금과 분토가 같다'라고 한 것이다.

그러나 설두의 송에서는 황금과 분토의 관계가 장이와 진여의 고사와는 다른 의미로 사용되었다. '고불과 노주', '남산의 구름과 북산의 비'의 관계는 장이와 진여 같은 범정凡情이 없으므로, 하나하나가 그대로 완전히 참된 것이다. 그것은 무아이며 무심이기 때문에 각자의 참됨을 발휘하면서 그대로 일체一切가 될 수 있다. 따라서 설두는 결구에서 황금과 분토는 같지 않다고 하였다. 말하자면 황금은 황금이며 분토는 분토일 뿐이라는 것이다. 그러나 분토와 황금은 모두 대지 속에 있다. "고중락, 낙중고"인 것처럼.

제84칙

유마, 불이법문

유 마 불 이 법 문
維摩不二法門

【수시】

옳다고 말해도 옳다고 할 수 없고, 그르다고 말해도 그르다고 할 수 없다. 시비 모두 사라지고 득실 모두 잊었으니, 아무것도 걸치지 않은 깨끗함과 상쾌함 그대로이다. 자 말해보라! 면전 배후, 이것은 무엇인가. 그런데 어떤 납승이 와서 말하네. "면전에 불전과 삼문, 배후에는 침당과 방장." 자 말해보라, 이 사람은 안목을 갖추었는가. 만약 이 사람에 대해 말할 수 있다면, 그는 옛사람을 친견했다고 하겠다.

도 시 시 무 가 시   언 비 비 무 가 비   시 비 이 거   득 실 량 망   정 라 라 적 쇄
道是是無可是。言非非無可非。是非已去。得失兩忘。淨裸裸赤灑
쇄   차 도   면 전 배 후 시 개 십 마   혹 유 개 납 승 출 래 도   면 전 시 불 전 삼
灑。且道。面前背後是箇什麼。或有箇衲僧出來道。面前是佛殿三
문   배 후 시 침 당 방 장   차 도   차 인 환 구 안 야 무   약 변 득 차 인   허 이
門。背後是寢堂方丈。且道。此人還具眼也無。若辨得此人。許爾

친 견 고 인 래
親見古人來。

본칙

유마힐이 문수보살에게 물었다. "보살이 불이법문에 든다는 것은 어떤
것입니까?" 문수가 말했다. "제 생각으로는 모든 것에 대해 무언무설
무시무식하여, 모든 문답을 떠난 이것이 불이법문에 든 것입니다." 이
번에는 문수사리가 유마힐에게 물었다. "우리는 각자 할 말을 마쳤습
니다. 인자께서 말씀해보시오. 보살이 불이법문에 드는 것은 어떤 것입
니까?" [설두가 말했다. "유마는 무엇이라고 말했는가?" 다시 말했다. "간파했다."]

유마힐문문수사리   하등시보살입불이법문   문수왈   여아의자
維摩詰問文殊師利。何等是菩薩入不二法門。文殊曰。如我意者。
어일체법   무언무설   무시무식   리제문답   시위입불이법문   어
於一切法。無言無說。無示無識。離諸問答。是為入不二法門。於
시문수사리문유마힐   아등각자설이   인자당설   하등시보살입
是文殊師利問維摩詰。我等各自說已。仁者當說。何等是菩薩入
불이법문   설두운   유마도심마   부운   감파료야
不二法門。雪竇云。維摩道什麼。復云。勘破了也。

【송】

쯧쯧, 이 유마노인,

중생을 가련히 여겨 헛되이 괴로워하며

질병으로 비야리에 누워

온몸이 크게 말랐다.

칠불 조사가 와서

방을 몇 번이고 청소하네.

불이문을 청하여 물어,

바로 떠밀어 쓰러뜨렸다.

470

떠밀어도 쓰러지지 않는구나.

금모의 사자는 찾을 길이 없다.

돌 저 유 마 로　비 생 공 오 뇌
咄這維摩老　悲生空懊惱

와 질 비 야 리　전 신 태 고 고
臥疾毘耶離　全身太枯槁

칠 불 조 사 래　일 실 차 빈 소
七佛祖師來　一室且頻掃

청 문 불 이 문　당 시 변 고 도
請問不二門　當時便靠倒

불 고 도　금 모 사 자 무 처 토
不靠倒　金毛獅子無處討

해설

선악·미오·시비 등 차별·상대의 견해를 버릴 수 없어, 어떤 것을 취해야 하고 버려야 하는지 괴로워한다. 옳고 그름이 무엇인가 철저히 구명해 보면, "옳다고 말해도 가히 옳다고 해야 할 것이 없고 그르다고 말해도 가히 그르다고 해야 할 것이 없음"을 알게 된다. 불교에서는 모든 존재는 인연소생이라 원인과 조건으로 이루어지는 것이고, 그 조건조차 변한다고 한다. 그러므로 모든 것은 고정된 자성自性이 없다는 것이 선의 입장이다. 따라서 어떤 대상에 대하여 이것은 옳다, 그르다 단정하는 것은 망상일 수밖에 없다.

　"시비 모두 사라지고 득실 모두 잊었으니, 아무것도 걸치지 않은 깨끗함과 상쾌함 그대로이다"라고 하였다. 이원상대의 망상조차 버려 모든 존재의 실상이 그대로 보이고 받아들여진다는 것이다. 그러나 시비가 이미 사라지고 득실을 모두 잊게 되어 하나하나가 모두 참된 경계로 평등하다고 해도, 의연히 면전面前은 면전이고 배후는 배후라는 차별이 있다.

"물어보겠다! 혹 어떤 승이 와서 '나의 목전에는 불전 삼문三門이 있고 뒤에는 침당寢堂과 방장方丈이 있다'라고 한다면, 그 승은 안목을 갖추었다고 보는가?" '삼문'은 원래 공空, 무상無相, 무작無作의 삼해탈문을 가리키지만, 여기서는 절 입구 정면에 있는 하나의 산문을 말한다. 산문에는 입구가 셋이다. 그래서 삼문이라고도 한다. '침당'은 주지가 공적으로 응접하는 방을 말하고, '방장'은 주지의 거실을 뜻한다. 앞에는 불전과 삼문, 뒤에는 침당과 방장이 있다고 말했다고 하여, 과연 그가 깨달았다고 할 수 있겠는지 묻는 것이다. "만약 이 사람에 대해 말할 수 있다면 그대는 옛사람을 친견했다고 인정하겠다"라고 하였다.

본칙은 《유마경》의 〈불이법문품〉에 근거한다. 경전에서는 문수보살이 데리고 온 32인의 보살과 유마가 불이법문에 대해 가지가지 문답을 한다. 마지막에 유마힐이 문수에게 물었다. "보살이 불이법문에 든다는 것은 어떤 것입니까?" 문수는 "무언무설無言無說하며 무시무식無示無識하여 모든 문답을 떠난 것이 불이법문에 드는 것"이라고 했다. '무언무설 무시무식'은 모든 진리에 대해서 말로 나타낼 수 없고, 또한 보여줄 수 없고 알 수도 없음을 뜻한다. 그다음 문수가 유마에게 물었다. "보살이 불이법문에 드는 것은 어떤 것입니까?"

본칙에 인용된 부분은 여기까지이지만, 《유마경》 원본에는 유마가 이에 대하여 '일묵一默'으로 답했다고 되어 있다. 흔히 유마의 일묵을 우레 같다고 한다. 《유마경》은 본래 반야의 일체개공一切皆空 사상을 설할 뿐 아니라, 나아가 일체개공의 '공'도 넘어선 묘유의 세계를 극단적으로 보여준다. 그것은 또한 '생사즉열반 번뇌즉보리'라고 하는 대담한 선언이기도 하다. 유마의 일묵은 '공'도 부정한다.

문답이 끝난 후 설두가 덧붙였다. "유마는 무엇이라고 말했는가?" 설두가 문수에게 물은 것이다. 그리고 스스로 다시 말했다. "간파했다." 이번에는 일묵하는 유마를 향해 말한 것이다.

송의 첫 구부터 넷째 구까지는 《유마경》에서 전하는 고사古事를 그대로 노래하였다. 제5, 6구의 "칠불 조사가 와서 우선 방을 몇 번이고 청소했다"라는 말은 모든 것을 텅 비웠다는 뜻이다. 어떤 것도 언설로 표현할 수 없음을 보인 것이다.

다음, "불이문을 청하여 물어, 바로 떠밀어 쓰러뜨린다"라는 말은 문수가 불이법문을 물으니 유마가 침묵을 지켰다는 의미이다. 그러나 "떠밀어도 쓰러지지 않는구나"라고 했다. 언뜻 보면 유마가 문수의 질문에 대응하지 못하고 쓰러졌다고 생각되지만, 결코 그렇지 않다는 것이다. 이 '일묵'이 유마의 참된 소식이지만, 유마는 그 일묵에도 머물지 않았다.

송은 "금모의 사자는 찾을 길이 없다"라고 맺고 있다. 금모의 사자는 바로 유마이다. 일묵에도 이미 유마는 있지 않다는 뜻이다. 이것이 바로 유마의 일묵은 우레 같다고 할 수 있는 이유이다.

제85칙

동봉, 호랑이 소리를 내다

동 봉 암 주 작 호 성
桐峰庵主作虎聲

【수시】

세계를 움켜쥐니 털끝 하나 새지 않고, 온 대지의 사람들의 기세를 꺾어 입을 다물게 한다. 이는 납승의 정령이다. 정수리에서 방광하여 사천하를 비추어 밝히니, 이는 납승의 금강의 눈이다. 집중하여 쇠를 금으로 만들고 금을 쇠로 만들며, 홀연히 붙잡고 홀연히 놓아주니, 이는 납승의 주장자이다. 천하 사람들의 혀를 꼼짝 못 하게 눌러, 끽소리도 못 하게 하여 삼천 리 밖으로 끝까지 물리치니, 이는 납승의 기개이다. 말해보라, 모두 이러하지 못할 때, 이는 결국 어떤 사람인가. 예를 들어 볼 테니 참구해보라.

파 정 세 계 불 루 섬 호   진 대 지 인 망 봉 결 설   시 납 승 정 령   정 문 방 광
把定世界不漏纖毫。　盡大地人亡鋒結舌。　是衲僧正令。　頂門放光。

474

照破四天下。是衲僧金剛眼睛。點鐵成金。點金成鐵。忽擒忽縱。是衲僧拄杖子。坐斷天下人舌頭。直得無出氣處。倒退三千里。是衲僧氣宇。且道總不恁麼時。畢竟是箇什麼人。試舉看。

본칙

어느 승이 동봉 암주의 처소에 오자마자 즉각 물었다. "여기서 큰 호랑이를 만났다면 어떻게 하겠소?" 암주가 갑자기 호랑이 소리를 냈다. 승이 대뜸 무서워하는 시늉을 하였다. 암주가 크게 웃었다. 승이 말했다. "이 늙은 도적!" 암주가 말했다. "노승을 어찌할 셈인가?" 승이 그만두었다.

[설두는 말한다. "좋은 것은 좋지만, 두 악적이 단지 귀를 막고 방울을 훔칠 줄만 알뿐."]

僧到桐峯庵主處便問。這裏忽逢大蟲時。又作麼生。庵主便作虎聲。僧便作怕勢。庵主呵呵大笑。僧云。這老賊。庵主云。爭奈老僧何。僧休去。雪竇云。是則是兩箇惡賊。只解掩耳偸鈴。

【송】

그것을 보고 알지 못하면

그것을 생각하기를 천 리.

멋진 무늬지만

발톱과 이빨이 미비하네.

그대는 보지 못했는가,

대웅산 아래 홀연히 상봉하여

낙락한 성광聲光이 대지를 뒤흔듦을.

대장부여 보았는가,

호랑이 꼬리를 붙잡고 수염을 뽑는 것을.

見之不取　思之千里
好箇斑斑　爪牙未備
君不見
大雄山下忽相逢　落落聲光皆振地
大丈夫見也無　收虎尾兮捋虎鬚

"세계를 움켜쥐니 털끝 하나 새지 않고"라는 말은 전 우주를 하나로
장악하여 다른 어떤 존재도 용납하지 않는다는 뜻이다. "이것이 납승
의 정령", 즉 선문의 무리들이 싫어도 반드시 지켜야 할 제일의第一義
라는 의미이다. 이러한 작용을 보인다면 "온 대지의 사람들, 기세가 꺾
여 말할 수 없게" 된다고 했다. 즉 기세에 눌려 어느 누구도 입도 벙긋
할 수 없다는 것이다.

　"정문頂門에서 방광하여 사 천하를 비추어 밝히니, 이는 납승의 금강
의 눈이다"라는 말은 정수리의 눈으로 모든 존재를 비추어 대처하는
것이 선승의 본지本智라는 뜻이다. '정문'은 제3의 눈이다. 깨달음의 눈,
혜안, 일척안一隻眼이다. 이것이 납승의 금강의 눈이라는 것이다.

　"집중하여[점點] 쇠를 금으로 만들고 금을 쇠로 만든다"라는 말은,

미혹한 범부는 한마디 말로 깨닫게 하고, 이미 깨달아 유정천有頂天에 있는 자에게서는 그 깨달음을 빼앗아버린다는 의미이다. '점'은 정신 집중을 뜻한다. "홀연히 붙잡고 홀연히 놓아주어"라는 말은 살활자재를 뜻하며, "이것은 납승의 주장자"라고 하였다. 이 모든 것은 수행자를 지도하는 선장禪匠의 세련된 수단이라는 것이다.

"천하 사람들의 혀를 눌러 꼼짝 못 하게 하여, 끽소리도 못 내게 해서"라는 말은, 이러한 선장의 수단으로 말조차 꺼낼 수 없도록 한다는 것이다. 그래서 얼굴조차 보는 둥 마는 둥 하며 도망가버릴 정도로 만드는 것이 '납승의 기우氣宇'이다. 이것이 바로 선자의 정신이며 기개氣概라는 것이다.

"모두 이러하지 못할 때, 이는 결국 어떤 사람인가." 말하자면, 이상에서 말한 자가 아니라면 대체 그는 어떤 사람인가 하는 뜻이다. 실례를 들어볼 테니 참구해보라고 한다.

동봉桐峰은 임제 의현의 법을 이었다. 대웅산(백장산의 다른 이름)의 네 암주庵主(대해大海, 백운白雲, 호계虎溪, 동봉) 중 한 사람이다. 이들은 백장 회해의 문류門流이다. 승이 호랑이가 나온다면 어떻게 할지 묻는 것을 보면 동봉암은 상당히 깊은 산속에 있었던 것 같다.

어떤 승이 동봉 암주의 처소에 와서 곧장 물었다. "여기서 큰 호랑이[大蟲]를 만났다면 어떻게 하겠습니까?" 동봉암이 깊어 호랑이가 나올 법하여 묻는 것 같지만, 승이 자신 스스로를 맹호라고 하는 뜻이 들어 있다. 암주는 갑자기 호랑이 소리를 냈다. '대충大蟲'은 호랑이의 속칭俗稱이다. 암주가 자신이 호랑이가 되어 크게 소리를 지른 것이다. 그러자 승이 대뜸 무서워하는 시늉을 하며 부들부들 떠는 모습을 보였다. 암주가 크게 웃었다. 승은 큰 웃음 속에서 암주의 적기賊機를 보고 "이 늙은 도적!"이라고 일갈一喝했다.

승도 만만찮았다. 동봉의 본분의 기세를 알아본 것이다. 그렇지만 발톱도 이빨도 없는 호랑이의 기개를 보인 동봉을 '노적老賊'이라 했다. 암주는 "노승을 어찌할 셈인가?"라고 했다. 말하자면 이 이상 어떻게 해볼 도리가 없다는 의미이다. 《전등록》에는 "승이 그만두었다"라는 말이 없다. 설두가 붙인 말이라고 볼 수 있다.

설두는 본칙의 말미에 "좋은 것은 좋지만, 두 악적이 단지 귀를 막고 방울을 훔치는 것만 알 뿐"이라고 착어하였다. '귀를 막고 방울을 훔친다'라는 말은 그 당시의 속어로, 어리석은 사람을 비유하는 말이다. 이는 설두가 승과 동봉 두 사람 모두 상당한 적기賊機가 있지만, 서로 상대의 틈을 노리기만 하다가 흐지부지 끝나게 되었다고 안타깝게 여기며, 그들의 미숙함을 비평한 것이다.

"그것을 보고 알지 못하면, 그것을 생각하기를 천 리." 이 말 역시 당시의 속어이다. 눈에 들어왔을 때 움켜잡지 않으면 나중에까지 후회한다는 의미이다. 비슷한 내용이 동산 수초洞山守初, 910-990의 문답에도 나온다. 어떤 승이 물었다. "어떻게 하면 생사를 면할 수 있겠습니까?" 동산이 말했다. "그것을 보고도 잡지 않고 생각만 하면 금방 3년이 지나지." 계속 생각만 한다면 생사를 면할 수 없다는 뜻이다.

"멋진 무늬지만[斑斑], 발톱과 이빨이 미비하네." 보이는 모습은 멋진 호랑이지만, 호랑이의 본령은 아직 발휘하지 않았다는 것이다. '반반斑斑'은 호랑이의 무늬이다. "그대는 보지 못했는가"라는 말은, 백장과 황벽이 대웅산 아래 홀연히 상봉하여 나눈 다음과 같은 이야기를 알고 있느냐는 말이다.

백장이 어느 날 황벽에게 물었다. "어디를 다녀오시는가?" 황벽이 말
했다. "대웅산 아래서 버섯을 캐고 왔습니다." 백장이 물었다. "큰 호
랑이를 보았소?" 황벽이 바로 호랑이 소리를 냈다. 백장이 도끼를 쥐
고 (호랑이를) 잡으려는 기세를 보였다. 황벽이 백장을 한 대 쳤다. 백
장은 끙끙거리며 크게 웃고 바로 돌아갔다. (후일 백장이) 상당하여 대
중에게 말했다. "대웅산 아래 큰 호랑이 한 마리가 있지. 그대들은 호
랑이가 출입하는 것을 보게 될 것이다. 이 백장노장은 금일 직접 한번
에 보았지."

"낙락落落한 성광聲光이 대지를 뒤흔듦을"에서 '낙락'은 뇌락磊落, 쇄
쇄락락灑灑落落과 같은 뜻으로, 대범하다는 의미이다. 독탈獨脫하여 세
속의 구속을 받지 않는 모습을 뜻한다. '성광聲光'은 백장과 황벽이 말
하는 소리이다. 이를 설두가 동봉 암주와 승의 문답에 견주어 말한 것
이다. "대장부여, 보았는가! 호랑이 꼬리를 붙잡고 수염을 뽑는 것을"
이란, 본래 호랑이 꼬리를 잡은 황벽의 멋진 모습을 찬탄하는 표현이
지만, 설두는 이를 통해 동봉 암주와 승, 두 사람 모두 어리석다는 것
을 암시하고 있다.

제86칙

운문, 광명이 있다

운 문 유 광 명 재
雲門有光明在

【수시】

세계를 움켜잡아 털끝도 새나가지 못하게 하고, 모든 물줄기를 절단하여 물 한 방울 남겨두지 않는다. 입을 열면 바로 어긋나고, 생각으로 헤아리면 곧 빗나간다. 자, 말해보라. 관문을 꿰뚫는 눈이란 어떤 것인가? 예를 들어볼 테니 참구해보라.

파 정 세 계 불 루 사 호　　절 단 중 류 부 존 연 적　　개 구 변 착 의 의 즉 차　　차
把定世界不漏絲毫。截斷衆流不存涓滴。開口便錯擬議即差。且
도 작 마 생 시 투 관 저 안　　시 도 간
道作麼生是透關底眼。試道看。

본칙

운문이 대중에게 말했다. "사람마다 모두 광명이 있다. 보려고 하면 보

480

이지 않고 캄캄하기만 하다. 그대들의 광명이란 어떤 것인가?" 스스로 대신해서 말하기를, "부엌, 삼문" 또다시 말했다. "좋은 일은 없는 것만 못하다."

운 문 수 어 운　인 인 진 유 광 명 재　간 시 불 견 암 혼 혼　작 마 생 시 제 인
雲門垂語云。人人盡有光明在。看時不見暗昏昏。作麼生是諸人
광 명　자 대 운　주 고 삼 문　우 운　호 사 불 여 무
光明。自代云。厨庫三門。又云。好事不如無。

【송】

스스로 비추는 열列, 홀로 빛나고

그대를 위한 한 가닥의 통로가 되었네.

꽃은 지고 나무에 그림자 없어도

보려고 할 때 보이지 않는 자 누구인가.

보이는가 보이지 않는가,

소를 거꾸로 타고 불전으로 들어가는 것이.

자 조 렬 고 명　위 군 통 일 선
自照列孤明　為君通一線
화 사 수 무 영　간 시 수 불 견
花謝樹無影　看時誰不見
견 불 견　도 기 우 혜 입 불 전
見不見　倒騎牛兮入佛殿

수시의 첫 구는 앞의 제85칙과 같다. "세계를 움켜잡아 털끝[絲毫]도 새나가지 못하게 하고"는 대상 세계가 '사호絲毫', 즉 가늘고 미세한 털

끝조차 예외 없이 한 손에 다 들어온다는 뜻이다. 말하자면 모든 대상의 존재를 부정하는 의미이다. "모든 물줄기를 절단하니 물 한 방울 남겨두지 않는다"라는 말은 의식의 흐름을 단절하여 연적涓滴(미세한 방울), 즉 극히 미세한 번뇌까지도 남겨두지 않는다는 말이다.

이처럼 내외 모두를 절대 부정한 당체는 '심행처멸 언어도단心行處滅言語道斷'이기 때문에 뭔가 조금이라도 입을 열면 벌써 본질과 달라져 어긋나[錯]버린다. 또한 마음속으로 의심하여 사려분별을 일으키면 이미 뜻밖의 방향으로 어긋나게 된다. 그러니 자, 말해보라. 세계를 움켜잡고 모든 물줄기를 절단한, 관문을 꿰뚫는 눈은 어떤 것인가를. 즉 난관을 돌파한 깨달음의 세계, 어떤 것에도 구애받지 않는 무애의 경지라는 것은 도대체 어떤 것인가. 예를 들어볼 테니 참구해보라고 한다.

운문이 대중에게 말했다. "사람마다 광명이 있다." 이는 사람들 누구나 불성·본래면목이라는 대광명을 지니고 있다는 말이다. 장사 경잠長沙景岑은 "온 시방세계[盡十方世界], 이것은 자기의 광명 속에 있다. 온 시방세계, 이것은 자기 아닌 것이 없다"라고 하였다. 이 말은 사람마다 광명이 있다는 말이다. 그것은 세계를 움켜잡는 당체이며 또한 모든 물줄기[衆流]를 절단한 세계이지만, 그것은 "보려고 하면 보이지 않고 캄캄하기만 하다"라고 했다. 그래서 운문은 대중에게 "그대들의 광명은 어떤 것인가?"라고 물었다.

임제가 말한 '무위진인無位眞人'은 바로 이 광명이다. 각자가 구족하고 있는 광명이 아침부터 밤까지 보기도 하고 듣기도 하고 있지만, 눈이 눈을 볼 수 없는 것처럼 광명은 광명을 비출 수 없다. 보려고 해도 깜깜해서 보이지 않는다. "그 광명은 어디에 있는 것일까?" 운문 스스로 말하기를, "부엌, 삼문三門"이라고 했다.

평창에 의하면, 운문은 20년이나 이 수시垂示(대중에게 문제를 내는 것)를 했지만, 오랜 기간 그 누구도 대답하지 못했다고 한다. 어느 때 향림의 징원澄遠이 일동을 대신하여 운문에게 대어代語를 구한 것 같다. "부엌, 삼문"은 그때 답한 것이라고 한다.

이렇게 답하니 좀 안다는 무리는 부엌이나 산문이 어째서 광명의 당체인가 하고 의심한다. 거기서 운문은 이번에는 "좋은 일은 없는 것만 못하다"라고 하였다. 어떤 좋은 일이 있게 되면 거기에 집착하기 때문에, 오히려 없는 쪽이 더 낫다는 것이다. 이는 '광光(=明, 본체)'에 대해 '경境(=暗, 현상계)'으로 답한 것이다. 이것은 광경구망光境俱忘의 세계, 명암구망明暗俱忘의 세계를 보여준다. 이 광경구망의 세계가 참된 광명이라고 대중에게 보이는 칙이다.

송의 첫 구, "스스로 비추는[自照] 열列, 홀로 빛나네[孤明]"에서 '자조自照'는 거울이 대상을 비추는 것처럼, 대상의 유무에 관계없이 스스로 비추는 힘을 가지고 있다는 의미이다. '고명孤明'은 스스로 빛나는 것, 즉 본지本智이다. 부엌도 산문도 스스로 비추는 절대적 존재라는 의미이다.

그러한 삼라만상이 줄지어 나란히 나타나 있는데 사람들은 스스로 빛나는 광명을 납득하지 못하기 때문에, 운문이 "부엌, 삼문"이라고 제시하였다. 설두는 운문의 이 말을 두고 "그대를 위한 한 가닥의 통로가 되었네"라고 노래하였다. 법당에서 보면 삼문은 앞에 있고 부엌은 뒤에 있어서 서로 보이지 않는다. 그러나 각각 고명의 독자성을 가지고 열 지어, 각자의 창을 통하여 서로 비추고 있다는 의미이다.

"꽃은 지고 나무에 그림자 없어도"는, 거울이 아무 대상이 없을 때도 비추는 작용을 잃지 않는 것과 같다는 뜻이다. 오히려 이때 안으로 힘이 더욱더 순수하게 작용한다. 즉 형태가 보이지 않아도 광명은 있다는 의미이다. 그러므로 정신을 집중하여 보면 보이지 않는 것이 없다. 이를 "보려고 할 때 보이지 않는 자 누구인가"라고 하였다.

"보이는가, 보이지 않는가"라는 말은, 육안으로 볼 수 있든 없든, 대광명은 스스로 비추어 홀로 밝다는 뜻이다. "소를 거꾸로 타고 불전으로 들어가는 것"은 대광명의 세계로 운문이 소를 거꾸로 타고 들어간다는 말이다. 운문은 다른 상당上堂에서, "불전佛殿을 타고 삼문三門을 나갔다"라고 했는데, 이번에는 광명의 세계로 들어가고 있다. 운문은 이처럼 자유자재의 본성을 광명으로 나타내 보였다.

제87칙

운문, 약과 병은 서로 다스린다

운 문 약 병 상 치
雲門藥病相治

【수시】

눈 밝은 놈, 구멍이 없다. 어느 때는 고봉 정상의 무성한 풀이며, 어느 때는 시끄러운 시정에서 실오라기 하나 걸치지 않은 알몸이다. 만약 분노로 나타那咤가 되면 세 개의 머리와 여섯 개의 팔을 드러내고, 만약 일면 월면이면 두루 자비의 광명을 놓고 한 티끌 속에서 가지가지 몸을 나타내어, 갖가지 사람들에 맞추어 더러움과 동화하고 물과도 합한다. 만약 향상의 구멍이 열리면 부처의 눈이라도 엿보지 못한다. 설사 수많은 성인이 출두해도 반드시 삼천 리 밖으로 퇴각한다. 이 같은 경지를 함께 증득한 자가 있는가? 예를 들어볼 테니 참구해 보라.

明眼漢沒窠臼。有時孤峯頂上草漫漫。有時鬧市裏頭赤灑灑。忽
若忿怒那吒。現三頭六臂。忽若日面月面。放普攝慈光。於一塵現
一切身。為隨類人。和泥合水。忽若撥著向上竅。佛眼也覷不著。
設使千聖出頭來。也須倒退三千里。還有同得同證者麼。試舉看。

본칙

운문이 대중에게 말했다. "약과 병은 서로 다스린다. 온 대지가 약이다. 어떤 것이 자기인가?"

雲門示衆云。藥病相治。盡大地是藥。那箇是自己。

【송】

온 대지가 약이다.

예나 지금이나 어째서 크게 실수하는지.

문을 닫고 수레를 만들지 않아도

큰길은 본래 텅 비어 있다.

위험해, 위험해!

높이 쳐든 코, 역시 뚫려버렸다.

盡大地是藥　古今何太錯
閉門不造車　通途自寥廓
錯錯　鼻孔遼天亦穿却

"눈 밝은 놈"이란 깨달은 자를 뜻한다. "구멍[과구窠臼]이 없다"에서 '구멍'은 새의 둥지 또는 짐승의 굴이다. 거기에 들어가면 몸을 움직일 수 없다. 구멍이 없는 사람은 진실한 자아를 증득한 사람으로, 편집偏執이나 정체停滯가 없어서 어디에서나 자유무애하게 행동할 수 있다는 말이다. "어느 때는 고봉 정상의 무성한 풀이며"라는 말은, 고봉 정상 같은 향상의 무일물의 경지에 있어도, 망념의 잡초가 흐드러진 세간 가운데서 유희삼매에 머문다는 뜻이다. "어느 때는 시끄러운 시정에서 알몸이다." 이는 소란한 시정 가운데 있어도 무인의 광야에 서 있는 것처럼 어디에도 구애됨이 없다는 말이다.

그런가 하면, "만약 분노로 나타那吒가 되면 세 개의 머리와 여섯 개의 팔을 드러낸다"라고 하였다. '나타'는 북방 천왕 비사문천毗沙門天의 다섯 명의 아들 중 장남으로 큰 힘을 가진 신인데, 세 개의 머리와 여섯 개의 팔을 가진 용모였다고 한다. 반면에 "만약 일면과 월면이면 두루 자비로운 광명을 놓는다"라고 했다. 일면 월면의 자비로운 모습으로 두루 중생을 섭수하여 저마다 살리는 면도 있다는 것이다.

"한 티끌 속에서 가지가지 몸을 나투고"라는 말은 아무리 작은 일에도 절대적 행동을 한다는 뜻이다. 일거수일투족에도 우주적인 작용을 나타낸다는 말이다. "갖가지 사람들에게 맞추어 더러움과 동화하고 물과도 합한다"라는 말은, 사람의 근기에 따라 적절하게 대응하여 세상에 잘 섞인다는 뜻이다.

그렇지만 "만약 향상의 구멍이 열리면 부처의 눈도 역시 엿보지 못한다"라고 하였다. 선의 제일의第一義를 보이면 부처의 눈을 가지고 있다고 해도 그 경위境位를 알 수 없다는 것이다. 또한 "설사 수많은 성인이 출두해도 또한 삼천 리 밖으로 퇴각하고 말 것이다"라고 하였다. 선의 제일의에 이른 자에게 천성이 오더라도, 그들은 삼천 리 밖으로 도망치고 말 것이라는 의미이다. "이 같은 경지를 함께 증득한 자가 있기는 할까?" 예를 들어 보일 테니 납득할 수 있는지 참구해보라고 하였다.

운문이 대중에게 말했다. "약과 병이 서로 다스린다[약병상치藥病相治]. 온 대지가 약이다. 어떤 것이 자기인가?" 약은 병 때문에 필요하다. 여기서 약이란 석존이 설한 가르침이다. 중생의 병에 따라 방편을 쓴 것은 바로 병에 따라 약 처방을 하는 것과 같다. 분주 무업汾州無業, 760-821도 이와 동일한 말을 했다. "제불은 일찍이 세상에 나오지 않았고, 역시 한 법도 사람들에게 주지 않았다. 다만 중생의 병에 따라 방편을 쓴 것이다." 임제 역시 "산승이 설한 것은 모두 한 번의 약병상치藥病相治이며 모두 실로 법이 없다"라고 하였다.

　"온 대지가 약이다. 어떤 것이 자기인가?" 이 물음은 문수보살과 선재동자의 유명한 이야기, "온 대지, 약이 아닌 것이 없다"라는 일 구를 상기시켜준다. 석존이 설법하기 45년, 모두 상대의 근기에 따라 설법하였으며, 바로 응병여약應病與藥이었다. 지금 여기서 중심이 되는 문제는 "온 대지가 약이다"라는 말이다. 그렇다면 자기조차 약이 된다. 운문은 자기마저 포함된 온 대지가 약 하나임을 보인 것이다. 온 대지와 자기가 약 하나라고 한다면 병든 자기는 있을 수 없다. 병든 자기가 없으면 당연히 약도 필요하지 않다. 본래 무병무약이다.

송의 첫 구에서 "온 대지가 약이다"라고 했다. 이 말은 석존의 일대시교一代時教 팔만사천 법문과 33조祖의 보기寶器가 모두 약이라는 뜻이다. 그러나 이 말은 일미평등一味平等의 깨달음에만 집착하게 할 위험이 있다. 설두는 이를 모두 부정하여 "예나 지금이나 어째서 크게 실수하는지"라고 하였다. 즉 온 대지가 약인데, 옛날도 지금도 사람들은 어째서 이렇게도 잘못 보고 있는지 안타깝다는 것이다. 석존을 비롯한 조사들은 왜 구태여 깨달음이라는 약을 썼는가. 이것은 잘못된 것이 아닌가.

"문을 닫고 수레를 만들지 않아도 큰길[통도通途]은 본래 텅 비어 있다." '통도'는 천하의 대도라는 뜻이다. 대도는 본래 텅 비어 어떤 것도 없다. 약이 없다는 것은 병든 자가 없다는 의미이다. 본래 깨달아 있으므로, 약으로 병을 치료하는 것은 쓸데없는 일이다.

그러나 설두는 바로 "위험해, 위험해!"라고 하였다. 자신이 한 말이 실수임을 금방 알아차리고, 딱 잘라 단언한 것을 후회하는 말이다. 즉 무상평등無相平等으로 빠질 위험이 있음을 "높이 쳐든[遼天] 코, 역시 꿰뚫려버렸다."라고 노래했다. '료천遼天'은 코를 높이 들고 뻐기는 것을 뜻한다. 으스대고 높이 쳐든 코에 어느새 고삐가 꿰어 있다는 것이다. 그 소는 말하자면 가부좌만을 하고 앉아 있는 소이다. 본래 깨달았다고 하여 이처럼 안일하게 지낸다면 소처럼 코가 꿰어지고 만다는 뜻이다. 자칫하면 둥지 속에 갇혀 꼼짝달싹 못 하고 만다. 이같이 설두는 스스로 계속 부정하면서, 보다 높은 향상의 입장에서 운문의 '약병상치'를 노래했다.

제88칙

현사, 세 가지 병

현 사 삼 종 병
玄沙三種病

【수시】

문정의 시설은 우선 이같이 둘을 부수어 셋으로 만들고, 입리入理의 깊은 이야기는 또한 칠천팔혈해야 한다. 상대의 핵심을 지적하고 황금 자물쇠와 현묘한 관문을 격쇄해야 한다. 영令에 따라 행하여 바로 종적을 소멸한다. 자 말해보라, 어려움[효와譊訛]은 어느 곳에 있는가? 정문의 눈[頂門眼]을 갖춘 자, 청컨대 예를 들어볼 테니 참구해보라.

문 정 시 설   차 임 마   파 이 작 삼   입 리 심 담   야 수 시 칠 천 팔 혈   당 기
門庭施設。且恁麼。破二作三。入理深談。也須是七穿八穴。當機
고 점   격 쇄 금 쇄 현 관   거 령 이 행   직 득 소 종 멸 적   차 도 효 와 재 십 마
敲點。擊碎金鎖玄關。據令而行。直得掃蹤滅跡。且道譊訛在什麼
처   구 정 문 안 자   청 시 거 간
處。具頂門眼者。請試舉看。

490

현사가 대중에게 말했다. "여러 곳의 고승들은 모두 '접물이생'을 말한다. 만약 세 종류의 병든 자가 오면 어떻게 응대하겠는가? 소경에게 추를 잡고 불자를 세워도 그는 보지 못한다. 귀머거리에게 유창한 설법을 해도 그는 듣지 못한다. 벙어리에게 말을 시켜도 그는 말할 수 없다. 만약 이런 사람을 응접할 수 없다면 불법은 영험이 없는 것이다."

승이 운문에게 청했다. 운문이 말했다. "너는 절도 하지 않는가?" 승이 절하고 일어서자, 운문이 주장자로 꾹 찔렀다. 승이 뒤로 물러섰다. 운문이 말했다. "너는 소경이 아니군." 다시 불러서 "가까이 오라"라고 했다. 승이 가까이 왔다. 운문이 말했다. "너는 귀머거리가 아니네." 운문이 또 말했다. "알겠는가?" 승이 말했다. "모르겠습니다." 운문이 말했다. "너는 벙어리가 아니네." 승이 여기서 깨달았다.

玄沙示衆云。諸方老宿。盡道接物利生。忽遇三種病人來。作麼生接。患盲者。拈鎚竪拂。他又不見。患聾者。語言三昧。他又不聞。患啞者教伊說。又說不得。且作麼生接。若接此人不得。佛法無靈驗。僧請益雲門。雲門云。汝禮拜著。僧禮拜起。雲門以拄杖挃。僧退後。門云。汝不是患盲。復喚近前來。僧近前。門云。汝不是患聾。門乃云。還會麼。僧云。不會。門云。汝不是患啞。僧於此有省。

【송】

소경, 귀머거리, 벙어리

응대할 수단이 완전히 끊어졌네.

천상천하,

웃기도 동정하기도 한다.

이루는 본래 색[正色]을 가리지 못하고

사광은 근본 음[玄絲]을 알지 못하니,

어찌 인적 없는 창[虛窓] 아래 홀로 앉아

잎새 떨어지고 꽃이 피는 시절을 보는 것만 하겠는가.

다시 말한다. "알겠는가, 구멍 없는 철추를."

맹 롱 음 아　묘 절 기 의
盲聾瘖啞　杳絕機宜
천 상 천 하　감 소 감 비
天上天下　堪笑堪悲
리 루 불 변 정 색　사 광 기 식 현 사
離婁不辨正色　師曠豈識玄絲
쟁 여 독 좌 허 창 하　엽 락 화 개 자 유 시
爭如獨坐虛窓下　葉落花開自有時

(부 운)　환 회 야 무　무 공 철 추
(復云)　還會也無。無孔鐵鎚。

해설

'문정門庭의 시설'이란 선문에서 초심자를 접하여 지도하는 수단·방법을 말한다. 어떠한 방법이 있는가 하면, "둘을 부수어 셋으로 만들고"라고 하였다. 사물을 둘로 보는 미혹함을 깨고, 둘이지만 실은 하나임을 알게 하는 지도 방법이다. 말하자면 고정된 본보기를 완전히 깨뜨리고 기존의 도식圖式을 풀어버리는 것이다.

또한 "도에 드는[入理] 깊은 이야기, 역시 칠천팔혈七穿八穴해야 한다"라고 하였다. 이법理法으로 파고드는 심오한 담의談義를 면밀히 점검하고 자유자재로 접득하는 역량이 필요하다는 것이다. 그리고 스승이라면 상대의 핵심을 지적하는 역량도 있어야 한다. 상대의 근기에 따라 두들기기도 하고 지적하기도 하고, 묻기도 하고 답하기도 하면서 "황금 자물쇠와 현묘한 관문을 격쇄해야 한다." '황금 자물쇠'는 깨달음이라는 굴레에 갇혀 집착하고 있다는 뜻이다. 이러한 깨달음의 속박, 즉 '현묘한 관문'을 부수고 자유자재의 세계로 이끌어주어야 한다는 것이다.

스승은 "영令에 따라 행하여 바로 종적을 소멸한다." '영'이란 선문의 정령正令을 뜻한다. 납자들이 집착하는 것을 추호도 허용치 않고 빼앗아버려, '바로 종적을 소멸'시켜야 한다. 그렇지 않으면 영을 행하였다고 볼 수 없다. 소위 부처를 만나면 부처를 죽이고 조사를 만나면 조사를 죽이고, 천불千佛·만조萬祖도 넘어서서, 불견佛見도 조견祖見도 모조리 제거해버리는 것이다.

"자, 말해보라. 어려움은 어느 곳에 있는가?" 선문의 핵심은 대체 어디에 있다는 것인가. "정문頂門의 눈을 갖춘 자, 청컨대 예를 들어볼 테니 참구해보라"라고 하였다. 깨달음의 눈을 떴다고 자신하는 자는 적절한 문제를 들어 보일 테니 그것을 잘 보라는 것이다.

현사玄沙師備, 835-908는 복주福州 현사산의 종일宗一이다. 설봉 의존의 법을 이었다. 본래 남대강南臺江이라는 장소에서 고기잡이를 했다. 부친이 급류에 휩쓸려 죽는 것을 보고 무상을 느껴 30세에 출가했다.

그가 어느 날 대중에게 말했다. "여러 곳의 노숙老宿은 모두 접물이

生接物利生을 말한다." '노숙'은 장년長年으로 덕망 있는 고승을 뜻하며, '장로' '존숙尊宿'이라고도 한다. '접물이생'은 중생제도이다. 대기설법을 의미하기도 한다.

"만약 세 종류의 병든 자가 오면 어떻게 응대하겠는가?" '세 종류의 병'은 당시 잘 사용하던 공안 중 하나이다. 법안 문익과 현사와의 사이에서도 이 공안이 상량商量 되었다. 이 '세 가지 병'은 일반적인 병이라기보다 선병禪病으로 보아야 할 것이다. 존숙들이 중생제도를 할 때, 삼종三種의 병자가 오면 그들을 어떤 방법으로 제도하겠는가 하는 의미이다.

"소경에게 추鎚를 들어 보이고 불자를 세워도 그는 보지 못한다." '추'는 쳐서 대중에게 알리게 하는 법구法具이다. 추를 보여주고 불자拂子를 세워 맞이해도, 소경은 아무것도 보지 못하므로 이러한 법구가 소용이 없다. 이럴 때 소경을 어떤 방법으로 이롭게[利生] 할 수 있겠는가 하는 말이다. "귀머거리에게 유창한 설법[語言三昧]을 해도 그는 듣지 못한다." 귀머거리이므로 석존의 설법도 임제의 할도 듣지 못해 반응을 할 수 없다. "벙어리에게 말하게 해도 말할 수 없다" 벙어리는 깨달아도 그 경지를 말할 수 없다.

"자, 어떻게 응접할 수 있겠는가? 만약 이런 사람을 접할 수 없다면 불법은 영험이 없는 것이다." 소경·벙어리·귀머거리 환자를 제도하지 못한다면, 그들에게 불법은 전혀 소용없을 것이다. 불법을 영험이 있는 것이라고 하는 발상에 대한 비판이다.

어느 승이 현사의 '세 종류의 병자'에 대해 이해하지 못해, 현사의 동문 사제인 운문 처소로 가서 가르침을 청했다. 운문이 말했다. "너는 절해라." 알고 싶으면 우선 절부터 하라는 것이다. 승이 절하고 일어서니, 운문이 주장자로 꾸욱 찔렀다. 승은 뒤로 물러났다. 운문이 말했다. "너는 소경이 아니네." 다시 승을 불러 가까이 오라고 했다. 승이 가까이 다가가자 운문이 말했다. "너는 귀머거리가 아니네." 운문이 바로 다시 말했다. "어떤가? 알겠는가?" 승이 말했다. "모르겠습니다." 운문이 말했다. "너는 벙어리가 아니네." 승은 여기에서 깨달았다.

원오는 평창에서 "문수는 언제나 눈에 띄어도 보는 것이 없고, 관음은 묘음을 귀로 듣는 일이 없다"라고 했다. '모든 것은 공하다'라는 공견空見에 떨어져, 어떤 것을 보고 들어도 '불문불견'하면 이를 공병空病에 걸렸다고 한다. 이 같은 사람을 어떻게 구해야 하는지가 본칙의 물음이다. 이에 대해 운문은 승과의 문답을 통해 승 스스로 지견知見을 깨우치게 했다. 운문은 일체의 공을 넘어선 곳에 참된 천지가 드러남을 보여주었다. 이것을 불교에서는 자연법이自然法爾의 세계라고 한다.

설두가 노래한다. "소경, 귀머거리, 벙어리, 대응할 수단이 완전히 끊어졌네." 여기서 '기의機宜'는 대기설법을 뜻한다. 설두의 '소경, 귀머거리, 벙어리'는 육안으로 볼 수 없고 귀로 들을 수 없고 입으로 말할 수 없는, 공의 세계마저 넘어선 참된 세계이다. 그러나 "천상천하, 웃기도 동정하기도 한다." 사람들은 세 종류의 병자를 보며 웃기도 하고 동정심을 갖기도 한다. 형상에 고착된 사람들은 자연법이의 세계에 있는 자를 알 수 없다.

"이루는 본래 색을 가리지 못하고, 사광은 근본 음[玄絲]을 알지 못하니"에서, '이루'는 황제黃帝 때 사람이다. 백 걸음 앞에 있는 추호秋毫의 끝도 볼 수 있을 정도의 천리안을 가진 전설적인 사람이다. 그러나 법안이 없으면 자연법이의 세계를 볼 수 없다. '사광'은 춘추시대 진晉

나라의 악사로, 태어날 때부터 소경이었지만, 귀가 밝아 좋은 음을 가려 길흉을 점치고, 모기의 다툼을 들을 정도의 천이통天耳通이었다. '현사玄絲'는 본래의 음, 진실한 음률을 뜻한다. 이러한 사광이지만 법이法爾가 없으면 역시 그 세계를 알 수 없다.

"인적 없는 창 아래[虛窓下] 홀로 앉아"에서 '허창하虛窓下'는 음도 색도 형태도 없는 세계를 뜻한다. 이 세계에 독좌獨坐하여 심안心眼·심이心耳가 열리면 자연법이의 세계가 저절로 나타난다. 이를 "잎새 떨어지고 꽃이 피는 시절을 보는 것만 하겠는가"라고 노래했다. 설두는 마지막으로 다시 말했다. "알겠는가, 구멍 없는 철추鐵鎚를." '구멍 없는 철추'는 소경, 귀머거리, 벙어리의 경계를 뜻한다. 우리가 뚫어야 할 것은 바로 '이것'이라는 의미이다.

제89칙

운암, 도오에게 손과 눈을 묻다

운 암 문 도 오 수 안
雲巖問道吾手眼

【수시】

온몸이 눈인데 보지 못하고, 온몸이 귀인데 듣지 못하고, 온몸이 입인
데 말하지 못하며, 온몸이 마음인데 비춰보지 못한다. 온몸은 그만두
고라도 눈이 없으면 어떻게 볼 것이며, 귀가 없으면 어떻게 들을 수 있
으며, 입이 없으면 어떻게 말할 수 있겠으며, 마음이 없으면 어떻게 비
춰보겠는가. 만약 여기서 한 가닥 길을 낼 수 있다면 바로 고불古佛과
동참하게 될 것이다. 동참하는 것은 잠시 그만두고, 자 말해보라, 어떤
사람에게 나아가야 하는지를.

통신시안견부도　통신시이문불급　통신시구설불착　통신시심
通身是眼見不到。通身是耳聞不及。通身是口說不著。通身是心
김불출　통신즉차지　홀약무안작마생견　무이작마생문　무구작
鑒不出。通身即且止。忽若無眼作麼生見。無耳作麼生聞。無口作

마생설　무심작마생감　약향개리발전득일선도　변여고불동참
麼生說。無心作麼生鑒。若向箇裏撥轉得一線道。便與古佛同參。
참즉차지　차도참개십마인
參則且止。且道參箇什麼人。

운암이 도오에게 물었다. "대비보살은 수많은 손과 눈으로 무엇을 합
니까?" 도오가 말했다. "사람이 한밤중에 등 뒤로 베개를 찾는 것과 같
다." 운암이 말했다. "저는 알겠습니다." 도오가 말했다. "그대는 무엇
을 알았다는 것이요?" 운암이 말했다. "온몸[변신遍身]이 손이요 눈입
니다." 도오가 말했다. "그런대로 말했지만, 그러나 팔 할밖에는 말하
지 않았소." 운암이 말했다. "사형은 어떻소?" 도오가 말했다. "몸 전체
[통신通身]가 손이고 눈이오."

운암문도오　대비보살　용허다수안작십마　오운　여인야반배수
雲巖問道吾。大悲菩薩。用許多手眼作什麼。吾云。如人夜半背手
모침자　암운　아회야　오운　여작마생회　암운　변신시수안
摸枕子。巖云。我會也。吾云。汝作麼生會。巖云。遍身是手眼。
오운　도즉태살도　지도득팔성　암운　사형작마생　오운　통신
吾云。道即太殺道。只道得八成。巖云。師兄作麼生。吾云。通身
시 수 안
是手眼。

【송】

변신이 옳은가, 통신이 옳은가

특별히 내세우면 십만 리나 멀어진다.

나래치는 봉새, 육합의 구름 위를 날고

치솟는 바람, 끓어오르는 사명수.

이 무슨 먼지인가, 홀연히 생기고,

저 가는 털, 좀처럼 그치지 않네.

그대는 보지 못하는가,

법으로 드리운 망주, 겹겹이 그림자가 됨을.

주장자의 손과 눈은 어디서부터 움직일까,

춧춧.

遍身是通身是　拈來猶較十萬里

展翅鵬騰六合雲　搏風鼓蕩四溟水

是何埃壒兮忽生　那箇毫釐兮未止

君不見　網珠垂範影重重

棒頭手眼從何起　咄

해설

"온몸[통신通身]이 눈"이라는 것은 몸 그대로 눈이라는 말이다. '몸 전체[변신遍身]'와 비교하면, 변신은 표면적으로 두루 퍼져 있는 어감이 있고, 통신은 몸통 전체가 숨김없이 노출된 감이 강하다. 사물을 보는 순간 누구나 전신의 기능이 눈에 집중된다. 온몸이 눈이 되어 보면, 보는 것과 보이는 것이 하나가 되지만, 그래도 보지 못하는 것이 있다. 또한, 온몸이 귀가 되어 들으면, 듣는 것과 들리는 것이 하나가 되지만, 그래도 듣지 못하는 경우가 있다. 온몸이 입이 되어 말한다 해도 말할 수 없는 것이 있다. 마음도 마찬가지이다. 마음도 비춰볼 수 없는 것이 있다. 그렇다 해도, "눈이 없으면 어떻게 볼 수 있으며, 귀가 없으면 어떻게 들을 수 있으며, 입이 없으면 어떻게 말할 것이며, 마음이 없으면 어떻게 비추어 볼까?"

온몸에서 탈출하여 거기서 "한 가닥 길을 낼 수 있다면 바로 고불古佛과 동참하게 될 것이다"라고 했다. '한 가닥의 길'은 본래의 장소, 즉 세속으로 되돌아오는 것을 의미한다. 그렇게 되면 '고불과 동참'할 수 있게 된다는 것이다. 고불은 열반에 머물지 않고 '회두토면灰頭土面(머리는 재투성이이고 얼굴은 진흙을 바름)'으로 대비행大悲行을 하기 때문이다. 그런데 '고불과 동참'은 잠시 미루어두고, 그러한 경계에 이르기 위해서는 우선 '어떤 사람을 참배해야' 좋은지를 말해보라고 한다.

운암雲巖曇晟, 782-841은 약산의 법을 이었고, 그 아래 동산 양개 807-869를 배출했다. 조동종의 원류이다. 먼저 백장 아래서 20년간 시자로 있었고, 그가 천화遷化한 후에 도오의 권유로 약산 유엄 아래로 갔다. 도오는 도오산의 원지圓智, 769-835로, 운암의 속형俗兄이다. 출가는 운암이 먼저 했다. 도오는 처음 백장 열반을 따라 출가하였지만 약산에게 나아가 대오했다. 그의 법을 이은 자가 석상 경저石霜慶諸, 807-888이다.

본칙에서 문제로 삼고 있는 것은 천수천안 관세음보살의 손과 눈이다. 운암이 도오에게 물었다. "대비보살은 수많은 손과 눈으로 무엇을 합니까?" 도오가 말했다. "사람이 한밤중에 등 뒤로 베개를 찾는 것과 같다." 베개를 손으로 찾는 것은 손이 전부 눈이 됨을 나타낸 말이다. 손은 보살의 작용을 뜻하고 눈은 보살의 지혜를 뜻한다. 보살의 작용이라는 것은 바로 자비이다. 지혜와 자비가 한 몸임을 문답 상량하는 칙이다.

운암은 알겠다고 하였다. "온몸[遍身]이 손이고 눈"이라는 말은, 지혜가 곧 자비이고 자비가 곧 지혜라고 하는 지비智悲 일체의 세계를 나타낸 말이다. 그런데 도오는 "팔 할밖에 말하지 못했다"라고 말했다. 운암의 답이 충분하지 않다는 것이다. 운암은 "그렇다면 사형은 어떻소?"라고 물었다. 도오는 "몸 전체[通身]가 손이고 눈이오"라고 했다. '변遍'과 '통通'이 어떻게 다른지는 학자들에게 맡긴다. 선은 문자에 천착하는 학문이 아니다. 변과 통은 실질적으로 크게 다르지 않지만, 거기에는 선기禪機라는 것이 있다. 이러한 작용을 '전발轉撥'이라든가, '비약飛躍'이라고 하는 것이다. 선은 활발발活潑潑하기 때문이다.

"변신이 옳은가, 통신이 옳은가. 특별히 내세우면 십만 리나 멀어진다." 설두는 송의 첫 구에서, 변신과 통신 중 어느 것이 옳다고 주장한다면 변신과 통신 사이가 저 멀리 십만 리나 멀어지게 된다고 하였다. 그것은 동시에 두 형제 사이의 거리이기도 하다. 셋째 넷째 구에 《장자》의 대붕大鵬과 곤鯤의 이야기를 가지고 나온 것은 도오와 운암의 멋진 문답을 극적으로 묘사하기 위해서이다.

"나래치는 붕새, 육합의 구름 위를 날고 / 치솟는 바람, 끓어오르는 사명수"에서 '육합六合'은 천지와 사방四方이다. 자유로운 경계를 노래한 것이다. '사명四溟'은 사방의 대해이다. 육합의 구름 위로 높이 날아오르며 나래 쳐, 그 바람이 사방 대해의 물을 끓어 오르게 한다는 것이다. 그러나 설두는 대붕이 하늘을 나는 세계조차 본래의 세계에서 보면 아직 먼지가 나는 정도라고 노래했다. "이 무슨 먼지[埃壒]인가, 홀연히 생기고 / 저 가는 털, 좀처럼 그치지 않네." '애埃'는 먼지 바람이다. '애壒'는 흙먼지이다.

"그대는 보지 못하는가, / 법으로 드리운 망주, 겹겹이 그림자가 됨을" 이 구는《화엄경》의 비유를 인용하여 손(작용)과 눈(지혜)이 일체임을 노래한 것이다. '망주網珠'는 제석천의 궁전에 단 커튼에 붙인 무수한 보주이다. 이를 제망명주帝網明珠라고 한다. '수범垂範'은 법을 내려 뒷사람의 본보기가 되게 한다는 뜻이다. 사람들을 구하려고 하늘에서 이념의 상징인 망을 내려뜨린 것이, 도리어 겹겹이 그림자를 만들고 있음을 모르는가 하고 묻는 것이다. 그것을 빗대어 "주장자의 손과 눈이 어디서부터 움직일까"라고 하였다. 즉 주장자(참된 자기)가 그대로 변신이고 통신이며 바로 지비일체智悲一體인데, 손과 눈이 달리 어디에 붙어 있겠는가 하는 의미이다. 설두는 송의 마지막에서 "츳츳[咄]!" 하며 스스로 법리를 지나치게 말했음을 뉘우치고, 이 한 마디를 뱉어내어 송으로 노래한 자신의 말 전부를 지워버렸다.

제90칙

지문, 반야의 체

智門般若體
지 문 반 야 체

【수시】

말소리 있기 이전의 한마디, 천성도 전하지 못한다. 면전의 한 실오라기는 긴 세월 무한하다. 정라라 적쇄쇄. 머리털은 덥수룩하고 귀는 쭁긋 솟았다. 자 말해보라, 예를 들어볼 테니 참구해보라.

聲前一句千聖不傳。面前一絲長時無間。淨裸裸赤灑灑。頭鬘鬆
성 전 일 구 천 성 부 전   면 전 일 사 장 시 무 간   정 라 라 적 쇄 쇄   두 봉 송

耳卓朔。且道作麼生。試擧看。
이 탁 삭   차 도 작 마 생   시 거 간

본칙

어떤 승이 지문에게 물었다. "반야의 체는 무엇입니까?" 지문이 말했다. "조개가 명월을 머금었다." 승이 말했다. "반야의 용은 무엇입니

까?" 지문이 말했다. "토끼가 잉태했네."

僧^승問^문智^지門^문。如^여何^하是^시般^반若^야體^체。門^문云^운。蚌^방含^함明^명月^월。僧^승云^운。如^여何^하是^시般^반若^야
用^용。門^문云^운。兔^토子^자懷^회胎^태。

【송】

한 조각의 허응虛凝, 위정謂情을 끊으니,

인천은 이로부터 공생空生을 본다.

조개, 현토玄兔를 품은 심오한 뜻,

일찍이 선가와 전쟁을 벌였네.

一^일片^편虛^허凝^응絕^절謂^위情^정　人^인天^천從^종此^차見^견空^공生^생
蚌^방含^함玄^현兔^토深^심深^심意^의　曾^증與^여禪^선家^가作^작戰^전爭^쟁

해설

"말소리 있기 이전의 한마디"는 부모로부터 태어나기 이전의 소식을
뜻한다. 분별 이전의 세계이다. 이것은 자신이 깨달은 경지이므로, "천
명의 부처도 전하지 못한다"라고 하였다. "면전의 한 실오라기는 긴
세월 무한하다"라는 말은, 예로부터 면면히 이어오는 한 가닥의 실[一
絲], 즉 '한마디'는 영원히 이어져 있으며 그대로 시간을 초월하여 존재
한다는 의미이다.

　이처럼 극히 작은 것이라도 "정라라 적쇄쇄", 있는 그대로 드러나

있다. 그러한 모습을 형용해 보면, "머리는 덥수룩하고 귀는 쫑긋 솟았다." 모든 존재는 극히 자연스럽고 어떠한 작위도 필요치 않으며 그대로 활발발하다. 그것은 "말소리 있기 이전의 한마디"이고 "면전의 한 실오라기"의 소식이다. 그것은 대체 어떤 것이지, 실례를 들어볼 테니 참구해보라고 한다.

지문智門光祚은 운문-향림의 문하이며 설두의 스승이다. 수주隨州의 지문산에 살며 교화했다. 많은 제자가 법을 이었는데, 그중 유명한 자가 바로 이 《벽암록》의 원본을 지은 설두 중현이다. 어느 승이 지문에게 물었다. "반야의 체는 무엇입니까?" 교가教家에서는 반야를 실상實相반야, 관조觀照반야, 문자文字반야의 셋으로 구분한다. 실상반야는 반야의 본체이며 본래면목이다. 관조반야는 반야의 작용으로, 사물의 실상을 정확히 조견照見하는 지혜이다. 문자반야는 반야의 상相을 문자로 나타내는 것을 말한다. 그러나 선가에서는 이러한 분류를 꺼린다. 본칙은 그러한 선의 태도를 보여준다.

지문이 말했다. "조개가 명월을 머금었다." 중국의 전설에 의하면, 한강漢江이라는 곳에서 나오는 대합조개의 일종으로 '방蚌'이라는 조개가 있는데, 그 조개가 중추仲秋의 명월을 기다려 수면에 떠올라, 입을 열고 월광을 머금으면 그것이 진주가 된다고 한다. 그 구슬을 '합포蛤浦의 구슬'이라고 하며 '진중珍重'이라고도 한다.

승이 다시 물었다. "반야의 용은 무엇입니까?" 지문은 말했다. "토끼가 잉태했네." 평창에 의하면, 토끼는 밝은 달밤에 달빛의 정기를 머금고 잉태한다는 전설이 있다고 한다. 이러한 전설상의 내용과는 무관하게, 지문은 반야의 체와 용을 묻는 승에게 이렇게 답한 것이다. 반야를 이처럼 체와 용으로 나누어 질문한 것을 보면, 이 승은 아마 교가敎家의 사람이었던 모양이다. 이에 대해 지문이 체용즉일體用卽一의 입장에서 반야를 달빛으로 비유하여 한마디 한 것이다. 예로부터 진여나 반야는 해와 달의 빛에 비유하였다. 지문이 이처럼 한마디로 답한 것은 역시 운문계의 영향이다.

송의 첫 구는 반야의 지혜를 달과 연관 지어 표현하였다. "한 조각의 허응虛凝, 위정謂情을 끊으니"에서 '허응'은 한 조각의 맑고 밝은 결정체(명월)를 뜻한다. '위정'은 언어나 분별을 의미한다. 반야의 지혜를 달에 견주어, 그 세계는 모든 말과 견식이 끊어진 곳임을 말하고 있다.

"인천人天은 이로부터 공생을 본다." '이로부터[從此]'는 '그 세계를 깨달은 시점으로부터'를 말한다. 여기에서 비로소 인천은 공생을 만난다는 의미이다. 공생은 석존의 제자인 수보리를 뜻한다.

"조개, 토끼[玄兎]를 품은 심오한 뜻, / 일찍이 선가와 전쟁을 벌였네." 여기서 현토玄兎는 명월이다. 조개가 명월을 머금어, 조개도 명월도 모두 없어진 일체개공의 세계, 그 세계의 깊고 깊은 뜻을 가지고 지문이 선가와 법전을 벌였다는 뜻이다. 설두는 스승 지문의 선이 참으로 훌륭하다고 찬탄하며 마지막 송을 맺었다.

염관, 무소뿔 부채

塩官犀牛扇子

【수시】

알음알이를 초월하고 견해를 여의고, 매인 것은 풀고 붙은 것은 떨어

지게 하고, 향상의 종승을 제기하고 정법안장을 세우는 것, 시방을 한

결같이 응대하고 팔면이 영롱해야 바로 이러한 전지에 이르게 된다.

자, 말해보라. 동득동증同得同證하고 동사동생同死同生할 자가 있는가.

참구해보라.

초 정 리 견　　거 박 해 점　　제 기 향 상 종 승　　부 수 정 법 안 장　　야 수 시 방 제
超情離見。去縛解粘。提起向上宗乘。扶竪正法眼藏。也須十方齊
응 팔 면 령 롱　　직 도 임 마 전 지　　차 도 환 유 동 득 동 증 동 사 동 생 저 마
應八面玲瓏。直到恁麼田地。且道還有同得同證同死同生底麼。
시 거 간
試舉看。

염관이 하루는 시자를 불렀다. "무소뿔로 된 부채를 내게 가져와라."
시자가 말했다. "부채가 망가졌습니다." 염관이 다시 말했다. "부채가
망가졌다면 무소를 가져오라." 시자가 대꾸하지 않았다. 투자가 말했
다. "끌고 오는 것은 어렵지 않은데, 뿔이 완전하지 않을까 염려되네."

[설두가 받아서 말했다. "나는 불완전한 뿔이 좋아."]

석상이 말했다. "화상에게 오면 바로 없어질 텐데요."

[설두가 받아서 말했다. "소는 아직 있는데!"]

자복은 동그라미를 하나 그리고 가운데 '우牛' 한 글자를 썼다.

[설두가 받아서 말했다. "조금 전, 무엇 때문에 끌고 오지 못한다고 했지?"]

보복이 말했다. "화상은 나이가 드셨으니 다른 사람에게 청하시는 게
좋습니다."

[설두가 받아서 말했다. "애석하지만 힘쓸 필요는 없네."]

鹽官一日喚侍者。與我將犀牛扇子來。侍者云。扇子破也。官云。
扇子既破。還我犀牛兒來。侍者無對。投子云。不辭將出。恐頭角
不全。雪竇拈云。我要不全底頭角。石霜云。若還和尚即無也。雪
竇拈云。犀牛兒猶在。資福畫一圓相。於中書一牛字。雪竇拈云。
適來爲什麽不將出。保福云。和尚年尊。別請人好。雪竇拈云。可
惜勞而無功。

【송】

무소뿔 부채를 오랫동안 써왔는데

물으면 이상하게도 모두 알지 못하네.

한없는 청풍과 뿔,

모두 비구름을 뒤쫓기 어려운 것과 같네.

[설두가 다시 말했다. "청풍이 다시 불고 뿔이 다시 생기는 것을 원한다면, 선객들이

여! 각자 일전어를 내놓아보라." 그러고는 물었다. "부채가 망가졌거든 무소를 가져

오라." 그때 한 승이 나와서 말했다. "대중들이여, 참당하러 가세!" 설두는 "할!" 하

고 말했다. "멋진 고래를 낚으려고 했는데 하마蝦蟆가 낚였네." 바로 자리에서 내려

왔다.]

서 우 선 자 용 다 시　문 착 원 래 총 부 지
犀牛扇子用多時　問著元來總不知
무 한 청 풍 여 두 각　진 동 운 우 거 난 추
無限淸風與頭角　盡同雲雨去難追

설 두 부 운　약 유 청 풍 재 복　두 각 중 생　청 선 객 각 하 일 전 어　문 운
雪竇復云。若要淸風再復。頭角重生。請禪客各下一轉語。問云。
선 자 기 파　환 아 서 우 아 래　시 유 승 출 운　대 중 참 당 거　설 두 갈 운
扇子旣破。還我犀牛兒來。時有僧出云。大衆參堂去。雪竇喝云。
포 구 조 곤 경　조 득 개 하 마　변 하 좌
拋鉤釣鯤鯨。釣得箇蝦蟆。便下座。

해설
_____

"알음알이를 초월하고 견해를 여의고"에서 '알음알이'는 정식범정情識

凡情으로, 번뇌를 뜻한다. '견해'는 대체로 단斷·상常 이견二見을 의미

한다. 단은 아무것도 없다고 하는 공견空見이고, 상은 모든 것이 있다

고 하는 상견常見이다. 그렇지만 이 모든 것은 자아가 있을 때의 생각

이다. 미혹함도 깨달음도 모두 벗어나, 그러한 것으로부터 속박을 받

지 않아야 정을 넘고 견을 여의게 된다.

"매인 것은 풀고 붙은 것은 떨어지게 하고"라는 말은 불법에 속박되고 선禪에 들러붙은 상태에서 완전히 떨어져 나와야 진정한 선이라는 의미이다. "향상의 종승을 제기하고"는 위없는 최고의 가르침을 보인다는 뜻이다. "정법안장을 세우는 데는"이란 정법안장, 즉 불법의 안목을 제시하고자 한다는 뜻이다. "시방을 한결같이 응대해야 하고"는 어떤 것에도 자유자재로 응대할 수 있어야 한다는 의미이며, "팔면이 영롱해야"라는 것은 사방팔면 어느 쪽에서 보아도 애매한 곳이 전혀 없어야 한다는 말이다. 말하자면 몸과 마음 모두가 환하게 맑고 밝아야 한다는 것이다. 이처럼 확실하다면 "바로 이러한 전지田地에 이르게 된다"라고 하였다. 즉 앞에서 말한 경지에 다다른다는 말이다.

"자 말해보라, 동득동증同得同證하고 동사동생同死同生할 자가 있는가?"라는 말은 삼세제불과 같은 깨침을 얻고 그러한 경지를 체득하여 같이 죽고 같이 살 자가 있는가 하는 의미이다. 사례를 들어 보일 테니 참구해보라고 한다.

염관塩官齊安, ?-842은 마조의 법을 이었다. 당 황제 선종宣宗이 잠시 그의 제자가 되기도 했다. '시자侍者'는 스승의 곁에서 일용 생활을 돕는 사람이다. 염관은 어느 날 시자를 불러 무소뿔로 만든 부채를 가져오라고 했다. '서우선자犀牛扇子'는 무소뿔로 만든 신비한 부채이다. 시자는 부채가 망가졌다고 하였다. 염관이 다시 말하기를, "부채가 망가졌다면 무소를 가져오라"라고 했다. 시자는 대꾸하지 않았다.

본칙은 염관과 시자의 이 문답에 대해, 나중에 청원 아래서 법을 이은 투자·보복과, 위산계의 자복, 그리고 조동계 도오道吾의 법을 이은 석상 등 4인이 제각각 종풍을 살려 한마디씩 한 것이다. 거기에 설두가 비평을 더하여 이처럼 한 칙이 되었다.

염관과 시자가 문제로 삼은 것은 무소뿔로 만든 부채였지만, 나중에 4인이 상량商量한 주제는 오로지 무소였다. 염관이 무소를 가져오라고 했지만 시자가 답하지 않은 것에 대해, 투자投子大同, 819-914는 이렇게 말했다. "끌고 오는 것은 어렵지 않지만 두각頭角이 완전하지 않을까 염려되네." 말하자면 본래면목의 전수傳授가 어려울 것을 걱정한 것이다. 이는 시자를 대신하여 투자가 답한 말이다. 거기에 설두가 비평을 가하여 "나는 불완전한 뿔 그대로가 좋아"라고 하였다. 바로 투자의 머리를 눌러버린 것이다. 불완전한 본래면목이 세상에 있다면 한번 보여보라는 말이다. 이는 설두가 염관을 대신하여 말한 대어代語이다.

이번엔 시자를 대신하여 석상石霜慶諸, 807-888이 말했다. "화상에게 가져온다면 바로 없어질 텐데." 무상無相의 무소를 어떻게 건넬 수 있겠느냐는 말이다. 이에 대해 설두가 비평했다. "무소는 아직 있는데!" 왜 없어! 여기 이렇게 있지 않은가! 염관을 대신해서 말한 것이다.

다음, 자복資福如寶은 손으로 공중에 동그라미를 그리고 그 가운데 '우牛' 한 자를 썼다. '소는 여기에 있다'라는 의미를 내보인 것이다. 원상圓相은 앙산계의 가풍으로, 앙산이 탐원耽源에게 배운 것이다. 이에 설두는 다시 비평했다. "조금 전에 무엇 때문에 소를 끌고 오지 못한다고 했지?" 그처럼 훌륭한 소가 있다면 왜 빨리 데리고 오지 않느냐는 말이다.

마지막으로, 설봉 의존의 법을 이은 보복保福從展, ?-928이 말했다. "화상은 나이가 드셨으니 다른 사람에게 청하시는 것이 좋습니다." 시자에게 소를 끌어 오게 시키지 말고 염관 자신이 직접 끌고 오는 것이 좋겠지만, 노장이 연로하니 무리라고 하는 어감을 말속에 감추고 있다. 설두가 이를 두고 평했다. "애석하지만 힘쓸 필요는 없네." 염관을 대신해서 보복에게 답한 것이다. 선의 작용은 공들이는 일이 아니라고 결론을 지은 말이다.

이러한 문답들은 모두 속정俗情의 이익을 구하는 사람으로서는 측량하기 어려운 세계이다. 물론 본칙 중 문제가 된 무소는 불성이고 일심이다. '불가득심'을 어떻게 잡을 수 있을까? 각각의 선장禪匠이 목숨 걸고 저마다 역량을 보였지만, 필경에는 불가득이라 모두 헛되이 공을 들이고 말았다.

송의 첫 구, "무소뿔 부채를 오랫동안 써왔는데"라는 말은, 본래불성을 무소뿔 부채로 비유한 문답이 많다는 의미이다. "물으면 이상하게도 모두 알지 못하네." 즉 사람마다 구족하고 있다고 해도 좀처럼 그것을 아는 자가 없다는 것이다. "한없는 청풍과 뿔"은 한없이 일어나는 선풍과 훌륭한 선장을 의미한다. "모두 운우를 뒤쫓기 어려운 것과 같네." 지금 선의 종지를 이은 선장들의 종적을 따르기가 무척 어려운 것이 마치 비와 구름을 좇는 것과 같다는 말이다. 여기서 '운우雲雨'는 투자를 비롯한 4인의 대어代語를 가리키고, 그들이 그립지만 그들의 종적을 따라가기 어렵다는 뜻이다.

이 칙의 송은 다른 송들과 형식이 다르다. 송이 끝나고 난 다음 설두가 계속해서 이야기한다. "설두가 다시 말하기를"부터는 설두의 시중으로 보인다.

송을 끝내고 설두가 다시 말했다. "청풍이 다시 불고 두각이 다시 생기는 것을 원한다면, 선객들이여! 각자 일전어一轉語를 내놓아보라."

선객들이 청풍을 휘날리고 두각을 세울 위용이 있기를 바라며, 그들에게 한마디씩 해보라고 촉구하는 것이다. '일전어'는 상황을 확 바꾸고 급소를 찌르는 한마디이다. 다시 설두가 염관을 대신해서 대중에게 물었다. "부채가 망가졌거든 무소를 가져오라!" 그때 한 승이 나와서 말했다. "대중들이여, 참당参堂하러 가세!" '당堂'은 납자들의 청풍이 일어나는 선당이다. 원오는 평창에서 "이 승이 과연 무소를 알았을까, 알지 못했을까. 알지 못했다면 어찌 이런 식으로 말했을까? 알았다면 설두가 무엇 때문에 다음과 같이 말했을까?"라고 문제를 제기하였다.

설두는 승의 말끝에 "할!" 하고, "멋진 고래를 낚으려고 했는데 하마蝦蟆가 낚였네"라 말하고는 바로 자리에서 내려왔다. '하마'는 새우 정도 되는 작은 물고기이다. 설두는 이렇게 대중의 공부를 비판하면서 상당의 자리에서 내려와버렸다.

제92칙

세존, 자리에 오르시다

세 존 승 좌
世尊陞座

【수시】

현을 움직이면 곡을 아니, 천세에도 만나기 어렵다. 토끼를 보고 매를

놓아 즉시 재빠르게 응한다. 모든 어언語言을 한마디로 하고, 대천 사

계沙界를 모아 한 티끌로 한다. 동사동생하고 칠천팔혈한다. 확인할 자

가 있는가. 예를 들어볼 테니 참구해보라.

동 현 별 곡　　천 재 난 봉　　견 토 방 응　　일 시 취 준　　총 일 체 어 언 위 일
動絃別曲。千載難逢。見兔放鷹。一時取俊。總一切語言為一
구　　　섭 대 천 사 계 위 일 진　　동 사 동 생　　칠 천 팔 혈　　환 유 증 거 자 마
句。攝大千沙界為一塵。同死同生。七穿八穴。還有證據者麼。
시 거 간
試舉看。

514

세존께서 어느 날 자리에 오르셨다. 문수가 추槌를 치면서 말하기를, "법왕의 법을 잘 살펴보라, 법왕의 법은 이와 같다." 세존이 바로 자리에서 내려오셨다.

世尊一日陞座。文殊白槌云。諦觀法王法。法王法如是。世尊便下座。

【송】

열성列聖 무리 중 작자는 아네,

법왕의 법령은 이와 같지 않음을.

대중 가운데 선타仙陀라는 객이 있다면

하필 문수에게 추를 치게 했을까.

列聖叢中作者知　法王法令不如斯
會中若有仙陀客　何必文殊下一槌

해설

"현을 움직이면 곡을 아니"라는 말은, 현絃이 울리면 바로 곡목을 안다는 의미이다. 옛날 백아伯牙가 거문고를 타니 친구인 자기子期가 그것을 듣고 백아가 어떤 기분인지 잘 이해했다고 한다. 마음이 잘 맞는 친구를 '지음知音'이라고 하는 것은 여기서 유래된 말이다. 자기가 죽자 백아는 자신의 거문고를 알아주는 사람이 세상에 없다고 탄식하고 거문고의 줄을 끊었다고 한다. "천세에도 만나기 어렵다." 그러한 지음은 좀처럼 만날 수 없다는 말이다.

"토끼를 보고 매를 놓으니 즉시 재빠르게 대응한다"라는 말은, 숙련된 사냥꾼은 토끼의 그림자만 보아도 바로 매를 놓아 잽싸게 토끼를 잡아버린다는 말로, 기회를 잘 파악하여 대응한다는 의미이다. 대단한 선장이라면 어떤 준민俊敏한 상대가 나타나도 힐끗 모습만을 보고 바로 눌러버린다는 뜻이다.

"모든 어언을 한마디로 하고", 즉 석존의 일대 설법이 팔만사천의 법문, 십조구만 오천사십팔자의 말씀이라고 하지만, 선에서는 그것을 다만 한마디 '무' 일자로 거두어버리거나, 손가락 하나로 표현하기도 한다는 의미이다. 혹은 "대천 사계沙界를 모아 한 티끌로 한다." 즉 무수한 세계를 끌어와 하나의 티끌에 담는다는 것이다. "동생동사하고 칠천팔혈한다"라는 말은 같이 죽고 같이 살며 칠통팔달의 자유자재한 경계에 있다는 의미이다. 이를 "확인할 만한 자가 있는가?" 예를 들어 볼 테니 참구해보라고 한다.

이 본칙은 세존과 문수 두 사람이 등장하여 '무설無說의 설법'을 보인 것이다. 설법은 언제나 추槌나 죽비를 쳐서 시작하고, 마치면 유나가 대중에게 '여응관법왕汝應觀法王 법왕법여시法王法如是'라고 말하는 것이 상례이다. 이 게송은 《화엄경》(80권 본)의 권4에 나온다.

본칙에서는 세존께서 자리에 오르시자 문수가 추를 쳐서 말하기를, "법왕의 법을 잘 살펴보라, 법왕의 법은 이와 같다"라고 하였다. 문수가 추를 치며 법왕인 세존의 설법이 시작됨을 알리고, 잘 보라고 한 것이다. '백추白槌'는 설법이 시작되거나 끝날 때 방망이로 나무판을 쳐 신호하는 것을 의미한다. 문수의 말이 끝나자, "세존은 바로 자리에서 내려오셨다."

송의 첫 구, "열성 무리 중 작자는 아네"에서 '열성 무리'는 세존의 설법을 듣기 위해 모인 수제자들을 가리킨다. 그들이 열을 지어 설법을 듣고 있지만, 참된 작가라면 세존과 문수가 벌이는 이 장면, 즉 "법왕의 법령은 이와 같지 않음"을 안다는 의미이다. '작자作者'는 작가作家이다. 작자라면 "45년 한마디도 설하지 않았다[一字不說]"라고 설한 붓다의 가르침이 무엇을 뜻하는지를 처음부터 알아차린다는 말이다.

"대중 가운데 선타라는 객이 있다면"에서 '선타'는 선타파仙陀婆이다. '객'은 어떤 한 분야에서의 달인達人을 의미한다.《열반경》권9에 이런 이야기가 나온다. 옛날 어진 신하가 있었는데, 주군이 '선타파!'라고 부르기만 해도 주군의 마음을 묘하게 알아차렸다. 왕이 씻으려고 '선타파!'라고 부르면 물을 가져오고, 밥을 먹으려 하면 소금을 가져오고, 식사를 마치려 하면 물그릇을 가져오고, 나가려고 하면 말을 대령했다고 한다. 따라서 이처럼 영리한 사람을 '선타객'이라고 부른다.

"하필 문수에게 추를 치게 했을까." 이는 대중 가운데 선타 같은 객, 영리한 자가 있다면 문수에게 방망이를 치도록 하지는 않았을 것이라는 의미이다. 설두는 세존과 문수의 이러한 장면도 '무설의 설'을 알지 못하는 자 때문에 생겼다고 한다. 참된 무설의 설을 아는 자가 그 자리에 있었다면 세존은 자리에 오르실 일조차 없었을 것이다.

제93칙

대광, 춤을 추다

대 광 작 무
大光作舞

본칙

승이 대광에게 물었다. "장경이 말하기를, '재에 임해 경찬한다'라고 했습니다. 무슨 뜻입니까?" 대광이 춤을 췄다. 승이 절했다. 대광이 말했다. "무엇을 보고 곧바로 절하느냐?" 승이 춤을 췄다. 대광이 말했다. "이 여우 같은 놈!"

승문대광   장경도   인재경찬   의지여하   대광작무   승례배   광
僧問大光。長慶道。因齋慶讚。意旨如何。大光作舞。僧禮拜。光
운   견개십마   변례배   승작무   광운   저야호정
云。見箇什麽。便禮拜。僧作舞。光云。這野狐精。

【송】

앞의 화살은 가볍고 나중 화살은 깊다.

518

누가 말했나, 누런 잎이 황금이라고.

조계의 물결이 비슷하다면

평인平人은 한없이 매몰[陸沈]된다.

전 전 유 경 후 전 심　　수 운 황 엽 시 황 금
前箭猶輕後箭深　　誰云黃葉是黃金
조 계 파 랑 여 상 사　　무 한 평 인 피 륙 침
曹溪波浪如相似　　無限平人被陸沈

해설

수시가 없고 바로 본칙이다. 대광大光居誨, 837-903은 대광산에서 수행
했고, 석상 경제의 법을 이었다. 본칙에서 인용한 장경의 말은 제74칙
에 나온 내용과 연결된다. 금우金牛가 매일 공양시간에 밥통을 들고
승당 앞에서 춤을 추며, "자아~ 수행자들이여! 공양을 드시오"라고 한
일에 대해, 어느 승이 장경에게 "금우는 대체 어떤 기분으로 그렇게 했
나요?"라고 질문했다. 이에 대해 장경이 "재에 임해 경찬慶讚한 것이
다"라고 답했던 일을 두고, 어떤 승과 대광이 문답을 나누고 있다.

　수행도량에서 아침은 죽좌粥座, 점심은 재좌齋座라고 하는데, 그 당
시에는 공양 전후로 경찬을 위해 대중이 합송한 모양이다. 경찬은 보
살들에게 공양하고 보살의 덕을 찬양하는 것이다. 장경은 금오의 춤을
경찬이라고 말했고, 승이 이에 대해서 대광에게 "무슨 뜻인가"라고 물
었다. 그러자 대광은 가만히 있다가 일어나 춤을 추었다. 승은 춤을 추
는 대광에게 절을 하였다. 그러나 이 승은 과연 의미를 알고 절을 한
것일까? 대광이 바로 물었다. "무엇을 보고 절하는가?" 승이 이번에는

대광의 흉내를 내며 춤을 춰 보였다. 춤을 춘 것은 대광과 같지만, 알고 추는 것과 모르고 추는 것은 크게 다르다.

　대광이 승에게 말했다. "이 여우 같은 놈!" 흉내만 낼 줄 아는 바보라고 윽박지른 것이다. 원오는 대광의 이 '할喝'에 대해서, "계속 흉내만 내서 춤을 춘다면 언제 대안심을 얻겠는가. 대광의 이 할은 그 승의 미혹함을 끊을 뿐 아니라 금우마저 절단했다"라고 평했다. 그리고 "설두는 '이 여우 같은 놈!'이라는 말이 마음에 들어 이 칙을 채택한 것이다"라고 덧붙였다. 원오는 다시 "'이 여우 같은 놈!'이라는 이 한마디는 마조의 '지장의 머리는 희고 백장의 머리는 검다'와 같은가 다른가. 설봉의 '이 먹통 같은 놈아!'와 남전의 '모양만 그럴듯한 승'이라는 말은 같은가 다른가"라고 하며, 나름대로 또 다른 공안을 제시했다.

송에서 설두는 대광의 '할'이 마조, 설봉, 남전에 필적할 만큼 위력이 있음을 노래했다. 첫 구, "앞의 화살은 가볍고 나중 화살은 깊고"에서, 앞의 화살은 대광이 춤을 추는 것을 뜻하고, 나중의 화살은 대광이 승에게 '이 여우 같은 놈!'이라고 말한 것을 의미한다.

　"누가 말했나, 누런 잎이 황금이라고." 이 구의 의미는, 누렇게 마른 잎을 보여주고 황금이라고 말하며 우는 아이를 달래는 것처럼, 금우나 대광이 춘 춤은 방편에 지나지 않는 것이고, 거기에는 진정한 선이 없다는 뜻이다. "조계의 물결"은 육조 이래의 조사선의 모습을 뜻한다. 조사선이 이처럼 춤을 추는 것만으로 형태를 갖추는 것이라면, "평인은 한없이 매몰[陸沈]된다." '평인平人'은 착실한 수행자를 뜻한다. '육침陸沈'은 본래 은자隱者를 의미하지만 여기서는 파놓은 구멍에 매몰된다는 의미이다. 착실한 수행자들이 조사들이 춤을 추는 모습을 보고 그것이 조사선이라고 여긴다면, 궁극에는 스스로 매몰되고 만다는 뜻이다. 춤만 아니라 무無, 할喝, 몽둥이[棒] 등을 선이라고 심득心得한다면, 남종선의 선맥은 위험하다는 것이다. 조계의 물결을 흉내 내지 말고 자신의 춤을 추지 않으면 안 된다는 것이 결구의 의미이다.

제94칙

《능엄경》, 보지 못할 때

능 엄 불 견 시
楞嚴不見時

【수시】

말소리 있기 이전의 한마디, 천성도 전하지 못한다. 눈앞 한 올의 실은
무한하여 간단없다. 정라라 적쇄쇄, 노지의 백우. 눈을 크게 떠 번득거
리고 귀를 치켜세운 금모의 사자는 차치하고, 자 말해보라, 노지의 백
우는 어떤 것인가.

성 전 일 구　천 성 부 전　면 전 일 사　장 시 무 간　정 라 라 적 쇄 쇄　로 지
聲前一句。千聖不傳。面前一絲。長時無間。淨裸裸赤灑灑。露地
백 우　안 탁 삭 이 탁 삭　금 모 사 자　즉 차 치　차 도　작 마 생 시 로 지
白牛。眼卓朔耳卓朔。金毛獅子。則且置。且道。作麼生是露地
백 우
白牛。

《능엄경》에서 말하기를, "내가 보지 못한다고 할 때, 어째서 내가 보지 못한 곳을 보지 못할까. 만약 보지 못하는 곳을 본다고 하면, 자연히 그것은 보지 못하는 상相이 아니다. 만약 내가 보지 못하는 곳을 보지 못했다면, 당연히 물物이 아니다. 어찌 그대(본래자기)가 아니겠는가?"

능엄경운 오불견시 하불견오불견지처 약견불견 자연비피불
楞嚴經云。吾不見時。何不見吾不見之處。若見不見。自然非彼不
견지상 약불견오불견지지 자연비물 운하비여
見之相。若不見吾不見之地。自然非物。云何非汝。

【송】

코끼리 전체와 소 전체를 보았다고 해도, 눈병[瞖] 탓과 다르지 않다.

종래 작자는 모두 이름을 붙인다.

지금 황두노를 보려거든

진진찰찰, 반분밖에 안 된다.

전상전우예불수 종래작자공명모
全象全牛瞖不殊 從來作者共名模
여금요견황두로 찰찰진진재반도
如今要見黃頭老 刹刹塵塵在半途

해설

수시의 첫 구는 제90칙의 수시에 이미 나왔다. "말소리 있기 이전의 한마디"는 소리를 내기 이전, 즉 천지가 나누어지기 이전의 소식이다.

오관이 움직이기 이전의 자기 본래의 면목이다. 이것은 천 명의 부처가 와서 설명한다고 해도 설명이 될 수 없다. 이를 "천성도 전하지 못한다"라고 했다.

"눈앞의 한 가닥 실은 무한하여 간단없다." 목전에 어른거리는 한 올의 실밥에는 눈에 보이든 보이지 않든, 영원한 시간이 담겨 있다는 뜻이다. 이는 현재에 분명히 존재하지만, 또한 시간을 넘어서 존재하기 때문이다. '말소리 있기 이전의 일 구'는 크게 한 번 죽이는 것이고, '눈앞의 한 가닥의 실'은 죽은 뒤 소생하는 것을 의미하지만, 어떻게 말해도 적합하지 않다.

"정라라 적쇄쇄"라는 말은 티끌 하나 없는 청정세계를 뜻한다. 이러한 세계에 있는 것이 '노지의 백우'이다. 노지露地는 모든 것이 드러나 있는 곳이다. 백우는 하얀 소이며,《법화경》〈비유품〉에서는 이를 청정법신의 당체라고 말한다.

"눈은 크게 떠 번득거리고 귀를 치켜세운"이라는 것은 쾌활하고 늠름하며 활기찬 모습을 뜻한다. 이러한 모습의 '금모金毛사자', 즉 당찬 기백으로 차별의 세계에서 종횡무진하는 사자는 잠시 별도로 두고, 대체 노지의 백우란 무엇인가?

본칙은《수능엄경》권2에 나오는 내용에 의거한다. 세존이 아난에게 '마음을 보는 것'에 대해 말씀하신 내용이다.《수능엄경》10권은, 당의 신룡神龍 원년(705), 반자밀제가 광주廣州의 제지사制止寺에서 번역했다. 실제로는 불설佛說에 위탁한 중국 찬술이며, 8세기 말《역대법보기》나《돈오요문》을 비롯하여 당·송대의 선록禪錄에 많이 인용되었다.《임제록》의 연야달다演若達多가 머리를 잃어버린 이야기도 여기서 인용된 것이다.

본칙의 내용은 다소 복잡하고 이해하기가 어렵다. 그러나 뜻을 알고 읽으면 그렇게 난해하지 않다. 개념이나 인식의 세계는 사람들에게 말로 전할 수 있지만, 물이 차고 따뜻한 것은 스스로 마셔보아야 아는 것이지 설명으로 알게 할 수는 없다.

경에는 본칙의 이 문장 앞에 이런 내용이 있다. "만약 보는 것[見]이 물상[物]이라면, 그대도 역시 내가 보는 것을 볼 수 있을 것이다. …" 이하부터가 본칙의 문장이다.

세존은 아난에게 "내가 보지 못할 때"라고 하셨다. 보지 못하는[不見] 대상은 자성이다. 자성은 대상을 보고 알고 느낀다. 대상을 인식하지 않을 때는 눈앞에 있어도 모른다. 이것은 능소자타能所自他, 시비득실이 모두 끊어진 세계이다.

"어째서 (그대는) 내가 보지 못한 곳을 보지 못할까?" 왜 아난 너는 자성을 간파하지 못하는가 하는 뜻이다. 세존은 자성의 당체를 깨달아 나타내 보이시지만[見性顯現] 아난은 이것을 아직 보지 못하고, '본다' 는 것을 상相을 보는 것으로만 생각한다. "만약 보지 못하는 곳을 본다면"은 보지 못하는 곳, 즉 '자성을 깨달았다면'이라는 뜻이다. 그러면 그것은 당연히 상相과는 다른 차원의 것이라는 의미이다. "만약 '내가 보지 못한다[不見]고 하는 곳[地]'을 보지 못했다면", 즉 세존 자신이 보지 못한다고 하는 곳을 아난이 보지 못했다고 하면, 그것은 "자연히 대상[物]이 아니다."

마지막으로 세존은 "어째서 그대가 아니겠는가?"라고 하셨다. 명상名相이 끊어진 자성의 자리, 그것은 아난 그대의 본래자기가 아닌가 하는 의미이다.

송으로 노래한다. "코끼리 전체와 소 전체를 보았다고 해도, 눈병[瞖] 탓과 다르지 않다." 코끼리와 소 전체를 보았다고 해도 그것은 눈병 탓이다. 있지도 않은 것을 보았다고 하기 때문이다. 즉 불견이라고 해도 견이라고 해도 어느 쪽도 진실이 아니라는 의미이다. '예瞖'는 그림자, 공중의 꽃[환화幻華]으로, 실재하지 않는 허상을 가리킨다. '전상全象'은 《열반경》에 나오는 비유를 인용한 것이다. 소경들이 자신의 손으로 코끼리를 만져보고 각각 일부분의 특징을 코끼리 전체로 파악했다고 하는 이야기이다. 불견不見을 의미한다.

'전우全牛'는 《장자》에 나오는 이야기이다. 포정庖丁이라고 하는 소 잡는 명인이 처음에는 단지 소만 보았을 뿐 골육의 이치를 몰랐다. 3년이 지나자 이제는 골육만 보이고 소가 보이지 않았다. 나중에는 소를 한 번 보는 것만으로 힘줄에 따라 순식간에 해부했다고 한다. 불견에 대한 견을 의미하는 말이다.

"종래 작자 모두 이름을 붙인다." 즉 견·불견을 넘어선 자리를 조사들은 지금까지 다만 명칭으로 추량할 뿐이었다는 것이다. '명모名模'는 이름을 붙인다든가 손끝으로 일부분을 더듬어, 결국 전체를 보지 못한다는 뜻이다.

"지금 황두노를 보려고 해도"에서 '황두노黃頭老'는 석가의 얼굴이 황색이므로 친숙하게 부른 호칭이다. 지금 석존을 보려고 목숨을 건다고 해도 "진진찰찰, 반분밖에 안 된다." 일진一塵 일찰一刹, 티끌같이 무수히 많은 나라에서 부처를 보았다고 해도 아직 반밖에 안 된다는 의미이다. 진실로 석존을 본 것이 아니다. 설두는 이러한 불가견의 세계를 송으로 노래했다.

제95칙

장경, 두 가지 말

장 경 이 종 어
長慶二種語

【수시】

부처가 있는 곳에 머물지 말라. 머물면 뿔이 생긴다. 부처가 없는 곳은 급히 지나가라. 지나가지 않으면 풀이 한 길이나 될 것이다. 설사 정라라 적쇄쇄하여 경계 밖에 마음이 없고 마음 밖에 경계가 없다 해도, 아직 나무를 지켜 토끼를 기다림을 면할 수 없다. 자, 말해보라, 모두 그렇지 않다면 어떻게 실천할까. 예를 들어볼 테니 참구해보라.

유 불 처 부 득 주 주 착 두 각 생 무 불 처 급 주 과 부 주 과 초 심 일 장
有佛處不得住。住著頭角生。無佛處急走過。不走過。草深一丈。
직 요 정 라 라 적 쇄 쇄 사 외 무 기 기 외 무 사 미 면 수 주 대 토 차 도 총
直饒淨裸裸赤灑灑。事外無機機外無事。未免守株待兔。且道總
불 임 마 작 마 생 행 리 시 거 간
不恁麼。作麼生行履。試舉看。

장경이 어느 때 말했다. "오히려 아라한에게 삼독이 있다고 말할지언정, 여래에게 두 종류의 말씀이 있었다고 말해서는 안 된다. 여래께서 말씀이 없었다고 말하는 것이 아니라, 다만 두 종류의 말씀이 없었다는 것이다." 보복이 말했다. "여래의 말씀이란 무엇인가?" 장경이 말했다. "귀머거리이니 어찌 들리겠는가." 보복이 말했다. "알겠네! 그대는 제이두第二頭에서 말했군." 장경이 말했다. "여래의 말씀이란 무엇인가?" 보복이 말했다. "차를 마시게!"

長慶有時云。寧說阿羅漢有三毒。不說如來有二種語。不道如來無語。只是無二種語。保福云。作麼生是如來語。慶云。聾人爭得聞。保福云。情知爾向第二頭道。慶云。作麼生是如來語。保福云。喫茶去。

【송】

제일두, 제이두

와룡은 지수止水에 비추지 않는다.

없는 곳에 달빛 어린 맑은 물결

있는 곳에 바람도 없는데 파도가 이네.

능선객이여, 능선객이여!

삼월의 우문禹門, 이마에 상처만 났구나.

頭兮第一第二　臥龍不鑒止水
無處有月波澄　有處無風浪起

해설

수시의 첫 구는 조주의 말이다. "부처가 있는 곳에 머물지 말라." 이것
이 부처, 이것이 깨달음이라고 하여 붙잡고 늘어져 정체해버리면, 그
것은 깨달음도 부처도 아닌 집착일 뿐이다. 그러한 것에 절대 안주해
서는 안 된다는 말이다. 그곳에 머물면 뿌리가 생긴다고 하였다. 몸에 털
이 나고 뿔을 인[피모대각被毛戴角] 동물과 같이 범부의 세계에 떨어져
버린다는 의미이다. 그러면 어떻게 하면 좋은가.

　"부처가 없는 곳은 급히 지나가라"라고 했다. 이 구 역시 조주의 말
이다. 부처도 깨달음도 없는 그 자리도 다만 홀로 사는 동굴에 지나지
않는다는 뜻이다. "지나가지 않으면 풀이 한 길이나 된다." 거기에 집
착하고 있으면 무성한 망상의 풀에 매몰된다는 것이다.

　그렇지만 "정라라 적쇄쇄", 실오라기 하나 없이 깨끗하게 씻어낸 듯
하여, "경계 밖에 마음이 없고 마음 밖에 경계가 없다 해도", 즉 밖으로
만경의 모습이 없고, 안으로 심기心機의 움직임이 없는 물아일여物我一
如, 심경일체心境一體라고 해도, 그것 또한 "아직 나무를 지켜 토끼를
기다림을 면할 수 없다", 즉 어리석은 일이라는 것이다. 이 말은 중국
의 고사古事에서 인용했다. 어리석은 농부가 어느 날 나무 그루터기에
토끼가 부딪혀 죽은 것을 보고, 여기에 맛 들여 다음 날부터는 아예 농
사를 그만두고 나무 그루터기 앞에 앉아 토끼가 부딪히기만을 기다렸
다고 한다.

"자, 말해보라, 그렇지도 않다면 어떻게 행리行履 할까?" '행리'는 실천, 실행이라는 뜻이다. 그 어떤 것도 아니라면, 대체 어떻게 하면 좋을까? 고인의 실례를 거론해볼 테니 참구해보라고 한다.

장경과 보복은 설봉 의존의 법을 이은 제자이다. 장경은 항주 염관塩官 출신이며, 29년에 걸쳐 고된 수행을 하여 좌복坐服이 7장이나 뭉개졌다고 한다. 처음 왕연채王延彬의 귀의를 받고 천주泉州에 초경사招慶寺를 열었다. 만년에 복주福州 장락의 서원西院에 머물며 장경이라고 고쳤다.

보복은 복주 왕연채의 귀의로 장주漳州에 보복선원을 열었다. 보복의 법을 이은 문등文僜 문하의 정靜·균筠 두 사람은 현존 최고最古의 선종사서인《조당집》(952)을 편집하였다.

《벽암록》에는 이 두 사람의 문답이 자주 보이는데, 이 칙에서는 특히 보복이 장경보다 힘이 있게 묘사되어, 마지막에는 장경이 보복에게 완전히 당한다.

장경이 어느 때 말했다. "오히려 아라한에게 삼독이 있다고 말할지언정, 여래에게는 두 종류의 말씀이 있었다고 말해서는 안 된다." '아라한arhat'은 최고의 깨달음에 이른 자를 뜻한다. 삼독은 탐욕·진애·우치의 세 가지 근본 번뇌이다. 아라한에게는 삼독이 있을 수 없지만, 여기서는 '있다고 할지언정'이라고 부정적인 가정을 하며 이야기를 꺼냈다. '두 가지 종류의 말씀'은 진실의 말과 방편의 말을 뜻한다. 여래는 실어자實語者라, 실없는 말은 일체 하시지 않았다는 것이다.《법화경》의 "다만 일승법一乘法만이 있지 둘도 아니고 셋도 아니다"라는 말씀과 같은 뜻이다. 장경은, '여래는 두 종류의 말씀을 하지 않았다는 것'에 빠져 있었다.

보복이 물었다. "여래의 말씀이란 도대체 무엇인가?" 보복은 장경이 자신의 알음알이에서 벗어나지 못하고 있는 것을 보고 은근히 질타했다. 알음알이로 알고 있는 것이 아닌, 살아 있는 여래의 말씀을 듣고 싶었던 것이다. "귀머거리이니 어찌 들리겠는가." 장경은 일상적인 차원에서 말했다. 자신이 파놓은 함정에 빠져 있음을 모르고 있었다. 보복이 바로 말했다. "알겠네[情知]! 그대는 제이두第二頭에서 말했군." '정지情知'는 단정하는 말투이다. 제일이 아닌 제이에서 한 말[第二頭]이라고 잘라 말했다. 제일은 진실이고 제이는 방편이다. 보복이 장경의 말을 둘로 나누어 말한 것이다.

여래의 설법은 모두 응병여약應病與藥의 방편이다. 그것은 역시 제이의第二義에서 하는 말이다. 장경은 공교롭게도 여래의 말씀을 진실과 방편, 둘로 나누어 생각하고 있었던 것이다. 거기서 장경이 물었다. "여래의 말씀은 무엇인가?" 보복은 "차를 마시게!"라고 했다. 잠에서 깨어나 정신을 차리라는 어감이 있다. 선에서는 여래의 말씀 전체를 방편으로 본다. 방편을 버리고서는 진실을 말할 수 없다는 것이 본칙의 요점이다.

송의 첫 구에서 설두는 오히려 "제일두, 제이두"로 나눈 보복을 칭찬했다. "와룡은 지수止水에 비추지[鑑] 않는다." '지수'는 고요히 고여 있는 물을 뜻한다. 정수靜水라고도 한다. '감鑑'은 거울에 자신의 모습을 비추는 것이다. 와룡, 즉 완전히 잠겨있는 용은 고요한 맑은 물에 자신을 비추지 않는다는 의미이다. 여래의 말씀을 방편의 말과 진실어로 나눈 그 자체가 이미 고요선[止水]이다. 말하자면 적적성성寂寂惺惺한 선이 아니다. 설두는 이를 물에 고요히 잠겨 있는 와룡에 비유했다.

제3구와 4구는 용이 있는 곳과 없는 곳을 나누어 이야기 한다. "없는 곳에는 달빛 어린 잔잔한 물결", 용이 없는 평정平靜한 곳은 달빛 어린 잔잔한 물결이 고요하기만 하다는 말로, 장경의 미진한 깨달음을 가리킨다. "있는 곳에는 바람도 없는데 파도가 인다"라는 말은, '차를 마시게!'라고 한 보복의 한마디가 마치 용이 거기에 있어 바람도 없는데 물결이 이는 듯 뛰어난 작용을 보인다는 의미이다.

그러나 안타깝게도 장경은 이해하지 못했다. 이에 설두는 "능선객이여, 능선객이여!"라고 부르고, "삼월의 우문禹門, 이마에 상처가 났네"라고 하였다. '점액點額'은 잉어가 용이 되지 못하고, 이마에 상처만 난 채 떠내려간다는 뜻이다. 이는 장경을 용이 되어 오르지 못한 잉어에 비유하여 노래한 것이다.

제96칙

조주, 삼전어

조 주 삼 전 어
趙州三轉語

본칙

조주가 대중에게 삼전어三轉語를 보였다.

조 주 시 중 삼 전 어
趙州示衆三轉語。

【송1】

진흙 부처는 물을 건너지 못하고,

신광은 천지를 비추네.

눈 속에 서 있기를 그만두지 않았다면,

누군가 계속 공들이지 않았을까.

니 불 부 도 수　　신 광 조 천 지
泥佛不渡水　神光照天地
입 설 여 미 휴　　하 인 부 조 위
立雪如未休　何人不雕僞

【송2】

금부처는 용광로를 지나지 못하니,

사람들이 자호에게 묻네.

패에 여러 글자,

청풍, 어딘들 없을까.

금 불 부 도 로　　인 래 방 자 호
金佛不渡爐　人來訪紫胡
패 중 수 개 자　　청 풍 하 처 무
牌中數箇字　清風何處無

【송3】

목불은 불을 건너지 못하니,

늘 파조타를 생각하네.

주장으로 홀연히 내리치니,

비로소 알았네, 자신을 등지고 있었음을.

목 불 부 도 화　　상 사 파 조 타
木佛不渡火　常思破竈墮
장 자 홀 격 착　　방 지 고 부 아
杖子忽擊著　方知辜負我

534

이 칙은 수시가 없이 바로 본칙으로 시작된다. 본칙 역시 지금까지의 칙과는 형태가 다르다. "조주가 대중에게 삼전어三轉語를 보였다"라고만 되어 있다. 삼전어는 설두의 송에 나오는 진흙 불[泥佛]·금불金佛·목불木佛의 이야기를 가리킨다. '전어轉語'란 심기일전心機一轉시키는 어구이다.

설두는《조주록》에 나오는 다음의 내용에서, '진흙 불' '금불' '목불'에 관한 삼구를 삼전어라고 하고, 다시 그 하나하나에 송을 붙였다.

조주가 상당하여 대중에게 말했다. "금불은 용광로를 건너지 못하고, 목불은 불길을 건너지 못하고, 진흙 불은 물을 건너지 못한다. 진불眞佛은 내 속에 앉아 있다. 보리·열반·진여·불성은 모두 몸에 걸친 옷이며, 역시 번뇌라고 한다. 묻지 않으면 번뇌가 없다. 진여·법성의 경지(실제리지實際理地)는 어디에 있다는 것인가. 일심一心조차 생기지 않으면 모든 것에 허물이 없다. 다만 법리法理(진여의 본체)를 궁구하여 이·삼십 년 좌선하라! 만약 깨치지 못한다면 노승의 머리를 베라."

설두는 원문에서 삼불三佛에 대한 부정적인 의미를 적극적인 것으로 바꾸어 생각하게 했다.

첫 번째 송에서는 "진흙 부처는 물을 건너지 못하고, 신광은 천지를 비추네"라고 하였다. 진흙으로 만들어진 부처는 물에 들어가면 용해된다. '신광神光'은 영묘한 빛이다. 여기서는 이조 혜가二祖慧可, 487-593를 뜻한다. 신광은 혜가의 어릴 때의 이름이다. 태어날 때 부사의한 빛이 방에 가득했다고 하여 신광이라고 한다. 이렇게 태어날 때부터 찬연히 빛나는 불성이 있지만, 만약 달마에게 나아가 안심을 얻지 않았다면 그 신광도 자각하지 못했을 것이다.

혜가는 숭산 소림사에서 달마의 가르침을 얻기 위해 밤새 눈 속에서 계속 서 있었다. 만약 그가 그대로 언제까지나 "눈 속에 서 있기만 했다면", 즉 깨닫지 못했다면 "누군가 계속 공들이지[雕僞] 않았을까." '조위 雕僞'는 무척 공들이며 매달린다는 뜻이다. 말하자면 사람들이 오로지 앉아서 작의作意의 선에만 매달렸을 것이라는 의미이다. 그러나 다행히도 혜가가 안심을 얻었기 때문에 모든 사람이 그렇게까지 하지 않아도 되었다는 것이다. 결국 진흙 부처[泥佛]가 물을 건널 수 있었으므로 모두가 작의의 선에 그치지 않게 되었다는 것이다.

진흙 부처는 물을 건널 수 없다고 이해되어 왔지만, 여기서는 진흙 부처가 물을 건너는 것으로 해석하는 쪽이다. 진흙 부처가 물에 들어가면 녹아 형태가 없어져버려 부처라는 모습[相]이 사라지기 때문이다. 무불無佛이 진불眞佛이다. 부처가 존재한다고 하면, 그것은 참된 부처가 아니다. 이것은 또한 조주가 "보리, 불성 모두 신체에 걸친 의복과 같다"라고 한 것과 마찬가지이다.

두 번째 송, "금불은 용광로를 건널 수 없다." 어떠한 금불이라도 용광로에 들어가면 무형무상이 되어 진불眞佛이 된다는 말이다.

"사람들이 자호에게 묻네." 자호紫胡利蹤, 800-880는 남전의 법을 이었다. 그가 하루는 상당하여 말하기를, "자호에게 한 마리의 개가 있는데, 위는 인두人頭를 하고 가운데는 인심人心을 하고 아래는 인족人足을 하고 있다. 의심하면 바로 상신실명喪身失命한다"라고 했다.

"패에 여러 글자"는 패에 쓴 자호의 시중이다. 자호는 이 패를 자신의 목에 걸고, 사람들이 와서 물으면 "개를 보라"라고 했다. 목숨을 빼앗는 무서운 개이다. 개의 이름은 '무'이기도 하고 '마삼근'이기도 하다. 여러 가지 이름이 붙어 있지만, 납자들이 이 개에게 물려 한 번 크게 죽지 않으면 참된 부처를 만날 수 없다.

"청풍, 어딘들 없을까." 깨달음의 세계가 어디에나 있다는 것을 청풍이 천지에 분다고 표현한 것이다. 패에 쓴 문자 덕분에 금불은 용광로를 건널 수 있게 되었다. 상신실명, 즉 다행히도 금불이 용광로에 녹아서 부처의 모습을 잃어버린 곳에 청풍이 휘도는 세계가 나타난 것이다.

세 번째 송, "목불은 불을 건너지 못하니 늘 파조타를 생각하네." 목불은 불에 타버리므로 불을 건널 수 없다. 파조타破竈墮는 숭산 혜안의 법을 이었는데, 이름이 밝혀져 있지 않다. 《오등회원五燈會元》에 파조타의 이야기가 나온다.

파조타가 살고 있는 절 가까이에 조왕신竈王神을 모시는 사당이 있었다. 사당에는 단지 솥 하나만 걸려 있을 뿐이었다. 제사 때는 수많은 사람들이 희생물을 바쳤다. 마을 사람들은 만약 이를 게을리 하면 재앙이 있다고 하여 두려워했다. 파조타는 이를 언짢아하다가 어느 날 사당에 들어가 부엌에 건 솥을 주장자로 세 번 내리치며 말했다. "쯧쯧! 이 부뚜막은 본래 진흙과 기왓장으로 만들어진 것인데, 신령함은 어디 있고, 영靈이 어디서 생겼기에 이처럼 생명을 삶아 죽인단 말인가"라고 일갈하며, 또다시 주장자로 내리치니 부뚜막이 저절로 쩍 갈라지고 부서졌다. 그러자 갑자기 푸른 옷에 높은 관을 쓴 기품 있는 사람이 나타나 파조타에게 절을 하면서 말했다. "저는 조왕신입니다.

오랫동안 업보를 받아오다가, 금일 생멸에서 벗어나는[無生] 화상의 설법에 의해 여기를 벗어나 하늘에 태어나게 되었습니다. 두터운 은혜에 감사합니다."

송의 마지막 결구 "비로소 알았네, 자신을 등지고[고부辜負] 있었음을"이라는 말에 이러한 의미가 내포되어 있다. 파조타는 "그대에게 본래 있던 성품이지 내가 굳이 말한 것은 아니다"라고 말했다. 조왕신은 두 번 절하고 사라졌다고 한다. 이로부터 세상 사람들은 그를 '파조타 화상'이라고 부르게 되었다. 부뚜막이 깨지자 조왕이 참된 자기의 본성을 깨달은 것처럼, 목불이 타서 부처의 모습이 없어졌을 때 참된 부처가 드러났음을 설두는 노래했다. 조주의 삼전어를 다시 '삼전어'한 것이 설두의 송이다.

제97칙

《금강경》, 죄업소멸

금 강 경 죄 업 소 멸
金剛經罪業消滅

【수시】

하나를 들기도 하고 하나를 놓기도 한다 해도, 아직은 작가가 아니다. 하나를 들어 셋을 밝힌다 해도 오히려 종지에 어긋난다. 천지가 갑자기 바뀌고 사방에 창唱이 끊기고, 우레가 치고 번개가 내리치고, 구름이 날고 비가 쏟아지고, 바다를 뒤엎고 산악을 뒤집고, 항아리로 쏟아붓고 물동이를 뒤엎는다고 해도, 아직 반도 제시하지 못했다. 천관을 움직일 줄 알고 능히 지축을 옮길 수 있는 자가 있는가? 예를 들어볼 테니 참구해보라.

염 일 방 일　미 시 작 가　거 일 명 삼　유 괴 종 지　직 득 천 지 두 변 사 방 절
拈一放一。未是作家。舉一明三。猶乖宗旨。直得天地陡變四方絕
창　뇌 분 전 치 운 행 우 취　경 추 도 악 옹 사 분 경　야 미 제 득 일 반 재　환
唱。雷奔電馳雲行雨驟。傾湫倒嶽甕瀉盆傾。也未提得一半在。還

有^유解^해轉^전天^천關^관能^능移^이地^지軸^축底^저麽^마。試^시舉^거看^간。

본칙

《금강경》에 이르기를, "어떤 사람이 천대를 받는다면, 이는 전생의 죄업으로 악도에 떨어질 것이지만, 금생에 사람들에게 천대받음으로써 전생의 죄업이 소멸하는 것이다"라고 했다.

金^금剛^강經^경云^운。若^약為^위人^인輕^경賤^천。是^시人^인先^선世^세罪^죄業^업。應^응墮^타惡^악道^도。以^이今^금世^세人^인輕^경賤^천故^고。先^선世^세罪^죄業^업。則^즉為^위消^소滅^멸。

【송】

밝은 구슬은 손안에 있으니

공이 있는 자에게는 상을 주네.

호인도 한인도 오지 않는다면

완전히 기량이 없다.

기량이 이미 없으니

파순도 길을 잃는다.

구담이여, 구담이여!

나를 알겠소?

다시 말한다, "감파해버렸다."

明^명珠^주在^재掌^장　有^유功^공者^자賞^상

胡^호漢^한不^불來^래　全^전無^무技^기倆^량

기 량 기 무　파 순 실 도
伎倆既無　波旬失途
구 담 구 담　식 아 야 무
瞿曇瞿曇　識我也無

부 운　감 파 료 야
復云。勘破了也。

해설

"하나를 들기도 하고 하나를 놓기도 한다 해도, 아직은 작가가 아니다." 생각대로 들기도[拈] 놓기도[放]하는 것은 수완이 좋은 것이지만, 아직은 자유자재한 선자라고 볼 수 없다는 의미이다. "하나를 들어 셋을 밝힌다 해도, 오히려 종지에 어긋난다." 하나를 보이면 셋을 알 정도로 머리가 좋다고 하지만, 그것만으로는 선을 체득했다고 할 수 없다. "천지가 갑자기 바뀌고"는 천지를 한 번에 바꿔놓는 힘을 말한다. "사방에 창이 끊기고"는 사방에 어떤 누구도 창화唱和가 될 수 없다는 의미이다. 창화는 한 사람이 노래나 시를 읊으면 다른 사람들이 이에 대해 화답하는 것이다. 이러한 것이 끊어질 정도의 작용을 의미한다.

"우레가 치고 번개가 내리치고, 구름이 날고 비가 쏟아지고, 바다를 뒤엎고 산악을 뒤집고, 항아리로 쏟아붓고 물동이를 뒤엎는다고 해도"라는 것은 자연현상을 뜻하지만, 이 같은 굉장한 선기禪機를 가지고 있다고 해도 "아직 반분도 제시하지 못했다"라고 하였다. "천관天關을 움직일 줄 알고 능히 지축을 옮길 수 있는 자, 있기라도 하는가." 즉 하늘의 관문을 부숴버리고 지구의 심봉心棒을 이동시킬 정도의 역량이 있는 선자는 어디 없는가 하는 의미이다. 문제를 제시해볼 테니 참구해보라고 한다.

《금강경》은 《대반야경》 600권 가운데 534권에 해당한다. 이 문구는 제16분 〈능정업장분能淨業障分〉 가운데 있다. 본칙의 경구는 여실히 인과를 설하는 내용이다. "어떤 사람이 천대를 받는다면, 이는 전생의 죄업으로 악도에 떨어질 것이지만, 지금 사람들에게 천대받음으로써 전생의 죄업이 소멸된다." 인과필연을 설했다. 인과의 세계에 있으면서 인과에 어둡지 않아[인과불매因果不昧], 인과를 여실히 보는 것을 '여시관如是觀'이라고 한다. 이처럼 인연의 모습을 볼 수 있는 것은 안으로 금강삼매金剛三昧를 닦고 있기 때문이다. 모든 것이 인연의 모습임을 신수 봉행하는 것이야말로 불법을 믿는 일이다. 인연을 잘 알고 언제나 금강삼매로 생활하는 것이 진정한 수행자이며 보살이다. 그런데 이 본칙은 수시의 내용과 연결되지 않는다.

송의 첫 구, "밝은 구슬이 손에 있으니"라는 구는 《금강경》의 실상반야實相般若를 노래 한 것이다. 목숨 걸고 정진했다면 금강의 명주는 수중에 있다는 의미이다. "공이 있는 자에게는 상을 주네"라는 구는 《법화경》 〈안락행품〉에 나온다. 전륜성왕이 병사의 공에 따라 칠보 등 여러 가지 보물을 상으로 주었다고 한다. 그러나 보계寶髻의 명주만은 누구에게도 보이지 않았다고 한다. 명주는 각자 자신에게 있기 때문이다.

"호한胡漢이 오지 않는다면 완전히 기량이 없다"라는 말은, 호인胡人도 한인漢人도 오지 않는다면 기량을 보일 것도 없다는 뜻이다. 《금강경》에서 설한 반야의 무공덕을 노래했다. "기량이 이미 없으니 파순波旬(수행을 방해하는 마왕 중 하나)도 길을 잃었구나." 이 같은 무공덕의 세계에 이르러서는 기량을 보일 일이 없는 이상, 천마외도는 허둥댈 뿐이라는 것이다. "구담이여, 구담이여! 나를 알겠소?" 설두가 《금강경》의 당주當主인 구담瞿曇(고타마)을 부르는 것은, 구담이라도 나를 어찌하지 못할 것이라는 의미이다. 다만 설두 자신만이 그것을 알고 있을 뿐이다. 설두는 기세를 부리며 송의 결구에 "다시 말한다. 감파勘破해버렸다"라고 했다. 반야 무공덕의 지혜를 노래한 송이다.

제98칙

천평, 두 번 틀림

천 평 량 착
天平兩錯

【수시】

여름 결제 내내 시끄럽게 지껄여대 갈등만 부추겼다. 하마터면 오호五

湖의 승을 묶어 거꾸러뜨릴 뻔했다. 금강보검으로 한 번에 베니, 비로

소 오래전부터 전혀 도움이 되지 않았음을 깨달았다. 자, 말해보라! 금

강보검이 무엇인가? 눈썹을 치켜뜨고 시험 삼아 청하니 칼끝을 보라.

일 하 로 로 타 갈 등　　기 호 반 도 오 호 승　　금 강 보 검 당 두 절　　시 각 종 래
一夏嘮嘮打葛藤。幾乎絆倒五湖僧。金剛寶劍當頭截。始覺從來
백 불 능　　차 도 작 마 생 시 금 강 보 검　　잡 상 미 모　　시 청 로 봉 망 간
百不能。且道作麼生是金剛寶劍。眨上眉毛。試請露鋒鋩看。

본칙

천평화상이 행각할 때 서원에게 들렀다. 서원은 항상 말했다. "불법을

알았다고 말하지 말라. 나는 이야기할 만한 상대를 보지 못했다." 어느 날 서원이 멀리 있는 천평을 보고 불렀다. "종의從漪(천평)!" 천평이 머리를 들었다. 서원이 말했다. "틀렸네." 천평은 두세 걸음 나아갔다. 서원이 말했다. "틀렸다." 천평이 가까이 갔다. 서원이 말했다. "지금 두 번 틀렸다고 했는데, 이것은 서원이 틀린 것인가, 상좌(천평)가 틀린 것인가?" 천평이 말했다. "종의(천평)가 틀렸습니다." 서원이 말했다. "틀렸다." 천평은 궁색해졌다. 서원이 말했다. "이곳에서 여름을 보내지 그래. 상좌와 함께 두 번의 틀림을 상량해보려 하네." 천평은 바로 나가버렸다. 나중에 천평산에 머물 때, 대중에게 말했다. "내가 처음 행각할 때, 무슨 바람이 불었던지 사명思明장로(서원) 처소에 이르렀지. 계속 두 번씩이나 틀렸다고 하고, 더구나 나를 붙들고 '여름을 지내면서 나와 함께 상량해보지 않을 텐가'라고 했어. 나는 당시 틀렸다는 생각은 하지 않았는데, 남쪽을 향해 출발했을 때 비로소 틀린 것을 알게 되었지."

天平和尚行脚時參西院。常云。莫道會佛法。覓箇舉話人也無。一日西院遙見召云。從漪。平舉頭。西院云。錯。平行三兩步。西院又云。錯。平近前。西院云。適來這兩錯。是西院錯。是上座錯。平云。從漪錯。西院云。錯。平休去。西院云。且在這裏過夏。待共上座商量這兩錯。平當時便行。後住院謂衆云。我當初行脚時。被業風吹。到思明長老處。連下兩錯。更留我過夏。待共我商量。我不道恁麼時錯。我發足向南方去時。早知道錯了也。

선승들, 경박輕薄을 좋아한다.

뱃속 가득히 선을 채워도 사용할 줄 모른다.

슬픔도 웃음도 참을 수 없는 천평노인

도리어 말하네, 당초 행각한 것을 후회한다고.

틀렸다, 틀렸다.

서원의 청풍, 일거에 사라졌다.

다시 말하기를, 홀연히 어떤 납승이 나와 틀렸다고 말한다면, 설두의 틀림은 천평의 틀림과 비교해서 어떤가.

<ruby>禪<rt>선</rt></ruby><ruby>家<rt>가</rt></ruby><ruby>流<rt>류</rt></ruby><ruby>愛<rt>애</rt></ruby><ruby>輕<rt>경</rt></ruby><ruby>薄<rt>박</rt></ruby>　<ruby>滿<rt>만</rt></ruby><ruby>肚<rt>두</rt></ruby><ruby>參<rt>참</rt></ruby><ruby>來<rt>래</rt></ruby><ruby>用<rt>용</rt></ruby><ruby>不<rt>불</rt></ruby><ruby>著<rt>착</rt></ruby>
禪家流愛輕薄　滿肚參來用不著
<ruby>堪<rt>감</rt></ruby><ruby>悲<rt>비</rt></ruby><ruby>堪<rt>감</rt></ruby><ruby>笑<rt>소</rt></ruby><ruby>天<rt>천</rt></ruby><ruby>平<rt>평</rt></ruby><ruby>老<rt>로</rt></ruby>　<ruby>却<rt>각</rt></ruby><ruby>謂<rt>위</rt></ruby><ruby>當<rt>당</rt></ruby><ruby>初<rt>초</rt></ruby><ruby>悔<rt>회</rt></ruby><ruby>行<rt>행</rt></ruby><ruby>脚<rt>각</rt></ruby>
堪悲堪笑天平老　却謂當初悔行脚
<ruby>錯<rt>착</rt></ruby><ruby>錯<rt>착</rt></ruby>　<ruby>西<rt>서</rt></ruby><ruby>院<rt>원</rt></ruby><ruby>清<rt>청</rt></ruby><ruby>風<rt>풍</rt></ruby><ruby>頓<rt>돈</rt></ruby><ruby>銷<rt>소</rt></ruby><ruby>鑠<rt>삭</rt></ruby>
錯錯　西院清風頓銷鑠

<ruby>復<rt>부</rt></ruby><ruby>云<rt>운</rt></ruby>。<ruby>忽<rt>홀</rt></ruby><ruby>有<rt>유</rt></ruby><ruby>箇<rt>개</rt></ruby><ruby>衲<rt>납</rt></ruby><ruby>僧<rt>승</rt></ruby><ruby>出<rt>출</rt></ruby><ruby>云<rt>운</rt></ruby><ruby>錯<rt>착</rt></ruby>。<ruby>雪<rt>설</rt></ruby><ruby>竇<rt>두</rt></ruby><ruby>錯<rt>착</rt></ruby>。<ruby>何<rt>하</rt></ruby><ruby>似<rt>사</rt></ruby><ruby>天<rt>천</rt></ruby><ruby>平<rt>평</rt></ruby><ruby>錯<rt>착</rt></ruby>。
復云。忽有箇衲僧出云錯。雪竇錯。何似天平錯。

해설

"여름 결제[일하一夏] 내내 시끄럽게 지껄여대[로로嘮嘮] 갈등을 부추겼다." 여름 결제는 선가의 하안거를 말한다. 여름 한 철, 음력 4월 15일에서 7월 15일까지 90일 동안 참선 수행을 집중하는 안거 기간이다. 하안거 동안 납자들에게 문자나 언구로 소란스럽게 하여 갈등만 더했다는 것이다.

"하마터면 오호五湖의 승을 묶어 거꾸러뜨릴 뻔했다." 오호의 승은 나라 전체의 승 모두를 뜻한다. '오호'는 문자 그대로 다섯 호수이다. 요주饒州의 파양호鄱陽湖, 악주岳州의 청초호靑草湖, 윤주潤州의 단양호丹陽湖, 악주鄂州의 동정호洞庭湖, 소주蘇州의 태호太湖로, 중국 전토를 가리킨다.

"금강보검으로 한번에 일제히[當頭] 베니"라는 말은 금강보검을 빼 지금까지의 쓸데없는 갈등[한갈등閑葛藤]을 일거에 잘라버린다는 뜻이다. "비로소 종래부터 전혀 도움이 되지 않았음[百不能]을 깨달았다." '백불百不'은 강한 부정을 뜻한다. 지금까지 여러 철을 거듭나면서 쓸데없이 아는 소리를 한 것이 전혀 도움이 되지 않았다는 것을 간파했다는 의미이다.

"말해보라! 금강보검이 무엇인가?" 모든 갈등을 한번에 베어버리는 금강보검이란 도대체 어떤 것인가? "눈썹[미모眉毛]을 치켜뜨고 시험 삼아 청하니, 칼끝[봉망鋒鋩]을 보라." 눈썹을 치켜뜬다는 것은 눈을 크게 뜬다는 의미이다. 보검의 칼끝을 드러내 보일 테니 보라고 하였다.

본칙의 내용 앞에는 이런 이야기가 있다. 일찍이 천평은 "나야말로 선을 알고 도를 알지"라고 큰 소리로 떠들어대며 돌아다녔다고 한다(《전등록》 권12 〈서원장西院章〉). 여기서부터 이 본칙의 문답이 시작된다. 천평은 상주相州(하북성 남부) 천평산天平山 종의從漪로, 나한 계침羅漢桂琛, 867-928 아래 3세世이다.

어느 날 천평이 서원에게 들렀다. 서원西院思明은 임제계의 진주鎭州 보수소寶壽沼를 만나 법을 이었다. 서원은 천평에게 "불법을 알았다고 말하지 말라! 이야기할 만한 상대를 보지 못했다"라고 경고했다고 한다. '이야기할 만한'이라는 것은 불법에 대해 서로 이야기가 통한다는 뜻이다. 선을 알았다고 자부하고 있던 천평으로서는 서원의 말이 이해되지 않았다.

서원이 어느 날 천평을 불렀다. "종의!" 천평은 순간적으로 머리를 들었다. 서원이 말하기를 "틀렸네"라고 했다. 선을 진정으로 이해하지 못한다는 의미이다. 천평이 두세 걸음 앞으로 가니, 서원은 이번에도 "틀렸다"라고 했다. 천평이 가까이 다가가니, 서원이 말했다. "지금 두 번 틀렸다고 했는데, 이것은 서원이 틀린 것인가, 상좌가 틀린 것인가?" 천평은 "종의가 틀렸다"라고 했다. 서원이 다시 말했다. "틀렸네."

궁색해 하는 천평에게 서원이 말했다. "여기에서 여름을 보내지 그래. 상좌와 함께 두 번의 틀림을 상량해보려고 하네." '상량'은 법거량이다. 서원이 천평에게 여름 결제를 함께 지내면서 자신이 틀렸다고 말한 것에 대해 상량해보자고 제안한 것이다. 그러나 천평은 수긍하지 않고 서원의 처소를 나와버렸다.

나중에 남방에서 수행한 후 천평산에서 지낼 때 대중에게 말했다. "내가 행각하고 있을 때, 무슨 바람이 불었던지[業風] 서원 사명思明장로의 처소에 들렀지. 그때 그가 나에게 두 번 연거푸 틀렸다고 했지만, 나 자신은 틀렸다고 전혀 생각하지 못했지. 더구나 장로는 나를 붙들고, '여름을 지내면서 함께 상량商量해보지 않을 텐가?'라고 했어. 그때는 틀렸다는 생각을 하지 않았지만, 남방을 향해 출발했을 때 비로소 틀린 것을 알게 되었지." 서원장로가 틀렸다고 했지만, 천평은 이를 수긍하지 않고 곧바로 남방으로 행각을 떠났는데, 막 출발했을 때[發足] 서원의 말을 체득한 것이었다.

원오는 평창에서, "선을 알았다고 일말의 선을 떨치고 돌아다녀도, 안목 있는 사람을 만나면 곧장 감파된다"라고 하였다. 천평의 젊은 날의 이야기이다. 천평은 서원장로 덕에 일체의 입장을 허락하지 않는 향상의 길을 개오開悟하였다.

천평은 청계산淸溪山 홍진洪進에게 들러 자신이 선을 알았다고 떠들어댔다. 송의 첫 구 "선승들[禪家流], 경박을 좋아한다"에서, '류流'는 '도류道流'와 같은 뜻이다. '경박輕薄'은 반드시 나쁜 의미는 아니다. 바람 부는 대로 떠돌며 가볍게 행동한다는 뜻이다. 설두는 송의 첫 구에서 천평을 노래하고, 그 같은 선승 무리들이 아주 많다고 언짢아하고 있다.

"뱃속 가득히 선을 채워도 사용할 줄 모른다." 참선을 배부르게 하면서 그것을 잘 소화해내지 못하는 자들, 그 전형적인 사람이 천평이라는 것이다. 그래서 "슬픔도 웃음도 참을 수 없는 천평노인"이라고 했다. 선의 세계에서 진실은 머리로 이해하는 것이 아니다. 또다시 이해할 것이 없다. 따라서 뭔가 말하려고 한다면, "틀렸다, 틀렸다"라고 말할 수밖에 없다. 그런데 그것을 이해하지 못하는 천평은 슬퍼할 수도 웃을 수도 없을 것이라는 말이다.

"도리어 말하네, 일찍이 행각한 것을 후회한다고." 서원 아래서 나왔을 때 천평의 심정이다. "틀렸다, 틀렸다"라는 구는, 서원이 두 번 말한 '틀림'을 설두가 다시 언급한 것이다.

"서원의 청풍淸風, 일거에 사라졌다[쇄삭鎖鑠]." '청풍'은 서원이 일찍이 '불법을 알았다고 말하지 말라'라고 했을 때의 심경을 가리킨다. 천평만이 아니라, 서원이 쓸데없이 말한 '틀림'도 또한 단번에 사라졌다는 뜻이다. '쇄삭'은 홀연히 사라진다는 의미이다.

"다시 말하기를" 이하는 설두가 송頌을 끝내고 나서 덧붙인 말이다. "만약 어떤 납승이 나와서 틀렸다고 말한다면, 설두의 틀림은 천평의 틀림과 비교해 어떤가?" 설두가 송에서 천평의 틀림을 노래했지만, 어떤 승이 느닷없이 나와 설두 자신에게 틀렸다고 한다면, 자신 역시 '틀림'을 범한 것이 된다. 그렇다면 설두의 틀림은 천평의 그것과 비교해 어떠한지 질문을 던진다.

제99칙

숙종, 십신조어

숙 종 십 신 조 어
肅宗十身調御

【수시】

용이 울면 안개가 피어나고, 범이 으르렁거리면 바람이 인다.

출세의 종유는 금옥상진하고, 사방에 통하는 작략은 전봉상주이다.

온 세계에 숨김없이 두루 드러나, 예나 지금이나 명백하고 분명하다.

자, 말해보라. 이는 어떤 사람의 경계인가를. 예를 들어볼 테니 참구해

보라.

룡 음 무 기 호 소 풍 생　　출 세 종 유 금 옥 상 진　　통 방 작 략 전 봉 상 주　　변
龍吟霧起虎嘯風生。出世宗猷金玉相振。通方作略箭鋒相拄。遍
계 부 장 원 근 제 창　　고 금 명 변　　차 도 시 십 마 인 경 계　　시 거 간
界不藏遠近齊彰。古今明辨。且道是什麼人境界。試舉看。

숙종황제가 충국사에게 물었다. "십신조어란 무엇입니까" 국사가 말했다. "단월이여, 비로의 정상을 밟고 지나가시오." "과인은 알지 못하겠습니다." 국사가 말했다. "자신을 청정법신이라고 생각하지 마시오."

숙종제문충국사　여하시십신조어　국사운　단월답비로정상행
肅宗帝問忠國師。如何是十身調御。國師云。檀越踏毘盧頂上行。
제운　과인불회　국사운　막인자기청정법신
帝云。寡人不會。國師云。莫認自己淸淨法身。

【송】

'한 나라의 국사' 또한 마지못한 이름

남양 홀로 명성을 드날렸네.

대당을 받든 참된 천자

일찍이 비로毘盧 정상을 밟게 했다.

철추로 황금골을 격쇄하니

천지간에 어떤 것도 없어졌다.

삼천의 찰해, 밤은 깊고 깊은데

누가 창룡굴에 들어갔는지 알지 못하네.

일국지사역강명　남양독허진가성
一國之師亦強名　南陽獨許振嘉聲
대당부득진천자　증답비로정상행
大唐扶得眞天子　曾踏毘盧頂上行
철추격쇄황금골　천지지간갱하물
鐵鎚擊碎黃金骨　天地之間更何物
삼천찰해야침침　부지수입창룡굴
三千剎海夜沈沈　不知誰入蒼龍窟

"용이 울면 안개가 피어나고, 범이 으르렁거리면 바람이 인다"라는 말은, 용이 한번 소리를 내면 운무가 휘말아 피어오르고, 범이 포효하면 사방에 풍운이 생기는 것처럼, 한 대종사의 도풍이 높으면 거기에 따라 수많은 수행자가 공명共鳴한다는 뜻이다. "출세의 종유宗猷는 금옥상진金玉相振하고"에서 '종유宗猷'는 불법을 말한다. 출세간의 도, 즉 불법을 창도唱導하면 마치 금옥이 서로 떨치는 것처럼[금옥상진金玉相振] 아름답고 미묘한 소리를 내, 사람들을 황홀하게 취하게 한다는 것이다. 말하자면 사람들이 불법의 완전함에 만족한다는 뜻이다.

또한 "사방에 통하는 작략作略은 전봉상주"라고 하였다. 사방에 통하는 작략은 시방에 통하는 방편으로 교묘한 활수단活手段을 의미한다. 그것은 '전봉상주', 마치 활의 명인들이 서로 쏜 화살이 공중에서 맞부딪치는 듯한 수단이라는 것이다. 그 활기活機는 "온 세계에 숨김없이 두루 드러나", 즉 가까이서도 멀리서도 온 세상에 일제히 드러났다는 것이다. 시간적으로 말하면 "고금 명백하고 분명하다." 예나 지금이나 확실하다는 말이다. "자, 말해보라. 이는 어떤 사람의 경계인가를." 이하 문제를 거론해 볼 테니 참구해보라고 한다.

숙종711-762은 당의 제7대 황제(재위 756-762)이다. 현종의 셋째아들이다. 안사의 난을 피해 영무靈武에서 즉위하고 장안으로 복귀했다. 충국사南陽慧忠, ?-775는 월주越州 사람이며, 휘諱가 혜충, 시諡는 대정大証선사이다. 젊어서 조계의 법을 이은 후, 남양의 백애산 당자곡党子谷에 숨어 지내기를 40여 년, 숙종 상원上元 2년에 초빙되어 서경西京으로 옮긴다.

'십신十身'은《화엄경》에서 설하는 십종十種의 불신佛身을 뜻한다. '조어調御'는 여래 십호의 하나이다. 조어장부라고 한다. 중생을 조복 제어하여 깨달음으로 이끄는 여래를 의미한다. 말하자면 사악한 중생을 잘 이끌어 유화선순柔和善順하게 한다는 뜻이다.《전등록》에, 숙종 황제가 충국사에게 "십신조어란 무엇입니까?"라고 물었을 때 충국사는 기립함으로써 답했고, "무쟁無諍삼매가 무엇입니까?"라고 물었을 때 "단월이여, 비로의 정상을 밟고 지나가시오"라고 답했다고 전한다. 설두가 이를 손질하여 본칙의 내용으로 편집한 것이다.

'단월'은 보시하는 재가자를 뜻한다. 여기서는 숙종을 가리킨다. 숙종의 십신조어, 무쟁삼매 등에 대한 질문에, 충국사는 이를 진정 알려고 한다면 비로자나불의 정상을 넘어서야 한다고 했다. 부처를 넘고 조사를 넘는 곳에 진정 불조佛祖의 면목이 있다는 것이다.

숙종은 "과인은 알지 못하겠습니다"라고 했다. '과인'은 천자가 자신을 칭하는 말이다. 국사가 말했다. "자신을 청정법신이라고 생각하지 마시오." 비로 정상을 밟고 넘어선 곳에 '자신'이라는 청정법신이 있다고 생각해서는 안 된다는 뜻이다. 이 말의 의중에는 천자로서 신민臣民을 통어統御하는 자기를 지고절대至高絶對자로 착각해서는 안 된다는 의미도 내포되어 있다.

교가教家에서는 법신을 대단히 존중한다. 그러나 그 법신조차도 완전히 깨뜨리지 않으면 도리어 법신불에 매이게 된다. 이를 불박佛縛이라고 한다. 충국사는 이를 이해하지 못한 황제에게, 자신 밖에 청정법신이라는 특별한 존재가 있다고 생각해서는 안 된다고 경계했다. 영가 현각675-713은 "허깨비 빈 몸이 즉 법신[환화공신즉법신幻化空身卽

法身]"이라고 했다.

설두는 송의 첫 구와 둘째 구에서 충국사를 찬양했다. "'한 나라의 국
사' 또한 마지못한 이름이지만"은 숙종이나 대종이 혜충을 모셔다가
억지로 국사라는 이름을 붙였다는 말이다. 남양으로서는 '국사'라는
이름이 필요 없었다는 말이다.

"남양 홀로 명성[가성嘉聲]을 드날렸네." 혜충이 조계 육조의 법을 이
은 후, 남양(하남성)의 백애산에서 40여 년 은둔하며 사는데, 명성이 장
안에까지 들려 천자가 초빙하였다는 뜻이다.

"대당을 받드는 참된 천자"라는 말은, 숙종이 대당의 천자 20인 중
불법을 신봉하는 자로서는 최고라는 뜻이다. 충국사를 모신 숙종을 설
두가 칭찬하는 말이다. "일찍이 비로 정상을 밟게 했다." 이는 "십신조
어가 무엇입니까?"라고 묻는 황제에게 비로자나불의 정상을 밟고 지
나가라고 한 말을 상기시키는 대목이다.

"철추로 황금골을 격쇄하니", '황금골'은 자신의 청정법신이다. 숙종
에게 자신의 청정법신조차 인정하지 말라고 단호하게 가르친 것을 뜻
한다. 황금골이 격쇄되니 "천지간에 어떤 것도 없어졌다." 즉 천지 사
이에 티끌 하나 없다는 뜻이다. 본래무일물을 의미한다.

"삼천의 찰해, 밤은 깊고 깊은데", 삼천은 삼천대천세계이며 찰해는
국토이다. 삼천의 세계가 얼어붙은 깊은 바다이다. 이는 무일물의 흑
만만黑漫漫의 세계를 뜻한다. "누가 창룡굴에 들어갔는지 알지 못하
네." 바다 깊은 곳에 있는 굴속에 창룡이 머물고 있다고 한다. 창룡의
턱 아래에 구슬이 있는데, 그 구슬을 얻기 위해서는 우선 굴에 들어가
지 않으면 안 된다. 말하자면 여기서는 충국사가 황제의 노여움을 살

것을 각오하고 멋지게 창룡의 구슬을 손에 넣었다는 뜻이며, 이를 누가 알겠는가 하는 말이다. 용은 천자를 상징한다. 숙종이 국사에게 십신조어가 무엇인가를 물었을 때, 바로 면전에서 단호하게 '자신을 청정법신으로 여기지 말라'라고 경계한 말은 황제를 깨우치게 한 취모검이 되었다. 어느 누가 그렇게 말할 수 있을까. 오직 충국사 뿐이다. 설두는 마지막 구에서 국사를 극찬했다.

제100칙

파릉, 취모검

파 릉 취 모 검
巴陵吹毛劒

【수시】

인因을 거두어 과果를 맺으니 시작도 끝도 다했다. 대면해서는 사사로움이 없고, 본래 일찍이 말한 바도 없다. 홀연히 한 사람이 나와, "한여름 내내 가르침을 내렸는데, 어째서 일찍이 말한 바가 없다고 하십니까"라고 말하면, "그대가 깨닫게 되면 그때 말해주겠네"라고 말한다. 자, 말해보라. 이것은 당면해서 꺼린 것인가, 뭔가 달리 좋은 점이 있어서인가. 예를 들어볼 테니 참구해보라.

수 인 결 과   진 시 진 종   대 면 무 사   원 부 증 설   홀 유 개 출 래 도 일 하 청
收因結果。盡始盡終。對面無私。元不曾說。忽有箇出來道一夏請
익 위 십 마 부 증 설   대 이 오 래 향 이 도   차 도 위 부 시 당 면 휘 각   위 부
益爲什麽不曾說。待爾悟來向爾道。且道爲復是當面諱却。爲復
별 유 장 처   시 거 간
別有長處。試擧看。

승이 파릉에게 물었다. "취모검이 무엇입니까?" 파릉이 말했다. "산호

는 가지마다 달을 떠받치네."

승 문 파 릉　여 하 시 취 모 검　릉 운　산 호 지 지 탱 착 월
僧問巴陵。如何是吹毛劍。陵云。珊瑚枝枝撑著月。

【송】

불평을 가라앉히는

대단한 기교는 서투름과 같다.

때로는 손가락으로 때로는 손바닥으로,

하늘에 비켜 눈[雪]을 비춘다.

대야도 연마하지 못하고

양공良工도 털고 닦는 것을 쉬지 못하네.

멋지구나, 대단하구나.

산호는 가지마다 달을 떠받치네.

요 평 불 평　대 교 약 졸
要平不平　大巧若拙
혹 지 혹 장　의 천 조 설
或指或掌　倚天照雪
대 야 혜 마 롱 불 하　량 공 혜 불 식 미 헐
大冶兮磨礱不下　良工兮拂拭未歇
별 별　산 호 지 지 탱 착 월
別別　珊瑚枝枝撑著月

"인因을 거두어 과果를 맺으니 시작도 끝도 다했다." 수시의 첫 구는 《벽암록》 100칙이 잘 마무리되었다는 의미이다. 1칙에서 100칙까지 모든 강講이 원만하게 거두어져, 거기에는 "마주해서는 사사로움이 없고 본래 말한 바도 없다." 오랫동안 강설하면서, 미흡했지만 선의 본분을 제시하기까지 어떤 사사로운 감정도 개입하지 않았고, 말해도 전혀 말한 바가 없다는 뜻이다.

"홀연히 한 사람이 나와 '한여름 내내 가르침을 내리셨는데[청익請益] 어째서 일찍이 말한 바가 없다고 하십니까?'라고 물으면"에서, '청익'은 가르침을 청한다는 뜻이다. 한여름 90일간, 많은 수행자들의 청익으로 100칙을 설했는데, 지금에 와서 '말한 바가 없다'라고 하니 무슨 뜻인지를 묻는 것이다. "그대가 깨닫게 되면 그때 말하겠다." 그대가 열심히 수행해서 '말해도 말한 바가 없다'라는 말을 체득한 이후 가르쳐주겠다는 것이다.

"자 말해보라, 이것은 당면해서 꺼리는 것인지, 달리 뭔가 좋은 점[長處]이 있다는 것인지." 말하자면 '일자불설一字不說'이라는 것이, 설하는 것이 선의 금기이기 때문인지, 아니면 선에 유익하기 때문인지 말해보라는 의미이다. 시험 삼아 거론해볼 테니 참구해보라고 한다.

어떤 승이 파릉에게 물었다. "취모검이 무엇입니까?" 파릉巴陵顥鑑은 운문의 법을 이었다. 파릉은 언구를 생명으로 삼는 운문 문하에서도 특히 뛰어난 명인이었던 것 같다. '취모검'은 머리카락이나 털이 칼에 날아들면, 닿기도 전에 바로 잘릴 정도로 예리한 검을 말한다. 여기서

칼은 반야의 지검智劍을 가리킨다.

본칙은 '파릉의 삼전어' 중 한 칙으로, 아주 유명한 공안이다. 삼전어는, '도가 무엇입니까? 눈이 밝은 자가 우물에 빠진다' '제바종提婆宗이 무엇입니까? 은쟁반 속에 쌓인 눈', 그리고 본칙이다. 제바종은 용수의 법을 이은 가나제바迦那提婆의 종지이다. 제바가 지은 《백론百論》은 용수의 《중론》《십이문론十二門論》과 함께 삼론종의 근거가 되는 논서이다. 선종에서는 제바를 서천西天 제15조祖로 모신다.

운문 문하에서는 취모검에 관해 곧잘 법거량이 행해진 것 같다. 나한 광과羅閑匡果는 "취모검이 무엇입니까?"라는 물음에 "료了"라고 답했고, 운문은 "격骼" 또는 "자皆"라고 대답했다고 한다. 파릉에게 어떤 승이 "취모검이 무엇입니까?"라고 물으니, 파릉은 "산호는 가지마다 달을 떠받치네"라고, 선월禪月의 시 한 구를 인용하여 답했다. 모든 미혹을 직절直截한, 개공皆空을 보인 지검이다. 그 모습을 산호의 가지 하나하나가 달빛을 가득히 받아 아름답게 빛나는 산호 숲에 비유한 것이다. 자신이 그 같은 산호 숲이 되어야 비로소 취모검을 손에 넣을 수 있다는 의미이다.

송의 첫 구, "불평을 가라앉히는 대단한 기교는 서투름과 같다." 승이 취모검이 무엇인가를 물었을 때, 파릉은 "산호는 가지마다 달을 떠받치네"라고 답하여 모든 의문을 해결해 보였는데, 승으로서는 도리어 이해하기가 매우 곤란했을 것이라는 의미이다. 《노자》의 "지예至藝는 풋내기 눈에는 하수下手로 보인다"라는 말과 같다. 말하자면 검의 조작이 대단히 교묘한데, 그 때문에 역으로 서툴게 보인다는 말이다.

"때로는 손가락으로 때로는 손바닥으로"는, 파릉이 지검을 손가락에 끼기도 하고 손바닥으로 치기도 하며, 자유자재로 휘두른다는 뜻이다. "하늘에 비켜 눈을 비춘다"라는 말은 칼을 뺄 때 번쩍하고 빛나는 대단한 명검이라는 의미이다.

그런데 그 취모검은 보통의 명검과는 다르다. "대야大冶도 단련하지 못하고 양공良工도 털고 닦는 것을 쉬지 못하네." 대야나 양공은 원래 칼을 단련하는 명장들이다. 파릉의 검은 이러한 장인들도 어쩌지 못하는 대단한 명검이다. 실로 반야의 지검이기 때문이다.

설두는 이렇게 취모검을 노래하면서도, 아직 충분하지 못해 "별별別別"이라는 말을 덧붙였다. 별별은 '대단하다' '멋지다'라는 의미이다. 다시 파릉이 답한 말을 송의 말미에 두었다. "산호는 가지마다 달을 떠받치네." 이렇게 파릉의 취모검을 찬탄하며 송을 맺는다.

선과 선종

당대의 저명한 선사인 단하 천연丹霞天然, 739-824에게는 이런 이야기
가 전한다.

　겨울날 행각 도중, 단하는 혜림사에서 하룻밤을 지내려고 들어갔지만
　살을 에는 듯한 추위로 온 몸이 얼어붙을 정도였다. 인기척도 없었다.
　방을 데울 땔나무도 보이지 않았다. 그는 불전으로 나아가 목불을 내
　려와 기분 좋게 불사르기 시작했다. 밖에서 돌아온 도반 주지가 경악
　하면서, 이는 부처님에 대한 불경이고 모독이라고 꾸짖으니, 단하가
　조용히 말했다. "나는 사리를 찾고 있는 중이야." 주지는 단호하게 말
　했다. "이런 나무속에서 무슨 사리를 발견한단 말인가?" 단하가 말했

다. "그렇다면 부처가 아니라 나무 조각에 불과하지 않은가, 무엇 때문에 나를 책망하는가?"(《조당집》권4 〈단하천연장〉)

선禪은 인도에서 발생한 '드야나dhyāna'에서 기원하지만, '참된 자기발견'을 선으로 정의한 것은 중국 선종이다. 인도에서의 선은 다만 '정신안정과 통일'의 의미를 가지지만 선종에서의 선은 '인간의 본성을 깨닫는다'라는 의미이다. 선종의 역사는 바로 참된 부처, '청정성'이라는 자신의 본성을 체득하고 실천해온 선사들의 이야기이다. 단하가 목불을 태운 행위는 온몸으로 격렬하게 수행한 결정체이며, 이 이야기는 나중에 '단하소목불丹霞燒木佛이라는 공안이 된다.

북송과 남송대에 이르러서는 송頌으로 선문답을 농弄하는 선풍이 유행하게 되어, 납승들은 이제 스승과 제자 사이의 문답을 거울로 삼아 '자기철견'하기보다는, 옛 선사들의 문답과 송을 암기하고 거기에 고착되어버렸다. 이를 후대에서는 '문자선文字禪'이라고 하였다. 본 《벽암록》은 대표적인 문자선 저술이다.

《벽암록(원제: 불과원오선사벽암록佛果圜悟禪師碧巖錄)》(1125)은 원오 극근 1064-1136이 《설두송고》를 강의한 일종의 강의록으로, '종문宗門의 서書'로 불릴 만큼 선어록의 백미白眉로 받들어졌다. 《설두송고》는 북송 초, 운문종의 선승 설두 중현982-1052이 당대 선승들의 문답으로 구성된 공안 중 100칙을 선별하여, 그 위에 각 공안에 대한 자신의 이해와 체험을 시의 형태로 덧붙인 것이다.

원오는 이 《설두송고》의 본칙과 송의 자구字句마다 촌평과 논평을 하였다. 또한 각 칙의 서두에 본칙의 대의라고 볼 수 있는 수시垂示를 두어 각 칙 공안의 이해를 도왔다. 따라서 《벽암록》에는 원오와 설두

두 거장의 선의 세계가 용해되어 있다. 그러나 이 두 선사의 선 세계는 그들 자신의 노력뿐만 아니라 시대적 상황과 사회적 격변에 따른 선사상의 변천이 녹아 있으며, 더구나 나라의 황제, 관료나 사대부들의 선사들에 대한 깊은 경의가 저변에 용해된 가운데 정립되어 나타난 것이다. 따라서 이들의 선을 알기 위해서는 이전의 보리달마 서래西來에서부터 송대에 이르기까지 선종사의 개요를 살펴볼 필요가 있다.

《벽암록》의 본칙에 등장하는 선승들의 활동연대를 보면 대개 당唐, 618-907과 오대五代, 907-960에 걸친 시기이다. 말하자면 당대의 선이 주류이다. 흔히 당대선이라고 하면 마조계와 석두계의 선을 뜻하며, 이들의 계통은 나중에 '오가칠종五家七宗'이라는 종파로 분류된다. 중국선종사로 보면 황금기이지만, 중국불교사 전체를 보면 교종은 쇠퇴하고 선종이 불교의 전면으로 나서서 활약하는 시기이다.

불교가 중국에 전래 된 이후, 6세기에 보리달마가 서래하여 '이입사행二入四行'으로 대승불교를 갈파喝破하고 불교의 체험과 실천을 강조하였다. 이 시기 중국은 정치·사회적으로 혼란기였으며, 이러한 와중에 달마의 가르침에 따라 선 수행을 업으로 삼는 선승들이 산중에서 묵묵히 수행하며 실천하고 있었다.

《이입사행론》은 몸을 가진 생명들의 삶은 모두 '고苦'라고 하는 비관적인 사상을 근본으로 하면서, 고에서의 해탈을 위한 자기부정과 현실수순現實隨順을 설하는 논서이다. 말하자면 자기라는 존재(개아)를 내세우지 않고, 주어진 현실에 몸을 맡기고 시간과 장소에 따라 소요자재한다는 취지이다. 도가적인 이러한 무위無爲·소요逍遙는 수행에 있어서 인위적인 목적의식을 배제하고 일상의 영위를 긍정하면서, 집착과 이탈을 넘어선 삶을 영위하는 행이다. 이러한 달마의 사상은 나중에 당대선唐代禪의 주류가 되는 마조선의 '평상무사平常無事'로 연결된다고 할 수 있다. 그러나 달마는 자기가 존재하는 것 자체가 고뇌라고 하는 인식에서 출발하고 수행하였는데, 이점에서는 당대의 마조선과 대조적이다.

이후 정치적인 혼란이 진정되고, 선승들은 반전反轉된 역사적 무대의 중심에 서게 된다. 측천무후684-705(재위 684-705)는 불교를 이용하여 황제의 지위에 올랐으며, 황실과 귀족, 상층계급은 특히 대통 신수大通神秀, ?-706의 동산법문東山法門을 주목하였다. 무후 이후 중종·예종·현종으로 이어지는 성당盛唐, 713-770시기는 신수문하의 전성기였다.

신수는 무후가 수행법을 질문했을 때, 자신의 선은《문수설반야경》의 일행삼매에 근거한다 하고, "일행삼매는 어디에도 막힘이 없이 온전히 법계와 일여하게 되는 것"이라고 하였다. 이는 맑고 청정한 눈으로 일물一物에 응주하여, 밤낮없이 오로지 집중하여 흔들리지 않는 수행이다. 일념일념 연속하여 끊어짐이 없이 일념의 장場에 머무는 것이다. 신수는 '자성청정심-객진번뇌'를 주창하며, 선정에 의한 지속적인 번뇌의 불식이라는 수행을 요청하였다. 그러면 그 수행은 계속되는 점진적 심화의 과정과 필연적으로 일체가 된다는 것이다. 이런 의미에서 선종은 처음부터 확실하게 좌선에 의해 깨달음을 여는 것을 지향해온 불교의 일파라고 말해도 좋을 것이다.

신수 입적706 이후, 무명의 승이 돌연 나타나 신수의 제자인 보적普寂, 651-739 일파를 비난하는 운동을 시작하였다. 이들은 서래한 보리달마의 선의 정신을 누가 바로 계승했는가를 두고, 북쪽의 낙양에서 선을 유포하는 신수계는 방계이고 남쪽의 혜능계가 정계라고 주장하였다. 결국 달마의 선은 최초로 남종과 북종, 두 파로 나누어진다. 이 같은 운동을 주도한 사람이 하택사 신회神會, 684-758이다. 이러한 운동은 남·북 양종의 계보 다툼에 그치지 않고, 이후 선종의 성격을 결정짓게 되는 요인이 된다.

신회는, 선정·관법의 지속적·단계적인 수행을 중히 여기는 신수-보적계의 선법은 달마의 선과는 전혀 무관한 것이라고 주장하였다. 신수의 선은 '점漸'이고 혜능의 선은 '돈頓'이라는 '남돈북점설'을 내세우며, 돈은 순시瞬時·무단계이고 점은 시간적·단계적이라고 주장하였다. 하택 신회의 《보리달마남종정시비론菩提達磨南宗定是非論》(8세기중엽)에 의하면, '좌선'이란 본성을 여실히 보고 거기에 상념이 일어나지 않는 것을 뜻한다고 하였다. 신회는 사실상 신체적 행법으로서의 좌선을 폐기하고, 선을 오로지 '본성의 각성覺醒'이라는 사상적 문제로 전환한 것이다.

또한 신회는 '정혜등학定慧等學'의 수행관을 강조한다. 불가득不可得한 자신의 체體를 '정定'이라 하고, 그 불가득한 체가 언제나 적정하면서 무한한 용用을 갖추고 있음을 보는 것을 '혜慧'라고 하였다. 즉 본성에 의한 본성의 자각을 핵심으로 하는 이상, 거기에 좌선이라고 하는 신체적 행법은 쓸데없다는 것이다. 결국 신회의 돈오란 깨달음의 지속遲速이 아니라, 자신의 본래성을 스스로 보는[見] 것이다.

신회가 입적하기에 앞서, 당 왕조의 기반을 뿌리째 뒤흔드는 안사安史의 난755-763이 발발했다. 이 난을 기점으로 각지에서 새로운 선종 제파가 차례로 일어난다. 중당기 화엄종의 학승이고 자칭 하택종荷澤宗

의 제5세라는 종밀은 그의 저서 《원각경대소초》 권3에 당시의 선종 제파의 계보와 사상을 신구新舊 7종으로 정리하였다. 북종, 정중종, 보당종, 홍주종, 우두종, 남산염불종, 하택종 등이다. 이 중 하택종이 제일 먼저 없어졌지만, 이 시기 경합한 각파는 하택 신회의 혜능 현창운동으로 인하여 확립된 계보, 즉 초조 보리달마-이조 혜가-삼조 승찬-사조 도신-오조 홍인-육조 혜능으로 전승된 계보를 의식하였다. 혜능을 육조로 하는 이 계보를 전제로 하면서, 각 파마다 자파의 계보가 생기게 되었다. 그러한 가운데 신회의 단계에서는 아직 명시되지 않았던 육조 혜능의 전기나 교설이 요청되고, 결국 그러한 수요에 응하여 생긴 것이 《육조단경》(780)이다.

《육조단경》의 전반부는 혜능이 소주 대범사에서 행한 수계와 단상 설법의 기록이며, 후반부는 육조의 교설이나 문인과의 문답을 모은 것으로 구성되었다. 그런데 이처럼 중요한 선적인데도 불구하고 이 《육조단경》의 성립에 대해서는 불명확하다. 《육조단경》은 성립된 이후에도 몇 번이나 개편, 증광證廣되어 무수한 사본·판본이 만들어졌다.

당대의 선

안사의 난 이후 9세기 초, 중당의 덕종·헌종시대에 선종의 패권을 확립한 이들은 홍주를 거점으로 한 마조 도일의 일파였다. 마조 이후의 선을 당대의 선이라고 하는 이유는, 선종 전통의 사실상 기점을 마조선에서 구하기 때문이다. 마조 이전의 선종사도 왕조사의 구분으로 보면 당대의 것이지만, 전통적인 선종문헌에는 마조 이전의 초기선종의 모습이 남아 있지 않기 때문이다. 학계에서는 그 이유를 당대선의 주류를 형성한 마조 이후의 선자들이 이전의 초기선종의 전통을 전승할 필요성이 없다고 여겨 모든 계보를 일소했기 때문이 아닌가 하고 추정한다. 달리 말하면, 마조의 선이 초기선종의 사상과 다를 바가 없다고 보는 것이다.

마조선이 부각된 것은 다음과 같은 경위에서이다. 덕종 연간 785-805에 마조의 제자 아호 대의鵝湖大義가 내도량 공봉供奉(궁중 소속의 승)이 되고, 이어 헌종 3년(808)과 그 이듬해, 마조의 법사法嗣 장경 회휘章敬懷暉, 757-818와 흥선 유관興善惟寬, 755-817이 잇달아 입내入內하여 경사京師로서 마조선의 우위를 결정지었다. 그들은 자신들의 스승을 육조 혜능의 정계로 연결 짓기 위해 장안에서 남악 회양南嶽懷讓, 677-744의 현창顯彰운동을 전개하고, 결국 달마-혜가-승찬-도신-홍인-혜능-남악 회양-마조 도일의 계보를 확립, 선양했다. 이와 같이 선종의 계보는 종파의 대립과 경쟁의 시대에서 마조계를 중심으로 하는 제종통합의 시대로 이행했다. 그러면, 이처럼 초기선종과 획을 그은 당대 선종의 사실상 기점이 된 마조선이란 어떠한 것인가.

등사燈史나 어록에서 보면, 마조의 선사상은 '즉심시불卽心是佛' '평상심시도平常心是道'로 요약된다. 즉심시불의 '심'은 무엇인가. 마조의 제자 황벽 희운黃檗希運의 《전심법요》에 의하면, '범부·성인의 구별을 제거한 심心이 바로 부처'라고 하였다. 달마가 서래한 것도 이 일을 '직지直指'하기 위한 것이라고 했다. 마조는 "중생은 본래 법성삼매에서 나왔고, 법성삼매 가운데서 일상작용을 한다"라고 했다. 도道와 등치等置된 마음은 일상을 영위하는 평상심이며, 따로 그것을 획득하거나 완성하는 것이 아니라고 하였다.

그러나 자기의 마음이 본래 부처라는 설, 수행 대신 일상의 영위를 불작불행佛作佛行으로 시인하는 설은 초기선종에도 이미 포함되어 있

568

었다. 마조의 독창적인 설이 아니다. 달리 보면 마조의 사상도 초기선
종이 추진하던 노선의 연장선상에 있다고 말할 수 있다. 마조의 선이
선종사에 한 획을 긋는다고 하는 이유는, 사상보다는 독창적인 접화
방식 때문이다.

　마조의 선은 깨달음에 대한 교설이 아니라, 실지로 수행자 자신을
온몸으로 깨닫도록 접화하는 방식에 특징이 있다. 초기선종의 문헌에
도 대화의 기록은 많다. 그러나 그것은 이론에 관한 질문과 그것에 대
한 회답으로 이루어져 있다. 마조 이후의 문답은 그렇지 않다. 질문에
대한 스승의 답은, 질문자 자신이 스스로 답을 발견하도록 유도하는
스승의 작략作略에 불과하다. 자신의 마음이 부처이고 평상의 마음이
도라는 마조의 선은 재가의 선자들에게도 쉽게 수용된다. 특히 마조의
제자 방거사는 "신통묘용은 물 긷고 장작 나르는 것"이라는 시어詩語
로 간결하게 표현했을 정도였다. 장사 경잠長沙景岑은 평상심이 무엇
인가 하는 질문에 "잠이 오면 자고 앉고 싶으면 앉은 것"이라 했고, 임
제 의현은 "무사無事야말로 귀인이며, 다만 조작하지 않는 것이 평상"
이라고 하였다. 모두 마조 문하이다.

《조당집》(952)이나 《경덕전등록》(1004)에는 백거이뿐만 아니라 육긍陸
亘, 764-834과 남전南泉普願, 748-834, 이고李翱, 772-841와 약산藥山惟
儼, 우적于頔과 자옥紫玉, 731-813 등 중당기中唐期 선비와 선승과의 문
답이 기록되어 있다. 그중 배휴裴休, 791-864는 황벽, 종밀, 위산 등 쟁
쟁한 선승들과 교류하며 선에 관한 편저編著를 남긴 재상이다. 중당기
선은 확실히 사대부 층에 뿌리를 내리기 시작하였다. 이후 송대 공안
집에 사대부나 관료가 선장禪匠과 허물없이 문답하는 내용이 나타난

것은 이러한 배경에서였음을 알 수 있다.

그러나 마조 문하에서 '즉심즉불' '평상무사'라고 하는 마조선의 기본이념에 대한 비판이나 수정설이 나타나기도 한다. 마조의 제자 남전 보원은 다음과 같이 말한다.

'즉심시불卽心是佛'이라고 하면 없는 마음이 있다는 것이 되고, '비심비불非心非佛'이라고 하면 있는 마음이 없다는 것이 된다. 그러나 그대의 마음이 부처라면 이것조차 '즉불'이라고 할 필요가 없고, 만약 부처가 아니라고 하면 일부러 '비불'이라고 말할 것이 없다. 이같이 유(즉심시불)와 무(비심비불)가 서로 기다렸다가 나타나는 것이라면, 그것을 어떻게 도라고 할 수 있을까.

이러한 동향 가운데 언제부터인지 확실하지 않지만, 마조선과 궤를 달리하는 석두계의 선이 일어나 당대선의 제2의 주류를 형성하기에 이른다. 이 두 계통을 축으로 하는 등사燈史의 책으로는 당오대唐五代의 《조당집》(952)이 최고最古이고, 뒤 이어 《경덕전등록》(1004)이 나온다. 후자에 의하면, 마조와 석두의 근원은 같지만 그들로부터 파가 나뉘어, 이 두 선사를 중심으로 선이 융성하기 시작한다고 하였다.

당시 수행승들은 양자 사이를 자유롭게 왕래하였으며, 양자는 이자택일二者擇一의 관계가 아니라, 종풍을 달리 하면서도 서로 보완하는 관계를 유지하였다. 《벽암록》 본칙 가운데는 이러한 정황이 여기저기 잘 적시되어 있다. 당시 마조와 석두의 쌍방을 참방하며 개오한 선자가 적지 않았다. 그러나 양자는 점차 다른 두 계통으로 갈라지고, 결국 선의 황금기는 남악 –마조계와 청원–석두계의 두 주류의 역사로 여겨

지게 된다.《조당집》권4〈약산장〉에, 도오 원지가 "석두는 순금포, 강서는 잡화포"라고 말하는 내용이 있다. 도오가 순금포와 잡화포에 비유하는 양자의 가풍 차이는 석두의 다음 문답에서 볼 수 있다.

석두의 제자 대전 보통大顚寶通, 732-824이 처음 석두를 참했을 때, 석두가 물었다. "어떤 것이 그대 마음인가?" 대전이 말했다. "이렇게 말하고 있는 것이 그것입니다." 석두는 바로 할을 했다. 그로부터 10일이 지난 다음, 이번에는 대전이 석두에게 물었다. "앞서 말한 답이 틀렸다면 그 외 무엇이 마음인가요?" 석두가 말했다. "눈썹을 치켜뜨고 눈을 굴리는 것 이외의 마음을 가져오라." 대전은 "가지고 올 마음이 없습니다"라고 했다. "좀 전에는 마음이 있다고 말했는데 이번에는 없다고 하네. 나를 우롱하는 것이 아닌가?" 대전은 언하에 대오했다.

석두계는 '순수한 본래성'을 주인공, '그彼'라고 불렀다. 참된 주인공인 '그'와 현실태의 '나' 양자 사이의 부즉불리不卽不離의 관계를 탐구하는 것이 석두계의 일관된 주제가 된다. '그'와 '나'의 관계에 대한 문제는 이후 오랫동안 선종사상사의 쟁점이 된다. 이 같은 사상적인 문제를 당대의 선승들은 앉아서가 아니라 일상생활 가운데서 탐구하였다. 승당내의 생활뿐 아니라 밭을 갈거나 행각하는 가운데서도 이를 탐구하였다.

선승들은 격발의 계기를 구하러 각지를 행각하고 제방의 노사들을 찾아 다녔다.《벽암록》본칙에는 이러한 상황이 곧잘 보인다. 선승들의 행각의 목적지는 지도상의 장소가 아니라 오직 '자기'였다.《벽암록》제66칙 '암두, 어디서 왔는가' 또는 제76칙 '단하, 어디서 왔는가를 묻다'에서는 행각하는 납승과의 문답을 다룬다.

문답에는 노사가 행각승을 시험하는 내용뿐 아니라, 행각승 쪽에서도 이 노사가 사사할 만한지 어떤지 시험하기 위해 도전적으로 묻는 경우도 있다. 스승의 대응에 따라서 행각승이 단념하고 소매를 털면서 나가버리는 예도 있다. 당시 선승들은 이처럼 행각하면서 도를 묻고, 개오의 기연機緣을 구했다.

당대의 선은 이처럼 현실태의 자기와 그것을 넘어선 본래의 자기라는 양극 사이를 왕복하면서 이어져, 강서와 호남을 중심으로 발전하였다. 그러나 만당晚唐시대에는 대규모의 고난의 시기를 맞는다. 처음 엄습한 법난은 무종武宗, 814-846(재위: 840-846)에 의해 발동된 '회창파불841-846'이다. 이어서 북위의 태무제, 북주의 무제, 오대 후주의 세종 등의 파불破佛이 일어나는데, 이를 '삼무일종三武一宗'의 법난이라고 총칭한다. 원인은 무종이 도교를 중시한 것이 직접적인 계기가 되지만, 사령寺領의 확대와 출가자의 증대에 따른 재정수입의 압박이라는 경제적 요인도 강했다. 파불에 의해 수많은 승원이 파괴되고 수천만의 사령이 몰수되었으며, 수십만의 승려가 강제로 환속당했다(《구당서》).

이러한 법난 속에서도 선승들은 활발발한 자기를 유일한 근거로 삼았기 때문에, 파괴되는 가람이나 불상, 경전 등 외재적인 조건은 그다지 치명적이지 않았다. 그래서 선사들은 별다른 반항 없이 문하와 더불어 선승의 위의를 지킬 수 있었고, 이를 크게 흠모하여 선사를 존경하며 따르는 관료가 있어, 선종은 교종과 달리 맥을 이어나갈 수 있었다.

폐불과 더불어 또 하나의 사태, 즉 당조를 붕괴시킨 황소의 난 875-884 때에도 역시 수많은 승들이 낙명落命하기도 했지만, 이러한 고난의 시대를 넘으면서도 선은 각지, 특히 남방에서 외호자의 힘을 얻어 점차 뿌리를 내렸다. 당말부터 오대五代에 걸쳐 특색 있는 선종의 여러 파가 형성되었는데, 이들 중 대표적인 다섯 종파인 위앙종, 임제종, 조동종, 운문종, 법안종을 오가五家라고 한다. 이들 오가의 명칭은 법안 문익法眼文益, 885-958의《종문십규론》에 처음 나온다. 법안은 선종사 전체를 총괄하여 종파를 분류하였고, 이는 선종 계보의 정형定型이 되었다.

송대의 선

960년, 당·오대의 난세를 통일하고 강력한 절대군주제 국가인 송 왕조가 성립한다. 오가 중 임제·운문·조동은 송대에도 계속해서 세력을 유지하였다. 북송960-1127 전기에는 운문종이 성했지만 중기 이후는 임제종 황룡파와 양기파가 주류가 되었다. 기존의 오가에 황룡과 양기 두 파를 보태서 '오가칠종'이라고 부른다. 남송시기1127-1279에는 임제종 양기파 계통이 선의 주류를 이루게 되었다.

송대는 선의 제도화 시대이다. 선종이 사회제도에 편입되면서, 선종 내부의 체계나 수행방식도 제도적으로 정리, 규격화되었다. 이러한 상황은 북송대의 장로 종색長蘆宗賾의《선원청규》에 잘 나타나 있다. 이제 백장의 〈선문규식禪門規式〉의 정신, 즉 불전을 세우지 않고 법당만을 세우고, 주지 자신이 불조로서 법을 설하는 것은 이미 과거의 것이 되어버렸다. 대신 '매일 저녁 불전에서 예불할 때 일심으로 창례唱禮해야 한다'라든가 '주지의 직무는 관의 요청에 의해 법요를 행하고 황제의 복수福壽를 기도하는 것이다'와 같은 규범이 생겼다.

이처럼 선원은 불상에 절하고 황제의 장수를 기도하는 장소로 전락하게 되었다. 원오의 스승인 오조 법연五祖法演, ?-1104은 황제 생일에는 어떤 법도 설하지 않고 '황제 만세!'라고만 했다고 한다. 이처럼 황제의 만수무강을 기원하는 것이 송대 선원의 가장 중요한 행사가 되었고, 이러한 영향으로 자연스럽게 사대부와 선승의 교제는 불가피하게 되었다. 송대의 선종은 송 조정朝廷의 정치기구 및 경제구조의 유기적인 일부가 되고, 이에 따라 선과 사대부의 관계가 보다 넓고 깊어진 것은 자연스러운 추세였다.

선승과 사대부의 교섭이 비약적으로 증대함에 따라 사대부 문화와 선종 문화의 상호침투도 다방면에서 일어났다. 그중 한 예를 들면, 소식蘇軾, 1036-1101이 동림 상총東林常總, 1025-1091(황룡 혜남의 법을 이음)을 참례하여 '무정설법'의 설을 오득悟得하고 지은 다음 시는 선문에 크게 회자되었다.

계곡의 물소리가 부처님의 말씀,
산의 풍광은 부처님의 모습,
이 한없는 설법을
후일 어떻게 사람들에게 전할까
溪聲便是廣長舌 山色豈非淸淨身
夜來八萬四千偈 他日如何擧似人

《가태보등록 嘉泰普燈錄》권23

이처럼 송대에는 선승과 사대부의 교섭이 성행하였으며, 특히 사대부 중에는 선승의 선록禪錄이 인연이 되어 적극적으로 선승을 외호하는 이도 적지 않았다. 일례로《설두현화상명각대사송고雪竇顯和尙明覺大師 頌古》(이하《설두송고》)를 쓴 운문종 4세 설두 중현雪竇重顯, 980-1052은 그의 생애에서 사대부의 외호가 극진했다.

중현은 수주隨州의 지문을 참례한 후 지주池州 광덕사로 간다. 여기 서 증회曾會를 만난다. 그는 진사進士였고 광록光祿시대에 정승을 지 내다가 나와서는 집현전 수찬修撰과 명주의 지사를 지냈다. 그는 중현 이 경덕사에서 수좌로서 승조의 반야론을 강의했을 때 시종 참가했고, 나중에 중현을 설두산으로 맞이하여 생애를 대성시킨다. 그는 중현의 《명주설두명각대사개당어록》(1026)의 서문을 쓰기도 했다.

중현을 도운 것은 증회만이 아니다. 진국군鎭國軍 절도사를 지내고 나와서 허주許州의 지사를 지낸 이준욱李遵勖, 988-1038도 있다. 이처 럼 중현은 당대當代 제일급의 명공과 친분이 있었다. 이러한 자들의 지 지로 명주 설두산에 들어간 것이다. 중현은 설두산에 들어가면서 비로 소 '설두'가 되었다. 그의 후반 30년의 선 문학은 이러한 지지에 의해 완성되었다.

이러한 분위기 속에서, 송대의 학계는 사상적으로는 유불일치설, 문 학적으로는 시선일미론詩禪一味論이 유행했다. 이 시대의 사대부와 선 승의 교류는 사대부 문화라고 하는 공통의 토양 위에서 성립했다. 사 대부는 유교적 교양의 토대 위에서 선을 오득하고, 선승은 고전시문을 통하여 오경悟境을 표현하였다. 선시禪詩인《설두송고》는 이를 잘 말 해주고 있다. 송대 선승들은 사대부의 문자문화를 필수의 교양으로 여 겼다. 선이 송대 문화에 크게 영향력을 발휘할 수 있었던 것도 이러한 선승의 지적知的 역량이 바탕이 되었기 때문이다.

설두 중현

중현980-1052의 속성은 이李씨이고, 사천성 수주遂州에서 태어났다. 이 곳은 중당 이래 선이 한창 번성한 곳이다. 중현은 부모를 잃고 20대에 익주 보안원普安院 인선仁銑 아래로 출가했다. 마침 대자사 원영元瑩이 《원각경대소초圓覺經略疏抄》를 강의하고 있었다. 중현은 이 경전의 대 의를 원영에게 물었지만 그는 답을 못했다. 촉蜀을 나와 그는 선의 명 장을 차례로 만난다. 먼저 양양襄陽의 석문산 온총石門蘊聰, 965-1032 아래서 수행하기를 3년, 그의 지시로 호북성 수주隨州에서 지문 광조智 門光祚, ?-1031를 방문하여 결국 그의 법을 이었다. 그때 중현은 27, 8세 가 되었다. 지문은 운문을 사법嗣法한 성도의 징원澄遠, 908-987의 법을 이었다. 중현은 지문의 제자로서 나중에 그의 어록을 편찬하고 서문을 썼다. 그뿐 아니라 《설두송고》 백 칙 중에 제21칙과 제93칙은 지문의 기연機緣에 대한 내용이다. 또한 제79칙 '세존승좌世尊陞座'의 송이 지 문의 송을 이었다든지 본칙에 지문의 일을 간혹 첨가했다든지 하는 것 을 보면, 《설두송고》의 성립에 지문이 깊게 관계됨을 볼 수 있다.

당시 수주에는 운문을 이은 쌍천 사관雙泉師寬이 있고 양주襄州에는 동산 수초洞山守初, 남쪽에 인접하는 악주에는 파릉 호감巴陵顥鑑이 있 었다. 모두 사천 사람이다. 운문의 선은 이처럼 사천 승들에 의해 지방 으로 퍼져나갔다. 《설두송고》 제12칙에는 동산 수초의 기연이 있고, 제 13칙과 100칙에는 파릉의 기연이 있다. 중현은 동산 양개의 6세世에 해 당하는 대양 경현大陽警玄, 943-1027을 참례하여 조동의 종지를 배웠다. 설두의 입멸에 대해 다음과 같은 이야기가 전한다.

설두의 입멸에 앞서 제자들은 절의 서남쪽 오백 보 거리에 수탑壽塔을 만들었다. 어느 날 설두는 시자에게 탑을 청소하게 하고, 모두 산중턱에 이르자 그곳을 보고 또 보고 하였다. "이후 언제 오게 될까?" 가까이 있던 시자가 놀라서 설두에게 돌아가자고 재촉했다. 설두는 더욱 탑 쪽으로 나아갔다. 사람들은 소리 내어 울며 설두 뒤를 따라 탑 앞으로 갔다. 어떤 사람이 말했다. "스님, 세상을 떠나는 송이 있습니까?" 설두는 말했다. "나는 끊임없이 시끄럽게 너무 많이 말했어." 다음 날 주장과 신발, 의발衣鉢을 정리하여 제자들에게 유품으로 나누어 주었다. 문안객을 붙들어 밥을 주고는 몇 번씩이나 약속했다. "7월6일에 다시 문안해 달라" 그날 밤, 목욕하고 옷을 정갈하게 입고 옆으로 누워 입멸했다.

설두산에 머물기를 31년, 세수 73세, 법랍 50세에 입적하였다. 설두의 만년에는 1,500인의 수행자가 있었다고 한다.《속등록》권2에는 설두의 제자 천의 의회天衣義懷 이하 78명의 이름과 29명에 대한 기연의 내용이 있다. 그러나 탑명에는 150인이 그의 법을 천하에 전했다고 한다. 설두는 만년에 제자들이 근본을 잊은 채 잎새 따고 가지 찾는 데 기울어지는 것을 개탄했다고 한다.

사상·실천면에서 송대는 공안선의 시대이다. 공안은 본래 공문서이다. 선종에서의 공안은 수행자에게 부과된 고인古人의 문답으로, 해결해야 할 문제이다. 수행자들은 선행先行의 문답을 수집, 분류하고 이를 과제로 삼아 참구하는 것을 중요한 수행방법으로 삼았다. 또한 다수의 선인의 작품을 전고典故로 하여 구사하면서, 시문을 짓고 그것을 서로 감상하고 논평하고 자작自作으로 창화唱和하기도 했다.

공안선은 공안의 참구 방법에 따라 대략적으로 '문자선'과 '간화선'으로 나눈다. 문자선은 공안의 비평이나 재해석을 통하여 선리를 탐구하는 것이다. 구체적으로는 본래 문답의 회답에 대해 대안代案이나 다른 해석을 하기도 하고(대어代語, 별어別語), 문답의 취지를 시로 노래하거나(송고頌古), 산문으로 논평(염고拈古)을 가하기도 한다. 또한 그러한 것을 강설(평창評唱)하기도 한다. 반면 간화선은 특정한 하나의 공안에 대한 의단疑團을 전의식으로 집중하여 의식의 한계점에까지 다다라, 그 극치에서 의식의 격발과 대파大破로 극적인 대오의 실제 체험을 얻게 한다.

선인先人의 선문답을 텍스트로 취급하는 '문자선'을 최초로 체계적으로 행한 사람은 북송 초 임제계의 분양 선소汾陽善昭, 947-1024이다. 분양은 고인의 문답 백 칙을 선별하여 시를 붙인《분양송고》와 선문답을 발문發問의 형태에 의해 분류한《분양십팔문》을 저술하였다. 그 후, 문자선의 정점이라고 볼 수 있는 것이 중현의《설두송고》와 이를 강의한 원오 극근의《벽암록》이다.

《설두송고》

《벽암록》의 텍스트가 되는《설두송고》는, 중현이 명주 설두산에서 머물며(1023-1031) 정리한 송고집의 이름이다.《설두송고》의 판본은 지금까지 발견되지 않았고,《벽암록》에서만 그 내용을 볼 수 있다. 그 원인 중 하나는 임제종 양기파의 성대盛大와 운문종의 쇠퇴라는 역사적 사정이고, 또한 남송에서 원·명으로의 정치적 변천에 따른 중국문명의 체질적 변화도 그 원인이 될 수 있다.《벽암록》과《설두송고》사이에는 약 백 년의 시차가 있다. 원오가《설두송고》를 채택한 것은 설두의 뛰어난 문학성 때문이라고 봐도 지나친 말은 아니다.

설두가 고칙에 붙인 시의 운치는 석두계 4세 석상 경저의 제자 덕운 관림德雲貫林, 832-912(禪月이라고도 함)의 선시로부터 영향을 받았다고 한다.《설두송고》에는 선월의 시를 인용한 곳이 간혹 보인다. 설두는 설두산에서 지내는 동안 산협山峽의 영기靈氣에 감흥되어 아름다운 설두산의 풍광을 마주하며 '사람'을 생각했다. 일례로《설두송고》47칙에서, 운문의 '법신문답'에 대해 그는 이렇게 노래했다.

천축은 망망茫茫하여 찾을 곳이 없는데
밤이 되니 도리어 유봉乳峰을 마주하여 자고 있었네.

유봉은 설두산을 뜻한다. 천축을 샅샅이 찾아봐도 법신을 발견할 수 없었는데 그 법신이 어젯밤에 일전一轉하여 유봉으로 돌아와 잤다는 것이다. 이처럼 설두는 유봉의 산기山氣에 젖어 있었다.

설두는 운문종에 속한다. 운문종은 선종 오가五家 중 북송 초기에 절강浙江에서 성대하게 일어난 일파이다.《설두송고》에는 운문종의 제1세 문언雲門文偃, 864-949과 연관된 본칙이 18개, 또한 그 제자와 그 계열 사람들의 본칙이 7개가 있다.《설두송고》의 본칙에 제일 많이 등장하는 종파이다. 이처럼 설두가 자신의 시혼詩魂에 운문을 업었으니,《설두송고》는 단지 중현의 작품이라기보다 북송 초기 절강浙江에서 전개된 운문종 문학의 집대성이라고 봐야 할 것이다. 중국선종사상 유일한 훈고서訓詁書인《조정사원祖庭事苑》8권(1108)이 이를 말해주고 있다. 여기에는《설두송고》를 포함한 설두의 어록 7집, 즉《동정어록洞庭

語錄》,《설두개당록雪竇開堂錄》,《폭천집瀑泉集》,《조영집祖英集》,《송고집頌古集》,《염고拈古》,《설두후록雪竇後錄》과 《운문광록雲門廣錄》 등이 수록되어 있다. 이 책은 설두 멸후 13년에 편집된 것이다.

운문산의 광태선원은 당말·오대 남한南漢 유씨의 귀의로 열린 도량이다. 중원의 전화戰火를 피해 선원에 모인 도속道俗은 각지에서 생산된 새로운 선 문학을 반입했다. 이러한 발단은 설봉 의존에게 있다. 그는 설봉산을 근거로 남한 유씨와 같이 나라를 세운 민월閩越 왕씨의 귀의를 받고 이미 1,700명의 문하를 모았다. 그의 제자 운문은 그 바람을 탄 것이다. 또한 이러한 사정은, 설봉을 이은 현사 사비의 3세에 해당하는 법안 문익法眼文益, 885-958이 남당南唐의 수도 금릉을 근거로 하여 남당 이씨의 귀의로 강남의 문명을 집대성한 것과도 같다. 법안종의 세력이 쇠퇴한 후 이를 대신하여 더욱 크게 각파의 유산을 독점한 것이 설두 중현이다. 그의 문학이 당시 선납들에게는 경모의 대상이 되지 않을 수 없음은 물론, 원오가 《설두송고》를 채택하여 여러 번 강의했다는 것도 이러한 이유에서일 것이다.

《설두송고》의 평가를 높인 것은 송고의 백 칙이다. 대혜도 행각 때, 선주宣州 명적明寂의 정선사에게 설두의 《송고》와 《염고》를 요청해서 들었다고 한다. 정선사는 일찍이 설두에게 참한 사람이다. 당시 《설두송고》를 젖히고 선문에 드는 일은 있을 수 없었다. 원오가 이를 제창提唱한 것은 그러한 풍조의 만연 때문이기도 할 것이다.

설두는 분양 선소에게 배워 《설두송고》를 만들었다고 한다. 선소는 임제 아래 6세世이다. 당말·오대·송초의 난리 때 임제의 유법은 선소에 의해 산서성의 한 모퉁이에서 명맥을 유지했다. 그 제자들이 강남으로 옮겨 일거에 세상에 나온 것이다.

《분양송고》는 '선현일백칙先賢一百則'을 말한다. 분양이 백 칙을 지은 것은《경덕전등록》에 기인한다.《설두송고》와《분양송고》의 공통된 고칙은 12칙이다.

《설두송고》를 처음 제작한 것은 천희天禧연간(1017-1021) 중이다. 천희 초에 설두는 항주에 조용히 머물렀는데, 그때 나이 38세였다. 이 때에는 송고는 접어두고 공부만 하였다. 소주 동정洞庭으로 옮기고 여기서 2년 머물렀다(40세).《설두송고》가 완성된 것은 42세(1021) 때이며 설두산에 들어간 이후의 일이다.

《설두송고》백 칙의 출현은 획기적인 사건이었다. 선학계에서는 질이나 내용에 있어서 선례가 없다고 본다. 송대의 선이 설두의 출현으로 일변하였다는 것이다.《설두송고》백 칙의 영향으로 백운 수단白雲守端, 1025-1072이 110칙의 송고를 남겼다. 후에 대혜가 동림 상총에 응수應酬하여 110칙의 송고를 만든 것도 이에 영향을 받은 것이다(《고존숙어록》권 47). 원오 극근의 제자 호구 소륭虎丘紹隆, 1077-1136 계통의 허당 지우虛堂智愚, 1185-1269는 설두와 그의 작품에 깊은 경의를 품어, 송고 백 칙을 정리하여《대별일백칙代別一百則》을 편찬했다. 이처럼 송대에 송고의 저술이 비약적으로 증대하게 된 기폭제가 바로《설두송고》이다.

원오 극근과 《벽암록》

원오 극근1063-1135은 설두와 마찬가지로 사천성 팽주彭州 숭녕崇寧 출신이다. 생가는 대대로 유학을 업으로 삼았지만, 젊어서 출가하여 성도成都의 문조文照·민행敏行에게서 교학을 배웠다. 그다음 황벽 유승黃檗惟勝에게서 선을 공부하고 차례로 옥천 승호玉泉承皓, 대위 모철大潙慕喆, 회당 조심晦堂祖心, 동림 상총東林常總 등을 참방한다. 그러나 만족하지 못하고 오조 법연五祖法演에게 나아가 대오하여 법을 이었다.

그 후 오조산으로 옮겨 스승의 교화를 돕다가 숭녕 연간(1102-1106)에 고향으로 돌아간다. 성도의 육조원에서 처음 주지를 하고, 소각사 → 협천 영천원 → 장사 도림사 → 건강 홍국사 → 동경 만수사 → 진강 용유사 → 남강군南康軍 운거 진여원 → 다시 소각사를 차례로 역임하였다. 소흥紹興 5년 소각사에서 73세에 시적했다. 저술로는《벽암록》외에《격절록擊節錄》,《원오불과선사어록》20권,《원오심요》가 있다. 제자로 대혜 종고와 호구 소륭이 있고, 양기파를 크게 발전시켰다.

그가《설두송고》의 평창을 시도한 것은 40세 때 소각사昭覺寺의 주지를 하고 있을 무렵이다. 종래의 정설에 의하면《벽암록》에는 4종의 이본異本이 있다. 장본張本, 촉본蜀本, 복본福本(1106, 협산 영천원에서 강의), 일야본一夜本 등이다. 현재 유포된 것은 원의 대덕 3년(1300), 장명원張明遠이 '종문제일서宗門第一書'라는 이름을 써서 재편한 것으로, 그가 서문을 쓰고 처음으로 개판한 것을 장본張本이라고 한다.

원오가 세 번에 걸쳐 제자들 앞에서 강의한 시기는 정화政和(1111-1117)부터 선화宣化(1119-1125) 연간이다. '벽암'이라는 두 자는 협산 영천원의 방에 결려 있는 편액扁額 가운데 두 자에서 따온 것이다. 대혜가 판본을 태웠다는 것은 전설이다. 시기적으로 맞지 않기 때문이다.
《벽암록》의 각칙은 다음과 같이 구성되어 있다.

(1) 수시: 본칙 앞에 원오가 서론 격으로 붙인 글로, 수시가 없는 칙도 있다.

(2) 본칙: 설두가 선별한 고칙 공안에 원오가 착어(원오의 촌평, 하어下語 라고도 한다)와 평창(본칙에 대한 원오의 강설)을 달았다.

(3) 송고: 본칙에 대한 설두의 송과 원오의 착어(설두의 송에 삽입된 원오의 촌평), 원오의 평창(설두의 송에 대한 원오의 강설)으로 구성된다.

《벽암록》은 매우 난해한 책으로 여겨진다. 그 원인은 이 책이 한 번에 성립된 것이 아니라 여기저기서 강의한 것을 수집, 종합한 것이고 또한 복합적이고 중층적으로 구성되어 있기 때문이다. 더구나 수시가 붙어 있는 칙과 없는 칙, 또한 수시와 본칙의 관계가 필연적이지 않은 칙 등이 다소 보인다. 착어 역시 당시의 속어나 선어를 뒤섞어 말하고, 즉흥적이거나 단편적이며, 한 문구에 여러 개 착어가 있는 경우도 있다. 또한 착어와 본문 및 착어 상호간에도 연관이 되지 않는 것도 있다.

선학자 스즈키 다이세츠는 그 원인에 대해서, 여러 곳에서 강설하다 보니 중복되기도 했을 것이고, 재언급할 때 다르게 하거나 또는 필록자가 중복 기재하면서 필록자의 의도가 삽입되었기 때문이라고 한다. 더욱이 마지막에 정리, 합본하면서 편집 사정 때문에 이를 가리지 못하고 각각의 기회 때마다 설한 착어를 모두 함께 기재한 탓도 있다고 하였다. 실은 필자가 착어와 평창을 제외하고 수시, 본칙, 송고만을 역해한 것도 이런 편집상의 난해함 때문이기도 하다.

《대혜무고大慧武庫》에 의하면, 원오는 당시 진여원에 머물면서 경장慶
藏 주지에게서 《설두송고》를 배웠다고 한다. 24세 때의 일이다. 이때
부터 원오 스스로 《설두송고》를 통해 '문자선'을 시작했다고 본다.
20여 년간 원오의 선의 세계는 공안과 설두의 송에서 떠나지 않았다.
이렇게 해서 원오는 《설두송고》에 일가견을 가지고 제창[評唱]할 수 있
게 되었다.

《벽암록》에서 원오의 평창을 보면, 대오의 체험을 강하게 요구하는
내용이 여러 곳에 나타난다. 이는 그 저변에 당시 팽배해 있던 '자신이
그대로 부처'라는 무사선無事禪을 염두에 두고, 이를 강력히 부정하려
는 의도가 내포되어 있다고 본다. 원오는 대오가 철저하기 위해서는
공안을 해석하는 것이 아닌, 활구活句로서 체득해야 한다는 선법을 제
시한다. 예를 들어, 《벽암록》 제68칙 '앙산, 삼성에게 묻다'의 본칙은
이렇다.

앙산이 삼성에게 물었다. "그대 이름은 무엇인가?" 삼성이 말했다. "혜
적입니다." 앙산이 말했다. "혜적은 바로 나다." 삼성이 말했다. "제 이
름은 혜연입니다." 앙산이 껄껄대며 웃었다.

원오는 평창에서, 앙산이 삼성에게 물은 것에 대해 "무심하게 물어 사
량분별을 끊어버렸다"라고 평하였고, 삼성이 앙산의 이름을 말한 것에
대해 "상정常情(의식작용)에 떨어지지 않았다"라고 평하였다. 또한 "만
일 상정을 따른다면 휴헐休歇(크게 쉼)을 얻지 못한다. … 삼성은 정신
을 바짝 차린 뒤, 비로소 깨달을 수 있었다. … 이미 깨친 뒤의 작용은
다시 깨닫기 이전의 시절과 흡사하여 분상에 따라 일언반구도 상정에

떨어지지 않는다"라고 했다. 이처럼 원오는 공안에 대한 개오의 규칙을 세워 비평했다. 즉 공안을 참구할 때 절대로 '상정'에 떨어져서는 안 되며, 바로 '활구'로서 오득해야 한다는 것이다. 상정에 떨어지는 것은 '사구死句'이니, '활구'로 나아가 휴헐을 얻는 것이 진정한 대오라고 단정한다. 원오가 얼마나 활구를 중요시했는지는 화장 명수좌에게 한 말 중에도 잘 나타난다.

> 활구로 궁구해야지 사구로 궁구해서는 안 된다. 활구에서 깨달으면 영겁 동안 잊혀지지 않고 사구에서 깨달으면 스스로도 구하지 못한다.
> 《원오심요》 권상

그래서 원오는 번잡한 교상의 말보다는 전광석화 같은 즉결의 언구를 사용했다. 《벽암록》에는 특히 하어下語에서 그런 언구를 자주 쓴다. 어떠한 것에도 집착하지 않는 자유의 세계를 나타내려고 노력한 흔적이 보인다.

《벽암록》 제53칙 '백장, 들오리'를 일례로 들어 설두의 송과 이에 대한 원오의 비평을 살펴본다. 먼저 본칙은 이렇다.

> 마대사가 백장과 걷고 있을 때 들오리가 날아가는 것을 보았다. 대사가 "뭐야?"라고 묻자 백장이 대답했다. "들오리입니다" "어디로 갔는가?" "예, 날아가 버렸습니다" 바로 마대사는 백장의 코를 비틀었다. 백장이 "아야야ー"라고 비명을 지르자 대사가 다시 말했다. "왜, 날아갔다고 했잖은가?"

설두가 이 본칙에 대해 송을 붙였다.

　들오리, 어디로 갔을까.
　마조는 그것을 보고 말을 걸었네.
　산운해월의 정이 다해도
　여전히 알지 못한 채 날아갔다고 하네.
　날아가려는 찰나 붙잡았다.
　말해보라, 말해봐!

본칙에서, 마조가 두 번씩이나 백장에게 물었는데 그는 진의를 알지 못하고 그냥 날아가버렸다고만 했다. 날아가버렸다고 말하는 순간 마조는 그를 붙잡았다. 송에서 설두는 '마조가 붙잡은 것은 무엇인가? 말해보라!'라고 거듭 다그친다. 설두의 이 마지막 한마디가 다시 공안이 되는 것이다. 설두의 송 "날아가려는 찰나, 붙잡았다"라는 구에 대해 원오는 다음과 같이 비평한다.

　이것은 설두가 마조의 마지막 말에 근거하여 본칙의 뜻을 총괄한 것이다. 송의 결구에서 설두는 "말해보라, 말해봐!"라고 했다. 이것은 설두가 본칙의 내용을 현재 자기의 문제로 전환한 '전신처轉身處'에 지나지 않는다. 자, 말해보라. 어떻게 말해야 할까. 만약 아프다고 소리친다면 그것은 아주 잘못된 것이다. 그러면 어떻게 해야 할까. 설두는 아주 훌륭한 송을 붙였지만, 어찌 되었는지 빠져나오지 못했다.

당시 이 본칙과 송고는 납승들에게 널리 회자되고 있었던 모양이다.

원오는, 선승들에게 공안의 뜻을 물었을 때 백장과 같이 '아야야-'라고 비명을 지른다면, 그것은 안이한 이해로 크게 잘못된 것이라고 단정한다. 즉 '자기가 그대로 부처'라는 마조 선의 연장선상에 있을 뿐이라고 비난하며, 현상을 타파하는 결정적인 대오의 체험이 있어야 한다고 주장했다. 그는 또한 설두의 송도 그들과 같은 한계를 벗어나지 못했다고 지적했다.

이처럼 원오는 《설두송고》를 강의하면서 나름대로 비판적 견해를 내놓았는데, 당시 납승들은 자신의 대오 체득은 아랑곳하지 않고, 이렇게 신랄하게 비평하는 원오의 문학성을 답습하고 외우며 추종하였다. 이에 원오와 동문인 불감 혜근佛鑑慧勤, 1059-1117은 원오에게 편지를 보내 제창을 간곡히 중지시키기도 했다.《치문경훈》권8)

여하간 원오가 일관되게 주장하는 기본적인 입장은 세 가지로 간추릴 수 있다. 첫째, 있는 그대로의 자기를 있는 그대로 긍정한다는 생각은 미망이다. 둘째, 결정적인 대오철저의 체험을 얻지 않으면 안 된다. 있는 그대로가 부처라고 말하는 것은 그다음의 일이다. 셋째, 대오의 체험을 얻기 위해서는 공안을 자의字義에 따라 합리적으로 해석하는 태도를 버리고, 의미와 논리를 끊은 한마디, 즉 활구로 궁구하지 않으면 안 된다는 것이다.

《벽암록》은 문자선의 대표작이지만, 개오를 향한 강력한 실천적 의지가 나타나 있다. 더욱이 원오의 이 세 가지 핵심 사상은 《벽암록》의 수시, 평창에서 일관되게 나타난다. 그러나 공안을 '활구'로 삼으면 어떻게 해서 '대오'라는 목적을 달성할 수 있는지에 대해서는 《벽암록》에 설명되어 있지 않다.

공안을 온 힘을 다해 활구로 투관하여 실제로 깨닫게 하는 방법은 이미 오조 법연五祖法演, ?-1104에 의해 실행되기 시작하였다. 원오의 제자 대혜 종고는 위의 세 가지 논점을 하나로 통합하여 간화선을 완성하였다. 대혜의 선법은 원오의 선사상 위에서 정립될 수 있었다. 운문종의《설두송고》가 임제종 원오의 문자선을 탄생시키는 근원이 되었다면, 간화선은《설두송고》와《벽암록》의 결정체라고 볼 수 있다.

처음 《벽암록》을 손에 쥐었을 때가 30대였다. 대학원 수료 후, '중국선종사상사'를 전공하면서 나름대로 선을 공부할 때였다. 당시 선방에서는, 공안은 머리로 문구를 해석해서는 안 되고 실참을 통해야만 보인다고 하여, 공안집을 섣불리 보지 못하게 했다. 결제·해제 때 조실스님의 상단법어 중에서나 공안을 들을 수 있을 정도였다. 그러나 《벽암록》이 임제종의 금과옥조 같은 책이라고 나름 들은 바가 있었기에 '나홀로' 공부해보기로 했다. 하지만 전혀 눈에 들어오지 않았다. 한자 문구해석은 물론이고 내용이 전혀 이해되지 않았다. 그냥 놓아버렸다.

어언 30여 년이 지난 지금, 시절 인연이 되었던지 겁 없이 《벽암록》을 다시 쥐게 되었다. 이렇게 용감하게 다가가게 된 것은 3년 전의 《종용록》 역해에서 힘을 얻은 이유에서일 것이다.

2017년 가을, 《종용록》 역해가 끝나면서 함께 공부한 '선어록 연구반' 6명은 계속 어록을 윤독하고 싶어 했다. 그즈음 연구원들은 박사과정을 수료하여 논문 준비 중에 있거나, 학위를 취득하고 집중수행에 몰입하거나, 또는 취업이 되어 직장생활 중에 있었다. 그럼에도 불구하고 어록에서의 선사들의 행리와 사상, 상대를 깨치게 하는 전광석화 같은 '한마디'에 매료되어, 다시 어록을 읽고 싶어한 것이다. 필자는 《종용록》 역해로 고생을 좀 해서인지 내심 쉬고 싶었다. 그러나 바라는 열망을 비켜갈 수 없었다. 바로 그 자리에서 한 학생이 《벽암록》을 제시했다. 순간 아찔했다. 예전에 그만두었던 때가 기억난 것이다. 은근히 다른 어록을 읽도록 유도했지만, 다들 《벽암록》으로 해보자고 해서 운명이라 생각하고 결정해버렸다.

이미 번역된 책들이 있어서 이를 참고하여 읽으면 될 것이라는 가벼운 마음으로 시작했다. 《종용록》과 마찬가지로 수시, 본칙, 송고만을 번역·해설하기로 했다. 공안 백 칙의 본칙과 송고에 원오 스님이 각각 착어와 평창을 붙인 것을 완역한 책이 오래전에 이미 간행되어 있었기 때문이다. 그런데 각칙을 읽어나가는 동안 난해한 곳에 부딪혀 기존 번역서들을 참고해 보면, 저마다 다르게 번역되어 있음을 발견할 수 있었다. 올바른 이해와 번역을 위해 우리는 당·송대의 속어, 은어, 선사상과 문화 등을 살피기 위해 이 분야의 사전과 문헌 등을 보지 않으면 안 되었다. 또한 저마다 견해가 달라 장시간의 토론을 병행하기도 했다. 매주 1회 서너 시간이 소요되었고, 어떤 칙은 두 주 이상 걸린 적도 있었다.

이러한 어려움으로 몇 번이나 그만둘까도 생각했다. 그러나 소위 선학자라고 하는 필자로서 이런 난관에 좌절한다는 것은 스스로 용납되지 않았다. 다시 붙들었다. 임제 스님의 살불살조殺佛殺祖의 정신으로 헤쳐나가기로 한 것이다. 이렇게 세미나를 진행하는 동안, 문구가 공안이 되어 집중하고 있을 때, 이상하게도 일자一字에서 빛이 일어나는 듯하고, 묘하게도 내용이 환하게 파악되는 것을 경험하기도 했다. 이렇게 해서 3년이라는 시간을 《벽암록》과 함께 지낸 것이다. 지금 생각하면 연구반원들의 공부에 대한 열성과 열정이 없었으면 이런 긴 시간을 보낼 수 없었을 것이다. 고맙기 그지없다.

《벽암록》(1125)은, 북송대 설두 중현980-1052 스님이 당대唐代 선자들의 전기 가운데 백 칙의 문답 상량을 뽑아 거기에 송(시)을 붙인 《설두송고》를, 원오 극근1063-1135 스님이 자신의 견식으로 촌평(착어, 하어), 강설(평창, 논평)한 책이다. 따라서 《벽암록》의 이해는 바로 설두 스님의 선과 사상의 이해와도 직결된다. 설두 스님의 《설두송고》는 당시 납승뿐만 아니라 사대부들까지 존숭하였다. 그리고 100년 후 원오 스님이 제자들의 요청에 의해 이를 세 번씩이나 강의한 것이다. 북송의 선을 '문자선'이라고 한 것은, 이 두 스님을 필두로 선경禪境을 언구로 표현하는 것을 중시하는 경향이 강해졌기 때문이다.

언전言詮을 넘어선 소식을 침묵에 의해서가 아니라 언어로 표명하려고 하면 결국은 시적 상징을 사용하지 않으면 안 된다. 옛 선사들 각각의 오경悟境을 시구로 응수應酬한 설두 스님의 선을, 원오 스님(임제종)은 20대에 만났다. 이후 20여 년 동안 이에 몰두하다가, 그 위에 다시 자신의 심요心要를 붙여 세상에 전한 것이다. 말하자면 《벽암록》은 선 수행자들이 '향상의 길'로 갈 수 있도록 이끄는 원오 스님의 석교石

橋이다.

이 책을 위해 마지막 윤독 3회째까지 직장근무에도 불구하고 수정 보완을 함께 한 전무규·한용국 두 박사와, 연구반의 여러 일들을 도맡아 살펴 준 간사 고태현에게, 더구나 제방의 납승만이 아닌 세간인들에까지 선의 실참수행을 조력하는 마음에서 《종용록》에 이어 《벽암록》 역해의 간행을 다시 맡아주신 김영사 대표님께 깊은 감사를 표한다.

본래 문자화될 수 없는 내용을 담은 선어록을, 그 의미를 손상하지 않고 일반인들이 쉽게 이해할 수 있도록 전하는 일은 현대 선종의 과제이고 사명이라고 본다. 이 같은 과제에 맞서서 필자의 미천한 지식으로 현대적 요구에 응하려고 번역을 시도한 것은 큰 모험이었다. 그러나 '진실한 자기'가 무엇인가를 과제로 삼고 그길로 들어선 선 수행자들에게 이 책이 조금이라도 도움이 된다면 더없는 보람이 될 것이다. 중도에 포기하지 않고 마지막까지 완주할 수 있었음은 불조의 절대적 가피력과 선지식의 외호가 있었기 때문이라고 생각한다. 지심으로 정례를 올린다.

경운실耕雲室에서 혜원慧謜

부
록

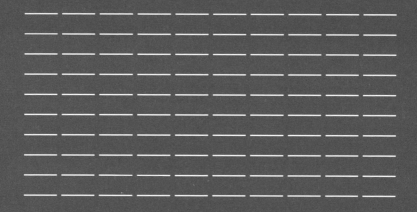

《벽암록》에 등장하는 불조 법계도

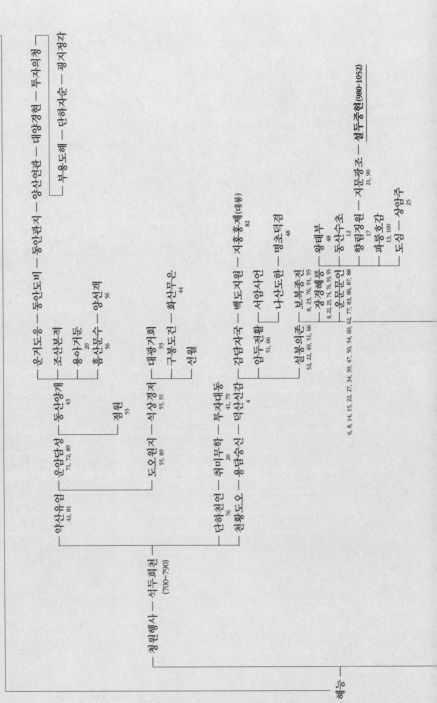

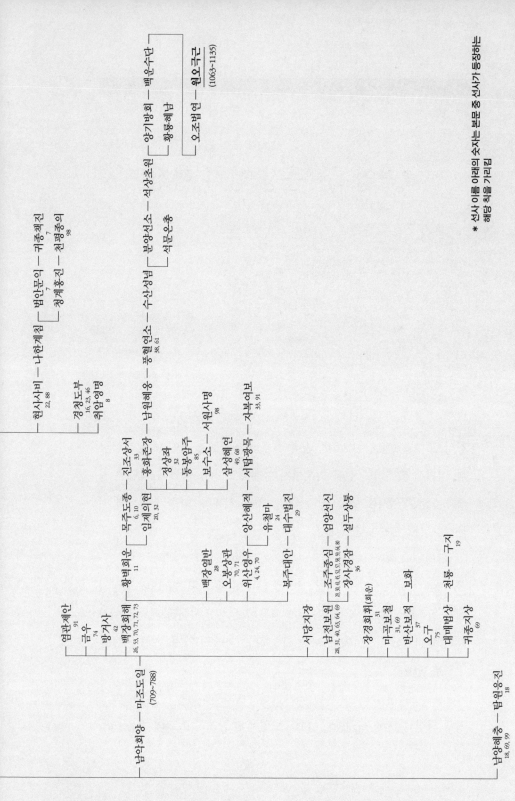

* 선사 이름 아래의 숫자는 본문 중 선사가 등장하는
해당 쪽을 가리킴

남악회양 — 마조도일
(709~788)

염관제안
91

금우
74

반거사
42

백장회해
26, 53, 70, 71, 72, 73

무주도종 — 진주상서
6, 10

임제의현
20, 32

백장열반
28

오봉상관
70, 71

위산영우
4, 24, 70

복주대안 — 대수법진
29

서당지장

남전보원
28, 31, 40, 63, 64, 69

장경회휘(최운)
31

마곡보철
31, 69

반산보적
37

오구
75

때매법상 — 춘룡 — 구지
19

귀종지상
69

황벽희운
11

현사사비 — 나한계침 — 법안문익 — 귀종혜진
22, 88   7

                   청계홍진 — 천평종의
                        7   98

경청도부
16, 23, 46

취암영명
8

종화존장 — 남원혜옹 — 풍혈연소 — 수산성념 — 분양선소 — 석상초원
                                   38, 61

정상좌
32

등은암주
85

보수소 — 서원사명
                98

삼성혜연
49, 68

앙산혜적 — 서탑광목 — 자복여보
                           33, 91

유철마
24

조주종심 — 엄양선신
2, 3, 30, 41, 48, 52, 57, 58, 59, 64, 80

장사경잠 — 설두상룡
36

보화
37

                              석문온총

                                      양기방회 — 석상초원
                                      황룡혜남

                             오조법연 — 원오극근
                                          (1063~1135)

남양혜충 — 탐원응진
18, 69, 99   18

《벽암록》 등장 선사 행장

경청 도부 鏡淸道忞, 864-937 온주(절강성) 영가 永嘉 출신. 속성은 진陳 씨. 어려서 출가하여 설봉 의존에게 참례하고 법을 이었다. 나중에 월주(절강성) 경청사에 머물다가 칙소에 의해 천룡사·항주 용책사에 머물렀다. 사호 賜號는 순덕대사.

구지 俱胝, 미상(당대 唐代) 여러 지역을 다니며 행각하다가 대매 법상의 제자 천룡화상에게 참례했다. 그때 천룡이 손가락 하나를 세워 보이자 홀연히 대오했다. 그 후, 구지는 선을 묻는 자에게 일지 一指를 세우는 것으로 답했다.

귀종 지상 歸宗智常, 미상(당대) 마조 도일에게 참례하고 그의 법을 이었

596

다. 나중에 여산 귀종사에 머물러 도속을 접화했다. 시호는 지진至眞 선사.

귀종 책진歸宗策眞, ?~979   조주曹州 산동성 출신. 속성은 위魏씨. 어릴 때 이름은 혜초慧超. 법안 문익의 법을 잇고 여산 귀종사에 머물렀다. 만년에는 금릉의 봉선사로 옮겼다.

금우金牛, 미상(당대)   진주鎭州(하북성) 출신. 마조 도일의 법을 이었다.

남양 혜충南陽慧忠, ?~775   절강성 제기諸暨 출신. 성은 염冉씨. 출생 연도는 알 수 없지만 130여 세 살았다고 한다. 육조 혜능의 법을 이었다. 혜능 입적 후 오령五嶺·광동성·절강성 등의 명산을 두루 행각하였고, 남양의 백애산 당자곡党子谷에서 40여 년 좌선했다. 당시 당 황제 숙종은 칙령을 내려(762) 혜충을 수도로 오게 하여, 스스로 제자의 예를 갖추고 국사라고 호칭했다. 숙종이 죽고 대종代宗이 집권한 후에도 혜충은 16년간 응기설법 했다. 각지의 납자들이 다투어 국사를 참방했는데, 그중에 남전 보원, 마곡 보철 등도 있었다. 국사는 천자에게 청하여 경관이 빼어난 무당산武當山에 연창사를, 당자곡에 장수사를 개창했다. 무당산은, 향엄이 위산영우의 '부모미생전 본래면목'에 대한 질문에 답하지 못하다가 이 산에 들어가 국사의 묘 앞에 초암을 짓고 좌선 단련하던 어느 날, 돌멩이가 대나무에 부딪치는 소리에 깨친 곳이다. 국사는 여기서 모든 경을 섭렵하였고, 경전을 가벼이 여기는 당시의 선종을 비판했다. 그의 어록은 현존하지 않지만, 설법 기록이《조당집》과《경덕전등록》에 있다.

남전 보원南泉普願, 748-834 하남성 정주鄭州 신정新鄭 출신이며, 성은 왕王씨이다. 마조의 법을 이었으며 백장, 서당과 사형사제간이고 방온龐蘊거사와 동문이다. 10세 때 부모의 허락을 받아 출가했다. 처음에 율을 배우고 《능가경》, 《화엄경》, 삼론학 등을 공부했으나, 진리는 교리에 있지 않다고 단정하고 바로 강서성 마조 도량 개원사로 갔다. 그때가 30세이다. 마조는, "불교의 경전은 서당의 손에 들어갔고 조사의 선은 백장의 손에 있고 보원만이 홀로 이 모든 것을 벗어났다"라고 보원의 도를 평했다. 문하에 조주가 있다. 남전의 '남전참묘南泉斬猫' 공안은 《벽암록》뿐 아니라 《종용록》, 《무문관》에도 들어있다.

단하 천연丹霞天然, 739-824 어려서 유학을 배우고 과거에 응시하려고 장안으로 가는 도중, 어느 선객으로부터 선관選官보다는 선불選佛이 낫지 않겠는가 하는 말을 듣고 곧바로 마조 도일을 만났다. 이후 석두 희천을 참방하여 공양간에서 3년을 지내고, 다시 마조에게 돌아가 참례도 하지 않고 당에 들어가 성승聖僧의 목에 올라타 앉았다. 마조가 당에 들어와 그를 보고 "내 아들 천연"이라고 하자 바로 내려와 예배하고 '스승께서 법호를 내려주시면 감사하겠습니다'라고 했다고 한다. 이로부터 천연이라고 했다. 일설에는 대중이 모두 운력을 하고 있는데, 단하만이 물을 떠다가 석두 앞에서 호궤하고 머리를 깍아달라고 했다고 한다. 석두가 그를 삭발하고 계법을 설할 때 단하는 귀를 막고 나가버렸다고 하는 고사[단하엄이丹霞掩耳]가 있다. 동경(하남성) 혜림사에서 추운 겨울날 목불을 태워 방을 데웠다는 유명한 기행奇行이 있으며, 이는 '단하소목불丹霞燒木佛'이라는 공안이 되었다. 후에 남양(하남성) 단하산에 암자를 짓고 머물자, 수행자 300여 명이 몰려 대원大院이 되어 크게 선풍을 거양했다. 입적 후 지통智通선사라는 시호를 받았다.

대광 거회大光居誨, 837-903   장안 출신. 속성은 왕王씨. 청원의 문하인 석상 경저에게 2년 사사하여 인가를 받았고, 20여 년 후 담주 대광산에 머물며 선법을 거양했다.

대수 법진大隨法眞, 834-919   사천성 염정현 출신. 성은 진陳씨. 어릴 때 혜의사慧義寺로 출가한 뒤 운수행각을 하면서 약산, 운암, 도오, 동산 등 60여 선지식을 참방하였고 장경 대안의 법을 이었다. 말년에 입이 비뚤어지는 병을 앓았는데, 임종시 상당上堂하여 "이 병을 고쳐줄 자가 있으면 나와보라"라고 하였지만 아무도 나서지 않자 스스로 입을 밀어 바로잡은 후 열반에 들었다고 한다.

대룡 지홍大龍智洪, 미상(송대)   청원 문하인 안휘성의 백조 지원白兆志圓의 법을 이었다. 낭주朗州(호남성) 대룡산에 머물렀고, 홍제대사라고 칭했다.

덕산 선감德山宣鑑, 780-865   사천성 검남劍南 출신으로 성은 주周씨이다. 어려서 출가하여 율장과 여러 경론을 배웠다. 후에 용담 숭신의 법을 계승했다. 위산 영우 등에게 참문한 후 호남성 무릉의 덕산에 주석했다. 그의 문하에서 설봉 의존과 암두 전활 등이 나왔다.

도오 원지道吾圓智, 769-835   강서성 해혼海昏 출신. 성은 장張씨이며, 도오 또는 종지宗智로 불린다. 어릴 때 열반화상을 따라 출가했고, 나중

에 약산 유엄 문하에 들어가 심인心印을 얻고 법을 이었다. 여러 산을
두루 다니다가 호남성 장사長沙 도오산道吾山에 들어가 선풍을 크게 떨
쳤다. 운암 담성의 속가 형이지만 출가는 운암이 먼저 했다.

동봉암주桐峰庵主, 미상(당대) 임제 의현의 법을 이었다.

동산 수초洞山守初, 910-990 협서성 출신. 속성은 부傅씨. 16세 협서성
공동산崆峒山 지심志諗에게 득도하고 사리舍利율사 정원淨圓에게 구족
계를 받았다. 처음에는 율을 배우고 후에 운문 문언에게 참문하여 법
을 잇고, 대중의 청에 응하여 강서성 동산洞山에 머문다(948). 종혜宗慧
대사라는 휘호를 받았다. '마삼근'이라는 유명한 공안이 있다.

동산 양개洞山良价, 807-869 절강성 회계會稽 출신으로 성은 유兪씨이
다. 남전 보원과 위산 영우 등에게 참문하였고, 운암 담성의 법을 이었
다. 이후 강서성 예장豫章에서 종풍을 드날렸다. 859년에 신풍산新豊山
에서 지내다가 후에 장시성 동산洞山의 보리원普利院으로 옮겨 종풍선
양에 힘썼는데, 동산이라는 호가 이때 붙여졌다. 문하에 조산 본적, 운
거 도응, 소산 광인 등 제자가 언제나 수백 명에 이르렀고, 그의 교단
은 조동종으로 대성하였다.

마곡 보철麻谷寶徹, 미상(당대) 마조 도일의 법을 이었고, 포주蒲州 마곡
산에서 머물렀다.

마조 도일馬祖道一, 709-788 사천성 한주漢州 출신. 성이 마씨이므로

마조, 마대사로 존칭. 처음 처적648-734 아래서 출가했고, 나중 남악 회향의 문하에서 10년 수행 후 법을 얻었다. 복건성·강서성에 머물다가 769년 강서성 홍주洪州 개원사에서 지냈다. 그의 법석은 번성하여 선지식이 117명이나 나왔으며, 그의 교단을 홍주종이라고 했다. '평상심이 도', '이대로의 마음이 바로 부처', '도는 닦아서 얻어지는 것이 아니다'라는 명언을 남겼다.

명초 덕겸明招德謙, 미상(당말唐末) 나산 도한의 인기印記를 받고 크게 현지호旨를 격양하여 여러 선사들이나 후학들로부터 경외敬畏를 받았다. 무주(절강성) 지자사智慈寺에서 제일좌第一座가 되고, 후에 명초산에서 머물며 40여 년 사중四衆을 접득했다. 왼쪽 눈이 부자유하여 그를 독안룡獨眼龍이라고도 불렀다.

목주 도명睦州道明, 780-877 황벽 희운의 제자. 도종道蹤으로도 불린다. 강남 사람으로 성은 진陳씨이다. 목주의 용흥사에서 은거하며 짚신을 삼아 모친을 봉양했다하여 진포혜陳蒲鞋라고도 한다. 경·율·론 3장에 통달하고, 평소 학인을 제접할 때 번개같이 빠르고 거칠게 법을 썼다. 가르침을 구하러 온 운문 문언의 발을 문틀에 끼게 함으로써 극심한 고통 속에 깨닫도록 유도한 일화가 있을 정도로 엄격한 선승이었다.

반산 보적盤山寶積, 미상(중당中唐) 마조 도일의 법을 잇고 유주幽州(하북성) 반산에 머물렀다. 종풍을 크게 선양하고 시적 후 응적凝寂 대사라는 시호를 받았다.

백장 열반百丈涅槃, 미상(당대) 백장 회해의 법을 이었다고도 하고 마조 도일의 법을 이었다고도 한다. 홍주(강서성)의 백장산 2세世이다. 무익 황찬武翊黃撰의 비명에 의하면 휘諱는 법정法正이다. 언제나 열반경을 강송講誦하여 열반화상이라고 불렀다고 한다.

백장 회해百丈懷海, 749-814 복건성 장락長樂 출신. 어려서 모친을 따라 절에 갔을 때 불상을 가리키며 "저분은 누군가요?"라고 물었다. "부처님이시다." "앉아 있는 모습이 사람과 같으니, 나도 저분같이 될지도 모르겠네요" 하며 기뻐했다고 한다. 출가 이후 대승불교를 깊게 공부하고 대장경을 정독했다. 마조 문하에 들어간 것은 21세였다. 그의 '일일부작일일불식日日不作日日不食'에는 선농일치의 수선의 정신이 잘 나타나 있고, 또한 그가 제정한 〈청규淸規〉를 통하여 선종 사원 특유의 생활양식이 처음으로 보급되었다.

법안 문익法眼文益, 885-958 절강성 여항餘杭 출신이다. 속성은 노魯씨. 7세에 출가하여 당대의 율사인 희각希覺 율사의 문하에서 율을 익혔고, 나한 계침의 법을 계승했다. 남당南唐의 황제 이씨에게 초청되어 강소성 금릉의 청량원에 머물며 포교했다. 그의 문손들은 나중에 법안종으로 불렸다. 저술로는 5가家 개념의 기원이 된 《종문십규론宗門十規論》이 있다.

보리달마菩提達摩, 미상(남북조) 중국 선종의 초조. 《속고승전》(7세기 중엽)에 의하면 남천축국의 바라문으로 태어났다고 하고, 《약변대승입도사행》의 담림의 서문에는 남천축의 대바라문국왕의 셋째 아들로 기록

하고 있다. 보리달마는 중국 남쪽으로 와서 북위로 건너가 각 지역에서 사람들을 교화했다. 그 가운데서도 도육과 혜가라는 두 승려가 열심히 따라 배워, 안심법의 벽관壁觀과 일상의 실천을 위한 네 가지 법의 가르침을 받았다고 한다. 그러나 달마의 선정 지도는 경전의 문구에 근거하지 않았기 때문에 강한 비판을 받기도 했다. 달마 전기의 성립 과정에 대한 개요는 북종계의 등사燈史인 《능가사자기》, 《전법보기》에 있고, 하택 신회684-758와 그 문하에 의해 서천 28조설이 등장한다. 마조 도일의 홍주종 계통의 《보림전》(801)에서는 서천 28조설이 통설로 완성되었다. 이와 함께 달마와 양무제와의 문답, 중국 도래와 천화遷化, 전의傳衣설 등이 덧붙여진다. 달마의 저술로는 《이입사행론二入四行論》이 있다. 달마는 《유마경》, 《능가경》을 중시하고 반야와 유심唯心의 실천에 노력하였으며, 스스로의 존재를 자각시키는 새로운 교화법을 사용했다.

보복 종전保福從展, ?-928 당·오대 때의 선사. 복주 출신. 성은 진陳씨이다. 15세에 설봉에게 출가하여 그 법을 이었다. 정명4년(918) 장주자사 왕공이 보복선원에 머물게 하자 개당하여 제자들을 가르쳐, 사람들이 그를 보복화상이라 불렀다. 장경 혜릉과 사형사제 사이로, 《조당집》과 《전등록》에 그와의 문답이 다수 전한다.

부대사傳大士, 497-569 무주(절강성) 의오현義烏縣 출신. 이름은 흡翕. 선혜善慧대사·총림叢林대사·동양東陽대사라고도 칭한다. 달마를 만나 그의 지시로 송산정松山頂에서 은거했다. 낮에는 품팔이를 하였으며 밤에는 행도했다. 대통2년(528) 무차대회를 열었고, 대통6년에 양

고조梁高祖에게 글을 바치고 스스로를 '쌍림수하당래해탈선혜대사'라고 했다. 무제에게 불려가 문답이나 강경을 했으며, 대동5년(539)에는 송산 아래 쌍림사를 창건했다. 세수 73세 입적.《쌍림사선혜대사어록》 3권이 있다.

삼성 혜연三聖慧然, 미상　진주 삼성원에 머물렀다. 임제 의현의 법을 계승했고《임제록》을 찬술했다. 앙산 혜적, 향엄 지한, 설봉 의존 등에게도 참례했다.

서당 지장西堂智藏, 735-814　건화虔化 출신. 성은 료廖씨이다. 8세에 출가하여 25세에 계를 받은 후 마조의 문하에서 수학하였다. 후에 마조는 지장을 남양 혜충국사에게 보내어 수학하게 하였다. 지장과 백장 회해와 남전 보원을 합하여 '홍주문하 삼대사'라고 칭한다. 한편 신라의 승려 도의道義는 입당入唐하여 지장의 문하에서 심법을 배우고 법맥을 이어받아, 신라로 귀국한 후(821) 남종선을 신라에 전파하였으며, 구산선문의 하나인 가지산파迦智山派를 열었다.

서원 사명西院思明, 미상(송대)　임제종 선사로, 처음에 위부魏府(하북성) 대각에게 참례하고 나중에 진주鎭州(하북성)의 보수소寶壽沼를 만나 법을 이었다. 여주汝州(하남성 남양부)의 서원에 머물렀다.

석상 경저石霜慶諸, 807-888　도오 원지道吾圓智의 법을 이었다. 석상산에 머물던 20년 동안 오직 좌선에 몰두하여, 그 모습이 마치 나무가 꺾인 그루터기 같다 하여 고목상枯木象이라 불렸다. 많은 제자를 길러내었으며, 그의 제자 중에는 신라 사굴산문 범일의 제자인 행적行寂, 832~916과 흠충欽忠, 법허法虛 등 신라 출신 승려들이 있었다.

설두 중현雪竇重顯, 980-1053 사천성 수주遂州 출신으로 성은 이李씨 이다. 어려서 출가하여 향림 징원의 제자인 지문 광조의 법을 이었다. 절강성 영파의 설두산에 머물며 종풍을 드날려 '운문종'의 중흥자라고 한다. 낭야 혜각과 같은 시기에 활약하여 그들을 '두 감로문'이라고 하였다. 그의 송고 100칙은 유명한데, 후에 원오 극근이 여기에 제창하여 《벽암록》(1125)을 저술했다.

설봉 의존雪峯義存, 822-908 복건성 천주泉州 남안 출신이며 성은 증曾씨이다. 12세에 출가하여 부용 영훈과 동산 양개 등의 문하에서 수행하다가 양개의 지시로 덕산 선감을 찾아가 암두 전활의 도움으로 깨달았고 덕산의 법을 이었다. 설봉산에 주석하며 현사 사비, 장경 혜릉, 운문 문언 등 많은 제자를 양성했다. 《종용록》의 7곳이 설봉과 관계된다.

습득拾得, 미상(당대) 풍간豊干이 산에서 주워와 길렀다고 하여 '습득'이라는 이름으로 불리게 되었고, 천태산 국청사에 은거했다고 한다. 한산·습득·풍간을 '국청삼은國清三隱'이라고 한다. 《한산시》 말미에 풍간·습득의 시를 붙여 《삼은집》 또는 《삼은시》라고도 했다.

암두 전활巖頭全廒, 828-887 복건성 남안南安 출신이며, 성은 가柯씨이다. 설봉 의존, 흠산 문수와 함께 수행하였고, 앙산 혜적에게 참례한 후 다시 덕산 선감에게서 법을 이었다. 나중에 동정호에 있는 와룡

산臥龍山 암두巖頭에서 종풍宗風을 크게 날려 암두 전활로 불렸다. 광
계光啓 3년 4월 도적떼가 일어나 칼날을 들이댔지만 태연자약하게 큰
소리로 '할喝!'하고 입적했다. 이때 '할' 소리가 수십 리까지 들렸다고
한다.

앙산 혜적仰山慧寂, 807-883 소주(광동성) 출신이며 성은 엽葉씨이다.
15세에 출가의 뜻을 품었지만, 부모가 반대했다. 17세에 두 손가락을
잘라 정법 구하기를 서원하며 남화사의 통通선사에게 참례, 사미가 되
었다. 율장을 배우고, 후에 암두와 석실을 참례했다. 탐원 응진耽源應眞
으로부터 원상圓相의 뜻을 받고, 나아가 위산 영우에게 사사하기를
15년, 결국 위산의 법을 이었다. 강서성의 앙산에 머물며 선풍을 고취
했다. 시호諡號는 지통智通대사. '위앙종'은 위산 영우와 앙산 혜적의
머리글을 취해 종명宗名으로 한 것이다.

약산 유엄藥山惟儼, 745-828 강주絳州 출신. 17세에 출가하여 석두 희
천의 법을 이었다. '불사량不思量을 사량하는 것이 비사량非思量'이라
는 그의 공안은 유명하다. 선사가 약산에 올라 야정夜靜 정진을 하고
있을 때 앞산에서 둥근 달이 환하게 떠오르는 것을 보고 크게 웃었는
데, 그 웃음소리에 산 아래 동네 사람들이 놀라 모두 뛰쳐나왔다는 일
화가 있다. 시인 백거이의 선 생활에 크게 영향을 주었다.

염관 제안鹽官齊安, ?-842 강서의 마조 도일의 법을 이었다. 대중大中
황제가 왕위에 오르기 전에 제안을 스승으로 모시며 문답하였다고 전
한다. 제안의 선법을 이은 신라의 선승 범일梵日, 810-889은 후일 신라

의 구산선문중 하나인 사굴산파闍堀山派를 개창하였다.

오구烏臼, 미상　마조 도일의 법을 이었다.

오봉 상관五峰常觀, 미상(당대)　백장 회해의 법을 이었다. 서주瑞州(강서성) 출신. 균주筠州(강서성) 오봉산에서 머물렀다.

용아 거둔龍牙居遁, 835-923　무주 남성 출신. 성은 곽郭씨. 법명이 거둔이다. 14세에 길주 만전사滿田寺에 출가하여 숭악에서 구족계를 받았다. 처음에 취미와 임제를 참례하고, 다시 덕산·백마 등에게 참문하였지만, 동산 양개를 만나 계합하여 그의 법을 이었다. 용아가 그린 반신 자화상을 놓고 제자인 보자報慈가 찬을 지었다. "해는 연이은 산에 솟고, 달은 창문에 둥글다. 몸이 없는 것이 아니라 전체를 드러내고 싶지 않기 때문이다."

운문 문언雲門文偃, 864-949　절강성 가흥嘉興 출신으로 성은 장張씨이다. 어려서 출가하여 설봉 의존의 법을 이었다. 여러 곳을 두루 편력하였고, 소주의 영수선원에서 지내다 운문산으로 옮겼는데, 천여 명의 수행승이 모여들었다고 한다. 후일 운문종이라는 일파가 형성되어 당·오대 말에서 북송에 걸쳐 그 가풍이 크게 번성했다. 그의 가풍은 '일자관一字關' '호떡' 등 언구를 종횡으로 구사하여 긴요한 뜻을 제시하는 특색이 있다.

운암 담성雲巖曇晟, 782-841　강서성 종릉鍾陵 건창建昌 출신이다. 성은 왕王씨이다. 어릴 때 석문石門에서 출가하여 처음에 백장을 참례하고 20여 년을 지냈지만 현지玄旨를 깨닫지 못했다. 회해가 입적한 뒤 풍주澧州 약산 유엄에게 가서 그 법을 이었다. 나중에 호남성 담주潭州 운암산에 머물면서 종풍을 크게 일으켜 운암 담성으로 불렸다. 동산 양개와 신산 승밀 등이 그의 법을 이었다.

원오 극근圓悟克勤, 1063-1135 팽주(사천성) 숭녕현 사람. 속성은 락駱씨. 송대 임제종 양기파 선사로,《벽암록》을 평창하였다. 자는 무착, 사호賜號는 원오선사, 불과선사, 시호諡號는 진각선사. 어려서 출가하고 성도의 문조文照·민행敏行에게 교학을 배웠다. 이어서 황벽 유승, 옥천 승호, 금밀신, 대위 모철, 황룡 조심, 동림 상총, 부산 법원에게 사사했다. 마지막으로 용서(안휘성)의 백운산 해회사에서 오조 법연을 참례하고 대오하여 법을 이었다. 숭녕 연간 중(1102-06)에 성도의 육조원에서 처음 주지를 맡고, 풍주 영천원, 장사 도림사, 건강 흥국사, 동경 만수사, 진강 용유사, 남강군 진여원, 다시 소각사로 돌아가 주지를 맡았다. 저술로《벽암록》외에《격절록》,《원오불과선사어록》20권,《원오심요》가 있다. 제자로 대혜 종고와 호구 소융이 있고, 양기파를 크게 발전시켰다.

위산 영우潙山靈祐, 771-853 복건성 장계長溪 출신으로 성은 조趙씨이다. 15세에 출가하여 경과 율을 배운 후 백장 회해의 법을 이었다. 호남성 위산에 머물 때 수많은 납자들이 모여들었으며, 앙산 혜적이 그의 제자이다. 이들 문파는 후에 위앙종이라고 불렸다.

유철마劉鐵磨, 미상   성은 유劉씨. 니승尼僧으로 위산 영우의 제자이다. 위산이 입적한 후 십 리쯤 떨어진 곳에 초암을 짓고 정진했다.《벽암록》에 위산과 유철마의 관계를 '두 거울이 서로 비춰, 보이는 모습이 전혀 없는 것 같다'라고 했다.

임제 의현臨濟義玄, ?-867   산동성 출신. 임제는 진주鎭州 임제원을 말한다. 임제종의 개조로 만당晚唐기(836-907)에 활약하였다. 어려서 출가하여 경론을 깊이 배우고 법상·율을 터득했지만 '안심'을 얻지 못했다. 모든 것을 버리고 선에 귀의하여 황벽 희운의 법을 계승했다. 수많은 제자를 배출하였고 격한 선풍을 드날렸다. 마조, 백장, 황벽, 임제를 '사가四家'라고 칭한다. 선종 오가의 하나이다.

자복 여보資福如寶, 미상(당말·오대)   앙산 혜적의 법을 이은 서탑 광목西塔光穆의 제자이다. 몇 가지 선문답이 전하는데 그중 하나는 다음과 같다. "어떤 승이 물었다. '어떤 것이 기틀에 맞추는 구절입니까?' 여보가 잠자코 있으니, 또 물었다. '어떤 것이 현묘한 취지입니까?' 여보가 말했다. '그대는 나를 위해 문을 닫아주게.'"

장경 혜릉長慶慧稜, 854-932   항주 해염현 출신. 성은 손孫씨. 13세에 출가하여 영운 지근, 설봉 의존, 현사 사비 등을 참례하였는데, 처음에는 별로 뛰어난 점이 없었다. 설봉이 추천한 사마의법死馬醫法의 수행으로 2년 반 동안 치열한 참선 뒤에야 깨침이 있었다. 30년간 설봉의 제자가 되어 그의 법을 계승하였다.

장경 회운章敬懷惲, ?-818 천주泉州 동안同安 출신. 성은 사謝씨이다.
마조의 법을 이었다. 회휘懷暉라고도 한다. 신라 승려인 현욱玄昱,
787-868이 입당하여 장경 회운으로부터 법을 받고 귀국하여 구산선문
중 일파인 봉림산鳳林山파를 형성한다.

장사 경잠長沙景岑, 미상 남전 보원의 제자. 어려서 출가해 남전을 참
례하여 법을 이었다. 호남성 장사의 녹원사에 주석하면서 법을 폈으므
로 장사화상이라고 불렸다. 선기를 드러낼 때의 모습이 마치 큰 호랑
이[大蟲] 같다고 하여 '잠대충'이라 불리기도 하였다.

점원 중흥漸源仲興, 미상 처음 도오 원지를 만나 시자가 되고, 후에 법
을 이었다. 담주(호남성) 점원산에서 선풍을 크게 거양하였다.

조주 종심趙州從諗, 778-897 산동성 조주 학향郝鄉 출신이다. 성은 학
郝씨이다. 어려서 출가하여 남전 보원의 법을 이었다. 60세의 나이에
행각하며 황벽 희운, 염관 제안 등을 역참歷參한 후, 80세에 조주 관
음원에 주석했다. 이후 40여 년 동안 독자적인 종풍을 드날리다가
120세에 입적했다. 그의 수많은 문답들이 공안이 되어 참구의 대상이
되었다.

지공誌(志)公寶誌, 418(425?)-514 신이神異와 기행奇行의 승으로 알려져
있다.

지문 광조智門光祚, 미상(송대) 운문종 선사. 절강성 출신. 사천성 익주

610

청성산 향림 징원에게 참문하고 그의 법을 이었다. 나중에 호북성 수주 지문사智門寺에 머물며 크게 종풍을 떨치고, 설두 중현을 비롯한 30여 명의 제자를 양성했다.

천룡天龍, 미상　항주(절강성) 출신. 마조 아래 대매 법상의 법을 이었고, 손가락 하나를 세워 금화산의 구지를 배출했다. '천룡일지두'의 선으로 알려졌지만 기록에는 아주 짧은 상당법문과 문답 각 한 편씩만이 전해진다. 그의 행리에 대해서는 상세하지 않다.

천평 종의天平從漪, 미상(송대)　청계 홍진青谿洪進의 법을 이었다. 상주相州(호남성) 천평산에 머물렀다. 전기傳記가 없다.

취미 무학翠微無學, 미상(당대)　단하 천연의 법을 이었다. 하루는 선사가 나한에게 공양을 올리는데 어떤 스님이 물었다. "오늘 나한에게 공양을 올리시면 나한께서 오시나요?" 선사가 말했다. "그대는 매일 먹고 마시지 않는가?" 대답이 없자 선사가 말했다. "영리한 사람이 드물군."

취암 영명翠巖永明, 미상(당·오대)　절강성 호주湖州 오흥 출신. 설봉 의존의 법을 이었다. 취암 영참翠嵒令參이라고도 한다. 일찍이 명주 취암산에 머물면서 법석을 크게 열었다. 선정쌍수禪淨雙修로 유명한 영명 연수永明延壽, 904-975가 그의 제자이다.

탐원 응진耽源應眞, 미상(당대)　혜능 아래 남양 혜충의 시자였으며, 원상圓相의 진의를 체득하고 법을 이었다. 길주(강서성) 탐원사에 머물렀다. 위앙종의 앙산 혜적에게 혜충국사의 일원상을 전하였으며, 혜충국사가 등장하는 어록에 몇 차례 등장한다.

투자 대동投子大同, 819-914 속성은 유劉씨. 서주舒州 회령현懷寧縣 출신이다. 처음에는 보당사保唐寺 만滿선사에게서 《화엄경》을 배웠는데 별 소득이 없자 취미 무학의 문하로 들어가 대오했다. 안휘성 동성현에 있는 투자산에 들어가 수행에 힘썼는데, 이곳은 훗날 투자 의청이 거주한 곳이기도 하다. 선사에게는 뛰어난 제자들이 많았는데, 특히 고려에서 유학 온 찬유璨幽, 869-958가 직접 투자에게 사사하고 고려에 조동종을 전했다.

투자 의청投子義靑, 1032-1083 법상종과 화엄종을 공부하였다. 임제종의 부산 법원浮山法遠, 원감圓鑑의 일깨움을 받은 후, 조동종의 대양 경현大陽警玄의 법을 이었다. 조동종의 7대 조사로 《화엄경》에 뛰어나 청화엄靑華嚴이라 불렸다.

파릉 호감巴陵顯鑑, 미상(당·오대·송초) 운문 문언의 법을 이었다. 악주岳州 파릉(호남성 악양) 신개사新開寺에 머물렀다. 변설이 뛰어나 그를 감다구鑑多口라고 칭했다.

풍혈 연소風穴延沼, 896-973 임제종 남원 혜옹의 제자. 절강 사람으로, 성은 유劉씨이다. 어려서부터 많은 책을 두루 읽어, 《법화현의》를 배우고 지관정혜를 익혔다. 장흥2년(931) 여주의 풍혈고사風穴古寺에 들어가 7년 동안 머물렀는데, 대중들이 구름같이 몰려들어 이곳을 중건

하여 총림이 되었다. 법상에 올라 게송을 읊고 가부좌를 한 상태에서 열반하였다. 입적하기 하루 전에 손수 글을 써서 단월檀越들에게 이별을 알렸다고 한다.

한산 寒山, 미상   당대의 승려로 알려졌지만 실재했는지는 알 수 없다. 한산과 습득은 풍간豊干의 좌우에 있어 문수·보현의 화신이라고 한다. 위산 영우가 천태산에서 만났고(《조당집》 권16, 《송고승전》 권11), 조주 종심이 만나 문답을 했다(《고존숙어록》 권14)는 등의 기록이 있다. 저작으로 《한산시》가 있다.

향림 징원香林澄遠, 908-987   한주(사천성) 금죽錦竹출신. 운문 문언에게 대사大事를 밝혀 법을 이었다. 익주(사천성) 청성산의 향림원에 머물며, 40여 년간 운문의 종풍을 고창하여 운집하는 납자 및 재가자를 접득했다.

현사 사비玄沙師備, 835-908   복건성 민후閩候현 출신이며, 성은 사謝씨이다. 그는 어부였다. 29세에 부용산 영훈靈訓선사에게 출가하였다. 강호江湖 여러 곳을 다니며 참구하다가 설봉 의존이 그의 법기法器를 알아보고 접화했는데, 그를 비두타備頭陀라 불렀다. 현사는 '조사서래의'를 체증하였으며, 《수능엄경》을 읽고 마음의 본성을 인식했다. 그는 '강종삼구綱宗三句'로서 학인을 지도했다. 강종은 선법의 종의宗意를 분명히 하는 것인데, 평등의 도리, 차별을 넘어선 묘유의 도리, 이사理事·사사事事의 묘유의 경지 등이 삼구이다. 또한 '모든 현상에 대해 보지 못하고 듣지 못하고 말하지 못하는 병을 가진 자를 어떻게 구제할까, 만약 구제할 수 없다면 불법은 영험이 없는 것이 된다'라는 '현사삼종병인'의 문제를 제기하였는데, 나중에 이것은 공안이 되어 실제로 맹농아盲聾啞 장애자를 어떻게 구제할까 하는 문제로까지 진전한다. 설봉과 현사는 석두의 선을 왕성하게 전개하였다. 898년 왕심지가 안국원으로 초빙하여 설법한 후 이름을 크게 떨쳤고, 참여하는 수행승이 700에 이르렀다.

화산 무은禾山無殷. 884-960 약산 유엄 계열인 구봉 도건九峯道虔의 법을 이었다. 성은 오씨이다. 복건성의 복주福州 출신이며, 7세에 설봉 의존을 만나 시동侍童이 되었다. 설봉은 그때 이미 76세였고, 입적할 때까지 11년간 곁에 있었다. 20세에 구족계를 받은 이후 여러 곳을 행각行脚하였다. 강서 균주筠州의 구봉 도건을 만나 깨치고 그의 법을 이었다. 길주吉州 화산의 대지원大智院에서 머물며 선풍을 진작시켰다. 시호는 법성선사이다.

황벽 희운黃蘗希運. ?-850 복건성 민후閩侯 출신이다. 어려서 출가하였다. 황벽이 남전 보원에게 참례하고 나오려고 할 때, 키가 2미터나 되는 황벽이 작은 모자를 쓴 것을 보고 남전이 "어이! 자네 같은 거구가 작은 모자를 쓰다니?"라고 하니, 황벽은 "천만에요! 삼천대천세계도 다 덮었네요"라고 말하고 인사하고 나가버렸다는 일화가 있다. 백장 회해의 법을 이었고, 임제종 개조인 임제 의현과 배휴가 그의 제자이다. 강서성 종릉의 황벽산에서 머물며 교화했다. 배휴797-870는 황벽을 존경하여 그의 법어를 모아《전심법요》(857)와《완릉록》을 냈다.

흠산 문수欽山文邃, 미상(당대) 복주(복건성) 출신이다. 항주(절강성) 대자산 환중實中에서 수업했다. 나중에 동산 양개로 인해 계오하여 그의 법을 이었다. 27세에 풍주 흠산에 머물렀고, 그 이후 선풍을 번창시켰다. 당 대중大中·함통咸通년간(847-874)에 활동하며 암두 전활, 설봉 의존과 함께 행각하고 많은 일화를 남겼다.

참고문헌

《佛果圜悟禪師碧巖錄》(大正藏 48)

《祖堂集》(高麗藏 45)

《景德傳燈錄》(大正藏 51)

《宋高僧傳》(大正藏 51)

入失義高·溝口雄三·末本文美士·伊藤文生,《碧巖錄上·中·下》(東京:岩波文庫, 1994-2017)

백련선서간행회,《碧巖錄상·중·하》(장경각, 1993)

석지현 역주·해설,《碧巖錄》(민족사, 2007)

入失義高·梶谷宗忍·柳田聖山,《雪竇頌古》(禪の語錄15. 東京:筑摩書房, 1981)

平田高士,《碧巖集》(佛典講座29. 東京:大藏出版, 1982-1990)

山田無文,《碧巖物語》(東京:大法輪閣, 1991)

末木文美士,《碧巖錄を読む》(東京:岩波書店, 1998)

大森曹玄,《碧巖錄上·下》(東京:橘出版, 1994)

西村惠信,《碧巖錄の読み方》(東京:大法輪閣, 2010)

小川隆,《禪の語錄 導讀》(禪の語錄15. 東京:筑摩書房, 2016)

駒澤大學,《禪學大辭典》(東京:大修館書店, 1978)

田上太秀·石井修道,《禪の思想辭典》(東京:東京書籍, 2008)

Thomas Cleary & J.C. Cleary, *The Blue Cliff Record*, Shambhala, 2005.